大阪商業大学比較地域研究所研究叢書 第八巻

アメリカ
巨大食品小売業の発展

・

中野 安 著

御茶の水書房

アメリカ巨大食品小売業の発展
　目　次

目次

序　アメリカにおける巨大小売業体制の成立と再編：課題 ……………… 3

  1　ディスカウント・ストアと専門店の時代へ　3
  2　アメリカの食品小売寡占体制はいかに成立したか　10
  3　A＆Pを中心とするアメリカ巨大食品小売業の発展と再編過程の分析　13

第Ⅰ章　アメリカ食品小売業における寡占体制の成立 …………………… 21

  1　A＆Pの創業と初期発展期　21
  2　巨大食品小売企業A＆Pの成立　29
  3　食品小売業におけるガリバー型寡占体制の成立：1920年代　42
  4　1920年代の小売イノベーションと管理体制の整備　58
  5　小売業における複合編成の定置と対立・緊張の構造化　74

第Ⅱ章　スーパーへの業態転換と寡占体制の再編 ……… 91

  1　業績の低迷と保守化する企業行動：1930年代　91
  2　価格政策の転換　100
  3　スーパーへの参入とA＆Pの地位の再確立　106

第Ⅲ章　スーパーの本格的発展期：1945～60年 ……… 133

  1　戦時経済統制からの解放　133
  2　スーパーの本格的発展　142

第Ⅳ章　業態分化の進展と巨大食品小売企業の対応：1960～75年 …………… 161

  1　概観　161
  2　売上高・収益動向と労働関連の制約　165
  3　反トラスト政策の強化　172
  4　業態分化への巨大食品小売企業の対応　182
  〔補論〕競争構造と競争行動の把握についての若干の注意点　195

目 次

第Ⅴ章　Ａ＆Ｐの凋落と再生 …………………… 199

1　バーガー体制：長期低迷へ　199
2　バーガーなきバーガー体制と長期低迷　209
3　WEO計画の推進とその失敗　214
4　二重権力の終焉：西ドイツ資本による買収　221
5　ウッド体制の確立とリストラの推進　228
6　ウッドによる新展開の特徴と限界　237

第Ⅵ章　スーパー間競争の激化とＭ＆Ａの嵐：1975～90年
………………………………………… 249

1　寡占構造の不安定化：特徴1　249
2　反トラスト政策の後退とＭ＆Ａの嵐：特徴2　253
3　Ｍ＆Ａへの巨大食品小売企業の対応　259
4　業態分化の進行：特徴3　270
5　新業態開発競争と単位店舗管理の重要化　272
6　労働条件の悪化：特徴4　282
7　整理の進む多角化：特徴5　285
付論1　クローガー社の現実的競争行動　286
付論2　1990～2005年の動向：スケッチ　289
1　売上，利益の推移と再び活発化するＭ＆Ａ　289

補章　ウールワース社の初期発展
　　　──小売イノベーションの展開過程── ……………… 297

1　序：名門没落企業──なぜウールワース社を取り上げるか　297
2　アメリカ小売業におけるVS業界の地位　301
3　5－10セント店の誕生とイノベーション・スパイラル　305
4　パートナーシップ方式から単独展開へ　313
5　出店戦略の転換：大都市攻略と地域的拡大　315
6　初期発展の条件：経営者の資質　319
7　管理体制の整備　320

あとがき　327
引用文献一覧　331
索　引　347

アメリカ巨大食品小売業の発展

序　アメリカにおける巨大小売業体制の
　　成立と再編：課題

1　ディスカウント・ストアと専門店の時代へ

　アメリカで最初に小売センサスが実施された1929年以来，全米の主要業種別小売市場の構成は表序－1のような推移を示している。同表から明らかなように，アメリカの小売市場はほぼ3大市場から構成されているとみてよい。それは①自動車ディーラー，②食品店，③総合店 (general merchandise〔group〕stores，以下GMS) の各分野である。

　このうち1985年以降最大の市場規模となった自動車ディーラー分野は，84年以降全米小売店販売総額の2割を超え，近年では圧倒的な地位を占めるとはいえ，独自の性格が強いので除外すると，残る2大分野のうちGMSは，百貨店，総合ディスカウント・ストア，ヴァラエティ・ストア（5－10セント店や1ドル店等の均一価格店を含む）など，総合的商品取扱いの大規模店からなる＊。この分野は，29年時点の17.7％という高い構成比からはしだいに低下しているものの，近年でも10％台前半を維持している。他方食品店は，29年時点で唯一構成比2割を超える最も重要な分野であり，その後85年まで長期にわたってその地位を維持してきた。

　　＊　このような「部門総合型小売商」の成立とその総合化の限界についての原
　　　理的考察は石原（2000年，164ページ以下）をみよ（限界に関連しては本書，
　　　281ページ以下参照）。

　ところが近年，このように長期にわたって比較的安定していた業種構成トレンドに2つの大きい変化が生じている。第1は，食品小売店分野の低落である。この分野は1985年，自動車ディーラーに最大業種としての座を奪われ，

表序-1　小売店の主な業種別販売額構成の推移

(単位：%)

年度	小売店計[1]	自動車ディーラー[2]	食品店[3]	総合店[4]	飲食店[5]	建築材料、園芸用品店[6]	給油所[7]
1929	100.0 (485)	14.4	22.7	17.7 (8.0)	4.3	6.8	3.7
50	100.0 (1,472)	19.8	23.5	10.9 (6.5)	7.6	6.6	5.6
70	100.0 (3,755)	17.3	25.1	15.3 (9.9)	7.9	4.1	7.5
90	100.0 (18,446)	21.0	21.1	11.7 (9.0)	10.3	5.1	7.5
2003	100.0 (37,567)	23.8	13.5	12.5 (5.8)	9.5	8.6	7.2

注1）NAICS 44, 45, 72。カッコ内は販売総額（単位：億ドル）。
　2）SIC 55（554を除く）、NAICS 441。
　3）SIC 54, 592、NAICS 445。
　4）SIC 53（カッコ内は531）、NAICS 452（カッコ内は4521）。
　5）SIC 58、NAICS 772。
　6）SIC 52, NAICS 444。
　7）SIC 554、NAICS 447。
出所：1929〜70年度は、U.S.Dept.of Commerce, Bur.of the Census(1975), pp.848-89, Ser.T245-271；1990, 2003年度は、do., Statistical Abstract of the United States, respective years, より作成。

92年からはついに2割を切り，その後も，食品小売業を巡るビジネス環境の激変を反映して構成比を急落させており，近年は10％台前半にまで落ち込んでいる。その原因の1つは，食品店と一定の競争関係にあるファースト・フード店や飲食店の発展である。アメリカの家庭での1日の合計調理時間は30分を切っている。それは冷凍食品の発達のせいだけではない。原因の2つ目は，GMSやドラッグ・ストア等，非食品店による食品取扱いの拡大である（その食品売上は統計上，それら業種・業態の売上となる）。その象徴は，総合ディスカウント・ストアのウォル－マート・ストアーズ社（Wal-Mart Stores, Inc. 以下ウォル－マート社）が，スーパー部門を併設する新業態「スーパーセンター（Supercenter）」や「近隣マーケット（Neighborhood Market）」を展開し始め，ついに2002年，食品小売専業に近いクローガー社（Kroger Co.）を抜いて売上高で食品小売業界トップに立ったことである（Weir, 2003, pp.35ff.）。食品小売業を巡る競争環境はいまや急激に変わりつつあるといってよい。

　業種構成トレンドの変化の第2は，GMS中の百貨店の構成比が，食品店と同様1990年代に入り大きく低落していることである。百貨店は，出現以来1世紀半近い過程でさまざまな変容をとげることによって長持ち（endurable）業態たり得たのであるが，その存続が真に問われる状況を迎えつつある（cf.

Pearce〔ed.〕, 2005, Vol. 2, pp.688ff. 本書184ページ注参照）。

　このように，長期間比較的安定的であった業種構成トレンドに近年，重要な変化が生じているのであるが，それと併行して巨大小売業分野にも重要な変化がみられる。次にその点をみておこう。

　アメリカの小売業は歴史的に大きく変化・発展してきたが，その過程で巨大小売企業はまず，中期的にかなり安定的で大規模な市場であるGMS（当時は，百貨店，ヴァラエティ・ストア，大衆百貨店，通信販売店から構成）と食品分野の2大市場において生まれた。彼らは，これら分野における購買者層の主力をなす中産階層以下に市場標的を設定し（ただし，百貨店はやや上層をも標的とした），これら階層の所得，嗜好，購買行動・慣習等の変化に敏感に対応あるいは影響を与えてきた。それは同時に，積極的な新業態開発ないし業態調整過程でもあった。こうした活動を通じて彼らは，巨大小売企業として生成・発展してきたのである。そしてこの点は現在でも基本的に変わらない。

　しかし1960年代に入ると重要な変化が現われる。この点を端的に確認するため，過去数十年間のアメリカ巨大小売企業の売上高ランキングをみておこう。ベストテン企業の業種・業態*構成の変化の中に，巨大小売業の構造変化の――大まかではあるが――たしかな方向を探ることができるからである。表序－2によれば，売上高ベストテン企業の業種・業態は，29年時点ではGMS 6社と食品チェーン4社から構成され，GMS 6社うちではヴァラエティ・ストアが2社，通信販売店兼狭義のGMS（いわゆる「GMS」である大衆百貨店）が2社，本来の百貨店が1社（マーシャル・フィールド社〔Marshall Field & Co.〕），その他が1社（J・C・ペニー社〔J. C. Penney Co.〕）である**。この構成は60年時点でも，スーパーが5社とGMSが5社（うち本来の百貨店はフェデレーテッド百貨店〔Federated Departmet Stores, Inc.〕1社）でほとんど変わらない。つまり，第2次大戦を挟んだ30年間，業種・業態構成はほとんど変わらなかったのである。

　　＊　本書では常識的に使用しているが，業種（店）と業態（店）にかんする独創的な考察については，石原（2000年，第7章）をみよ。

表序-2　小売業

順位	社　名	売上高	純利益	業態・業種
〈1929年度〉					
1	A&P	1,040.5	26.2	食品店
2	シアーズ	403.5	30.1	通販・GMS
3	ウールワース	303.0	35.7	VS
4	クローガー	286.6	6.4	食品店
5	M・ウォード	269.3	13.4	通販・GMS
6	セーフウエイ	213.5	6.1	食品店
7	J・C・ペニー	209.7	12.4	衣料品店
8	M・フィールド	180.0	9.2	百貨店
9	クレスゲ	156.5	15.0	VS
10	アメリカン	143.3	6.6	食品店
〈1940年度〉					
1	A&P	1,115.8	18.3	食品店・スー
2	シアーズ	704.3	36.1	通販・GMS
3	M・ウォード	515.9	23.0	通販・GMS
4	セーフウエイ	399.3	4.8	食品店
5	ウールワース	335.5	24.1	VS
6	J・C・ペニー	304.5	16.2	衣料品店
7	クローガー	258.1	46.1	食品店
8	クレスゲ	158.7	10.1	VS
9	ファースト	142.7	2.5	食品店
10	R・H・メーシー	135.3	4.3	百貨店
〈1960年度〉					
1	A&P	5,246.6	59.0	スー
2	シアーズ	4,134.3	192.2	GMS
3	セーフウエイ	2,469.0	34.8	スー
4	クローガー	1,870.3	23.5	スー
5	J・C・ペニー	1,468.9	45.0	衣料品店
6	M・ウォード	1,249.0	15.1	GMS
7	ウールワース	1,035.3	46.9	VS
8	アメリカン	1,011.5	12.7	スー
9	ナショナル	855.8	8.6	スー
10	FDS	785.4	33.0	百貨店

注）純利益は税引。略記は次の通り。アメリカン：アメリカン・ストアーズ社／M・ウォード：レーテッド百貨店／ナショナル：ナショナル・ティー社／ラッキー：ラッキー・ストアーズ　スーパー／ドラ：ドラッグ・ストア／DS：ディスカウント・ストア／HC：ホームセンター
出所：Selected Cos., *ARs*, respective years; *Fortune*, various issues, より作成。

序　アメリカにおける巨大小売業体制の成立と再編：課題

売上高ランキング

(単位：100万ドル)

順位	社　名	売上高	純利益	業態・業種
\<1980年度\>				
1	シアーズ	25,194.9	606.0	GMS
2	セーフウエイ	15,102.7	119.4	スー
3	Kマート	14,204.4	260.5	総合DS
4	J・C・ペニー	11,353.0	233.0	GMS
5	クローガー	10,316.7	94.4	スー
6	ウールワース	7,218.2	160.9	GMS
7	A&P	6,684.2	▲3.8	スー
8	ラッキー	6,468.7	90.5	スー
9	アメリカン	6,419.9	51.6	スー
10	FDS	6,300.7	277.7	百貨店
\<1995年度\>				
1	ウォルーマート	93,627.0	2,740.0	総合DS
2	シアーズ	35,181.0	1,801.0	GMS
3	Kマート	34,654.0	▲571.0	総合DS
4	クローガー	23,937.8	302.8	スー
5	デイトン	23,516.0	311.0	百貨店・DS
6	J・C・ペニー	21,419.0	838.0	GMS
7	アメリカン	18,308.9	316.8	スー・ドラ
8	プライスコストコ	18,247.3	133.9	専門DS（食品）
9	セーフウエイ	16,397.5	326.3	スー
10	ホーム・デポ	15,470.4	731.5	専門DS（HC）
\<2005年度\>				
1	ウォルーマート	315,654.0	11,231.0	総合DS・スー
2	ホーム・デポ	81,511.0	5,838.0	専門DS（HC）
3	クローガー	60,552.9	958.0	スー
4	コストコ	52,935.2	1,063.1	専門DS（食品）
5	ターゲット	52,620.0	2,408.0	総合DS
6	シアーズHldgs.	49,124.0	858.0	総合DS・GMS
7	ロウズ	43,243.0	2,771.0	専門店（HC）
8	ウォルグリーン	42,201.6	1,559.5	専門店（ドラ）
9	アルバートソンズ	40,397.0	446.0	スー・ドラ
10	セーフウエイ	38,416.0	561.1	スー

モンゴメリー・ウォード社／ファースト：ファースト・ナショナル・ストアーズ社／FDS：フェデ社／デイトン：デイトン・ハドソン社／シアーズHldgs.：シアーズ・ホールディングズ社／スー：／VS：ヴァラエティ・ストア。

** 資料不足もあり，このランキング作成は暫定的なものである。なお付言すれば，この時期のJ・C・ペニー社は衣料品専門チェーンである。この時点では，11位以下にはギンベル・ブラザーズ社（Gimbel Bros., Inc.），フェデレーテッド百貨店，メイ百貨店（May Department Stores Co.），ハーン百貨店（Hahn Department Stores, Inc. 11ページ注参照），R・H・メーシー社（R.H.Macy Co., Inc.）等，本来の百貨店が多い。当時の巨大小売企業の中で百貨店の占める比重は圧倒的に高かったのである。

　ところがその後，Kマート社（K mart Corp.）に代表される総合ディスカウント・ストアが躍進し，1995年時点になると，総合に加え専門のディスカウント・ストア＝カテゴリー・キラーもランキング入りし，両者が一挙に増え計4社となる。他方，スーパーは3社でほとんど変わらず――百貨店とヴァラエティ・ストアが脱落したので――総合ディスカウント・ストアを除いたGMSグループわずか2社（シアーズ・ローバック社〔Sears, Roebuck and Co. 以下シアーズ社〕とJ・C・ペニー社のいわゆる「GMS」のみ）へと決定的に減少する。この時点ですでに，専門店（カテゴリー・キラーを含む）の躍進がみられるが，2005年時点になるとそれはいっそう鮮明である。つまりベストテンは主として，総合（2社）および専門（2社）のディスカウント・ストアとサービス・アピール型専門店（2社）およびスーパー（3社）によって占められ，GMSのうちの百貨店はゼロとなり，かつての主力業態であるいわゆる「GMS」が2社根強く存続している。

　以上の過程を概括すれば，アメリカの巨大小売業の発展は，業種・業態構成の側面から捉えると，戦前から1960年にかけての時期が第1段階で，そこではベストテンは百貨店，いわゆる「GMS」，食品チェーン（ないしスーパー）の主要3業態から構成されていた。

　その後は百貨店がしだいに後退し，総合ディスカウント・ストア，「GMS」，スーパーからなる第2段階へと移行した。

　しかし1990年代に入ってからはしだいにディスカウント業態と専門店業態（両者の結合形態をも含む）がウエイトを高める第3段階へと移行し，95年時点では専門店ディスカウント・ストア（カテゴリー・キラー）が2社入る

とともに，百貨店に分類しているデイトン・ハドソン社（Dayton Hudson Corp.）も総合ディスカウント部門が大きく伸びており＊，「GMS」のシアーズ社もまた専門店分野のウエイトを高めていたから，ディスカウント・ストア化と専門店化の傾向は実質的にはさらに進行していたとみてよい。そしてこの傾向は2005年時点でいっそう明白となり，この主要 2 業態は10社中じつに 6 ～ 7 社を占めるに至ったのである。

* 2000年 1 月，同社はついにディスカウント事業部ターゲットを社名に用いてターゲット社（Target Corp.）とした（184ページ注参照）。

つまり，従来，巨大小売業はもっぱら総合店（GMS）と食品という 2 大主要小売市場に基盤を置いて成立していたのであるが，しだいに拡散してドラッグ・ストア，ホーム・センター，家電・エクレトロニクス，アパレル等，これまで巨大小売企業の出現が比較的少なかった，相対的に規模の小さい各種の専門業種分野においても巨大小売企業が続々と出現しつつあるのが近年の特徴である。以上の傾向は，上位20位までをみても基本的には変わらない＊。この傾向は跳ね返って百貨店や「GMS」，さらにはスーパーにたえざる競争圧力を加え，その業態調整を強いる不安定な状況が続いている。

* 例えば，1960年時点における上位20社の業種・業態構成は，百貨店 4 社，「GMS」3 社，スーパー11社，ヴァラエティ・ストア 2 社であるが，それが95年には，百貨店 3 社，「GMS」2 社，スーパー 6 社，総合ディスカウント・ストア 3 社，専門店 8 社（うちカテゴリー・キラー 3 社。ただし，デイトン・ハドソン社は百貨店と総合ディスカウント・ストアとの，アメリカン・ストアーズ社〔American Stores Co.〕はスーパーとドラッグ・ストアとの二重計算），そして2005年には百貨店はただの 1 社，「GMS」2 社，スーパー 6 社，総合ディスカウント・ストア 2 社，専門店10社となっている（ウォル－マート社は総合ディスカウント・ストアとスーパーの二重計算）。

もう 1 つ注目すべき傾向は，ウォル－マート社やシアーズ社のように，1 つの巨大小売企業を単一の業種・業態に分類することが困難なケース，つまり小売業内で真に多角化した企業が増えていることである。それは『フォー

チュン』の業種別ランキング表の食品小売関係が，1994年度から「食品／ドラッグ・ストア」として分類されていることにも反映している。注目すべき傾向の最後は，ウォル－マート社に象徴されるようなディスカウント・ストア業態，一般的には価格アピール型業態の引き続く成長である。この業態については，その取扱い商品が主として低・中品質品であるため，「豊かな社会」の発展がやがて，それら企業からの顧客の離脱を招き，長期的成長の可能性に乏しいと一部ではみられていた。ところが「豊かな社会」どころか「格差社会」の進展は，二重の意味でそれら業態を繁栄させている――1つは，長期にわたり据え置かれている最低賃金すれすれの店舗労働者に主として依存するそれら業態への，大量の低賃金労働力の安定的供給源が確保されることによって，2つは，それら拡大する底辺層や同じく所得の伸び悩みに陥っている広範な中産階層を主な顧客対象としていることによって――。

　さて，この間，百貨店がベストテンから脱落したのに対し，スーパーは――すでに触れたように，食品小売業の構成比は低下しているものの――企業レベルでは長期にわたって強固にその地位を維持している（ウォル－マート社を含めると4社）。本書は，この食品分野において巨大企業がいかに成立し，再編をとげつつその地位を維持してきたか，またそれを規定した要因は何かを明らかにすることを基本的課題とする。

2　アメリカの食品小売寡占体制はいかに成立したか

　概括的にいえば，アメリカ巨大小売業の基本的骨格は1920年代末までにひとまずできあがったとみてよい。まずGMS分野では，業態として最も早く発達をとげた百貨店が20世紀初頭に早くも寡占体制を成立させ，20年代末にはフェデレーテッド百貨店*やアライド・ストアーズ社（Allied Stores Corp.）**のような，いわゆる所有グループ（ownership group）・チェーンの成立にみられるように，大規模な再編成をおこなっている。

　　＊　1929年11月，以下の有力百貨店の大合併により持株会社として設立された
　　　　――ウィリアム・ファイリーンズ・ソンズ社（Wm. Filene's Sons Co., ボストン），アブラハム・アンド・ストラウス社（Abraham & Straus, Inc., ブルック

リン），F・アンド・R・ラザラス社（F.& R.Lazarus & Co., オハイオ州コロンバス），ブルーミングデール・ブラザーズ社（Bloomingdale Bros., Inc.〔30年1月参加〕，ニューヨーク市）(Federated Department Stores, Inc., *1929 Annual Report*〔以下，FDS, *1929 AR*と表記。他社についても同様に略記〕）。なお，*Annual Report*は，1990年頃までは株主向け，それ以降は10-Kと株主向けとを併用しているが，簡単化のため区別して表記しない）。

**　1928年秋，「百貨店産業のゼネラル・モーターズ」として，ボストンの有名百貨店ジョーダン・マーシュ社（Jordan Marsh Co.）を中心にボン・マルシェ店（シアトル），マース・ブラザーズ店（フロリダ州タンパ），ジョスク・ブラザーズ社，ゴールデン・ルール店等28の独立会社の大合併により持株会社ハーン百貨店としてスタート（百貨店業界第5位，29年時点で年商1億1,200万ドル，税引利益409.0万ドル）し，35年5月，アライド・ストアーズ社に社名変更した（Hahn Department Stores, *1928 AR, 1929 AR*; Allied Stores, *1935 AR, 1953 AR*）。

また通信販売業ではシアーズとモンゴメリー・ウォード（Montgomery Ward & Co., Inc. 以下，ウォード）の2社が，急成長ののち1910年代には寡占的地位をひとまず確立した。しかし急激な都市化とモータリゼーションの進展のもとでその業態的脆弱性を暴露し，20年代半ばから店舗小売業（ハード・グッズを中心とする大衆百貨店＝「GMS」）へと戦略的業態転換を余儀なくされる。だがそれに成功した両社は，この業態においても寡占的地位を維持し続けた。さらに同じくGMSグループのヴァラエティ・ストア（5-10セント店，均一価格店）分野では10・20年代，ウールワース（F. W. Woolworth Co.），クレスゲ（S. S. Kresge Co.→77年，Kマート），クレス（S. H. Kress & Co.）等の各社による寡占体制が成立した*。

*　なお，特異な例として，衣料品を中心とする小百貨店チェーンを急速に展開して大企業にのし上がったJ・C・ペニー社がある。

もう1つの主要小売市場である食品分野では，A＆P（Great Atlantic & Pacific Tea Co., Inc.），クローガー・グローサリー・アンド・ベーキング（Kroger Grocery & Baking Co.→1946年，クローガー），セーフウエイ・ストアーズ（Safeway

Stores, Inc.→90年，Safeway, Inc. 以下，セーフウエイ)，アメリカン・ストアーズ (→62年，アクメ・マーケッツ社〔Acme Markets, Inc.〕に社名変更→73年，再度持株会社アメリカン・ストアーズ社に社名変更〔167ページ注参照〕) 等の各社により，やはり20年代に寡占体制が成立する。このうちＡ＆Ｐは，ウールワース社とともにチェーン型蓄積*によりアメリカ巨大小売業の成立を主導した企業である。しかもＡ＆Ｐは20年，シアーズ社を抜いて売上高トップに立って以来だんぜん他社を圧倒し，64年にふたたびシアーズ社にトップの座を明け渡すまで，じつに半世紀近くその地位を維持したアメリカ巨大小売業を代表する企業である。第１章以下ではこのＡ＆Ｐを中心に取り上げる**。とはいえ，この分析のためには，同社だけではなく，主な大手食品小売企業をも取り上げることになろう。

   ＊　小売企業の資本蓄積様式＝企業成長のパターンは，店舗小売業に限定していえば，基本的に２つである。１つは，単位店舗の巨大化＝タテへの拡大 (CBD〔central business district〕の地価の上昇は高層化を必然化する) たる百貨店型蓄積であり，２つ目は，相対的に小規模な単位店舗のヨコへの展開たるチェーン型蓄積である (中野，1979年，1 - 3 ページ参照)。前者の事例としては，歴史的には，1902年に完成したマーシャル・フィールド社の旗艦店 (シカゴ) であるステート・ストリート店 (12階) や R・H・メーシー社のヘラルド・スクウェア店 (マンハッタン。9 階，当時世界最大の小売店舗) を挙げることができる。両店はともに売場面積100万平方フィート (9万3,000m^2) 以上で，フォード社の有名な最新鋭工場ハイランド・パーク・プラントのメイン建物はその４分の１の規模に過ぎなかった (Benson, 1979, p.200)。

   後者は，典型的には1920年代アメリカの食品チェーン・ストアやこんにちのコンビニエンス・ストアである。しかしこれら２様式は現実には，排他的な関係にあるのではない。巨大単位店舗の百貨店，「GMS」，スーパー等がチェーン展開をみせるように，しばしば２様式を柔軟に併用できる場合が少なくない。

  ＊＊　Ａ＆Ｐの歴史にかんする読み物としては鳥羽 (1971a年) がある。

3 A＆Pを中心とするアメリカ巨大食品小売業の発展と再編過程の分析

1）高度成長と巨大企業の特徴的行動の解明：課題1

　A＆Pは，1912年に導入した現金持ち帰り方式（cash & carry system）を基本とする価格アピール型小売イノベーションを体化した新業態「エコノミー・ストア（Economy Store）」をテコに急成長をとげる。とりわけ22～25年*は年平均2,204店，1日平均6店もの驚くべき出店によって，20年代アメリカの巨大小売業において最も強固な地位を築きあげた。29年の売上高10億4,050万ドルは，小売業売上高ランキング2位以下のシアーズ，J・C・ペニー，ウォードの3社合計9億9,310万ドルよりも多く，29年の同社のシェアは，全食品店〔food group〕販売総額の9.5%（全加工食品雑貨店〔grocery store。以下食料品店〕のそれの14.3%），全食品チェーン（1資本で4店以上経営と定義）の販売総額の29.9%にも達したのである**。これは，小売業の本来的性格である著しい分散性（それは消費者の広範な分散性に規定される）を考慮すると，異例に高いといってよいだろう。こんにちのウォル－マート社にやや近い地位を築いていたといってよい。

　　*　以下，前後関係から容易に判断できると思われる場合は原則として「年度」（fiscal year）も「年」と表記。
　　**　US.Dept.of Commerce, Bur.of the Census(1975), Pt.2, pp.847,849, Ser. T 197－219 and T 245－271より計算。後掲表Ⅰ－3をみよ。

　では，このような高い企業成長と巨大企業化を実現した同社の成長過程と行動様式の特徴は何か。また同社の巨大化は製造業や流通業界全体にいかなるインパクトを与え，アメリカ流通業の編成にとってどのような意義をもったのか。これらの諸点を明らかにし，アメリカにおける巨大小売企業成立史の重要な一端を明らかにするのが第Ⅰ章の基本的課題である。
　しかしA＆Pは，寡占企業がますますその独占的支配力を強化・拡大していくと説く一部の俗説（単純な「ますます論」）とは異なり，1930年前後を

ピークに，一方では保守的政策を強めて停滞色を濃厚にし，他方では独立系スーパーの台頭のもとで急速に競争力を失いシェアを低下させていく。とはいえ歴史の女神クリオはきわめて複雑な性格をもつ。A＆Pも単純にますます独占化したのでも，没落過程を一方的に辿ったのでもない。30年代末からは一転し，蓄積された豊富な経営資源を集中的に投入して従来の食品チェーンからスーパーへの急激な業態転換をなしとげ，その結果，41年には全食品店販売総額の11.2％（全食料品店のそれの14.8％），全食品チェーンの販売総額の31.8％を占めるようになり，29年水準を上回るほどの強固な地位を再度確立するのである。この過程の分析が第Ⅱ章の課題である。

ところが状況はさらに転変する。A＆Pはスーパーへの業態転換に成功して再度寡占的地位を確立したのち，戦後から1970年代にかけて長期の沈滞ないし低迷期に入る。高度に集権的な同族企業における最高実力者ジョン・ハートフォード（John Augustine Hartford）社長の死*，それにも部分的に関連するが，現代企業において強大な権力をもつ首脳人事の失敗等の人的要因，したがってまた彼らの展開する誤った政策が，この過程に大きく影響したのはとうぜんである。

 * 1951年9月20日。主要各紙はジョンの死を大きく取り上げ，ヘンリー・フォードやロックフェラー一世の業績に比肩しうると評価した。なお兄ジョージ（George Ludlum Hartford）会長の死は57年9月23日。

そこで，以上のダイナミックな過程を，巨大企業の構造的特質，市場での地位，トップ経営陣の資質等に強く制約される政策・企業行動の絡み合いの中で分析する。これが第Ⅴ章の課題である。巨大企業の動向を，トップ経営陣の資質や彼らの採用する政策とは無関係に，いわば客観的条件のみから一元的に説明（「自動操縦」視）するのは無理がある。同一の客観的条件のもとでも，いくつもの政策選択肢がありうるし，その選択と遂行・管理にはトップ経営者の資質（そこには「企業文化」が集約されていよう）が大きく影響する。

2）反トラスト政策と巨大企業の行動：課題2

　しかしもちろん，企業の浮沈の原因をトップ経営陣の資質や政策のみに求めるのも，他方の極端に走っており一面的である。Ａ＆Ｐの場合，さらに2つの要因がこの過程に大きく絡んでいる。その1つは，反トラスト政策であり，もう1つは，同社の特異な株式所有構造に規定された企業統治（corporate governance）の問題である。

　Ａ＆Ｐは，その巨大な販売力を背景に，かつてない規模の仕入れ力（いわゆるバイイング・パワーないし買手パワー）を獲得した。それは取引条件を，したがってまた蓄積条件を大きく左右するところの，メーカーに対する巨大な交渉力を保証する*。そして競争者の追上げによる効率優位性の低下，したがってまた単位店舗レベルにおけるコスト優位性の低下ないし喪失は，全社レベルの巨大性に依存した，交渉による取引条件の差別的有利性の追求をますます強める。

　　＊　その基礎をなす「依存度」の厳密な理論的考察については，石原（1982年，210ページ以下）をみよ。

　本来的に個別的たらざるを得ないこの交渉力の行使は，理論的には，自由競争の段階では市場メカニズムを通じて一様な取引条件の決定に帰着（「平等主義」の貫徹）するものと想定される。その意味では，この段階の交渉力の行使には特別な意義はない。ところが独占段階ではそうではない。この段階におけるそれは，垂直的取引関係における市場競争＝利害対立*の現実的調整様式であり，したがってまたこの段階特有の市場メカニズム貫徹の一表現といってよい。

　　＊　ひとまず卸売商を考慮外におくと，直接的には取引条件の決定を巡るメーカー－小売商間の垂直的対立であるが，それは純粋の垂直的関係ではなく，そこにはメーカーと小売商双方の次元の水平的競争関係が投影されている。

　こうした交渉力の行使の組み合わせはとうぜん多様であり，交渉の担い手の資質の組み合わせも多様である。しかも交渉とは本来的に，縦断された個別的性格＝内密性をもつから，結果としての取引条件の決定も高度に差別

的・内密的とならざるをえない。つまり取引条件を巡る交渉過程の内密性とともに、その帰結もまた高度に個別化・差別化する客観的機構が存在する（75ページ注参照）*。

* とはいえ、修正されてはいるものの、独占段階においても市場メカニズムはあくまで作用するのであるから、完全に個別化ないし縦断化されてしまうわけではない。ここでの市場メカニズムの貫徹は、時には、交渉妥結時に取引条件が必ずしも最終決定されず、チェック期間を残す形で、つまりライバルの取引条件にかんする情報を得ていつでも調整できる余地を残す形で、あるいは別の形態の補整の余地（貸し借り関係の設定とその清算）等を残した形態でおこなわれることもある。とくに長期・継続取引関係にあっては、こうした形態の事後調整は、パワー関係いかんによって多様な形態をとり、また階層性をもちつつ、ほとんど必然的とさえいえるように思われる。これは、縦断され個別化された交渉結果といえども個別性のなかに完全に埋没することはできず、ある種の市場メカニズムの貫徹を示す何らかの「社会的妥当性」を要請されていることを反映したものといってよい。

A＆Pがおこなったのはまさにそうした交渉力の行使であった。その帰結としての取引条件の大きい差別性は、1920年代末頃から、同社と直接競争関係にあった卸売商や独立店、さらには表面には出なかったがライバル関係にある有力食品小売企業から強く問題視されるようになる。また不利な取引条件（「過度の」優遇）を強いられるメーカー、とくに有名ブランドを有する寡占メーカーもこのような状況を、その蓄積条件を不当に侵害するものとして不快視していたのである。この問題は、上院決議No.224（28年5月）に基づく連邦取引委員会（Federal Trade Commission, FTC）の7年にも及ぶチェーン・ストア調査、35年のパットマン委員会の聴聞会（US.HR, 1935-36）等をへて、36年6月、クレイトン法第2条を修正し、不当な価格差別を禁止するロビンソン・パットマン法（Robinson-Patman Act）が制定されることによってひとまず処理される。これは、流通をめぐる広範かつ深刻な利害対立を、国家権力の介入によって調整する一事例といってよい*。

* チェーンの急速な発展に伴う反チェーン運動の展開と、それに関連するチェーン・ストア税法の制定（後述）、おとり販売（loss leader selling）を規

制する州レベルの不公正取引慣行法（unfair trade practices act）の制定，再販売価格維持法の制定（各州法。連邦レベルでは1937年8月のミラー・タイディングズ法〔Miller-Tydings Act〕）も同様の意味をもつ。ソープのいうように，流通を巡る紛争がかつてない全国的争点としてクローズ・アップされ，政治的調整が不可避な状況となったのである。その結果，20年代末からの10年間，流通関連立法の制定・施行数が製造業関連のそれを上回るほどになった（Thorp, 1939, p.76）。これは明らかに，アメリカ産業構造の基本的転換の政治的・法的反映といってよい。上述に関連する基本文献としてはPalamountain（1955〔訳，1993年〕）をみよ。

ロビンソン・パットマン法の制定は，同法の著しい不備や運用のブレ等に差しあたり関係なく，A＆Pのその後の行動を大きく規定した。つまり，巨大仕入れ力を背景とした強大な交渉力の「自由奔放な」行使に，法的規制が加えられるに至ったのである。具体的には1938年1月のいわゆる正味価格（違法とされる仲介手数料を回避するため，A＆Pはその額だけ仕入れ価格の引下げを要求）に対する連邦取引委員会の差止め命令（ロビンソン・パットマン法違反），および42年の司法省反トラスト部によるシャーマン法1・2条違反の提訴がそれである（130, 141ページ参照）。とくに，巨額の訴訟費用を費やし長期にわたって展開された法廷闘争にもかかわらず有罪判決がくだった後者は，A＆Pを反トラスト政策に対して著しく過敏にさせ，その行動を極端に保守化させた。それが同社の長期低迷の直接的契機になったことは疑いない。

このような反トラスト政策の動向がA＆Pの行動にいかなる影響を与えたかを探ることも重要な課題である。

第2次大戦後のA＆Pの低迷を規定したもう1つの要因は，1929年にジョン社長が設立し，ジョージ会長とともに所有全株式を遺贈したハートフォード財団（John A. Hartford Foundation）の存在である。詳細は後述するが，58年に初めて公開されたA＆P株の大半を握るこの医療慈善財団は，A＆Pの人事と経営政策，とくに投資・配当政策に対し長期にわたって重大な影響を与え，長期低迷の重要な一因となった。こうして同社は，60年代には企業買収

の最も魅力的な標的にされてしまうのである（*Fortune*〔Apr.1971〕, p.29）。このような所有構造と経営政策ないし企業行動との関連の解明もまた，同社の60・70年代の動向を分析する上で欠かせない課題である。

3）巨大企業再生の過程：課題3

A＆Pの長期低迷は，業界はもとより同社自身でもようやく問題視されるようになり，1970年代には相次ぎ再建が試みられる。かくして「A＆Pもついに目覚めたか」と期待されたのである（*Chain Store Age*〔1969〕, pp.218ff.）が，20年にもわたる惰眠の影響は広範かつ深刻であり，その再建は困難をきわめる。その過程で，あせりも手伝っていくつかの重大な政策ミスが犯された。この結果ついに，73年にはスーパー業界トップの地位をセーフウエイ社にあけ渡し，その後も低落を続けるのである。

こうして同社はついに1979年，対米進出を狙っていた西ドイツ（当時）大手の食品小売企業テンゲルマン・グループ（Tengelmann Group）によって買収されてしまう。そして，同グループの会長兼最高経営責任者（CEO）ハウプ（Erivan Karl Haub）が登用したジェームズ・ウッド（James Wood, 80年4月就任）のもとで，かつては「生命維持装置を着けている」とまでいわれていた老舗の再建がようやく本格的に始まる（Saporito, 1990, pp.109ff.）。

以上の過程の分析が第Ⅴ章の課題である。多くの大規模企業が不振に陥り，その再建問題がしばしばクローズ・アップされる現在，A＆Pを事例とするその再建過程の分析は重要な意義があろう。

4）M＆Aの嵐と 食品小売業の再編過程： 課題4

アメリカの食品小売業界は，1980年代後半から激しいM＆Aの嵐に巻き込まれる。その過程で，数十年間その地位を維持してきた名門巨大企業が数多く消えていくか，その地位を大きく低落させていった。後者の代表はA＆Pであり，消滅していった企業としてはジューエル（Jewel Tea Co., Inc.→66年, Jewel Cos., Inc.），ラッキー・ストアーズ（Lucky Stores, Inc.），アルバートソンズ（Albertson's, Inc.），アメリカン・ストアーズ等の各社がある。これら企業はい

ずれも『フォーチュン』の小売業ランキングでベストテンの常連であったり1度は入ったことのある企業である。それが2006年時点では，かつての巨大食品小売企業はクローガー社とセーフウエイ社のみとなった。

　それほど激しい業界再編が起こったのである。これは共和党政権下のアンチ・反トラスト政策のもとでのM＆AないしLBO（leveraged buyout。買収資金に加え，買収対象企業の資産や将来のキャッシュ・フローを担保にした借入れをテコにした買収の手法）の嵐によるものである。その結果，一方では，重債務に陥った巨大食品小売企業における徹底したリストラによる労働条件の著しい劣悪化と，他方では，売上高集中度の急上昇が生じている。アメリカの食品小売業の集中度は，厳しい反トラスト政策のもとで比較的低位に推移し，高位集中のイギリス等と対照的であったが，それが大きく変わろうとしているのである。この急激な再編過程に，ウォル－マート社のような他業態からの食品小売業分野への大規模な参入（2002年，同社は食品売上でトップとなった）とスーパーの業態分化が絡み，複雑な様相を呈している。第Ⅵ章と付論2はその過程を取り上げる。その間の，1945～60年のスーパーの本格的発展を第Ⅲ章で，1960～75年の反トラスト政策の強化とスーパーの業態分化過程を第Ⅳ章で考察する。

第Ⅰ章　アメリカ食品小売業における寡占体制の成立

1　A＆Pの創業と初期発展期

1）創業

　蒸気船事業（船主）と皮革業を営んで成功していたニューヨーク市在住のギルマン（George Francis Gilman, 1826〜1901年）は1859年，副業として中国から茶を輸入し低価格で販売し始めた（社名はGilman & Co.）。これがこんにちまで存続しているアメリカ最古の小売チェーンの，独立店としての誕生である。その時のただ1人の従業員（レジ係）がハートフォード（George Huntington Hartford, 1833〜1917年）である。

　1869年まで茶の取扱いが免許制であったイギリス（Pennance & Yamey, 1955, p.304, note 3）とは異なり，アメリカでは自由な営業が可能であったから，茶小売業への参入も比較的容易におこなわれた。ギルマンのこの事業は成功し，茶はしだいにギルマン店の主力商品となり，62年か64年には皮革業をやめ茶専門店になったようである。そして65年には，マンハッタンで4〜5店を経営するほどになっていた。64年には，旺盛な事業拡大意欲を示す社名グレート・アメリカン・ティー社（Great American Tea Co.）とし*，さらに69年，鉄道による大西洋岸と太平洋岸との連結を祝し，かつそれにあやかって現社名に変更した。ただしこれには，併行して営んでいた茶の通信販売事業を組織的に分離する意図も含まれていたようである。したがって後者は，旧社名のもとで続けられることになる。なおこの間の67年，ハートフォードはギルマンのジュニア・パートナーに昇格する。

　　＊　Cf.Pearce II *et al*., 1986, p.460. ただし，この点にかんしてはなお曖昧さが残

されている (Tedlow, 1990, pp.188-89, note 30〔訳, 223, 487ページ, 注30〕)。例えばウォルシュは, この社名を1861年に採用したとし (Walsh, 1986, p.17), 他方バロックは, いつ採用されたかはっきりしないという (Bullock, 1933a, p.290)。

2) ギルマンの革新性

こんにちではとうてい想像もできないが, 都市労働者の年平均所得が400ドルを大きく切る当時において, 茶は1ポンドにつき1〜2ドルもするきわめて高価な贅沢品であった。だが需要は急増しており, マス・マーケットの形成期にあった*。したがって茶は, 当時の加工食品雑貨卸・小売商にとって高収益を生む魅力的な戦略商品であり, 経営の「礎石」となりつつあった (German, 1978, p.9；Tedlow, 1990, p.190〔訳, 224ページ〕; Walsh, 1986, pp.17ff.)。のちに大規模食品チェーンへと成長する企業が, この頃採用した社名にTeaを付けたものが少なくないのもそれを反映している**。

 * その輸入高 (日本や中国の緑茶, 中国やインドの紅茶) は, 1859年にすでに約3,200万ポンドに達していた。その後, 南北戦争のため1,700万ポンドにまで低落するが, 戦争終結後ただちに回復し, 70年に4,700万ポンド, 80年には8,200万ポンドへと著増した。なお80年時点におけるシェアは日本緑茶43％, 中国緑茶21％, 中国・インド紅茶36％であった (角山, 1980年, 182ページ。ただし, 80年の「合計」欄は誤記とみなして計算)。なお, 中国茶の買付け方式の変化については豊原 (1987年) をみよ。

 ** 例えば, ジョーンズ・ブラザーズ・ティー社 (Jones Brothers Tea Co., 1872年創業→1928年, グランド・ユニオン社〔Grand Union Co.〕に買収される)；グレート・ウェスタン・ティー社 (Great Western Tea Co., 1882年創業→1902年, クローガー・グローサリー・アンド・ベーキング社→1946年, クローガー社)；ナショナル・ティー社 (National Tea Co., 1899年創業→1982年, ナショナル・ホールディングズ社〔National Holdings, Inc.〕が買収)；ジューエル・ティー社 (1899年創業→1966年, ジューエル社)；アクメ・ティー社 (Acme Tea Co., 1887年創業→1917年, 合併してアメリカン・ストアーズ社) などがそうである。

ではギルマン店が成功した理由は何か。その主因は茶という戦略商品に集

中し，かつ低価格・大量販売という近代的経営方針を採用したことにある（Bullock, 1933a, p.290）。当時の加工食品雑貨小売業はテドローのいう「第1段階」にあり（Tedlow, 1990, p.182〔訳，215ページ〕），卸売商主導型流通システムのもとで「メーカーないし供給業者→独立卸売商→独立小売商」という流通システムの最末端に位置し，小規模・非効率で高マージン=高価格・低回転経営という伝統的商慣行が支配していた。茶の取扱いにおいても同様である。それだけにギルマン店の経営方針の先駆性・革新性はきわ立っており，この価格アピール型経営の衝撃は大きかった。

　ギルマン店がこのような革新的な経営方針を採用するに際し，だれが主導性を発揮したのか。この点にかんしウォルシュ等は，ハートフォードが主導し，ギルマンはただ資金を提供しただけだという（Walsh, 1986, pp.16, 19；Mahoney & Sloane, 1966, p.173〔訳，187ページ〕）。だが堅実型のハートフォードに革新的な発想の源を求めるのはいささか無理であろう。後述の各種イノベーションを含め，企業家精神に富むギルマンの主導性を認めるほうがより説得的のように思われる。そしておそらく，彼が船舶事業に従事していたことはこの新たな経営方針を練り上げる上で大きく貢献したに違いない（cf. Groner *et al.*, 1972, p.244）。

　当時，急激な船舶輸送イノベーションが進行し，その影響を受けて英米間で激烈な汽船競争が展開されていた。とくに従来の2倍の高速ティー・クリッパー船の出現（1850〜65年頃：ティー・クリッパー時代）によるティー・レースの展開とニューヨーク，サンフランシスコ，広東（または上海）の3点を1航路に結ぶ「三角航海」による合理化等（服部，1966年，8-32ページ/1981年，5-24, 38-64ページ；角山，1980年，113ページ以下）の結果，中国茶の船荷について大幅に価格を引き下げうる客観的条件が生まれても，それを主体的に受けとめ，新たな販売条件の設定によって現実化するのは遅れがちであった。

　船舶事業を営んでいたギルマンはこのような船舶輸送状況を熟知し，そこに大きいビジネス・チャンスを見出したに違いない。その後の彼の行動はそれを端的に示している。すなわち彼は，旧来の経営方式を原理的に転換し，

直接・大量仕入れ*により茶を市価のほぼ3分の1で大量販売し、高回転により高利益を得ようとしたのである。このいわゆる低マージン＝低価格・大量販売方式は——旧来の経営手法を墨守し、同一規模での事業の継続を基本とする——伝統的商人の経営方式とは原理的に異なっており、ギルマンの茶事業に対し規模の経済性の追求、したがってまた強い蓄積志向を経営内にビルトインし、アメリカはもとより世界の食品小売業において初めて、真に近代的な小売資本としての性格を与えるものであった。

* もっとも、中国から直輸入しているとか、積荷1隻単位の大量仕入れをしたという (cf. Scull, 1967, pp.159ff.) のは、当時の店舗規模からして信じがたい。また中国から直輸入しているというのは、A＆Pの虚偽宣伝であった。なお、当時のA＆Pにおける大量・直接仕入れの実態はあまり明らかではない。

3）低蓄積段階における商才の重要性

創業期にあっては店舗数も少なく、伝統的独立店と大して違わない規模のため、大量仕入れ・大量販売の可能性、したがってまた価格切下げの度合いはかなり限られている。つまりアピール力のある価格切下げを実現できないのである。一般的にいって、小規模企業における価格アピール型業態イノベーションの先行採用のむずかしさ、あるいは彼らが直面するディレンマはまさにこの点にある。店舗数の増加によって規模の経済性を享受でき円滑な蓄積軌道に乗せるまでの期間、つまり最も負担がかかり企業として最も脆弱でリスキーなこの期間をいかにしのぐか、ここに価格アピール型業態が成功するかどうかの分かれ目がある。ギルマン店のばあい、大幅な経費切下げを実現する画期的な経営システムを構築したわけではなく、もっぱら仕入れ面の合理化によるコスト・ダウンの実現に依存していただけに、大量仕入れに見合う販売力の増強を他の方策によって図らなければならなかった。そして企業発展の初期段階における販売力の増強は、一般的には商人の個人的資質に大きく依存する。その決定的重要性は、いずれの国の商業経営史においても明らかである (cf. Bradshaw, 1943, pp.37-38)。以下にのべるように、ギルマンはとりわけ販売促進面においてそうした商才に恵まれていたといってよい。

それによって彼は,低蓄積段階の制約を突破していくのである。

では,具体的にいかなる販売促進策をとったのか。その第1は,中国から直輸入しているから中間商人の多段階介在に伴う高マージン ("eight profits") を排除した低価格販売が可能などという,一部に虚偽をも含んださまざまな形態の巧みな広告(主として斬新なちらし・雑誌広告)である。事実,彼はすでに1860年代後半には雑誌の有力な広告主になっていた (Bullock, 1933a, pp. 292-95)*。また宣伝においても,毎週土曜日に店頭でブラスバンド演奏により顧客を誘引するという,当時としては人目を引く方策を採用した (cf. Editors, 1971, p.8)。

> * ただし,広告重視のこの政策にとくに独自性があったわけではない。「近代広告の父」と称されるジョン・ワナメーカー (John Wanamaker) やローランド・メーシー (Rawland H. Macy) を始めとする百貨店の創業者,通信販売店シアーズ社のリチャード・シアーズ (Richard Warren Sears) 等,のちに巨大企業に成長する企業の創業者の多くは,広告文の作成を始めとして,斬新な広告を駆使した。

第2は,低価格通信販売のためにクラブ・プランと称して,ややオーバーにいえばねずみ講に似た形で顧客の組織化を企てたことである (Editors, 1971, p.6 ; Walsh, 1986, p.20)。当時としてはかなりユニークなこの方法は,同じく当時としては珍しかった無条件返金保証の導入* (Walsh, 1986, pp.20ff. ; Pearce II et al., 1986, p.460) と合わせ,大成功を収めた。それゆえテドローも,初期A & Pの成功の主因を,わずかな数のチェーン展開にではなく,この点に求めているほどである (Tedlow, 1990, p.189〔訳,223ページ〕)。

> * もっとも百貨店のワナメーカーはすでに,1865年にそれを採用している。シアーズ社やウォード社のような通信販売専業企業がそれを採用したのはようやく20世紀に入ってからである。

第3は,一般的には1870年代に始まりその後しだいに普及するのであるが,顧客に対しギフトあるいは景品 (premium) をいち早く提供したことである。ややのちの,トレーディング・スタンプを含む景品競争が激しくなった時期の数字によれば,1900年にA & Pが提供した景品の額45万ドルは,同社の投

資額の約半分にも相当し，年間利益の3倍にも達したといわれる＊（German, 1978, p.21）。そして第4は，人目を引く店舗レイアウトの採用である。店舗正面はけばけばしい赤色に塗られ（red front store。のちにウールワース店がそれを模倣した），ショウ・ウインドウには赤，白，青の地球儀が置かれていた。少しのちの状況であるが，1886年に入社した1従業者の証言によれば，店舗は「絵に出てくるような所」で，壁は中国式パネルで飾られ，支払い場所は中国風パゴダのようであった。茶やコーヒーの大箱は金色のふち飾りのついた朱色に塗られ，シャンデリアにはカット・グラスのペンダントやプリズムが付けられていたので，点灯するとまばゆいばかりであったという（German, 1978, p.10 ; Scull, 1967, p.162）。このような金ぴか・低俗異国趣味は，ある意味では，企業体質が脆弱でリスキーな創業初期をできるだけ早く脱したい，という強い意思を表わしていたともいえる。

＊　なおA＆Pは，1897年にS＆Hグリーン・スタンプを採用した。

第5は，店舗よりも遥かに拡大が容易な行商システム（peddler routes system）の活用である。これは主として馬車を利用し，最初の訪問時に注文を受け，次回（例えば3日後とか1週間後）訪問時に配達するもので，1880年代から積極化したようである。このプロジェクトには，ギルマン店に採用される前にそれに従事した経験をもつハートフォードが一定の役割を果たしたであろう。これによって都市住民だけではなく農民にまで顧客層を拡大することができた。それがピークに達した1910年頃には，A＆Pのワゴン・ルートは約5,000ルートにも及んだといわれる（Bullock, 1933b, p.65）。この方式はかなりの成功を収め，参入企業が相次いだ。例えば，のちに店舗小売業で大企業となるジューエル・ティー社などは，加工食品雑貨の行商専門会社であり，28年末時点でさえ1,100台以上の自動車を使い，年商1,500万ドルをあげていたほどである（Nystrom, 1930, pp.222, 300-301 ; Wright, 1958）＊。

＊　ジューエル・ティー社が初めて店舗を建設するのはようやく1932年のことである（German, 1978, p.19 ; Wright, 1958, pp.373-74）。もっともこの方式は，初期には小規模タウンの食料品店に大きい打撃を与え，彼らの激しい行商反対運動を引き起こしたが，やがては，反対運動のせいというよりもむしろそ

れ自体の経営非効率性のため消滅の過程を辿る。とくにＡ＆Ｐにあっては20年代にほとんど無視しうる程度なってしまう（24年に，馬車から自動車へと全面的に切り替えられ，戦後60年代まで細々と続けられた）。

4）ハートフォードの単独経営化

　1878年4月ギルマンは，出資は維持したものの経営からは引退し，以後は社交界の名士として享楽生活を送ることになる。それに伴いハートフォードは，所有面で対等のパートナーになるとともに，ゼネラル・マネジャーとして全面的に経営責任を負うことになった。それに加えて，のちに同社の発展に決定的ともいえる役割を果たす2人の息子，ジョージとジョンが1880年と88年に経営に参加する*。

　　* 意見の対立はつねにあったが，生涯きわめて親密であった2人の息子の性格は対照的であった。兄ジョージはきわめて保守的かつ勤勉で財務面に明るかった。しかし引っ込み思案で著しく社交性に欠け，現場というか営業や店舗には関心が薄かった。それを反映して彼は，Ａ＆Ｐが巨大企業に発展する原動力となる業態イノベーション「エコノミー・ストア」計画の推進（32ページ以下）にかんして，父とともに消極的であった。また同社の存続を賭けた1930年代末のスーパーへの業態転換に際してもブレーキをかけ続けた。とはいえ彼の果たした役割をマイナスとのみ捉えるのは一面的であろう。同社の急速な発展・変化の中で経営管理体制を整備し，強力な財務体質を作り上げた彼の功績はやはり大きい。

　　他方ジョンは，外向的で企業家として広いビジョンと鋭いカンをもち，経営戦略の策定と販売および人事面で優れた能力を発揮した。彼こそがＡ＆Ｐを巨大企業に発展させた主役である点については広く認められている。しかし彼は，兄を無視して独断先行することはけっしてなかった（cf. *Fortune*, 1933a, pp.128-29；Editors, 1971, pp.9-10；Walsh, 1986, p.24；Adelman, 1959, pp.71ff.；Pearce II *et al.*, 1986, p.480）。

　1901年3月のギルマンの死去に伴う彼の持分の買取りを巡る若干のトラブルののち，ハートフォードは1905年，資本金210万ドルで同名の新会社を創設し，完全な単一家族支配を確立した。ハートフォードには普通株70万ドルの全部と優先株15万ドルが与えられ，ギルマンの資産の管理者には優先株

125万ドルが与えられた。後者には適当な期限内の償還条項があったので，まもなく償還されたものと思われる。そしてこの時点で確立した所有・支配体制は，1950年代までほぼ維持されるのである。

5）初期経営基盤からの離脱とその背景：総合食料品商へ

経営規模の拡大につれ，A＆Pでは主力商品としての茶の比重が低下していく。たえざる拡大志向は，必然的に茶以外の多様な加工食品雑貨の取扱いを要請したからである。さらに茶を巡る販売競争の激化は，その収益性を低下させることによってこの傾向を促進した。

まず，かなり早い時期に重要商品としてコーヒーが加えられた*。そして1880年代後半になると取扱い品目にはバター，砂糖，スパイス類，調味料，ふくらし粉，缶ミルク等の生活必需品が加えられていく。とはいえ90年代前半でもなお，茶，コーヒー，スパイス類が主な取扱い商品であり（Bullock, 1933b, p.63），いわば単品専門店に近く，社名にTeaを付した前記諸企業と同様A＆Pも，厳密にはいまだ「加工食品雑貨小売商（grocer）」の域に達しているとはいえなかった**。しかし97年頃には，ブルックリンにある5店での実験を通じて顧客が加工食品雑貨ラインの拡大を望んでいることを知り，急速に取扱い品目を増やしていく。そして1911年頃には，約25ライン，270品目を取り扱うまでになっていた（German, 1978, pp.10-12）。

* この頃の店舗は3階建てで，建物の最上部に社名，2階の上部に「Teas, Coffees, Wholesale & Retail」の看板が掲げられていた（Bryant & Dethloff, 1990, p.329）。

** なお付言すれば，当時にあっては，生鮮食品類や乳製品の流通は，卸売商経由でそれぞれ別のタイプの専門食品小売商によって担われていた。

では，同社はこのような多様な商品をいかに仕入れていたのか。当時の独立商と同様，基本的には伝統的な加工食品雑貨総合卸売商からである。そして加工食品雑貨業界全体でも，20世紀初頭に至るまで，このような卸売商主導型流通システムが圧倒的に支配的であった（cf. Porter & Livesay, 1971, pp.215-19〔訳，276-80ページ〕）。もちろん同社は，やがて自社倉庫網を設置し，し

だいに卸売商を排除してメーカーと直接取引するようになるが，それが顕著になるのは1910年代に入ってからである。

さて，このような取扱い商品種類の増加の背景に，アメリカにおける消費財製造業とりわけ食品雑貨製造業の急速かつ多彩な発展があったことはいうまでもない（光澤，1989年）。Ａ＆Ｐも，客観的にはこうした歴史的発展に積極的にコミットすることによってその蓄積基盤を強化していったのである*。しかしその含意は，消費財製造分野の産業的発展に背を向けた形の近代的・大規模小売商の出現と発展はありえないということであり，前者の発展がいわば「自然に」後者をもたらすのではない。事実，当時の支配的流通パターンであった「メーカー→独立卸売商→独立小売商」も，基本的にはこのような産業的発展にしだいに依拠していくのであって，衰退の途を辿りつつある家内工業や工場制手工業にのみ依拠していたのではない。したがって小売商が独立店としてとどまるか，それとも大規模化するかの分かれ目は，「何を」取り扱うかではなく，独自の事業コンセプトのもとに「いかに」取り扱うか，後者の巧拙ないし革新性にあった。その意味ではあくまで小売商サイドの主体的要因が決定的役割を果たすのである。

> *それに伴い，必然的にいくつかの有名メーカーとも取引がおこなわれるようになった。例えば，のちに安売りを咎められ取引拒否にあうクリーム・オヴ・フィート社（Cream of Wheat Co.）からは，1909年に4,250ケースも仕入れていた（Bullock, 1933b, p.65）。

2　巨大食品小売企業 Ａ＆Ｐ の成立

1）中位の成長テンポ：20世紀初頭まで

Ａ＆Ｐは，食品小売企業としていち早く巨大企業に成長しながら，1958年まで長期にわたって非公開会社であったことやその企業体質にもよるのであろうが，戦前のフォード自動車会社とやや似ている面があり，業界でも一匹狼的行動をとることが多く，秘密主義で，PR面に対しても驚くほど無関心であった（PRについては，後述のように30年代末から変化）。その実態は，Ａ＆Ｐを積極的に弁護した有名な研究書をものしたエーデルマンでさえ，そ

の謝辞のなかで，同社が情報提供に非協力的であったことを嘆いているほどである（Adelman, 1959, p.viii）。またチャンドラーも，事業部制創設過程の研究においてともに重要な対象であるA＆Pとシアーズ社のうち後者を取り上げた理由として，シアーズ社の活動の複雑性とともに資料入手の容易さ，逆にいえばA＆P関連資料の入手困難をあげている（Chandler, 1962, p.2〔訳，18, 20ページ〕）。基礎資料たる『アニュアル・レポート』は，19年以降のものがあるとはいえ——20年代末までは大体どの企業もそうとはいえ——じつに56年に至るまで，ごくかんたんな貸借対照表が付けられているだけで，損益計算書さえないのである。

　後年でさえこのような状況であるから，とりわけ初期については第1次資料による分析はほとんど不可能である（Bullock, 1933a, p.289）。それゆえ，しばしば食い違う数字を挙げているいくつかの断片的な2次資料をも利用しながら実態に迫る以外にない。

　それらによれば，A＆Pは1865年時点で——25店との記述もみられるが，実際には——4〜5店をもつほどに成長していたようである。そして70年頃には11店ほどに達していたから，平均して毎年1店ずつ増やしていたことになる。これは当時としてはかなり高い成長率といってよい。しかし年間数百店も出店する1910・20年代に比べると亀の歩みである。要するにこの時期，価格アピール型業態イノベーションを採用し，販売促進のためさまざまな革新的方策を導入しても，茶を主力商品とする展開と単独の独立店からの出発は，スケール・メリットの早期実現をむずかしくさせ，その蓄積テンポは中位なものにとどまったのである。

　もう1つ，成長を制約した要因は価格競争を巡る環境条件にある。価格切下げの程度を測定する計器の役割をはたすパッケージされた有名・標準ブランド（ナショナル・ブランド〔NB〕）の欠如のため，価格切下げのアピール効果が減殺されたのである。当時は，茶のさまざまな製品を小売段階で適当にブレンドするのが商才発揮の1つの焦点をなしていたが，それに伴う製品の著しい差別化は，価格切下げの透明性を著しく阻害した。また当時の支配的商慣行である広範なクレジット提供もやはり，価格切下げの効果を減殺し

た（Pennance & Yamey, 1955, p.304）。そして最後に，資料がないので確言できないが，南北戦争による茶輸入の半減も，何ほどかの影響を与えたかもしれない。

1870年代に入るとA＆Pは，しだいにミシシッピー以東の主な都市へと進出していく（78年の売上高は100万ドル）。その結果80ないし81年には100店に達していたが，そのうち主な出店先はニューヨークに27店，フィラデルフィアに6店，ボルティモアとシンシナティに各4店，クリーヴランドに3店で，ニューヨークを除くとかなり散在していた（Bullock, 1933b, p.60）。このような非集中的広域出店では，効率的配送システムによる効率経営は期待できないが，それでも70年代の蓄積テンポは平均して年8～9店であるから，かなり加速したことになる。そして86年には150店に達する。

それでは20世紀初頭にA＆Pはどの程度の規模に達していたのか。ギルマンの遺産相続にからむ裁判を通じて明らかになった事実だけにかなり信頼性が高いと思われるが，1901年3月時点で総投資額93.6万ドル，28州と首都ワシントンで計198店（うちニューヨークに57店）を経営し，従業員数1,800人，1900年の売上高は560万ドル*にまで成長していた。ギルマンとのパートナーシップ期間（1878～1901年の23年間）の利益総額は220万ドルであり，直近3年間の年平均利益は12.5万ドル（投資収益率13.4％）の優良企業であった。この時点ですでに同社は，とりわけ中小零細企業（店）の多い当時の食品小売業界にあって突出した規模を誇っていたといえよう（Bullock, 1933b, p.64）。

 ＊ ちなみに，当時の主要小売企業の売上高は，シアーズ社が1,064万ドル，ウォード社が900万ドル，ウールワース社が約500万ドルであった。

しかしすでにみたように，1886年時点に店舗数はすでに150店に達していたのであるから，それ以降約14年間で48店の増加（年平均3店余）に過ぎず，70年代の出店ペースを大きく下回る。にもかかわらず売上高の増加が著しいのは——この期間，単位店舗規模が大きく拡大したとの資料はないから——行商ワゴン販売が大きく寄与するようになったからに違いない。従業員数が1,800人とかなり多いのもそのせいであろう。

さて，20世紀初頭に大規模企業化していたA＆Pはしだいに，より大きいスケール・メリットを享受するようになり成長が加速する。こうして1907年には早くも売上高1,500万ドル（1900年の約2.7倍）に達した。

2）新業態「エコノミー・ストア」の採用とその背景

　A＆Pは1912年，反対する父や兄を説得したジョンのイニシャティヴにより，現金持帰り方式のエコノミー・プランに基づく価格アピール型新業態の実験店をジャージー・シティのウエストサイド・アヴェニューに開店した。旧来の店舗と同じく，正面を赤く塗ったこの店舗（red front store）が，同社をまたたくうちに巨大小売企業に成長させた新業態「エコノミー・ストア」の発端である（cf. Fortune, 1933a, pp.55, 128）。それは同時に，テドローのいわゆる食品流通業における「第2段階」である低マージン＝低価格・大量販売方式への移行の牽引車となるとともに，30年代に出現する画期的新業態であるスーパーの歴史的前提ともなる。概括的にいえば，エコノミー・ストアは前の世代の主力業態であるフルサービスの加工食品雑貨店に対するある種のアンチテーゼとして出現し*，さらにそれを止揚する形で次世代業態のスーパーが出現するのである。

　　* ちなみに，クラーレンス・ソーンダース（Clarence Saunders）による世界初のセルフ・サービス方式のピグリー・ウィグリー（Piggly Wiggly）1号店が開店したのは1916年である。これはコスト削減圧力が小売業界とりわけ食品小売業界で一般的に強まっていたことを示唆する。

　この新業態導入の背景は2点である。第1は，同一業態間で展開される同質競争の帰結として競争費用がしだいに増加し，収益性の低下を招いていたことである。配達，クレジット*等のサービス関係費用はもとより，価格競争の屈折形態であるプレミアム，トレーディング・スタンプ**等の提供も過熱気味となり，コストの上昇（これらサービスは間接費を20％増加させたという）をもたらし収益を大きく圧迫するようになっていた。いわば「小売の輪」仮説が描く，サービス競争によるコスト上昇＝成熟局面，したがって従来の支配的業態がその脆弱性を典型的にさらけ出す局面に入っていたのであ

る。しかも第2に，物価とくに食品価格の高騰に伴う生計費の高騰が広範な大衆の憤慨を引き起こし，上院（1911年）やニューヨーク州の調査（12年）が公刊され，12年の大統領選挙の主要争点になっていた状況下では，コストの上昇を価格の引上げによってカバーするのは容易ではなかった。

 ＊ 1917年時点のニューヨーク市の調査では，加工食品雑貨店の売上総額の3分の1がクレジット販売であり，富裕層では75%がそうであった。他方配達は，同37%を占めていた（German, 1978, p.20）。

 ＊＊ アメリカ小売業史においてプレミアム，トレーディング・スタンプ競争は周期的に過熱気味になる。この時期が第1期のそれである（第2期は1950年代）。当時にあっては店内にプレミアムを展示し引換えセンターを開設していたため，貴重な店舗スペースと店員がそれに拘束され，販売生産性の低下と大きいコスト負担をもたらしていた（German, 1978, p.21）。

かくして，旧来の経営方式は完全に行き詰まりをみせていたのである。このような閉塞状況を品揃え，サービス，価格設定等より構成される小売ミックスのイノベーションによって，とりわけそれをアピール力のある価格切下げ型業態として総括することによって突破しようとしたのがエコノミー・ストアであった。

3）エコノミー・ストアのコンセプトとその意義

新業態であるエコノミー・ストアの基本コンセプトはいかなるものであったか。まず第1に，旧来の伝統的な加工食品雑貨店（独立小売商）のそれとは異質の競争次元を設定するため，提供するサービスを極小化（とくにクレジット提供の廃止と現金持帰り方式の採用）するとともにプレミアム，トレーディング・スタンプを廃止したことである。この方向は徹底し，電話応対さえ廃止したほどである。このようないわばソフト面の合理化によって伝統的な加工食品雑貨店が陥っていた「蟻地獄」から脱出し，コスト切下げを実現した。

それと同時に顧客と店舗との関係は――例えば，その顧客がクレジットを提供するに値するかどうかの判断を必要しないことにも示されるように――

それまでの強い個人的結び付きが解体され，人的な接触を喪失した無機質なものとなった（Tolich, 1991, p.43 ; NCFM, 1966, p.168）。それはまた従来，独立小売商がもっていたコミュニティとの多様な関係を切断して「消費工場」化し（Mayo, 1993, pp.88-89, 106），小売商の販売機能への純化を意味した（→販売生産性の向上）。それは集権的管理体制の構築を容易にする。第2に，キャッシュ・レジスターの据付けと事前包装の採用もまた，販売生産性の向上に大きく寄与した。そして第3に，エコノミー・ストアは店舗レイアウトを中心とするハード面でのイノベーションによって，それが画期的業態であることを強烈に印象付けるとともに，いわば低コスト経営をビルトインしたのである。次にその点をみておこう。

　ジョンは低コスト経営を実現するためにまず店舗の徹底した標準化＝規格化を先駆的におこなった。当時食料品店の平均規模は800平方フィート（約75m^2）であったが，エコノミー・ストアは標準600平方フィート（20フィート×30フィート，約56m^2）の小型店で，「ワンマン店」（店長1人，補助店員1人*）として運営するのを原則とし，統一レイアウトのもとに設備・什器，品揃えもすべて標準化し，店舗開設費用を削減しつつこのプロトタイプ店のいわばクローン型展開をおこなったのである。のちにさまざまな小売企業やマクドナルド店をはじめとする多くのサービス企業もこのやり方を踏襲する。

　＊　当時，通常の独立加工食品雑貨店では1～2人の補助店員がいた。また大半の食料品チェーンでは6人の店員を雇い，フルサービスを提供していた（Strasser, 1989, p.224）。

　こうした標準化店舗を展開する経営的意義はきわめて大きく，このハード面のイノベーションはさらに，ソフト面のさまざまな革新とも連動する。①この方式の採用によって，1店当り投資規模をほぼ3,000ドルに設定し，それを設備・什器，在庫，消耗品・運転資金にそれぞれ等分すればよいことが判明するとともに，店舗数の拡大に伴う所要資金の大きさを正確に予測することができた。それにより拡大計画はきわめて精緻なものになったのである。そればかりではない。「12－10－2方式（formula）」つまり粗マージン12％，

売上高経費率10％，純利益率2％，そして投資収益率30％以上という，当時としてはきわめて高い利益水準が到達すべき目標として明快に設定できた（Walsh, 1986, p.27）。

②効率経営へのたえざる圧力が――店長の資質に依存するのではなく，いわば客観的に――ビルトインされた。すなわち，小規模店として取扱い品目が限定されるため高回転の標準300品目への絞り込みと，そのたえざるチェック体制がとられることになったのである。この点は，A，B，C分析によりたえず取扱いを売れ筋品目に絞り込もうとするこんにちのコンビニに類似しているといってよい。

③クローン型店舗展開とごく限定された標準取扱い品目の設定は，商業労働の過程を根本的に変革し，店長・店員にほとんど裁量の余地を与えない（「意思決定」を要求されない）マネジメントの標準化＝いわゆるマニュアル経営を可能にした（Tolich, 1991, pp.40-41；Walsh, 1986, p.30；Lyons & Flickinger, 1931, p.28；Mayo, 1993, pp.86-87）。彼らには順守すべき事項・手順を記した40ページほどのマニュアル手帳が与えられた（Editors, 1971, p.19）。商業活動は歴史的にみて，店舗レベルにおいてもある程度の熟練度を要する労働力に依存していたが，このマニュアル経営化によって店長を含め相対的に単純な労働力への依存が大きく促進され，小売業における最大の費目である労働コストの大幅切下げが実現した＊。それとともに急速な企業成長を制約する労働力ボトルネックの解消を容易にした。しかしメリットは，競争環境が変わればそっくりデメリットとなる。それは店舗業務の画一化＝店長・店員の活動の著しい斉一性・硬直性を生み出すことにもなったのである（cf. Bucklin, 1972, pp.99-100）。

　＊　ワンマン経営のエコノミー・ストアの店長は，週給12～13ドル＋（週売上高が200ドルを超えると，その売上高の）1％のボーナスを支給された。

そして④に，決定的なことはそれが，ハード・ソフト両面のさまざまなイノベーションによる低コスト構造の実現を基礎に，顧客への低価格提供を実現した価格アピール型業態イノベーションであった点である（ピグリー・ウィグリー店との展開力の違いはおそらくこの点にあろう）。

このようにエコノミー・ストアは，当時の社会的基準をなしていた標準的販売力（標準回転数）を大きく上回る最新鋭業態であり，低マージン＝低価格のもとでの大量販売の実現により巨大な超過利潤を獲得できる業態であった。

　もちろん，エコノミー・ストアの出現以前にも大量販売は百貨店によって実現していた。しかしそれは，単品レベルでの大量販売では必ずしもなく，そのため取扱い商品種類を増やし（「百貨」店），単位店舗規模を巨大化せざるをえなかったのである（この限りでは，大量生産体制に必ずしも充分照応した業態ではない）。これに対しエコノミー・ストアは，食品製造業における巨大企業の成立＝大量生産体制の発展，したがってまた規格品の有名ブランドが輩出する当時の状況*にぴったりと照応し，近代的工場の原理を店舗レベルに応用し，大量生産の規格品に対応するかのように，小規模とはいえ単位店舗を規格化し，差異に富む地方的市場条件等をいっさい無視してその大量（チェーン）展開により大量販売を実現しようとしたものである。これはアメリカ食品小売業史上初の，革命的な新しい発想に基づく小売経営であった。そしてサービス・アピール型とは異なり，透明性の高い価格アピール型業態にしたこと（従来のＡ＆Ｐ店より平均して10％安価）は，その衝撃力を大きくし，店当売上高は週平均300～400ドルにのぼった（German, 1978, p.24）**。当時の平均的加工食品雑貨店の4分の3の店舗規模で，ほぼ同じ売上をあげていたことになる。

　　＊　アメリカの加工食品分野では，第1次大戦まで有名ブランド（ナショナル・ブランド〔NB〕）はきわめて少なく，流通業者の独自ブランドであるプライベート・ブランド（PB）ないしパッカー・ブランドが一般的であった。小売商は通常，製品をバラで仕入れ自らパッケージしたのである。ところが「第1次大戦から1920年代初めの〔チェーンの〕急速な成長期に，多数の全国ブランド品目が加工食品雑貨商の棚に現われ始めた」（German, 1978, p.28）。
　＊＊　ウォルシュによれば，1号店は2カ月のうちに週売上800ドル以上になったという（Walsh, 1986, p.27）。

　こうしてＡ＆Ｐは，エコノミー・ストアによって再出発し，——ごく初期

を除き——完全に自己金融によりつつ，きわめて短期間のうちに低価格設定→競争力強化→大量販売→高収益→高蓄積，という相互促進の螺旋的な過程＝円滑な高度成長軌道に乗ったのである。その帰結は，きわめて短期間のうちの巨大小売企業の出現であった。

4）驚異的成長（１）：店舗数の増加

　Ａ＆Ｐは「かつて一度も革新者であったことはない」，むしろ「いつもイノベーションに立ち遅れてきた」といわれる（Pearce II et al., 1986, p.498）が，エコノミー・ストアの場合も同様である。そのコンセプトはＡ＆Ｐの独創によるものではなく，すでに部分的・先行的に試みられていたいくつかのイノベーションを積極的に模倣・統合したものである。しかし，だからといってその意義ないし評価がいささかも減殺されるわけではない。

　小売業の全歴史を通じて「画期的」，「完全に独創的」，「真の」小売革新者を探し求めるのはほとんど無意味であり，「画期的」と思われる小売イノベーションのほとんどに，通常は部分的な「先行者」が存在する。初期百貨店経営の先駆者の1人アレクサンダー・ステュアート（Alexander Turney Stewart），5－10セント店を展開したフランク・ウールワース（Frank Winfield Woolworth），1930年代初めの初期スーパーの先駆的展開を担ったマイケル・カレン（Michael J.Cullen）を始めとする幾人かの企業家，第2次大戦後のディスカウント・ストアのパイオニアとされるユージン・ファカウフ（Eugene Ferkauf）等いずれもそうである。現在超巨大小売企業ウォル－マート社の創業者サム・ウォルトン（Samuel Moore Walton）は模倣の名人を自認していた。

　つまり，特許がほとんど存在しない小売業ではとりわけ，先進的模範事例の模倣が重要で，模倣の遅速と範囲が競争力を決定的に左右するのである。この点で当時のＡ＆Ｐはきわめて機敏であり徹底していた。先行するさまざまな革新的試みをマッチ箱型店舗のエコノミー・ストアに凝縮・統合するとともに，豊富な経営資源をいち早く全面投入して店舗の集中豪雨的な展開を図った点で決定的に革新的であった（Editors, 1971, pp.18-19）。その帰結は，この分野における驚くほど短期間でのガリバー型寡占の成立であり，それは

表Ⅰ-1　A&Pの期末店舗数

年度	店舗数
1911	400（+28）
12	480（+80）
13	585（+105）
14	991（+406）
15	1,817（+826）
1916	2,866（+1,049）
17	3,782（+916）
18	3,799（+17）
19	4,224（+425）
20	4,621（+397）
1921	5,217（+596）
22	7,350（+2,133）
23	9,303（+1,953）
24	11,421（+2,118）
25	14,034（+2,613）
1926	14,811（+777）
27	15,671（+860）
28	15,177（-494）
29	15,418（+241）
30	15,737（+319）

注）カッコ内は対前年度比増減数。
出所：Lebhar(1963),pp. 33 and 395
　　（訳、37, 441ページ）。

食品小売業界はもとより国民経済的にもきわめて大きい衝撃を与えることになった。

　そこで，スピード感溢れるその店舗展開の過程を辿ると，表Ⅰ-1のとおりである。エコノミー・ストア建設プロジェクトがスタートする1912年時点の旧タイプ店は，480店でピークとなりその後は急減するのに対し，エコノミー・ストアは建設が軌道に乗る14年から急増し，14～17年の4年間でじつに3,200店弱の純増をみた[*]。このような，いわばその時代にぴったり照応した新業態の爆発的展開という個別企業の成長パターンはその後，シアーズ社

やウォード社の店舗小売業展開（20年代後半），クレスゲ社（60年代），ウォルマート社（80・90年代）等，アメリカの小売業において繰り返しみられる特徴的な成長パターンである。Ａ＆Ｐの場合，こうした新鋭店舗の急速展開と併行して，販売力の劣る旧タイプの店舗はしだいにスクラップされ，12年のピーク時点で480店あった旧タイプ店は，17年末時点ではわずか90店（店舗総数の2％強）に減少していた。またこの時点で旧タイプ店の売上比率は，同社売上総額の約8％にまで急落していた。わずか5年のうちに，これほど急激な企業内業態転換がおこなわれたのである。

＊ このような急激な店舗展開は，とうぜんかなりの立地選択ミスを伴う恐れがある。そこで同社ではそのリスクを考慮して，リース期間1年，1年毎で9回（9年間）の更新オプション付きのリース・不動産政策を採用した。それが同社に与えた影響については後述する。

その後，第1次大戦中の戦時動員体制のもとでエコノミー・ストアの拡大テンポには急ブレーキがかけられる（とくに1918年）が，それでも戦時末期から厳しい戦後恐慌に直面（20年春〜21年7月）した19〜21年に，年平均470店余も出店しているのである。そして正常状態に復帰した22〜25年は年平均約2,200店，1日平均6店強という猛烈な純増ぶりである。いかに単位店舗が小型（こんにちのコンビニに類似）とはいえ，アメリカの小売業史はもとより世界的にも空前絶後の強蓄積であった。その結果，連邦取引委員会の広範なチェーン・ストア調査によれば，28年末時点で調査に回答した全1,591チェーン（4万6,534店を経営）のうち，14年時点で経営していた全チェーンの店舗総数の約10.8％，25年のそれのじつに30.9％をＡ＆Ｐただ1社が占めたのである（FTC, 1932, p.67）。このような急激な店舗展開は，整備される公共交通機関（電車網＝トローリー・ルートの拡大）と乗用車の普及を背景に10・20年代にもたえず進行した都市圏の拡大ないし郊外化に照応していた。Ａ＆Ｐだけではなく大手各社はいずれも新規店舗の大半を，旧来の都心地区ではなく郊外（のちにそれは都心化する）に展開したといわれる。資金面で制約の強い独立食料品小売商はこの動きに対応できなかったのである

（Mayo, 1993, p.83-84）。

　しかし，かつてない強蓄積は必然的に，まず企業の管理・運営問題を生む。販売力の急激な拡大に照応する新たな容器＝管理組織とシステムなくして，いっそうの拡大が困難になったのである。1926年から拡大テンポに急ブレーキがかけられた一因はそれである*。また同業他社の急成長（後述）による全体的な店舗飽和化の傾向も重要な原因であったろう。にもかかわらず，ピークに達した30年には1万5,737店となり，圧倒的優位を確立する。その店舗数はわずか20年前（1911年）の約40倍，10年前（1920年）の3.4倍というすごさである。

> ＊　具体的には，急速な拡大に伴う問題のうち最大のものは幹部人材（店長）の調達難であり，また急速な地理的拡大に伴う効果的な管理体制の再編・整備の問題も生じた（後述）。さらに，膨大な新規店舗の多くはとうぜん赤字であり，限界投資収益率がわずか5％まで低下したこと（初期投資負担の大きさ）も影響しただろう（cf. Adelman, 1959, pp.30-32）。

5）驚異的成長（2）：売上高と利益の増加

　このような店舗数の増加にほぼ比例して売上高も急増する。1912年時点で2,357万ドルであった同社の売上は，17年には5.3倍の1億2,600万ドルとなり，小売業トップのシアーズ社に急接近していた。そして20年には2億ドル台に乗せるとともに，それまでトップであったシアーズ社を抜き，ついに首位に立つのである。15－20年の平均成長率（年率）は40％弱という驚異的高さであった。この急成長はとうぜんのことながらその後やや鈍化するとはいえ，その後の成長年率は20～25年：13.3％，25－30年：19.4％ときわめて高い水準を持続していた。25－30年の売上高の伸びは表Ⅰ－2のとおりである。29年の売上10億4,000万ドルは，スタンダード・オイル（NJ）（15億2,300万ドル），ゼネラル・モーターズ（15億400万ドル），フォード自動車（11億4,300万ドル），U・S・スティール（10億9,700万ドル）の各社に次ぐ第5位を占めるに至った。ピークである30年の売上10億6,600万ドルは12年のじつに45倍，20年の4.5倍（年率16％強）もの伸びである。

　売上高増加率が店舗のそれをやや上回ったのは，1920年代後半に急速に進

第Ⅰ章　アメリカ食品小売業における寡占体制の成立

表Ⅰ-2　大手4社の売上高・純利益：1925-30年度

(単位：1,000ドル)

		1925年度	1926年度	1927年度	1928年度	1929年度	1930年度
売上高	A&P	440,014	574,080	761,237	959,859	1,040,478	1,065,807
	クローガー	116,235	146,009	161,261	207,373	286,611	267,094
	セーフウエイ	—	52,711	69,574	103,304	213,496	219,285
	アメリカン	108,900	116,902	120,665	137,312	143,346	142,770
純利益	A&P	11,974	13,984	18,400	24,200	26,200	30,743
	クローガー	3,518	4,215	4,377	5,324	6,376	2,168
	セーフウエイ	—	1,497	1,907	3,505	6,147	3,750
	アメリカン	—	7,358	7,443	5,571	6,595	5,930

出所：Selected Cos., *ARs*, respective years, その他。

展した取扱い品目の増加による単位店舗の大規模化による（後述）。それを反映して期中平均店舗数当りの売上高（以下，店当売上高）も，24年の3万1,500ドルから29年には6万8,000ドルへと倍増していた（Thorp, 1939, pp-80-81）。これに関連して店当投資額は，すでに触れたように初期のエコノミー・ストアは3,000ドルであったのが，26年時点では4,300ドルに増加していた（Baxter, 1928, p.13）。

他方，（税引）純利益の推移はどうか。1921～23年は年平均700万ドル台であったのが，24年からは1,000万ドル台に達し，その後は表Ⅰ-2のように28～29年はさらに2,000万ドル台，そして30年は3,000万ドル台に達するという順調な伸びを示した。大量出店による重い経費負担のもとでなおこれだけの純利益をあげたのである。とくに大量出店が抑制され始めた26年からは，店当売上高の急増とともに経費率が急減し，店当純利益も970ドルから30年の2,000ドル弱まで2倍以上に急増した。いい換えれば，20年代後半期（26～30年）のA&Pは，店舗数（期中平均店舗数ベース）で1.1倍，売上高で1.9倍，純利益で2.2倍，店当純利益（期中平均店舗数ベース）で2.0倍となり，いわば寡占的地位を基礎とした収益重視の企業行動期＝「収穫期」に入りつつあったといってよい。

それは，売上高純利益率の推移からも伺われる。1921年の3.5%をピークに低下傾向を強めていたのが26年でほぼ底を打ち，29年まで2.4%以上の水準を

維持した。そして30年には2.9％と急上昇する。このような行動は，競争相手に対する圧倒的なコスト優位（したがってまた価格支配力）をしだいに食いつぶす過程でもあったろう*。それは具体的には，28年を底として経費率が上昇に転じると，それを上回る勢いで粗マージンを引き上げたことに現われている。クレジットの提供，品揃えの拡大による低回転品の導入，営業時間の延長，店舗の大規模・デラックス化等，20年代末に激化した食品チェーン間のサービス競争＝高級化競争に，このようないわば保守的行動をとって対応したのである。そこにはかつての革新的行動はみられない。しかしそれによって，20年代を通じてほぼ毎年，投資収益率25％という高水準の目標を超過達成できたのである（Walsh, 1986, p.43）。

* それに関連して，小売業に一般的であるが，エコノミー・ストアも特許によって保護されていないため多くの追随者を生んだ。その結果，単位店舗レベルの競争条件は平準化するか追随者のほうが優位に立つ傾向を強める（1926年時点の店当投資額は，すでに触れたようにＡ＆Ｐは4,300ドルであったが，有力ライバルのアメリカン・ストアーズ社は同額，クローガー社は5,000ドルであった〔Baxter, 1928, p.13〕）。それ伴いＡ＆Ｐの競争優位はますます，単位店舗レベルの効率性（コスト優位性）ではなく，容易には平準化しない全社的規模の優位性に基礎を置く，有利な仕入れ条件の獲得に依存する傾向を強めたとみてよい。

3　食品小売業におけるガリバー型寡占体制の成立：1920年代

1）Ａ＆Ｐの特異な成長パターン

ではＡ＆Ｐが属する加工食品小売業界の構造はどのようなものであったか。1920年代にはその後も長期にわたって強力な地位を保持する大手食品チェーンがほぼ出揃った*。例えば，30年時点の上位6社が約40年後にいかなる地位を占めていたかを70年度『フォーチュン』の小売業売上高ランキングでみると，Ａ＆Ｐ：小売業第2位（食品小売業第1位），クローガー社：第5位（同第3位），セーフウエイ社：第3位（同第2位），アメリカン・ストアーズ社：第11位（同第5位），ナショナル・ティー社：第13位（同第7位）で

雇用労働者の労働時間と生活時間
――国際比較統計とジェンダーの視点から

●雇用労働者夫妻の生活時間を日・独・加及び日・韓で国際比較

水野谷武志著　Ａ５判・２３０頁・５４６０円

労働時間と生活時間の両方を取りあげ、ミクロ統計データを含む原資料による生活時間の国際比較方法を提案。不払残業労働の国際比較、同一世帯内の夫と妻の相互関係の統計的分析、等を究明。

国際比較：働く父母の生活時間
――育児休業と保育所

●「母性市民」から「労働市民」へ。日本の福祉システムをささえる女性像の変化

中田照子編著／安川悦子・牧田幸文・金一虹・伊佐初枝著　Ａ５判・２９３頁・６３００円

日本、スウェーデン、米英両国の女性の生活時間をふりかえりながら、「母性市民」から「労働市民」への女性像のシフトとその先の家族とケアの道筋を考察。中国についてもデータあり。

資本主義国家の未来

●戦後資本主義国家の経済・経営・社会政策の分析!!

ボブ・ジェソップ著／中谷義和監訳　ＴＨＥ ＦＵＴＵＲＥ ＯＦ ＴＨＥ ＣＡＰＩＴＡＬＩＳＴ ＳＴＡＴＥ　菊判・４８０頁・６５１０円

隣接研究の批判的検討と摂取を踏まえて、自らの資本主義国家分析のアジェンダとアプローチ方法を設定し、行論を示唆的に展開しているという点では包括的現代資本主義国家論である。

フランス地域民主主義の政治論
――分権・参加・アソシアシオン

●分権型の新しいフランス社会像を提示した「地域民主主義」運動

中田晋自著　菊判・３５０頁・６３００円

中央集権国家の典型とされるフランスで台頭する地域民主主義の潮流を分析することで、デモクラシーの主体を抽象的な国民から具体的な住民へと移行させ地域（ｌｅ ｌｏｃａｌ）に新たな活力を見出す。

イマジナリーな領域
ＴＨＥ ＩＭＡＧＩＮＡＲＹ ＤＯＭＡＩＮ

●ポストモダン系フェミニズム法哲学の旗手コーネルの最重要文献

ドゥルシラ・コーネル著／仲正昌樹監訳　菊判・３５６頁・３９９０円

「中絶」「ポルノグラフィ」「セクシュアル・ハラスメント」の三大テーマに焦点を当て、「イマジナリーな領域への権利」「保護」という視点から、ポスト・リベラルな正義論の可能性を模索。

複雑適応系における熱帯林の再生
――違法伐採から持続可能な林業へ

●持続可能な森林管理システムのための市場条件・制度的条件!!

関良基（地球環境戦略研究機関研究員）著　Ａ５判・３１０頁・５９８５円

人間社会と森林を含むシステムを複雑適応として把握し、持続可能な資源管理システムが住民の適応戦略を通して形成されていく過程をルソン島北部の商業伐採跡地を事例に考察。

地域インキュベーションと産業集積・企業間連携
――起業家形成と地域イノベーションシステムの国際比較

●国内調査と、西欧・中東欧・中国など諸外国の事例を通して多面的に検討

三井逸友編著　Ａ５判・３４０頁・５７７５円

国内調査と西欧・中東欧・中国など諸外国の事例から、創業支援や産学連携、産業集積活性化、新産業創造といった政策の意義を、経済学・経営学・産業社会学等の最新動向を踏まえ究明。

日系人の労働市場とエスニシティ
――地方工業都市に就労する日系ブラジル人

●不況下における日系人労働者の雇用・労働・生活を分析！

大久保武著　菊判・２３０頁・４７２５円

地方工業都市に就業する日系人労働者の存在を、労働市場分析とエスニシティ研究を統合させた視点に立って、構造的かつ実態的に分析し、労働現場における日系人の存在をアクチュアルに解明。

御茶の水書房　113-0033 東京都文京区本郷5-30-20 電話03(5684)0751
ホームページ http://www.ochanomizushobo.co.jp/

リーン生産方式の労働
――自動車工場の参与観察にもとづいて

大野 威著　A5判・二二六頁・二八〇〇円

●トヨタ生産方式は本当にフレキシブルで効率的な生産方法なのか
国内二つの自動車メーカーで行った参与観察にもとづく、トヨタ生産方式における労働のあり方、技能形成の実態を究明。

戦後高度成長期の労働調査
――高度成長期(一九五五〜七三年)の土木業の日雇、小規模小売業、内職などの業内労働者、「下層」労働者の実証分析。

近松順一著　A5判・四一八頁・五六〇〇円

●「底辺」「下層」の人々の労働実態に迫る

良い社会を創る――21世紀のアジェンダ

高木郁朗・生活経済政策研究所編　四六判・二三〇〇円

二〇三〇年を想定して、「良い社会」とはいかなるものか、それは誰がどのように実現していくのか。あるべき福祉レジームのデザインと、それを実現してゆく主体を提示。高木郁朗/里深文彦/駒村康平/江原由美子/成川秀明/増田祐司/篠田徹執筆

国際女性デーは大河のように

伊藤セツ著　A5判・一九二頁・二六〇〇円

●世界平和を希求する21世紀の「国際女性デー」のために
世界平和を希求する地球規模の女性連帯の日の起源と意義を再確認し、21世紀の国際的女性運動の視点を問いなおす。

女性文化とジェンダー

昭和女子大学女性文化研究所編　A5判・二九〇頁四八〇〇円

●現代フェミニズムの行方と「女性文化」―21世紀「女性文化」へ
「女性文化」とは?フェミニズム、ジェンダー研究等の理論を参照しつつ、多様な研究成果から浮かび上がらせる。

証言 産別会議の運動

法政大学大原社会問題研究所編　A5判・三九〇頁・六五〇〇円

●占領期の日本労働運動史・労使関係史の基礎資料
産別会議から産業民主主義の展開や経済再建との関連を視野に入れた労働運動史・労使関係史の解明。

高齢者のコミュニティケア
――新しいキュアのシステムと総合的在宅ケアの提案と実践。そしてシステムを活かす利用者と専門職の人間的交流を叙述。

嶺学・天本宏・木下安子編　A5判・二四四頁・三八〇〇円

●新しいアプローチで在宅高齢者の生活の質を高める提案と実践

ドイツ労資関係史論

野村正實著　A5判・三五〇頁・六五〇〇円

●ドイツ労資関係の特質を把握!!
ルール炭鉱業における国家・資本家・労働者について、資料を駆使して分析したルール炭鉱業の労資関係の最突端に位置したルール炭鉱業の労資関係の特質、資料を駆使して位置した本格的モノグラフ。

英国機械産業労使関係史

古賀比呂志著

●イギリス労働市場の基本構造の歴史的形成
[上巻]職業保護政策の形成と一八五二年のロックアウト「ヴィクトリア黄金時代」において地域毎に慣行的に形成・確立された機械工によるクラフト規制のルーツと労使関係の展開。A5判・四九〇頁・八一二〇円 七二〇〇円

中国「国有企業」の経営と労使関係

李捷生著　A5判・四九〇頁・八一二〇円

――鉄鋼産業の事例(一九五〇年代〜九〇年代)
技術移転を通じて生産性を国際水準に高めることに成功した国有企業の経営方式と労務管理システムの実態と特徴に迫る。

御茶の水書房　113-0033 東京都文京区本郷5-30-20　電話03(5684)0751
http://homepage1.nifty.com/ochanomizu-shobo/　▶価格は税別◀

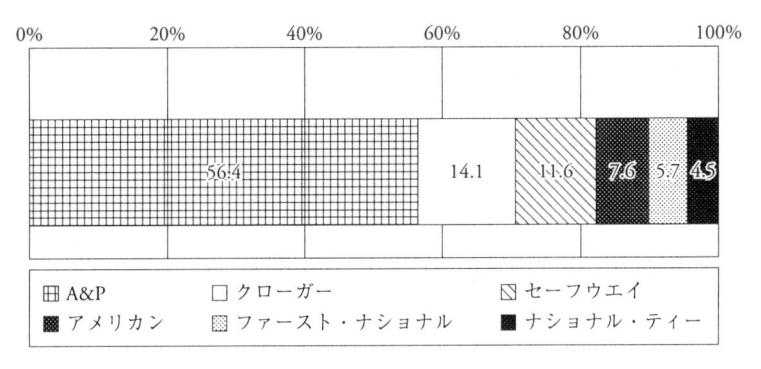

図Ⅰ-1　大手6社の売上高相対シェア：1930年度

	A&P	クローガー	セーフウエイ
	アメリカン	ファースト・ナショナル	ナショナル・ティー

A&P: 56.4　クローガー: 14.1　セーフウエイ: 11.6　アメリカン: 7.6　ファースト・ナショナル: 5.7　ナショナル・ティー: 4.5

出所：Selected Cos., *1930 AR*, その他より作成。

あり，第31位のファースト・ナショナル・ストアーズ社（First National Stores, Inc.）以外はほぼその地位を維持している。30年時点におけるこれら6社の売上高相対シェアは図Ⅰ－1のとおりである。

　＊　ちなみに，1919年時点で100店以上を経営する食料品チェーンはわずか3社であったが，30年時点では35社となった。

本章ではこれら企業のうち，この期におけるその地位の優越性と安定性のゆえに，A＆P，クローガー，セーフウエイ，アメリカン・ストアーズの上位4社を中心に取り上げる。

食品小売業においてこのような寡占体制が成立するのは主として，「チェーン・ストア時代」といわれるこの1920年代における急激な新規店舗展開と急激なM＆A（とくに異なる地域市場で経営している同業種企業間の合併＝市場拡張型合併〔market extension merger〕）を通じてであった（詳細は後述）。

ところがこのような食品小売業界の一般的趨勢とは対照的に，A＆Pでは1914～30年の間，新規開店1万9,749店に対し買収はわずか300店であり，両者の合計＝グロス店舗増加数に対する買収店舗比率はわずか1.5％に過ぎない＊。つまり，ほとんどもっぱら内部成長により驚異的成長をとげたのであ

43

表 I-3　大手食品チェーンの集中度

(単位：％)

年度	A&P	2〜8位	上位4社	上位8社
<食料品店販売総額中のシェア>			
1920	3.3	2.5	5.7	5.8
1921	3.7	3.2	6.5	6.9
22	4.3	3.5	7.1	7.8
23	4.8	4.2	8.0	9.0
24	5.6	4.8	9.3	10.4
25	6.7	6.2	10.9	12.9
1926	8.2	6.6	12.8	14.8
27	10.9	7.8	16.2	18.7
28	13.2	9.1	19.3	22.3
29	14.3	12.4	23.1	26.7

出所：German (1978), p.33, Table 1-10.

る。この点で同社は食品小売業界できわだった独自性をもつ。しかもその帰結がガリバー型寡占の成立という点でも異例であった。

＊　表 I-1の数字とやや異なるが，連邦取引委員会の調査によれば，両者の合計2万49店が同期間のグロスの店舗増加数であり，この期間の閉鎖店舗4,896店を差し引いた1万5,153店が店舗純増となる（FTC, 1932, pp.20-21, 76, Table 5 and Appendix Table 4）。なお，買収の300店は，1925年（完全買収は27年）におこなわれたケンタッキー州とインディアナ州南部で加工食品雑貨チェーンを経営していたクエーカー・メイド社（Quaker Maid, Inc.）の店舗である（FTC, 1935, p.9）。

では，これら大手食品小売企業の集中度はどの程度であったのか。表 I-3でその点を確認しておこう。同表のように，全米食料品店販売総額に占めるA＆Pのシェアは，1920年の3.3％から急速に上昇し，27年にはついに10％を超え＊，29年には14.3％にも達した。しかもその水準は，20年代を通じていずれの年も，ライバルである第2〜8位の7社合計シェアを上回るほど圧倒的であった。文字どおりガリバー型寡占の成立である。だがA＆Pを除く上位3社もこの期間に，A＆Pほどではないがほぼそれに匹敵する約3.6倍も

シェアを高めた。

* 出店地域のシェアを示すリンドレー判決（1946年9月）における政府推計では，25～26年当時の同社全33ユニット（地域事業部の下部組織単位）のうち，シェア15％以上が1，10～15％が11，5～10％が12，5％以下が9ユニットであったという（Andrews, 1950, p.71）。

2）クローガー社の追撃：M＆Aの追求（1）

　Ａ＆Ｐがガリバー型寡占となりえたのは，当時の食品小売産業の構造が基本的に，独立商からなる均質的な「原子状」であった（19世紀的段階）ことを基礎条件として，すでにみたように，圧倒的競争力をもつ最新鋭業態であるエコノミー・ストアを集中豪雨的に展開したからである。

　しかし，ほとんど特許が存在せず，複雑なノウハウも必要とせず，創業資金も相対的に小額の食品小売業分野では，参入障壁が低いため長期にわたってガリバー的地位を維持するのはむずかしい。Ａ＆Ｐの成功を目の当たりにしてライバル企業の対抗行動が刺激される。以下では，そのうち強力な競争相手となるクローガー，セーフウエイ，アメリカン・ストアーズの各社の動向をみておこう。3社はいずれもＡ＆Ｐとは対照的に，M＆Aに大きく依存する外部成長型企業として発展した。

　1930年時点で第2位のクローガー社（以下は主として，Phillips, 1936；Laycock, 1983，による）は，創業者バーナード・クローガー（Bernard H. Kroger, 1860～1933年）が1882年，現金722ドルでオハイオ州シンシナティに開設した加工食品雑貨店からスタートした。同店は順調な発展をとげ，グレート・ウェスタン・ティー社をへて1902年，40店，売上約175万ドルの時，クローガー・グローサリー・アンド・ベーキング社として法人登記をした。その後，いくつかの買収と加工食品雑貨店として初のベーカリー，肉部門の導入というイノベーションを通じて順調な発展をとげ，さらに17年には，デトロイトで125店を経営していたチェーンを買収して一挙に店舗数を2倍にする。

　それ以降創業者のバーナードは，形式的には1928年まで社長を続けたもの，経営の第1線から退き*，1908年以来の同僚で副社長兼ゼネラル・マネ

ジャーのウィリアム・アルバース（William H.Albers）に同社の経営を委ねた。アルバースは，バーナードの基本政策である慎重な内部成長路線を踏襲し，その限りではＡ＆Ｐと類似の行動をとっていたといえる。その結果，21～27年の成長率は店舗数，売上高とも有力ライバルに比べ相対的に低い水準にとどまった。事実，24年時点では売上高9,000万ドル余（Ａ＆Ｐの26％），純利益319万ドル（同27％）であったのが，27年にはそれぞれ1億1,300万ドル（同21％），438万ドル（同24％）とＡ＆Ｐとの格差はむしろ拡大していた。しかし20年代に，加工食品雑貨中心の取扱いをしていた従来の店舗を，精肉や野菜も取り扱ういわゆるコンビネーション・ストア化する上で先導的役割を果したのは同社である。27年時点で全店の44％がこのタイプの店舗であった（Ａ＆Ｐは30年時点で25％）。

* その理由は不明であるが，彼はシンシナティに銀行を設立し，都市間鉄道の建設に関与し，また多数の不動産も保有していたので，それらの活動と関連があるのかもしれない（Hayward & White, 1928, p.494）。

ところが1927年12月，創業者バーナードが支配持株を売却し（ただし，29年恐慌後買い戻した），さらに28年1月に社長も辞任*して後任にアルバースが就任するや一転し，当時の株高を利用した株式交換による買収を積極的に推進し始めた。最高経営責任者の交代による企業行動の変化が極端な形で示された1例である**。

* Kroger, 1927 AR, によれば，バーナードは新設の会長に就任しているが，1930 AR には記載がない。また31年には，本人の申し出により取締役も辞任している（ただし，代わりに息子が就任）。創業者の影響力は，アルバース時代にほぼ消滅したとみてよいが，その点はアルバース辞任後も変わらなかったようである。
** 当時まだ取締役にとどまっていた前社長バーナードは「君が（買収による）店舗開設をやめない限り，私は次の汽車に乗って故郷へ帰る」との電報を打ったという（Barton, 1928, p.22）。

まず1928年に――同年，全米食品チェーンの数を減少に転じさせるほどの

買収件数（34チェーン）があったが，そのうちじつに——19チェーン（うち6チェーンが各100店以上経営），計1,500店余を同社が占めた。その買収地域は主として中西部と南部の11州である。それに加えて210店を新規開店した。その結果，同社の28年末の店舗数は，前年比1,500店以上の大幅純増（1.4倍）となり，期末店舗総数も一挙に5,000店台に乗せた。そして29年にはさらに消費者衛生コーヒー・バター店会社（297店）を始めとする9チェーン，計537店を買収する。

こうした買収が一段落した1929年末時点では，店舗数5,575店へと27年度水準の5割弱の増加である。売上高も2億8,700万ドルと同78％，純利益も637.6万ドルへと同46％それぞれ増加していた（表I－2）。驚くべき急成長といってよい。25〜30年の売上高成長率（年率）は18.1％とＡ＆Ｐに近い水準であった。連邦取引委員会の調査によれば，同社の買収店舗総数（1903〜30年）は2,245店ときわめて多く，グロス店舗数に対する買収店舗の比率は32.6％という高率であり，その大半は20年代末の大規模買収による（FTC, 1932, pp.20-21, 76, Table 5, Appendix Table 4 ; Phillips, 1936, pp.206-07）[*]。

    * このようなＭ＆Ａトレンドにより，食品チェーン業界ではそれ以前の15年間とは逆転し，1915〜28年には新規参入のチェーン企業数の増加率が鈍化し，1チェーン当りの店舗数がきわ立って増加するのである（Beckman & Nolen, 1938, pp.21-22）。

クローガー社の店舗の地理的展開をみると，1928年までは8州に展開していただけであり，その後も主としてオハイオ州北部，ミシシッピー河以東の中西部セクションに店舗総数の74％が集中している。とくにオハイオ，ミシガン，イリノイの各州に多い。ということは，28年時点までもっぱら西部地域を中心に展開していたセーフウエイ社とは直接の競争関係になかったということである。しかし，より広域に展開していたＡ＆Ｐとは多くの地域市場で競争関係にあったし，28年末以降は，東部へ積極展開を始めたセーフウエイ社とも直接の競争関係に入った。かくして，20年代末からは，大手4社が直接の競争関係に入るのである。

なお付言すれば，同社は，Ｍ＆Ａによる急拡大という企業組織の脆弱期

（ばらばらの寄せ集め）を狙ったかのように1929年10月に始まる大恐慌に直撃され、純利益が29年の640万ドルから一挙に220万ドルへと3分の1に低下し、深刻な経営危機に陥る（それは、29年の大合併で一挙に巨大百貨店となったアライド・ストアーズ社が直面した事態と酷似している）。そしてその責任を問われてアルバース社長の首が飛ぶ（30年4月）*とともに、M＆Aによる急成長の後遺症に悩まされることになる（94ページ以下参照）。

* 彼はのちに「スーパーマーケット」を社名に冠した最初の経営者となり、スーパー・マーケット協会（Super Market Institute）の初代会長になる〔第Ⅱ章参照〕）。

3）セーフウエイ社の追撃：M＆Aの追求（2）

　セーフウエイ社の前身の1つは、スカッグズというバプティストの牧師が、貧しい農民を助けるためにアイダホ州アメリカン・フォールズに開設した小規模な食料品店（576平方フィート〔53.5m²〕）である（以下、主として Fortune, 1940b ; Safeway, 1926 AR, 1975 AR, 2000 AR, による）。1915年、息子の1人マリオン・スカッグズ（Marion Barton Skaggs）*がその店舗を1,088ドルで買い取り急成長を始める。そして25年には、彼が所有・経営する食料品チェーン（本社オレゴン州ポートランド）はオレゴン、ネヴァダ、アイダホ、モンタナ、カリフォルニア州北部で加工食品雑貨店250店のほか食肉店、ベーカリー等（計428店ともいわれる）を経営する有力チェーンとなっていた。もう1つの前身は、1920年頃と思われるが、ウェルドン（W. R. H. Weldon）が経営する加工食品雑貨卸売商が、サム・シーリッグ（Sam Seelig）経営のカリフォルニア南部の有力加工食品雑貨店チェーン、サム・シーリッグ社（Sam Seelig Co. 25年時点で322店とベーカリー2）を買収して社名をセーフウエイ社とした企業である。

* マリオンの兄弟の1人は、1939年にドラッグ・チェーンを設立し、それはのちに有力ドラッグ・チェーンのスカッグズ社（Skaggs Cos., Inc.）となった。その息子のサム（L.Sam Skaggs）は79年、『フォーチュン』の小売業売上高ランキング第39位（78年度）でありながら同第12位でスーパー業界第6位の巨

大企業アメカン・ストアーズ社を買収し，新社名には被買収企業のアメリカン・ストアーズ社を採用した（167，267ページ参照）。この大型買収により，皮肉にもサムは，おじがかつて社長・会長を務めた企業と直接の競争関係に入ったわけである。

この両社の合併は以下のような過程をへる——：
1926年3月：持株会社セーフウエイ・ストアーズ社（Safeway Stores, Inc.）をメリーランド州で設立し，同社はすぐカリフォルニア南部にある同名の事業会社（前記）を買収。
1926年3月：事業会社のセーフウエイ・ストアーズ社は，カリフォルニア南部で加工食品雑貨店84店とベーカリー2を経営していたシャフィー社を買収。
1926年7月：スカッグズ・グループ（428店。前記）とセーフウエイ・グループが統合され，新持株会社をセーフウエイ・ストアーズ社の社名のもとに再度メリーランド州で法人登記。「ムダのない流通」をモットーとする同社が，現在に至るセーフウエイ・ストアーズ社（ただし90年にSafeway, Inc.に社名変更。以下セーフウエイ社）であり，合併された各社は同社の完全子会社の事業会社群となる。

この時点での典型的店舗は1,000平方フィート（93m^2）とやや大型で，取扱い品目は700，従業員数は3〜4人，年商7.0万ドル，1店当り投資額は約1.0万ドルであった。

1926年のこの大合併を推進したのは，後述のように小売チェーン業界の成長性にいち早く着目していた新興投資銀行メリル・リンチ社（Merrill, Lynch & Co., 14年設立）のチャールズ・メリル（Charles E. Merrill）であった。その後彼は，広範に所有していた小売チェーン他社の持株はしだいに処分する（57ページ注参照）ものの，セーフウエイ社にかんしてだけは保有（30年1月時点で普通株式の20％）し続ける（それ以前は不明であるが，28年にはセーフウエイ社の5の取締役の1人）。そしてとくに30年以降は，メリル・

リンチ社内でのパートナーたちとの軋轢もあって同社を離れ（復帰は40年），関心をこれまでの本業である金融サービス業からこの新設巨大食品チェーンの支配へと決定的に移行させるのである。彼は，34年にセーフウエイ社の取締役を辞任し，その後も同社でいかなる役職にも就かず東部にとどまっていたものの，大株主として56年の死去まで同社を実質的に支配し*，「わが人生を同社に捧げた」と称するほどになる（Perkins, 1999, pp.1-2, 108, 242）。

* 1955年以降，セーフウエイ社の会長兼最高経営責任者〔CEO〕となるロバート・マゴワン（Robert A. Magowan）はチャールズの娘婿であり，ロバートの息子のピーター・マゴワン（Peter Magowan）も同社の会長兼CEOとなるから，その支配は88年のKKR（Kohlberg Kravis Roberts & Co.）による同社のLBOまで続いたといえる（169ページ注参照）。

こうしたタイプの支配にとって決定的に重要なのは，彼に忠実でしかも有能な食品チェーン経営者のリクルートである。新持株会社セーフウエイ社の社長には当初，事業会社セーフウエイ・ストアーズ社の社長であったウェルドンが就任するが，チャールズは全事業子会社の社長兼CEOに，業界で評判の高かったマリオン・スカッグズを就けた。そしてマリオンは，積極的な拡大戦略の採用の点でチャールズと一致し，28年にはウェルドンに代わって新持株会社の社長に就くとともに，管理運営面で大幅権限を与えられ自由に腕を振るえることになったのである（cf. Perkins, 1999, pp.111-12）。

さて，以上の経過をへて食品店とベーカリーを経営する次の事業子会社グループが形成された——①スカッグズ・セーフウエイ・ストアーズ社（Skaggs-Safeway Stores, Inc.）：カリフォルニア州北部と中部で経営するカリフォルニアの会社。②セーフウエイ・ストアーズ社：カリフォルニア州南部で経営。③①と同名の別会社：オレゴン，ワシントン，アイダホ，ネヴァダ，コロラド，ネブラスカの各州で経営するネブラスカの会社。

その後セーフウエイ社は次のような猛烈な M & A を展開する（Safeway, *1928 AR*）——：

・1928年1月：アリゾナ食料品会社——フェニックスで24店，食肉店24店（食肉店は通常食料品店に併設。以下同じ）。

・1928年6月：ニューウエイ・ストアーズ社（スタンダード食料品会社？）——テキサス州エルパソで14〜15店，食肉店11店。
・1928年11月：衛生食料品会社——首都ワシントンとヴァージニア州で429店，食肉店67店。
・1928年11月：イースタン・ストアーズ社——ボルティモアで67店，食肉店12店。
・1928年11月：ピグリー・ウィグリー太平洋会社——オークランド，その他で91店，食肉店84店。
・1928年12月：ピグリー・ウィグリー・システムのもとで元バード食料品店会社が経営していたテキサス，ミズーリー，アーカンサス，その他の224店，食肉店210店。
・1929年1月：サン食料品会社——オクラホマ州タルサで50（67？）店。
・1929年2月：ピグリー・ウィグリー西部会社——ロサンゼルスで174店，ソルト・レーク・シティで14店。

このように，クローガー社と同様セーフウエイ社の場合も買収率がきわめて高い。連邦取引委員会の調査によれば，同社は1903〜30年の間，買収750店，新規開店2,037店で，計2,787店のグロス店舗数増加のうちの買収率は26.9％の高率である（FTC, 1932, pp.20, 76, Table 5 and Appendix Table 4）が，この算定には疑問がある。上記からも推測されるように，セーフウエイ社は実質的に，17年のアメリカン・ストアーズ社と同じく，26年の大合併に始まる一連のM＆Aにより一挙に成立したとみてよい（30年末時点の店舗数は2,691店）。

同社のこの間の売上高と純利益の伸びは表Ⅰ－2のとおりである。このような急激な成長をへて同社は，1929年時点では全米第3位の食品チェーンとなった。26〜30年の売上高成長率（年率）は42.8％と，次位のA＆Pの19.4％に比べても圧倒的に高い。なお同社は，29年にはカナダ・セーフウエイ社（Canada Safeway Ltd.）を設立してカナダへ進出した。

さて，マリオンは1934年にウォーレン（Lingan A. Warren）に社長職兼CEO

を譲り，自らは会長に就任した。職を転々としていたウォーレンは，小売チェーン事業に深くかかわっていた投資銀行家チャールズ・メリルと友人になったのを機に小売チェーン業で職を得た。そして28年，メリル・リンチ社に採用され，セーフウエイ社と競争関係にあった西海岸の大規模食品チェーン，マックマー・ストアーズ社（MacMarr Stores, Inc. 1,382店。29年，2社の合併により設立）の買収工作に従事する。社長職就任はその功績によるものだろう。シアーズ社等一部を除くと，内部昇進が一般的であった当時の小売業では異例の人事であった。

　1931年に実現したこの重要な大型買収によってセーフウエイ社は，売上高でクローガー社を抜き全米第2位の食品チェーンとなった。同社が主として展開する西部10州では，食料品販売総額の約18％のシェアを有し，とくにそのうちの5州では約25％という圧倒的シェアをもっていた（FTC, 1935, p.21）。この寡占的地位は同社の高収益に結びついていく。

4）アメリカン・ストアーズ社の発展：M＆Aの追求（3）

　同社の初期発展については『アニュアル・レポート』にもほとんど記載がなく，不明である（連邦取引委員会の調査でも不明としている）が，創業者の1人でのちに初代社長（1917～37年）となるサミュエル・ロビンソン（Samuel Robinson）は1891年初め，同じくのちに創業者の1人で副社長となるロバート・クロフォード（Robert H. Crawford）とパートナーシップを組み，フィラデルフィアで加工食品雑貨店を開店した。その店が順調に発展して，のちにロビンソン・アンド・クロフォード社として1917年4月の大合併（デラウエア州で法人登記）で成立したアメリカン・ストアーズ社の中核の1社となったようである（American Stores, 1958 AR, 1977 AR）。なお同社はロビンソン一族の同族会社的色彩が強いようで，36年時点でも，役員7人のうち3人がロビンソン姓，取締役10人のうち3人がロビンソン姓である。

　さて，大合併により同社を構成するようになった主な企業とその店舗数は，いずれもフィラデルフィアを本拠とするロビンソン・アンド・クロフォード社（186店），ベル社（214店），チャイルズ食品会社（268店），ジョージ・

M・ダンロップ社（122店），アクメ・ティー社（433店）で，一挙に店舗数1,223（あるいは1,227）店の巨大食料品チェーンが出現した。それら事業会社はアクメ・マーケッツ社に統合され，別に持株会社としてアメリカン・ストアーズ社が設立されたようである。同社設立時の店舗数は当時のA＆Pのそれの約3分の1であり，クローガー社の440店を遥かに上回る。

　その後，理由は分からないがやや低迷した。しかし1920年代末になると，同社も活発なM＆Aを再開し，28年3月にU・S・ストアーズ社からニュージャージー州北部の305店，29年にはカップ食料品会社から62店，その他を買収し，新規開設を含め両年で513店も増やして，30年末時点では——売上では及ばないものの——店舗数では2,728店と，セーフウエイ社を上回るほどに達した。同社の25年以降の売上高と純利益の推移は表Ⅰ-2のとおりである。25～30年の売上高成長率（年率）は大手4社のうちではきわめて低く，わずか5.6％である。

5）財務構造（1）：内部留保による資金調達——A＆P

　以上のような高度成長はいかにファイナンスされたか。A＆Pの場合，新業態エコノミー・ストアの急速な展開初期の1916年には額面300万ドル，17年には200万ドルの6％利付き優先株転換ノート（いずれも期限5年）が発行され，合計約510万ドルを調達した（Bullock, 1933b, p.68 ; Adelman, 1959, p.27）。それらは21年に転換が完了し，その後は長期負債ゼロが続き半世紀に及ぶ。短期負債も巨大な売上水準に比し驚くべき低水準（実質的にゼロ）で推移する。つまり，未だ円滑な蓄積軌道に乗らないエコノミー・ストアの立ち上がり期を除くと，同社はもっぱら内部留保によりファイナンスし，とくに22年以降25年まで年平均2,204店，1日平均6店という猛烈な店舗純増も，外部資金に依存することなくファイナンスされたのである。

　それには次の2点が大きく寄与した。第1は，同社が非公開会社であり，ハートフォード兄弟が議決権株の100％を保有し*，彼らの完全なコントロールのもと，高収益でありながら配当性向を抑え内部留保率をできるだけ高くできたことである。第2は——すでに触れたように（39ページ注）——出店

をほとんどもっぱら，資本の固定化を回避したリース（更新オプション付き1年の短期リース）によりつつおこなったことである（Walsh, 1986, p.30）。

* ただし，1930年頃には，同社の普通株200万株のうち12万株は場外市場経由で一般大衆の所有，約24万株が従業者所有，残り約150万株以上が兄弟を中心とするハートフォード一族の所有になっていたといわれる（*Fortune*〔July 1930〕, p.46）。

その結果，同社は圧倒的に強力な財務ポジションを築き上げた。まずキャッシュ・ポジションについてみると［現金・預金＋市場性証券］の資産総額比は，出店テンポが鈍化した1920年代後半にはほぼつねに25％以上を維持し，とくにピークの30年にはじつに4割台に乗せ，文字どおり過剰流動性さえ示すのである。手元流動性比率（［現金・預金＋市場性証券］／月間平均売上高）も20年代を通じてほぼ4割台を維持していた。また同社のキャッシュ・フロー（減価償却実施額＋税引当期純利益）は，ピークの30年には3,700万ドルにも達した（この水準は戦前期に超えられることはなかった）。

内部留保は，過大な出店をした1925年にはさすがに前年の約4,000万ドルから約900万ドルに急減するが，それ以降は再び急速に増え，28年には24年水準を大きく超えるとともに，30年には7,400万ドルにも達し，ある種の過剰資本状況を窺わせるほどである。

6）財務構造（2）：株式市場からの資金調達
　　――クローガー社とセーフウエイ社

Ａ＆Ｐほど強固な財務体質を構築してはいないが，クローガー社の場合にもやや類似の傾向がみられる。1925～29年の間，配当性向をほぼ3割台に抑え，高い内部留保率を維持した。キャッシュ・ポジションも，20年代末には700～800万ドルという，同社としてはかなり高い水準に達した。これに対しセーフウエイ社の場合は配当性向が4割台とやや高く，内部留保率も低いとはいえ，やはり比較的強力な財務体質を築いていた。

この両社とも，Ａ＆Ｐと同様1920年代に長期借入金はなく，短期のそれも

セーフウエイ社が200万ドル台に達した程度である。クローガー社の社長モリル（Albert H.Morrill，元リーマン・ブラザーズ社〔Lehman Bros. & Co.〕顧問弁護士）はパットマン委員会の証言でのべている——26～28年はリーマン・ブラザーズ社がクローガー社のメイン・バンクであったが，現在は関係なく，当社はいまや融資も銀行も必要なく，したがってメイン・バンクもない，と（U. S. HR, 1935a, p.45）。

　急速な事業拡大をファイナンスする上でこの2社がA＆Pと決定的に異なるのは，1920年代株式ブームを利用して直接金融に依存した点である。そのことが銀行からの長期借入れや社債等への依存をゼロとさせた。事実クローガー社の払込み資本金は27年の525万ドル（普通株式のみ）が28年には一挙に2,740万ドル，そして29年には3,140万ドルに急増している*。また，27年に普通株式を公募（店頭取引で1株226ドル）したセーフウエイ社は，28年に1対5の株式分割をし，28年12月にニューヨーク証券取引所へ上場した。同社の払込み資本金は，28年の2,280万ドルが30年には3,060万ドルに増加している。それらはいずれも28～30年の買収活動をファイナンスするためのものであった。

　　＊　同社は株式公開（1株70ドルで27.5万株）により1928年に1,925万ドル調達
　　　したといわれる（Hayward & White, 1928, p.12）。それには長年同社と関係の
　　　深かった投資銀行リーマン・ブラザーズ社が関与していたと思われる。なお，
　　　27年には後者のパートナー，ジョン・ハンコックがクローガー社の11人の取
　　　締役の1人となっている。ハンコックは同時に，大手食品チェーンのアメリ
　　　カン・ストアーズ社およびシアーズ社の取締役でもあった（U.S.HR, 1935b,
　　　pp.3, 5）。

7）小売業における資金調達方法の変化

　食品分野に限らずヴァラエティ・ストア，ドラッグ・ストアを含む小売業におけるチェーン・ストアの形成期である1910年代，各社は一般的にその拡大資金の調達を内部留保に大きく依存していたが，それは外部資金の調達が困難であったことの反面でもある。そのためA＆P等一部の企業を除く大半のチェーンは，着実に成長していたとはいえ20年代ほどめざましいものでは

なかった。商業銀行は一般に，在庫金融のための短期資金の提供には応じてもターム・ローン（長期貸付）は拒否したし，エリート投資銀行は主として鉄道，政府証券，有力な公益事業会社や製造企業に関心をもち，新興の小売企業はいわば二・三流企業としてその社債，株式等の引受け・発行には冷淡であった（Perkins, 1999, p.60）。そうした状況下で二流以下の投資銀行や証券会社の中から小売チェーンの成長性にいち早く着目し，積極的にアプローチして小売分野の金融サービス・スペシャリストとして大成功を収める企業が出現する（彼らは顧客の普通株式の大量保有もおこなった）。その代表ともいえるのが14年設立されたメリル・リンチ社*であった（Perkins, 1999, pp.78, 83, 100-01）。その過程で，すでにのべように20年代後半，チャールズ・メリルはセーフウエイ社の支配権を掌握するのである。

* ほかに，小売企業へのアプローチで比較的熱心であったのは，ゴールドマン・サックス社（Goldman, Sachs & Co.）とリーマン・ブラザーズ社である。1911年の旧ウールワース社を中心とするヴァラエティ・チェーン数社の合併による巨大な新ウールワース社の誕生の際，投資銀行ゴールドマン・サックス社はニューヨーク証券取引所への上場をアレンジした（普通株式5,000万ドル，優先株1,500万ドル）（Winkler, 1940, pp.174-75）。同社はまたシアーズ社とも関係が深く，シアーズ社のジュリアス・ローゼンウォルド（Julius Rosenwald）はヘンリー・ゴールドマンとは少年時代からの友人で，1906年のシアーズ社の株式公開時や，短期資金の不足により生じた1920年の経営危機を回避するためシアーズ社が5,000万ドルの社債発行をおこなった際，引受けシンジケートの幹事となった（ほかにリーマン・ブラザーズ社とシカゴの4行）（Emmet & Jeuck, 1950, pp.54-55, 201；中野，1985年，29ページ）。

なお，メリル・リンチ社が証券発行・引受けにより資金調達に関与した小売チェーンには，1910年代以降ヴァラエティ・ストアのマクローリー・ストアーズ社（McCrory Stores Corp.），クレスゲ社，J・J・ニューベリー社，靴チェーンのG・R・キニー社，食品チェーンのジョーンズ・ブラザーズ・ティー社とグランド・ユニオン社，ドラッグ・チェーンのピープルズ・ドラッグ・ストアーズ社，衣料品チェーンのラーナー・ストアーズ社等があり（Perkins, 1999, pp.86-87, 101），28年時点では次の企業が含まれている（cf. The Chain Store, 1928の裏表紙）——大手食品チェーンではファースト・ナショナル・ストアーズ，ナショナル・ティー，セーフウエイの各社，非食品

関係の大手小売企業ではクレスゲ，J・C・ペニー，ウォルグリーン（Walgreen Co. ドラッグ・チェーン）の各社。

　ついでに付言すれば，チャールズ・メリルは1928年初め，株価がピークに近づいていると警告し，パートナーのリンチなどの反対を押し切って広範な保有小売株式を処分（ただし，すべてではなく，株価回復期の1933～39年にも大量処分）したのでその先見性が評判を呼んだ（Perkins, 1999, pp.102-106）。緊密な関係のあったマクローリー・ストアーズ社やクレスゲ社とも，それぞれ30年代初めに関係を解消し（Perkins, 1999, p.121），なお保有を続けた少数の企業のうちマックマー・ストアーズ社は，すでに触れたように買収した。

　一般に，1920年代に大規模チェーンの株式公開が大きく進んだ。もちろん，A＆Pのようなオーナー経営型企業や経営基盤の強固な小売チェーンは，会社支配権の喪失に道を拓きかねない株式公開に消極的であった（その恐れのない，優先株の発行による資金調達が選好されるケースもあった）。しかし一般的には，20年代後半の株式ブームのもとで，巨額の創業者利得が期待できること，さらには業績好調のチェーンに投資銀行が注目し，絶好の投資対象として積極的に株式公開・発行の斡旋・仲介・引受け，さらにはM＆Aの推進に乗り出した。それに伴い，大勢としては26年以降株式の公開が活発化するとともに，とくにチェーン業界におけるM＆Aが驚異的に増加する（FTC, 1932, p.8）。

　もちろん公開されたチェーン株式の続伸もこうした動きを加速させた（Barnes, 1927, pp.76ff.）。そして1920年代末には約60チェーンの株式が証券取引所で売買（店頭を含む）されており，その多くはいまや，かつての鉄道株のように花形株として一流株式の仲間入りをしたのである。なお，当時にあっては売出しの最低規模は100万ドルであった（Nystrom, 1930, pp.259-60；Hayward & White, 1928, pp.12, 365-70；Copeland, 1929, p.369；Webb, 1963, pp.59-60）。

4　1920年代の小売イノベーションと管理体制の整備

1）なし崩し型イノベーション：コンビネーション・ストア化

　すでにのべたように，Ａ＆Ｐを急成長させる推進力となったのは新業態のエコノミー・ストアではあるが，それは1920年代に早くも業態調整を余儀なくされ，20年代中頃には原型に近い店舗はほとんど姿を消し，「新規店舗はエコノミー・ストアとは似ても似つかないもの」となった（Walsh, 1986, p.40）。店舗は拡大・改装（デラックス化）され，あるいは立地変更された（*Fortune*, 1930, p.47）。最新鋭業態といえども，原型に近い形態では10年余りしか通用しなかったのである。業態調整つまりなし崩し型業態イノベーションはまず，取扱い品目の増加，したがってまた店当投資額を増加させる単位店舗の拡大となって現われた（42ページ注参照）。当時，独立店では約1,000品目を取り扱っていたのに対し食料品チェーンでは一般にそれより少なく，エコノミー・ストアでは高回転の標準300品目に過ぎなかったのが，24年には早くも600品目以上に増加し，28年頃には平均950品目に達する（Baxter, 1928, p.186）*とともに，同年には，果物と生鮮野菜を全店に導入した。

　　　＊　ナイストロムによれば，最も成功しているチェーンは900〜1,000品目を取り扱ったという（Nystrom, 1930, p.183）。なお，1920年代末時点の平均的店舗規模は約1,000平方フィート（93m^2）であった。

　こうした品揃えの拡大は，その後も繰り返される小売業の一般的業態調整パターンであるが，それは——後述の生肉を除くと——低回転・高マージン品目の拡大という方向をとった。こうしてチェーンの単位店舗は，加工食品雑貨中心の「食料品店（grocery store）」から「食品店（food store）」へと転換し，1つの店舗で食品関連のすべての買い物ができるワンストップ・マーケット化が進む。それと併行して単位店舗の大規模化，デラックス化が進行し，さらに一部では，エコノミー・ストアでは排除されていたクレジット，配達サービスさえ取り入れられた。これはまさに，マクネアのいう「小売の輪」仮説がぴったりと当てはまる業態高級化過程の進行である。事実同仮説

は，歴史的にはこの業態転換過程にヒントを得て理論化されたといわれる。

その結果，これら新タイプの店舗ではフルタイムの従業者4～5人を要するものも出現するとともに，その粗マージンはエコノミー・ストアよりも10ポイントも増加して22％に達し（Walsh, 1986, p.41），「零細・非効率」とされる独立店との価格差をしだいに縮小させるのである。

このような業態調整のうちとくに取扱い品目の拡大の面では，食品消費の中に占めるその比重からしても，また極端に高回転であったことからも，生肉の導入は決定的に重要であり，そのため，生鮮農産物と並んで生肉を扱うようになった比較的大規模の新業態店は「コンビネーション・ストア」と呼ばれるようになる*。しかし生肉部門は加工食品雑貨を中心とした食料品店経営とはかなり異質の取扱いノウハウを要するため，職人気質の濃厚な高熟練の肉カッター（meat cutter）に大幅の「自治」を許容する形で包摂することを余儀なくされ**，単位店舗の管理を複雑かつ困難にするとともにコスト・アップ要因ともなった。

>　*　なお，1980年代になるとスーパーの亜業態ないし業態融合形態として食品・ドラッグ・コンビネーション・ストアが発展するが，それは別の業態である（274ページ以下参照）。
>
>　**　経営側の論理の貫徹を大きく阻害する，規律を順守しない熟練職人としての肉カッターの存在は，経営側にとってはいわば「治外法権」解消問題として，長年の懸案事項となる（その状況は日本でも同様で，伊丹十三監督の映画『スーパーの女』に描き出されている）。この問題は，第2次大戦後のスーパーの発展過程における生肉加工を巡るいくつかのプロセスおよび製品イノベーションのもとで，肉カッターの屈服のうちに基本的に解決される。その過程の見事な分析についてはWalsh（1993, pp.59ff.）を参照せよ。また日本のスーパーの発展過程における生鮮食品の取扱いにおける職人依存からの決別については，石原（2000年，196ページ以下）をみよ。

こうした事情も作用したのであろう，A＆P店でのコンビネーション・ストア化はやや遅れ気味であり，1924年に実験を始めた*ものの，25年6月の第1回地域事業部社長会でも全面導入を決定していない（Adelman, 1959, p.30）。そして——最大手企業における企業行動の保守化の現われの1つであるが

——その後の導入も大手他社に比し緩慢であった。それでも，競争に促迫されて27年時点では約1,000店に導入し（Phillips, 1941, p.382），30年には全店舗の25％で導入されていた（Phillips, 1936, p.206, note 11 ; Editors, 1971, p.28）。なお，30年時点の典型的コンビネーション・ストアでは，加工食品雑貨・生鮮品部門は店員6名（プラス見習い2人ほど）で週売上2,530ドル，肉部門は責任者1人と店員2名で週売上1,320ドル（両者の合計週売上3,850ドルは初期エコノミー・ストアの約10倍の規模），店舗の年間純利益は約5,000ドルと，かなり大規模であった。なお店長は加工食品雑貨・生鮮品部門の責任者が就任した（*Fortune*〔July 1930〕, pp.41-43）。

＊ Walsh（1986）は，1928年からデトロイトの実験店で生肉売場の実験を始めたという（p.34）が，おそらく誤りだろう。

　生肉部門の導入で最も先行していたのは，生肉販売のパイオニアを自称するクローガー社である。同社は1904年，ナージェル食肉会社を買収した時，生肉部門を導入した（German, 1978, p.14）。そして，競争の激化のもとで業態差別化を意識的に追求した結果であろうが，30年時点では全店舗の58％に導入している。同社ではこのような生肉販売事業の高いウエイトのため，33年には生肉マーチャンダイジング事業部を設置したほどである（Kroger, *1933 AR*）。同じく急速に導入していたセーフウエイ社も，30年には導入率60％に達していた（*Safeway, 1930 AR, 1933 AR*）。

2）大規模後方統合の推進とPBの重視

　大規模後方垂直統合の推進は戦前期大規模食品チェーンの基本的特徴であり，1920年代にもたえず進行する。まず単位店舗は独立店より小規模でありながら多数の店舗展開を基礎に卸売業の統合を大きく進め，独立卸売業者を経由しない製造企業ないし生産者との直接取引がいちだんと増えた＊。それは食品チェーンによる広範な倉庫ネットワークの形成なくしてありえなかったし，両者はまた相互促進的でもある。これは――広範な倉庫ネットワークの構築による物流の効率化，メーカーを始めとする供給業者に対する交渉力

強化をもたらし，調達コストを引き下げ——低価格販売をする大手食品チェーンの競争力優位の主要な源泉となった (NCFM, 1966, pp.35, 37, 58, 167-68)。ややのちになるが，36年時点でＡ＆Ｐは111，セーフウエイ社は79（29年には44）もの倉庫を保有していた (TNEC, Monograph No.35, 1940, p.12, Table 4)。そしてセーフウエイ社の完全子会社西部食料品会社（Western States Grocery Co. セーフウエイ社への販売を拒否する独立卸売商に対抗して20年代末か30年代初めに設立）は，37年末時点で世界最大の食料品卸売会社といわれたという (*Fortune*, 1940b, p.132)。こうした中間取引の排除によって大手食品チェーンは，広範に張りめぐらされた店舗ネットワークから収集された最終需要情報を仕入れ活動に活かし，デッド・ストックの減少による在庫管理の効率化，したがってまた収益性の向上に結びつけた (Tedlow, 1990, pp.206-07〔訳，246-47ページ〕)。

* 加工食品雑貨にかんしては，倉庫網の整備につれ1910年代からしだいにメーカーとの直接取引が支配的となっていくが，生鮮食品については，その取扱いが遅れたこともあり，ブローカー依存が続いていた。しかし，この面についても卸売商（ブローカー）排除が進む。そのために設立された（25年）のが，Ａ＆Ｐにあってはその巨大性と独占的行動がのちに大きく問題化する農産物買付け子会社ACCO（Atlantic Commission Co., Inc.）である。同じような子会社をクローガー社（30年設立のウェスコ食品会社〔Wesco Food Co.〕）とセーフウエイ社（トライーウエイ仲買会社〔Tri-Way Brokerage Co.〕）も設立した。

しかし巨大食品チェーンによる後方統合は，卸売段階にとどまらず第1次ないし第2次産業にも及ぶのである。

(1) Ａ＆Ｐの後方統合

Ａ＆Ｐの食品加工事業への進出は19世紀からの古い歴史をもつが，その頃は問題にならないほど小規模であった。本格的な進出は，エコノミー・ストアが成功し売上規模が巨大化してからである。まず1916年，最初のベーカリーがＡ＆Ｐの本拠ジャージー・シティに，そして大規模なコーヒー製造プラントがニューヨーク州ブロンクスに，それぞれ建設された。その後このよ

うな製造プラントはますます増えていく（以下については，German, 1978, p.94 ; *Fortune*, 1930/1947, 参照）。主なものだけでも次のとおりである。

- 1919年：子会社のアメリカン・コーヒー会社（American Coffee Corp.）がブラジルのサントスに現地買付け営業所（コロンビアと合わせ30カ所）を設置したが，それによって現地プランテーションから最終消費者に至る流通の全過程をコントロールする世界最大のコーヒー商人となる基盤ができた。46年時点で全米コーヒー消費の6分の1を占めた。
- 1920年：A. & P. 製品会社（29年3月，クエーカー・メイド社に社名変更）。巨大な缶詰工場を所有・経営し，全米最大の食品メーカーとなった。46年時点でA＆P全体の利益の約25％を生み出したといわれる。
- 1924年：ウィスコンシン州にグリーン湾チーズ会社。
- 1925年：ネイカト・パッキング社。アメリカ最大のアラスカ鮭缶詰工場と漁船団を経営，のちクエーカー・メイド社の子会社となる。
- 1927年：ユーコン・クラブ会社。サンドウィッチ製造。32年処分。
- 1928年：ホワイト・ハウス・ミルク会社。46年時点でウィスコンシン州に2つの無糖コンデンス・ミルク工場を経営し，その1つは全米最大；ウィスコンシン州にマニトワック・ミルク・プラントを経営。
- 1929年：アイーダ・グローヴ乳製品工場。
- 1930年：ボストンに鮮魚加工工場。

1930年時点で，A＆Pの全工場とベーカリーの製品の売上額は7,700万ドルであり，これは同年の同社小売売上総額の7.4％を占めた。さらに40年には1億1,052万ドル，同9.9％に上昇した（Adelman, 1959, p.254, Table 17, より計算）。こうして40年時点には，コーヒー製造プラント9，ベーカリー40，食品製造プラント5，ミルク・プラント2，シーフード・プラント4を所有・経営するまでになる。43年，同社はナショナル・ベーカリー事業部を設置したが，そ

れは全米第2位の規模を誇った。

（2）クローガー社とセーフウエイ社の後方統合

　大規模な後方統合はA＆Pにとどまらない。1931年時点で，A＆Pとともに2社でPB（プライベート・ブランド。流通業者の独自ブランド）売上2億5,000万ドル（全小売業のPB売上の約3分の1）を挙げていたクローガー社（FTC, 1933b, p.32）も，A＆Pより規模は小さいがやはり積極的に製造業へ参入していた。同社は20世紀初め，食料品チェーンとしては最初にパン製造に進出したといわれるが，1904年に牛肉，11年に豚肉のプラントを経営し始め，31年時点でベーカリー13，コーヒー製造工場4，生肉プラント2，大規模ソーセージ・プラント1，乳製品工場5，飲料製品プラント1等を経営していた。その時点での同社のPB製品数は同業種企業中最も多く，92であった（A＆Pは69）（FTC, 1933b, p.48, Table 22）。そして33年時点ではPB品目（自社生産に限られない）は200に及んだ。同社における製造部門の重要性はその後もますます高まる。

　他方セーフウエイ社の場合は，製造業進出に対する姿勢が大きく変化する。水平的M＆Aを積極的に進めていた1920年代には，その余裕もなかったのであろうが，後方統合にきわめて消極的であった。29年時点でベーカリー15，クリーム製造所2を所有していたに過ぎない。またPBにかんしても，消費者受容が確立したNB（ナショナル・ブランド）に比較して消費者抵抗が大きく，より大きい在庫が必要なことを指摘し，適正価格のNBに比較してPBの利点があるのかどうか疑問視していた（FTC, 1933b, pp.13-14, 16）。

　ところが1930年代にこの姿勢を大きく転換し，食品小売大手10社のなかではクローガー社とセーフウエイ社だけが製造業へ積極的に参入するのである。とくにセーフウエイ社は30～40年の間に製造プラントを20から48に増加させた（クローガー社は25→34）（Mueller & Garoian, 1961, p.172, Table 49）。さらに43～46年頃には，とつぜん狂ったかのように製造業統合に走る。すなわち，全国に散在する屠殺・食肉プラント12社（43年に3，44・45年に各4，46年に1），チーズ製造プラント15社（44年1，45年4，46年10），バター製造会社8社（46年に1，他はすべて45年）を買収し，またおそらくこの頃と思われる

が鮮魚加工プラント 1 ，家禽加工プラント 1 ，非アルコール飲料プラント 1 ，ビスケット・クラッカー会社 1 ，ケーキ・クッキー会社 1 ，デザート・パウダー・プラント 1 を買収する。そしてまだ生肉供給が厳しく制限されていた45年の上半期に、セーフウエイ社はその総供給の30％以上も自社プラントから得，短期の供給優位を享受していた（FTC, 1948, pp.53-54 and Chart 11）。このような集中豪雨的製造業進出は，同社のこの頃の借入れ増加の一因をなす*。しかし当時およびその後の状況からみて，これが適切な経営戦略であったかどうかはかなり疑問である。なぜなら，戦後47年頃から，生肉を始めとする食品の供給条件が好転し，需給バランスが回復するにつれ，同社の屠殺・食肉プラントや畜牛飼育事業は急速に競争力を失い，結局売却処分を余儀なくされたからである（Safeway, *1947 AR*, *1948 AR*）。

* 1930年代のセーフウエイ社の外部資金調達は，他社がほとんどゼロの状況の中できわ立っている。36年に初めて商業銀行から1,000万ドル（ノート）を借入れ，37年には社債1,500万ドルを発行した（Safeway, *1936 AR*, *1937 AR*）。さらに39年に商業銀行から1,400万ドルを調達し（ノート），40～41年にも，社債発行とノートにより2,000万ドル，2 回にわたる優先株発行をおこない2,000万ドル弱を調達している。

なお，食品チェーン全体としては，1920年代末時点で，その売上総額の11.4％が自社製品であったから，かなり高い比率といってよい。しかしその比率は，30年代以降，とくに戦後の売上増加のもとであまり増加していない。むしろ A ＆ P とクローガーではかなり大きく低下した（Mueller & Garoian, 1961, pp.76-77）。

（ 3 ）製造業参入基準

以上の展開からも明らかなように，A ＆ P の製造業参入はこの時期にあってはほぼ成功しているとみてよい。実際，同社の全工場の投資収益率は，1924～38年の間，単純平均で30％を超え，ただ 1 回10％台を記録した29年を除くとじつに35％もの高率である。これは，独立系メーカーはもとより寡占メーカーと比べても高かったと思われる。そしてベーカリー部門はそれよりいっそう高率であった（Adelman,1959, pp.254-55, Tables 17～19）。

A＆Pは製造業参入に際し3つのガイドラインを設定していた。それは——ｉ）製品は工場から小売店へ現行市場価格で引き渡す。ⅱ）工場は相対的効率や統合の利益の判定のため，他のメーカーと同様の利益水準で経営する。ⅲ）製造業利益は，A＆P内の他の代替的な投資機会の投資収益率と比較しなければならない。例えば，工場の投資収益率は小売セクターにおける代替的投資機会と比較した上で，後者より高くなければならない，というものであった（German, 1978, p.96）*。こうした縛りをかけたのは，整備された巨大組織として，無原則な製造業参入を防ぐためのとうぜんの措置ではあるが，そればかりではない。ジャーマンによれば，それは小売地域事業部の社長（彼らが会社権力の本流である）たちの懸念（＝「新店舗成長を犠牲にしてまで製造業へ過度の力点を置くこと」への懸念」）を反映していた（German, 1978, p.96）。つまり本業はあくまで小売業にあるとの姿勢の堅持である。

 ＊ 異説では，製造部門は，店舗であげた利益への課税分に相当する利益をあげればよい（つまり店舗純利益＝全社純利益），とされていたといわれるが，疑問がある。現実には，製造部門がこうした消極的位置づけにとどまったとは思われない。同社の製造部門は1920年代以来きわめて高い収益をあげていた（Adelman, 1959, pp.253 ff.）。

 現実には，すでにみたように，製造業部門は順調に拡大していった。このことは，上記のガイドラインが順守されていたとすると（この時期には，基本的に順守されていたと思われる），むしろ小売セクターにおける資本の過剰傾向（与えられた業態のもとでの投資機会の減少）を反映しているのかもしれない。

（4）製造業参入の目的と効果

 それではA＆Pにおける製造業統合（それは多くの点でPB開発のそれとも重なる）の目的は何か。それに答えるのは必ずしも容易ではない。おそらく単一の目的はなく，むしろ複合的であろう。

 ｉ）まず考えられるのは，低価格・高利潤マージンが得られるPB開発を進めることである（Mueller & Garoian, 1961, p.96；Borden, 1947, pp.589-600；FTC, 1933b, p.10）*。事実，PBは一般にNBよりはっきりと高利潤マージンであった

65

（反面からみれば，だからこそ有力メーカーは，自社ブランドが有名になり強力になると，相対的に収益性が低いPB事業から手を引く動きをみせたのである〔FTC, 1933c, p.51〕）。A＆Pを始めとする巨大食品チェーンは，PBに対し膨大な自社店舗網といういわば保証された販路＝保証市場を提供でき，しかも売上高の巨大性のゆえに独立系メーカーよりも低コストで製造でき，したがって高い利益が期待できるのであるから，それを推進するのはとうぜんであろう。

　　＊　連邦取引委員会の調査では，野菜・果物缶詰等を除くと，一般的にかなり低価格となっている（FTC, 1933b, pp.99ff.）。

ⅱ）全米最大の朝食用食品（シリアル）メーカー，クリーム・オヴ・フィート社との1910年代の係争に典型的にみられるように，自由な経営行動（このケースでは価格設定行動の自由）をメーカーから掣肘される（メーカーの再販売価格維持要求）ことを嫌ってPB生産に着手した（Walsh, 1986, p.32 ; Strasser, 1989, pp.228, 283 ; Zorn & Feldman, 1937, p.124 ; Mueller & Garoian, 1961, p.97）。いい換えれば，有力メーカーはその利潤マージンを侵食されることを嫌って取引を止めたり，あるいは自社ブランド（NB）に注力するためPB生産から手を引く傾向があることへの対抗措置として，食品チェーンは自社プラントによるPB生産に乗り出すのである。A＆Pはその独自の基本戦略からこの点をとくに重視しており，27年4月の手紙でジョン社長は，「もしメーカーが彼らの小売価格維持政策を実施できるなら，個人所有の小規模食料品店〔独立店〕に対するわれわれの優位はなくなるだろう」とのべ，その動きを警戒している（Fulda, 1951, pp.1118-21）。事実，有名ブランド（NB）は当時の業界用語で「リスト・プライス品目」といわれ，メーカー側の優位が明確な独占商品として価格はあまり変動せず，その仕入れはルーティン化された過程として「交渉」はなく，したがって「バイヤー」を必要としなかった（発注係が担当）。つまりそれら寡占メーカーのNBの取扱いはある面で，商業機能の無機能化の方向に進んでいたのである。これに対しいわゆる「取引交渉品目（trading items）」は「バイヤー」が担当し，その交渉能力がフルに発揮される

対象であった（Fulda, 1951, pp.1120, esp. note 297 ; Adelman, 1959, pp.118ff.）。

ⅲ）連邦取引委員会の調査によれば，製造業統合とそれによるPB開発の目的としては，高品質の確保・品質管理の徹底が最も多い（FTC, 1933c, pp.49ff.）。これは一般的な意味のそれではなく（PBは必ずしも高品質品ではない），A＆Pが設定した品質水準の製品開発＝製品差別化にかかわる意思決定の迅速な貫徹ということであろう。独立メーカーとの交渉による場合，相手が中小メーカーの場合でもその貫徹がむずかしく，時間を要することが少なくないからである。

ⅳ）製造業進出という現実的脅威を与えることにより寡占メーカーとの交渉力強化に役立たせ，有利な取引条件を獲得する切り札の1つとして使うためである（Tedlow, 1990, pp.212-23〔訳，249ページ〕）。この点に関連する有名な事例はラルストン・ピュリナ社（Ralston-Purina Co.）のケースである（Fulda, 1951, pp.1136-37）。A＆Pは，ラルストン社が製造するコーンフレークの60％以上をA＆P向けPBで，1ケース当たり7.5セントの割引で仕入れていた（ライバル企業はもっと低い5セントの割引）。ところが1939年にA＆Pは，自社製造によって1ケース当たり21セント節約できるとして，ラルストン社が数量割引を増やさないならば自ら製造を始めると通告した。そのあと数カ月にわたる交渉がおこなわれ，割引は1ケース当たり2.3倍の17.5セントに増やされた。ラルストン社としては最後の抵抗であろう，A＆Pとの新契約で次の条項の挿入を主張した――「この契約で認められた割引は，――当社の公示価格からの恣意的引下げを示す。その引下げは，A＆Pとのフレーク・シリアル取引を維持し，A＆Pから5年間製造業に参入しないとの取決めを獲得するうえで必要であった」。だがA＆Pはこの条項の挿入をも拒否し，これほど有利な割引を獲得してもなお，交渉のためのフリー・ハンド（製造業参入の権利）を手放そうとはしなかったのである。なお，ラルストン社の他の顧客への割引は従来どおり1ケース当たり5セントに据え置かれていた。

ⅴ）価格競争に陥りやすく，その影響を免れにくいNBから少しでも自社を隔離（差別化）するためである（クローガー社はこの理由を挙げている〔FTC, 1933c, pp.49, 52〕）。

ⅵ）製造と流通との緊密なコーディネーションによる最終製品の在庫投資の削減やコスト優位の実現のためである（cf. Mueller & Garoian, 1961, pp.82ff.）。

その動機や目的はともあれ，Ａ＆Ｐの製造業統合とPB開発の推進はとうぜん，その巨大な仕入れ力の行使とともに，とくに寡占メーカーとのいっそうの直接的利害対立を構造化する。もちろん対立そのものは公然たる形態をとったり，あるいはより隠微な形態をとったりと，さまざまでありうる。

以上，主としてＡ＆Ｐに関連して指摘した点は，多かれ少なかれ製造業に進出した他の巨大食品チェーンにも妥当する。

3）管理体制の整備
（1）不徹底な分権的管理体制：Ａ＆Ｐ

店舗数が１万店を超え，多数の製造施設を所有・経営するようになると，Ａ＆Ｐでもしだいに従来の集権的管理体制では効率的管理が困難になってきた。そこで1925年，1908年以来ニュージャージー州ジャージー・シティの巨大な会社倉庫の一隅にあった総合本社をニューヨーク市グランド・セントラル駅近くにある新しいビルに移すとともに，５月に新しく事業会社 Great Atlantic & Pacific Tea Co.of America を設立（メリーランドで法人登記）し，同社が16年にニューヨーク州で法人登記した Great Atlantic & Pacific Tea Co.（1901年にニュージャージー州で設立した同名の会社の後継会社）の子会社群を買収する形をとった*。

> ＊　それと同時に，ハートフォード一族がその議決権付き普通株を100％所有する持株会社 New York Great Atlantic & Pacific Tea Co., Inc. を新しく設立し，同社が上記新事業会社（メリーランド会社）の議決権付き普通株をすべて所有した。なおこのメリーランド新事業会社は58年７月，株式公開を機に現社名Great Atlantic & Pacific Tea Co., Inc.を採用するとともに，同年12月に上記持株会社を吸収した。なお，Ａ＆Ｐでは20年にジョージが会長（財務担当），ジョンが社長（その他経営全般と店舗担当。父の死去に伴い17年とも）に就任した。

これを機に，1925年11月，一定の組織革新を断行する（cf. Walsh, 1986,

pp.34-37 ; Adelman, 1959, pp.28ff., 110ff. ; Chandler, 1962, p.48〔訳，61-62ページ〕；*Fortune*, 1930, p.47）。まず全事業を，それぞれ約2,500店を管轄する 6（38年に 7＊）個の地域事業部と製造事業部に編成＝分権化した。当時第 2 位のクローガー 1 社に相当するほどの店舗数を管轄する各地域事業部はさらに——原則的には 1 倉庫から配送できる全領域をカバーする形で，通常はメトロポリタン地区を中心に——，約 6 個の地区事業単位（district operating unit）に分割（30年代初めで50倉庫，計47の地区事業単位。40年頃で計39の地区事業単位）され，そこにも総合本社同様，職能別のスタッフを配した。地域事業部社長には A&P の副社長兼取締役が就任し，地区事業単位担当副社長，販売・倉庫・管理機能等を担当する地域事業部ディレクターからなる地域事業部ディレクター会が設置された。この組織編制は基本的に，その後約40年間続く。

　＊　ニュー・イングランド（本部所在地ボストン），東部（同ニューヨーク市），大西洋（同フィラデルフィア，38年），南部（同フィラデルフィア），中央部（同ピッツバーグ），セントラル・ウェスタン部（デトロイト），中西部（シカゴ）。なお，ロサンゼルスとシアトルには小規模な地区事業単位があり，東部に所属。

しかし，こうした形の上での分権的管理体制の内実は，なおきわめて集権的であった。まず，現業の前線にある地区事業単位はもとより地域事業部でさえも，いかに現実の競争がそれを要請していても会社の販売政策を勝手に変更できなかった。したがって店舗経営についてのかなりの変更，例えば新しいマーチャンダイジング・コンセプトの採用も，総合本社の承認なしには実行に移せない。不動産関係でも，リース期間についてはジョージ会長が強いコントロールを行使し，期間 1 年以上は認めなかった。その硬直した政策はやがて1920年代末に——そして戦後になるといっそう——立地条件の悪化，したがってまた競争力の低下をもたらす重要な一因となる。さらに仕入れ政策についての権限もほとんどニューヨーク市にある総合本社が掌握しており，中央仕入れ担当副社長管轄下の中央仕入れオフィスがメーカー・ブランドの全仕入れの 9 割を仕入れていた（FTC, 1935, p.27 ; Tolich, 1991, p.41 ; Editors,

1971, p.24)。

　分権化の進んだ多くの企業でも，財務権限の中核部分は総合本社が握っているのが一般的ではあるが，A＆Pの場合は極端で，全社資金の排他的コントロールを総合本社のジョージ会長がおこない，店舗・設備の改善，全不動産取引，製造プラント関連投資，倉庫・店舗関連のすべての在庫投資等の決定に制約を課し，彼の承認を必要とした。いささか戯画的であるが，地区事業単位の仕入れ部門は新品目，既存品目の新サイズ・味の決定でさえ総合本社ないし地域事業部の承認を要したといわれる。またメーカーの提供するすべての試供品や控除〔allowance〔手当て〕〕・割引についても同様である。販売促進関連では，すべての広告についてそのフォーマットと内容，新広告プログラムにかんしてそうであった。

　販売価格については，1923年以前は全社的コントロールを総合本社の担当執行役員ただ1人に集中させていたため全社的に価格差が少なかった。しかし高まりつつある地方での競争と地方的商品調達市場の変化に機敏に対応するため，分権化後は地区事業単位の本部に1人ずついる販売マネジャーに価格設定を担当させることにした。そして彼は，ある程度地域事業部の役員（とくに販売ディレクター）の監督を受けることとされていた。しかし現実には，（腐敗性品を除くと）総合本社から全社的価格政策の順守を要求される地域事業部の販売ディレクターによるコントロールが厳しく，いかなる価格変更についても承認を要求された（FTC, 1933a, pp.34-35）。そして地区事業単位の販売マネジャーが独自に決定できる場合でも，分権化はそこまでであり，競争の最前線にいる店長は競合店の価格について監督者補佐（assistant superintendent）に注意を喚起できるだけで，対抗価格決定の権限はまったくなかった（FTC, 1933a, p.101）。

　以上のような内実の「分権化」が現業部門を中心に不信をもって迎えられ，それを総合本社幹部の権限保持と失敗の際の責任転嫁の口実に考案されたもの，との批判が起きた（Walsh, 1986, p.39）のもうなずける。

　管理部門の肥大化を反映し，大きい固定費負担を伴う高度に整備された総合社→地域事業部→地区事業単位→単位店舗，というこの4層のピラミッ

ド構造の集権的管理体制は，単線的な市場成長期にはそれほど矛盾を露呈しないが，大恐慌期やダイナミックな市場変化の時期にはとうてい機敏に対応できない。事実，1930年代以降この弱点が露呈されていき，とくに第2次大戦後の長期低落の重要な一因となるのである。

（2）クローガー社とセーフウエイ社

　分権化を進めた点ではクローガー社も同様である。ただし同社の場合，それはやや遅れて1928〜29年に始まり，1930年就任の第3代社長モリルのもとで本格的におこなわれたようである（Phillips, 1936, p.211）。同社ではまず，28年に事業部管理単位（Division Management Unit）に編成され，さらに規模の急激な拡大を受けて29年には分権的な9つの事業単位（operating unit）に再編成され，そして最後に（30年4月）全店舗は23（のち21）のブランチ（Branch）と称される地域事業部に分割された。

　各ブランチは管轄下の店舗を監督し，仕入れにかんしても主要な仕入れは総合本社が権限をもつものの，小規模な地方的仕入れはブランチ支配人が責任をもてるようになった（Kroger, *1928AR, 1929 AR,1930 AR*）。新立地の選定にかんしてもブランチにある程度の自由が与えられた。全体的にみてクローガー社の分権化は，Ａ＆Ｐよりも実質的であったようである。さらにそうした分権化は，ある時点で完了し停止したのではなく，柔軟でプラグマティックなアプローチのせいであろうが，1930年代を通じてたえず微調整が加えられつつ進行した。

　セーフウエイ社の場合は，1929年時点で平均30〜200店からなるテリトリー（地区）があり，それが8〜14地区集合して地域事業部が構成される組織編成になっていた。そして地区マネジャーは定期的に会合して全社的政策にかんして自由に議論できるようになっていたという（Safeway, *1929 AR*）。もしそれが実質的にもおこなわれていたとすれば，その官僚制はＡ＆Ｐなどより遥かに柔軟かつ自由な雰囲気が確保されていたということになる。しかし，その詳細は不明である。

　このように大手食品チェーンではこの時期いっせいに，一定の分権化が進められた。それは，オーナー経営で確固たる地位を築いた有名百貨店の大合

併により出現した巨大百貨店（フェデレーテッド百貨店やアライド・ストアーズ社）が直面した組織問題＝集権化の課題とは，方向が対照的であった。しかし，食品チェーンであろうと百貨店チェーンであろうと大規模なチェーン形態をとる企業はいずれも，現在に至るまで多かれ少なかれ，分権化（ないし「自治」）と集権化の「最適混合」を求めてジグザグのコースを辿っている。それについてはもちろん，限られたある期間の最適解はあり得ても，その恒久的な最適解などあり得ない。

4）非価格競争の重視とコスト・プッシュ
（1）コスト上昇圧力

　競争者との圧倒的（販売）生産性格差＝コスト優位を基礎に実現したのであろうが，Ａ＆Ｐは早くも1916年から，長期勤続の退職者に対する年金給付プランを発足させ*，ニューディール期には食品小売業としてはおそらく初めて週5日制を導入した。さらに——労働組合が存在しなかった20年代には，経営安定＝労働側の協力を確保するために，優位な競争力格差の成果を労働側と分配しあう関係は存在していなかったものの——28年に経営側は，労働時間の短縮と2週間の夏季休暇を業界に先駆けて認めた（Baxter, 1928, p.180）**。こうして経費の大半を占める労働コストは漸増傾向を辿り，したがって全体としての経費も19年以来漸増傾向を辿った。しかし経費漸増の基本的原因は，効率性を最大限に追求したエコノミー・ストアからの偏倚＝業態調整にある。エコノミー・ストアで排した各種サービスの採用はそれを象徴している。さらに20年代後半からは広告（地方新聞，全国雑誌，ラジオが中心）も活発化し（Baxter, 1928, pp.31, 35, 45-46；Hayward & White, 1928, pp.30, 203, 208ff.)，とくに30年代には広告費は200万ドルから600万ドルに増加した（Mahoney & Sloane, 1966, p.178〔訳，192ページ〕）。これらの結果，例えば，1,000店舗以上を有する巨大食品チェーンの売上高営業経費率は，28年の15.08％を底として上昇に転じ，31年には売上の減少の影響も加わり16.95％へと急上昇している（FTC, 1933d, p.13）。

＊　また1947年にはスーパー業界では先駆的に，全従業員11万人をカバーする全額会社側負担の退職年金プランを発足させ，48年から実施した（Walsh, 1986, p.73）。

＊＊　これは，1990年代以降，圧倒的な競争優位を確立しながら劣悪な労働条件をなかなか改めようとせず，労働組合の組織化にも頑強に反対しているウォルーマート社（従業員数約140万人）との大きな違いである。いい換えれば，A＆Pや同じく反労働組合政策により悪名をとどろかせたウッド体制下のシアーズ社（ジャコービィ，1994年，第4章；Worthy, 1984, Chap.9）等，かつての優良企業はしばしば，労働条件や従業員福祉の引上げの面で先導者の役割を演じた（きわ立った例外はウールワース社）。ところが現代の「優良企業」はそれらの面で限界原理を働かせ，「悪貨が良貨を駆逐する」ように，むしろ業界全体の労働条件の劣悪化の牽引役を果たしているのである。同社は異例に長期間据え置かれている最低賃金の最大受益者となっている。これは「品位」を下げた現代の「優良企業」の一象徴である。

（2）非価格競争への移行

　こうした政策とコスト動向は明らかに，A＆Pがかつての価格競争の展開を基本とする戦略からの転換，すなわち非価格競争重視へのなし崩し的移行の反映である。事実，1920年代末になると大手企業では明らかに，価格アピールにあまり力点を置かなくなっていく（TNEC, Monograph No.35, 1940, pp.102-03）。ソープは，25年頃から店舗数増加による成長から単位店舗規模の拡大による成長への転換が生じたとしている（Thorp, 1939, pp.80-81；後藤，1991年，85-86ページ）が，それもこのような競争行動の変化を反映したものであろう。

　エコノミー・ストアを始め，一般にいかなる小売イノベーションも特許によって保護されず，競争者は容易に追随できる（Logan, 1936, p.63）ため競争力格差が容易に解消（＝競争企業間でのコスト構造の平準化）し，先行者の競争優位は失われ易い。とりわけその業種・業態が成熟段階に入った大規模チェーン間競争にあっては，コスト構造の平準化のもとでの価格切下げはただちに報復行動を誘発してその効果を喪失することが充分予想されるため，価格競争の展開意欲そのものが減衰する。しかし企業間競争は消滅するはず

もないから，結局，競争はしだいに，差別化手段が多様で，量的比較が困難な，したがって優劣の識別がむずかしく淘汰過程が引き延ばされる（逆の面からみれば消費者のひいきがより固着的な）非価格競争へと移行する。

こうして「小売の輪」仮説が説く高級化過程が古典的な形で進行した。それに伴いチェーンにはもはや，経営効率のよい独立店や小規模チェーン*よりコスト優位にあるという決定的証拠はなくなるとともに，独立店との価格差も縮小傾向を辿る（cf. Lewis, 1930, p.38）。

> * 1920年代末時点では，経営する単位店舗数の少ない後発小規模チェーンのほうが店当売上高が多かった。機敏に単位店舗の大規模化を進めていたからである。とくにA＆Pを始めとする1,000店以上を経営する大手チェーンは，店当売上高の低い店舗を相対的に多く抱えており（FTC, 1933e, pp.19-20, 47, Appendix Table 14），コスト優位性を喪失しつつあったとみてよい（111ページ注参照）。

もちろん，以上の過程が一直線に進行したのではない。1927～28年には再度低価格政策を追求し，競争企業にある程度打撃を与えたりした（Adelman, 1959, pp.34-35）。だがそれはあくまで一時的・局部的なものにとどまっていた。

5 小売業における複合編成の定置と対立・緊張の構造化

1）食品流通における複合編成の成立と3面対立の構造化

以上のようにエコノミー・ストアに始まる大規模な食品チェーンの展開は，単位店舗の巨大化（タテへの拡大）である百貨店型蓄積に対し，比較的小規模の単位店舗による地理的拡大（ヨコへの拡大）であるチェーン型蓄積の先駆的かつ典型的事例となった。同時にそれは，最も重要な生活用品分野である食品小売分野に出現したこと，および大都市でも中小都市でも，さらには――トラック配送システムの整備を基礎に――比較的小規模なコミュニティでも展開可能なきわめて柔軟性に富む蓄積形態であるため，小売商としてかつてない規模を実現し，その影響範囲を，立地を都市部に限定される百貨店とは比較にならないほど拡大させた。その結果，チェーンの大規模な展開は中小規模小売商および彼らを主要取引先とする卸売商との全面的な対立を生

み出し，流通問題を初めて全国的規模の深刻な社会的・政治的問題とさせる最大の直接的契機となった（cf. Harper, 1982）。いい換えれば，A＆Pのエコノミー・ストアに主導され他社も追随した食品分野のチェーン展開は，アメリカ小売業史上初めて食品小売業界の編成を，比較的小規模な等質的独立店から構成される単一編成から，広範な規模間対立を内包する複合編成へと決定的に移行させたのである。

　それは同時に，その後現在に及ぶ次のような新たな問題をも提起した。すなわち，チェーン展開による大規模化とそれによる巨大な販売力の実現は，必然的に仕入れ活動のチェーン本社集中体制＝中央仕入れを生み出し，それによる巨大な仕入れ力（いわゆるバイイング・パワーないし買手パワー）は，メーカーを始めとする供給業者に対する強力な交渉力の行使*と，それによる差別的に有利な取引条件の獲得をもたらした（もっとも，A＆Pといえども――石鹸，シリアル，ビスケット等――強力で好収益の寡占メーカーからはほとんど価格譲歩を引き出すことができなかった〔Dirlam & Kahn, 1954, p.235〕）*。そしてそれは現在に至るまで，とくに価格アピール型業態にあっては，競争力を規定する最も重要な一要素となり，M＆Aによる一挙の大規模化を推進する基本的動因ともなっているのである。

*　この差別取引条件の決定は，本質的な契機として「内密性」とさまざまな威嚇を伴う。例えばA＆Pは，取引先メーカーに対し執拗に，決定した取引条件にかんして"confidential"を要求している（Fulda, 1951, pp.1131ff.；Palomountain, 1955, pp.68-72〔訳，65-71ページ〕；FTC, 1935, pp.24-25, 49）。この問題を単純にスケール・メリットによる効率性ないしコスト優位性だけから説明できない理由はこの点にある。もし基本的にそこに根拠があるのであれば，「内密性」を要求し，威嚇する必要はなかろう。

　なお，供給業者からの差別的に有利な取引条件の獲得は，まずは数量割引（その詳細な理論的検討は石原，1982年，237ページ以下参照）から始まるが，その後さまざまな形態が「開発」された。例えば，広告控除（advertising allowance），その他小売商の販売促進経費への不当に高い手当てないし拠出金の要求は，1920年代からおこなわれていたが，80年代からは次のような形態の要求・強要も活発化する。①その製品の供給業者として指定する際に一定のフィーを要求する「取扱い指定料（listing chargesあるいはlisting allowances）」と称されるもの（新製品導入に対するフィーを要求する slotting allowances〔新製品導入料〕を含む），②すでに販売されている商品についての「遡及割引（retroactive discounts）」，③より安い価格で他の小売商に販売しない義務を課す「最恵国待遇」条項，④売上目標を超過達成した場合のリベート（over-riders），⑤小売商の配送センターへの配送に関連する配送費手当て（drop allowances）の値切り，⑥有利な陳列場所を獲得するための「差額地代」ともいえるup-front fees，⑦（これは古くからあるが）仕入れ数量に対する一定の無料上乗せ試供品等の要求（その詳細については次をみよ。Clarke *et al.*, 2002, pp.2, 156, 175-76）。ちなみにセーフウエイ社の場合，主として販促手当て，広告手当て（この2つが主），新製品導入料，その他からなる売り手控除〔手当て〕（vendor allowances）は，2001年で23億ドル（1999年は17億ドル）という相当の額であった（Safeway, *2001 AR*）。

　有利な仕入れ条件の獲得はまず第1に，その一部を消費者に低価格で還元することにより競争優位の実現に寄与するとともに，脅威にさらされた旧来の独立店との対立をいっそう刺激した（水平的次元での対立の深刻化）。第2に，差別的に有利な取引条件を獲得するための強力な交渉力の行使は，その限界が事前に客観的に設定されていないがため不安感を増幅し，このいわば垂直的次元においても，寡占メーカーを始めとする供給業者との利害対立を招き，取引条件の決定はたえざる調整を要するものになった（供給業者間の水平的競争はそれをさらに複雑化する）。こうした状況こそは，彼自身が大規模チェーン・ストアを例に挙げているように，ガルブレイスに「対抗力理論」を構想させた現実的な一基礎である（ガルブレイス，1970年，286ページ以下/1983年，286ページ以下）。さらに第3に，独立小売商と彼らを主要取引先とする卸売商は，大規模食品チェーンに有利な取引条件を供与する供給業者に対し，不当な差別的取引条件を認めるものとして，それを取り消すか大規模チェーンと同一の条件を与えるよう対決姿勢を強めた。

　こうして1910年代末から20年代にかけて，A&Pをリーダーとする食品チェーンの急速な展開のもとで，製造業者（および生鮮食品等の供給業者）vs.卸売商・独立小売商vs.食品チェーン，という3グループ間の深刻な3面対

立が生まれたのである。

（1）複合編成の規定の意義

　1920年代における巨大食品チェーンを始めとする大規模食品チェーンの地位の確立は，食品小売業の編成を新たな段階へと移行させた。食品小売業の編成は，19世紀に支配的であった，基本的に多数の同質的な独立商間の関係を基軸とするいわば単一編成から，少数だが強大な経済力をもつ大規模小売商と圧倒的多数を構成する独立商との複合編成*へと決定的に移行する。そこでは大規模小売商間と，大規模小売商対独立商という2つの新たな競争関係基軸が成立する。

　　＊　ファルダはこれとやや似た概念を「2つのパラレル・システム」と呼んでいる（Fulda, 1951, p.1159）。

　これに関連して補足説明をすれば，第1に，広範な小売業全体が一様に複合編成に移行したのではない。にもかかわらず，総体的に複合編成へ移行したと規定するのは——ここでは触れないが，他のいくつかの分野でも複合編成が成立したという量的拡がりとともに，現在もそうであるが，とりわけ当時にあっては，——食品小売業が，大多数の消費者の日常消費生活に広くかつ深く関与し，小売業の基軸的分野を構成していたからである。だからこの業種の編成態様いかんが小売業編成の総体的規定にとって決定的なのである。もちろん基軸的分野は歴史的に変化するし単数とは限らないが，当時にあっては，それは圧倒的に食品分野であった。

　第2に，最も重要な伝統的分野であり，したがって旧タイプの伝統的独立商が広範に存在していたから，この移行のもつ衝撃と経済的意義は大きく，食品小売業は複合編成への最も積極的な移行類型をなすのである。これに対し均一価格（5－10セント）のヴァラエティ・ストア分野は，食品と同様日常消費生活に深くかかわり，食品チェーン以上に高度の寡占的構造を確立する（中野，1989年a/1989年b；本書「補章」）が，それは——価格設定面でのイノベーションを無視すれば——従来の業種の枠を取り払った，いわば新たな商品構成による新業態形成的要素が強く，ヴァラエティ・ストア分野自体

での複合編成の考察はあまり意味がない。なぜならそこには「移行」が存在せず，また独立商の比重が決定的に低いからである。しかしこの分野においても，「見えにくく」なってはいるが，実質的には複合編成が成立しているといってよい。そこでは大規模ヴァラエティ・ストア・チェーンの地位の確立による既存小売業種への衝撃が広範な関連業種（金物，おもちゃ，加工食品，菓子類，軽衣料，宝石・貴金属，ドラッグ，雑貨等）に分散され，また緩和されているだけである。換言すれば，ここでも複合編成へ移行するのであるが，この編成に組み込まれる独立商は全的にそうなるのではなく，局部的にそうなるのである。

(2) 対立・緊張の構造化

小売業における複合編成への移行は，とうぜん予想されるように，同時に異質の規模間のたえざる利害対立・摩擦＝紛争の構造化（「流通業における最も緊張した不安定期」の到来〔Nystrom, 1951, p.126〕）でもあった。そして――差しあたり卸売業を無視すれば――小売部面というこのいわば水平的対立関係の真っ只中に，寡占メーカーを中心とする製造企業のマーケティング行動というタテの（垂直的）関係がからみ，この両軸と3当事者が織りなす複雑な関係＝絡み合いの構造こそが，大資本と中小資本の対立という単純なシェーマだけでは把握しきれない現代小売流通の基本的性格を規定するのである*。

* 製造企業と大規模小売企業との関係に関連して次のバー（John R. Barr）の手紙（1935年3月28日付）は――事態がその後そのように進展したという意味ではなく――当時の一関係者の認識を示すものとして興味深い。「チェーンの拡大はメーカーとチェーンとの間の強い利害対立を発展させた」。そして自己防衛のためメーカーは相互に合併し，スタンダード・ブランズ社，ゼネラル・フーズ社，ポスタム・シリアル社等の寡占メーカーが誕生した。これと平行してチェーン間でも買収・合併が進行する。今後の不可避的段階は，製造業と小売業の融合＝相互乗入れ（相互浸透）である。そこからたんに製造業とか流通業のみの独占ではなく「生産と流通の独占」の危険性がある，と（〔U.S.〕HR., 1935a, p.206）。

しかしもちろん，現実をみればただちに明らかなように，小売業界がつねに経済的対立・緊張・紛争状態にあるわけではない。あるいはその経済的対立がつねに厳しい政治的対立の形態をとるとは限らない*。経済的対立がいかなる形態で顕在化するかは，主としてその時期の経済的状況，とりわけ独立商の経営状態とその展望（独立商を行動へと駆り立てる上でとくに重要な要因）および彼らの政治的結集力に依存する。またその対立がいかなる形態で調整されるかは，経済的・政治的な多様な要因によって規定される。具体的・歴史的状況から切り離してそれらの要因を一般的に羅列するのはあまり意味がない。この点に関連して，1980年時点でホランダーは「大規模小売商は，〔小規模商の〕これ以上の反対が無益になるほどの決定的勢力（mass）」になったとみて，大規模商と小規模商との政治的戦いは終わるだろうと予想している（Hollander, 1980, p.235）。あるいはそうかもしれない。だがそれも，今後の経済的・政治的状況いかんと大規模商の行動に規定され，けっして絶対的なものではない，とみておいたほうがよい。

* メーカーとの垂直的パワー関係も現実には，製造業と小売業双方の編成状況によって規定され，全体的には強制，対抗，協調ないし協働（妥協）の絡み合う複雑な相互依存性によって特徴づけられるとみてよい。実際，友好的な関係を長期的に維持することが，取引関係のある大規模小売商とその供給業者の共通の利益となることもある（Palamountain, 1955, p.74〔訳，70-71ページ〕）。とはいえ，対立から協調への決定的移行を論定するのは，一時的状況の固定化につながり，現実の関係が内包する複雑な利害対立構造，したがってまたその関係が内包するある種の脆弱性を見失うことになる。現行のいわゆる「パートナーシップ」論の中には，レトリックとして使用されている側面を見落とした甘い議論が少なくない（参考までに「日米パートナーシップ」関係をみよ）。

（3）政治的調整の恒常化と業界団体

さて，こうした対立の調整に関連して2点を補足しておこう。第1に，対立は必然的に調整されねばならない。これにはとうぜん，市場メカニズムによる自動調整＝経済過程の自律性に委ねることも含まれる。しかし現実の調整は，国際的・国内的に日常的かつ普遍的に観察されるように，そうした古

典的かつ純粋の調整のみではなく，多かれ少なかれ，さまざまな政治的要素が介入する意識的でグレーな調整である。これは現代資本主義の固有の性格であろう。したがって古典的レッセ・フェールともいえる立場から政治的介入自体を批判するのはいささかユートピア的なイデオロギー批判であろう。この種の批判は，現実に政治的要素の介入が絶対に排除されないからこそ（その限りで無力であるからこそ）かえって魅力的に響くのである。だが実際には，人は政治的介入批判の論理によって介入一般ではなく，その介入の特定の内容を批判していることが多い（また見方によっては，特定の介入をしない政策自体が，ある種の介入政策ともいえる）。

アメリカの場合，こうした「積極国家（positive state）」としての国家（州レベルを含む）の役割は，流通関連では1930年代に大きく前面に現われる。

第2に，政治的勢力の結集は，具体的には業界団体の結成を通じておこなわれる。業界団体は「…狭い範囲の経済的諸勢力を，その産業分野全体に及ぶ勢力に，またさらには，全階級的規模を持つ勢力に翻訳する」（Mills, 1956, p.122〔訳，1958年，上巻，192ページ〕）。だがもちろん，それは大規模企業ではより現実的であったものの，独立商の業界団体の多くはそうした力を発揮できるほど強力ではなかった。

食品流通業関連の主な業界団体としては後述のほか次のものがあった——①全国食料品小売商組合（National Association of Retail Grocers〔NARG〕，1892年結成，加盟者数でアメリカ最大規模），②全米食料品卸売商組合（United States Wholesale Grocers Association（1892年結成），③全国食料品商チェーン・ストア組合（National Chain Store Grocers' Association，1920年結成。⑥に取って代わられる），④全米食料品卸売商組合（National American Wholesale Grocers' Association），⑤西部食料品商チェーン組合（Western States Chain Grocers Association，1922＜1921？＞年結成），⑥全国チェーン・ストア組合（National Chain Store Association〔NCSA〕，1928年設立，33年解散），⑦アメリカ食品チェーン・ストア組合（Food & Grocery Chain Stores of America, Inc. ⑥に代わって34年設立。38年に全国食品チェーン組合〔National Association of Food Chains, NAFC〕へ名称変更*），⑧全国食料品チェーン・ストア組合（National Grocery Chain Store Association)。

> * NAFCは1976年，スーパーマーケット協会（Supermarket Institute〔37年設立のSuper Market Instituteを名称変更？〕, SMI）と合併して食品マーケティング協会（Food Marketing Institute, FMI）となった。なお，NAFCの活動については次が詳しい。Greer *et al.*, 1986.

このうち①②は食料品卸売商とその顧客である独立食料品小売商とを中心に結成され，やがて反チェーン運動の中核的勢力となる。これに対し⑥は，反チェーン運動に対抗するため③⑤が発展的に解消して結成され，それはさらに⑦に取って代わられた。これからも分かるように，チェーンの業界団体は，チェーン問題が広範かつ深刻な社会的・経済的問題となる1920年代に入って活発に結成されている。

なお関連して付言すれば，独立商のように数が多いということが直ちに，政治的力に連結するのではない。この点は，ばらばらで孤立的に存在する消費者の，全体的な政治的無力さをみれば容易に理解できよう。さらにはまた，はちまきをし，むしろ旗を立てて大衆動員しなければならないのは，一般にはむしろ政治的勢力として弱体であることの表現である。真に強大な業界団体は，その代表（ロビイストを含む）と少数の政治的実権者との朝食の場での上品で和やかな会話のなかで，自らの意思を伝え，そのインタレストを実現できるだろう。

2）反チェーン税法への対応

(1) 対立を捉える視点

すでにのべたように小売チェーンの発展，とりわけ店舗数も多く日常生活に密接に関連し，したがって経済的影響もかくだんに大きい食品小売業における大規模チェーンの急速な発展は，とくに独立食品小売商に深刻な危機感をもたらした。こうして1920年代後半頃からさまざまな形態の反チェーン運動が活発化していく。それと併行してチェーンの経済的正当性を巡る論争もジャーナリズムを中心に盛んとなった*。

＊　それについては Bloomfield (ed.) (1931/1939) が争点全体を要領よくまとめている。またチェーン批判に対するマーケティング研究者の反批判として簡潔なのは Palmer (1929) である。

　ここではその多岐にわたる論点に立ち入らないが，一般的にいって当時，マーケティング研究者の間ではチェーン擁護論者が圧倒的に多かった。その主要な根拠は，大規模チェーン化は小規模・家族経営が支配的な旧来の非効率な小売流通の近代化であり，低価格販売によって消費者により奉仕し，社会的にもより効率的であるというものである＊。1920年代の状況ではそれは明らかに正しい。しかし，問題を単純化して経済的分野に限定しても，次の点に留意する慎重さが必要である。

　a）経営環境や企業行動のダイナミックな変化の時代には，ある歴史的時期における，ある業態の価格優位や効率性優位などは絶対的ではなく，驚くほど速く変化する。豊富な歴史的経験が示すように，価格優位などは寡占的地位の強化によっても，逆にその業態の陳腐化や企業の弱体化や政策の保守化によっても，容易に変わりうる。圧倒的価格優位や効率性優位を10年以上保持できた企業・業態がどれだけあっただろうか。例えば——のちに詳述するが——食品小売業界にあっても，1930年代に入るやチェーン各社は独立系スーパーの重大な挑戦に直面したのである。日本においても，1960年代の流通革命を牽引した総合スーパーが，70年代後半以降急速に競争力を低下させ「マンモス」と揶揄されるようになったではないか。

　＊　テドローは，1990年時点でも単純に，効率性を唯一ともいえる判断基準としている（Adelman, 1959, も基本的にはそうである）。この観点からすれば反チェーン運動は，経済的進歩の担い手で成功をとげつつあるチェーンに対する，伝統的な古臭い勢力の不当な政治的反動とみなされる（Tedlow, 1990, pp.214-18, 224〔訳，251ページ以下〕）。

　b）巨大企業はその効率性のみに依拠した行動をとるのではない。市場パワーや資本力にものをいわせた出店行動や価格設定行動（特定地域市場でのシェア獲得やライバル排除のための略奪的価格設定＝内部補助政策）もとる

ことができる。c）粗暴な自由競争による集中のいっそうの進展は、イノベーションの豊かな基盤である中小規模商の層としての縮小を意味し、中・長期的にみれば社会的にも経済的にもけっしてプラスにならないだろう。特定業態による企業の寡占的支配の過度の確立は、次世代イノベーションへのインセンティヴを減衰させ、既存の流通構造のセメント化の傾向、したがってまた流通経済の停滞的傾向を強めるだろう。それはまた跳ね返って寡占的支配の強化に貢献する。なぜなら柔軟な環境適応能力を要しないそうした状態こそは寡占企業にいっそう適合的だからである。

　小売業における参入の容易さもこのような懸念を解消させるものでない。なぜなら第1に、零細規模の「とにかく参入」ではなく、企業としての経営が成り立つところの有効な競争単位たりうる規模は、しだいに上昇しているという現実があるからである（Caines, 1961, p.36）。かつて典型的であった近隣の小規模食品店のイメージで参入を考えるのは、スーパー時代になってますます現実性を失っている（こんにちのコンビニをみよ）*。第2に、小売業外の巨大資本による小売業への参入も、それが既存小売企業の買収による限り、寡占的競争構造へのインパクトはかなり限定されよう。それに加えて、小売業以外の巨大資本による参入が相次いで失敗し**、現在ではほとんど試みられていない事実からみても、巨大企業といえども、他の産業分野からの参入はけっして容易とは思われない。必要な経営ノウハウの質的差異は意外に大きい障壁をなしているようである。ましてや新規参入などは、巨大企業といえども不可能に近いのが実情であろう。かくして比較的現実的なのは、そしてまた比較的多くの事例がみられるのは、小売業内部の他分野からの参入である。だがその実態が上記懸念を解消させるほどのものかどうか確言できない。

　　* ちなみに、スーパーの店当投資額は、1949年時点になると、土地・建物約10万ドル、什器・設備約4.5万ドルであった（Safeway, 1949 AR）。それが60年代初めには、85万ドル（在庫投資を含む）、80年時点になると400万ドル、86年時点では500〜600万ドル（Safeway, 1986 AR）となる。もちろん、現代の食品小売業の最小投資単位は物流センターと複数の店舗のワンセット投資であり、1店舗では無意味である。

** 事例としては，①1974年9月にウォード社を買収した石油メジャーのモービル社→88年，売却（GEの金融サービス事業部の支援を受けたウォード社の経営陣による買収）。②アメリカ子会社を通じて73年11月に名門百貨店ギンベル・ブラザーズ社とその傘下の高級百貨店サックス・フィフス・アヴェニュー，82年6月に同じく名門百貨店マーシャル・フィールド社（22店舗）をそれぞれ買収したイギリスのコングロ巨大企業B・A・T・インダストリーズ社（B.A.T. Industries, Ltd. 80年からはアメリカ小売経営を子会社・持株会社ベータス社〔Batus, Inc.〕が統括）→80年にギンベル・ブラザーズ社とコールズ百貨店，90年にその他をバーレーンの投資家グループ，インヴェストコープ社（Investcorp S.A.）やアメリカの大手百貨店デイトン・ハドソン社に売却して撤退。③やや異なるタイプではあるが，86年12月に百貨店大手（第3位）のアライド・ストアーズ社，続いて88年4月に最大手のフェデレーテッド百貨店を買収したカナダの不動産会社キャンポー社（Campeau Corp.）→90年破産，等がある。

（2）反チェーン税法制定要求運動

　大規模小売チェーンを「独占」として批判し，基本的に既存の流通機構の温存ないし凍結を目指す反チェーン運動は，多様な形態をとった。差別価格の設定を規制するロビンソン・パットマン法（1936年6月制定），再販売価格維持法（各州の公正取引法〔fair trade law〕。連邦法としては37年8月制定のミラー・タイディングズ法），原価割れ販売を禁止（prohibition of sales below cost）する各州の不公正取引慣行法（unfair trade practices act〔minimum markup act〕）等は，制定時の歴史的条件のもとではいずれも反チェーン的性格をもっていたし，全国復興庁（National Recovery Administration, NRA）の小売業『規約（Code）』もまた多少そうした要素があった。だが反チェーン運動は何よりもまずチェーンへの特別課税法の制定（「ハンディキャップ立法」）要求という形態をとった*。

　　* 最大規模を誇る独立食料品小売商の業界団体NARGの1922年次総会では，コミュニティにおけるチェーン・ストア数を法律によって制限するアイディアが提起されたが，違憲のおそれが強いとして課税戦術に転換したといわれる（Ross, 1984, p.247）。

ではその主な担い手はだれであったか。当時，平均的食料品店は推計わずか2,000ドル以下の資金で開業する（Mack, 1936, p.23）といわれるほど食品小売業への参入は容易であり，それだけにきわめて不安定で流動的な小売店が数多く存在していた。マクゲリーの有名な研究（1918～28年間）によれば，廃業店（その大半は事業の失敗による）の比率は，食料品店の場合1年目でじつに約36%もの高水準であった（McGarry, 1930/1947. 次もみよ，TNEC, Monograph No.17, 1941, pp.7-62）。だが経営上のスキルも資本もあまりもたないこうした高参入・高退出（＝「高回転率」）の浮動層は，反チェーン運動の積極的な担い手にはならないし，なり得ない。運動が大きく飛躍するのは，伝統的に食品小売業のコア部分を担い，したがって社会的に標準的な販売力をもっていた——理論的には「平均利潤」を獲得できるような——支配的経営層が，チェーンの進出によって存続の危機にさらされた場合である。そしてその危機は，チェーンの集中豪雨的進出と，それと踵を接して到来した大恐慌というダブル・パンチによって現実のものとなった。事実，チェーン税法制定運動は，チェーンのシェアがピークに近づいた28～29年に一気に活発化する（連邦取引委員会の膨大なチェーン・ストア調査〔16ページ〕もその1つの現われである）。それがさらに，30年以降は好況による危機の緩和作用もなくなって深刻な現実が一挙に露呈され，運動はいちだんと飛躍するのである。その展開過程についてはここでは触れない*。ここではチェーン税法制定運動に関連するチェーン側のカウンター運動についてのみかんたんに触れるにとどめる。

* これについては，中野（1965年）参照。なお，古典的ともいえる優れた研究はPalamountain（1955, Chap.6〔訳，169ページ以下〕）である。チェーン擁護論の代表としてはLebhar（1963, Pt. II〔訳，129ページ以下〕）がある。チェーン批判論としては，パットマン委員会の聴聞会記録（U.S.HR, 1935a/1935b）とその要約を兼ねたDaughters（1937）をみよ。なお，最近の研究としては，Ross（1986）がある。

（3）チェーン側の反撃

反チェーン運動に対するチェーン側の対応はかなり立ち遅れていた。各州

で続々と上程ないし制定されるチェーン税法（案）を前に，チェーン側は急遽反撃体制を構築する必要に迫られる。その第1歩は，チェーン・グループの組織的力を結集するためおこなわれた，比較的利害の一致する大規模チェーンによる業界団体の再編成とそれによる組織的PRおよびロビイング活動の展開である。それはようやく1929年頃から始められた（U.S.HR, 1935a, p.102，モリル証言）。大手企業のなかではとくにクローガー社が積極的にこれにかかわった（Kroger, *1931 AR*）。それは30年5月，アンチ・反チェーン運動の先頭に立っていた全国チェーン・ストア組合（NCSA。前記⑥）の理事長にクローガー社のモリル社長が就任したこと，さらに35年，元副社長のシェリル大佐が，アンチ・反チェーン運動の展開のために設立（35年4月15日）されたと思われるスーパーロビー，アメリカ小売連盟（American Retail Federation, ARF）の理事長に就任するため辞任していることにも現われている。

第2は個別企業レベルでのPR活動の展開である。例えばクローガー社では，1931年に設置したPR部門をますます強化・拡充し，「この種の関係は，こんにちではわれわれの事業の不可欠で重要な部分」をなすようになったと称するほどになる（Kroger, *1933 AR*）。そして32年11月のオレゴン州ポートランドにおけるチェーン税法の住民投票における敗北は，PRの重要性にいっそう目覚めさせた（Beckman & Nolen, 1938, pp.240-41）。こうしたPR活動の重要性の認識では，クローガー社はA＆Pよりはるかに敏感であり数年先行していたといってよい。クローガー社ほどではないがセーフウエイ社もまた強い関心を示していたし，地元カリフォルニアでは反対運動の先頭に立っていた（Safeway, *1935 AR*）。

だが業界トップとして積極的役割が期待されながら一匹狼的で，業界団体活動にまったく関心をもたなかったA＆Pのジョン社長は，ARFの結成について「"それは興味深いね"といっただけ」であり，加入を勧めると「検討する」といい，のちに――ARFに対する議会の調査が始まったこともあって――「加入しないことにきめた」と語った（U. S. HR, 1935a, p.161，シェリル証言）。

しかしそのA＆Pでさえ，1937年のニューヨーク州チェーン課税法案に反

対するため，有名なPR会社カール・ボイヤー社（Carl Byoir & Associates, Inc.）を雇ったことに象徴されるような姿勢の転換があった*。それは状況が緊迫し，同社の存続にかかわるような事態に追い込まれたからである。Ａ＆Ｐは，38年にパットマン下院議員によって上程された大規模チェーンの根絶を目指すいわゆる"死刑宣告法案（Death Sentence Bill）"反対にもカール・ボイヤー社を雇って大PR作戦を展開し，約50万ドルもの巨費を投じたといわれる。そしてＡ＆Ｐ史上初めて1,200紙以上にジョージ会長とジョン社長の署名入り2ページ大の広告を掲載し，同法案への反対を公式に発表した（Tedlow, 1990, p.220〔訳，260ページ〕）。その全文は，Haas, 1939, pp.242-48；Walsh, 1986, pp.54-59；Editors, 1971, pp.41-42）。広範な反チェーン運動を前に，Ａ＆Ｐは世論の結集，したがってまたPR活動の決定的重要性にようやく気づき，ソフトな世論工作を積極化し始めたのである。

* ただし，その前の1936年1月2日にＡ＆Ｐは——PRというより脅しに近いが——『ウォール・ストリート・ジャーナル』紙に1ページ大の広告を載せ，その中でジョン社長は，最も効果的かつ現実的なプランとして，反チェーン税法が制定された州に立地する店舗を店長に売却し，自らは卸売業に参入することも考えられる，とのべた（*Printers' Ink*, 1936）。

第3は農民の自陣への結集である。過剰生産と深刻な不況によって苦境に陥っていた農民に対し大規模チェーンは，巨大な販売力を行使して特定の過剰農産物の特別販売キャンペーンを展開した。それまで農民には，Ａ＆ＰのACCOのような農産物買付け会社による，巨大な仕入れ力を背景にした厳しい買付け行動（買い叩き）への反感も少なくなかったのであるが，目にみえる形で提供された具体的利益を前にチェーンへの支持が固まっていく。この点で象徴的出来事は1936年，カリフォルニアにおける桃の深刻な過剰生産を，34年設立の業界団体アメリカ食品チェーン・ストア組合（80ページ⑦参照）加盟チェーンの全国店舗ネットワークを通じてまたたくうちに処理したことである（Lebhar, 1963, pp.321ff.〔訳，355ページ以下〕；Palamountain, 1955, pp.173-74〔訳，181-82ページ〕；TNEC, Monograph No.18, 1941, p.324）。これによってチェーン流通の経済的価値を誇示するとともに，農民票を獲得した

チェーン側は，同州のチェーン課税法案の住民投票において勝利する。これは反チェーンの流れが大きく変わる決定的ともいえる契機となった。その後チェーン側は巨大な農民団体（American Farm Bureau Federation）を味方に引き付け，この教訓（＝他の利益集団との提携戦術の重要性）を他州でも積極的に活かし，農民からの買付け行動においても露骨な仕入れ力の行使を抑制する戦術をとった（cf. *Fortune*, 1940b, pp.64, 128）。

第4は労働者，とくに組織労働者への工作である。それまで組織労働者のチェーンに対する態度はけっして好意的とはいえなかった。事実，1937年末にアメリカ労働総同盟（American Federation of Labor, AFL）は，チェーンにおけるさまざまな労働慣行を非難する決議をしたほどである。当時は一般的に労働組合活動への理解が乏しいチェーン経営者が多かった。彼らはNRA『規約』における労働時間・賃金規定の制定に際して厳しい態度をとり続けたし，その後次つぎと制定された労働関係諸立法に対しても冷淡であった。経営側のこのような態度のため，ニューディール下の有利な状況をテコに活発に組織拡大を目指す労働組合と大規模チェーンとの関係はかなりの緊張をはらんだものとなっていたのである。

Ａ＆Ｐ自体も，外部組織が従業者の組織化を図ろうとしたことに関連して2,500人も解雇し，クリーヴランド市の全店を閉鎖しようとしたほど強硬な姿勢をとっていた（のち撤回）（Doubman, 1935, p.90）。クローガー社でも1935年，3つのブランチでクローズド・ショップを要求するかなり深刻な労働争議が起こったし，38年にも争議が起こった（Kroger, *1935AR, 1938 AR*）。そしてセーフウエイ社でも38年，店長を組合員にする協約を拒否したため，AFL系ポートランド支部の85店がストに入り，同じAFL系の労働組合ティームスターズがスト破りをするというゆがんだ事態が発生した（*Fortune*, 1940b, p.131）。

ところがチェーン側は，生死にかかわるチェーン税法の出現を前に背に腹はかえられず，労働組合に急接近し始める。その典型はＡ＆Ｐである。同社はPR担当顧問ボイヤー（Carl Byoir）の指導のもとに1938・39年，AFLと一連の団体交渉協約を締結するに至る（当時の従業者数約8万5,600人）。そして一

般的にも大規模チェーンでは，賃金と労働条件の改善による労働組合の支持の獲得が図られた（cf. Palomountain, 1955, pp.180, 183〔訳，186，189ページ〕；Tedlow, 1990, p.221〔訳，261ページ〕）。

このような戦術的転換というか重大な譲歩によってAFLの"死刑宣告法案"への反対を獲得するのである。クローガー社でも，1939年には争議がなく「相互理解」が進んだとしている（Kroger, *1939 AR*）ことから，おそらく同様のことがおこなわれたのだろう。だがその代価は大きく，とくにA＆Pにあっては第2次大戦後の同社の長期停滞を規定する重要な一因となる*。

＊　アメリカ小売業における労働組合組織化の展開（中心は食品小売業）については，林の研究（1986年，ほか）が貴重である。なお第2次大戦後，小売業組合はしだいに——サービス経済化の進展もあり——全米労働組合運動の中核となっていく（170ページ以下参照）。

以上のように，アンチ・反チェーン運動を通じて巨大食品チェーンを中心とするチェーンは，たんに個別企業的視点に終始する狭隘な行動から，一定の社会的責任を自覚しより広い国民経済的視点に立ったそれへとしだいに転換する。そしてチェーンがアメリカの小売流通，したがってまたアメリカ経済のなかに確固として定着していることを実態面でも国民意識の面でも証明していったのである。かくしてこの時期に，巨大化した小売企業の経営者として求められる不可欠な資質が，政治や経済の全体状況，要するにマクロ状況の的確な認識をもたなければならないものに，基本的に変わったのである。

第Ⅱ章　スーパーへの業態転換と寡占体制の再編

1　業績の低迷と保守化する企業行動：1930年代

1）業績の低迷とシェア格差の縮小

　1930年代にＡ＆Ｐを始めとする巨大食品チェーンは，個別的差異を残しながらも一般的には，20年代とは一転して長期停滞期に突入する。その具体的過程を大手4社の業績の推移を辿りつつ明らかにしておこう。

（1）深刻な売上・利益の低迷：Ａ＆Ｐ

　Ａ＆Ｐの場合，いち早く成熟段階に到達したためであろうが，すでにみたように1920年代末から停滞傾向が現われ始めていた。その点を売上高の動向でみると，図Ⅱ-1に明らかなように，29年に売上高の伸びが一挙に1ケタ台へと低下する。それはおそらく，過剰店舗状況になったことを反映しているのであろう。そして大恐慌下の31年には，創業以来初の減収となり，しかもそれが3年間も続いたのである。そして底を打った33年（じつはこの年，食料品店販売総額中の同社のシェアが16.4％で最高となる）には，ピークである30年水準の76％にまで落ち込んだ。もっとも，取扱い商品が耐久消費財とは異なり需要の価格弾力性が低い生活必需品としての食品が中心であるから，不況の影響も相対的に軽微であったとはいえる。

　しかしその後，恐慌を脱して売上高成長率がプラスに転じたもののわずか3％前後にとどまり，明らかに「変調」をきたしていることを窺わせた。そして1937年には，機敏にスーパーに参入した独立系や小規模チェーン系のスーパーに押され，さらには景気後退の影響というダブル・パンチをも受けて，再度マイナスという深刻な事態に陥った。同社の競争力は明らかに，決

図Ⅱ-1　大手3社の売上高の推移：1929-45年

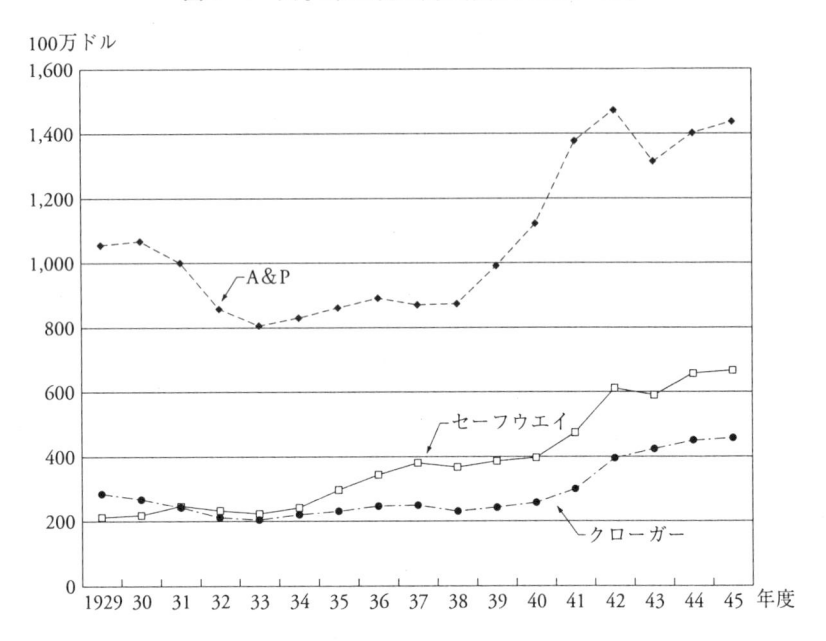

出所：Selected Cos., *ARs*, respective years；Adelman (1959), pp.432, 438-39.

定的ともいえるほど低下していたのである。

　では（税引後）純利益の動向はどうか。図Ⅱ-2のように，1930年代のA＆Pの純利益は，37年にスーパー進出を戦略決定するまで，2～3年ごとに階段状の下落を続けた。まず29～31年は，売上低迷下にありながら毎年3,000万ドル前後という記録的水準を維持していた。とくに30，31年は，後述の保守的価格政策による価格効果が過度に現われ「あまりにも儲け過ぎ」（31年3月，地域事業部社長会）（Adelman, 1959, p.38）＊と首脳部から警告が出されるほどであった。そのあと32～33年は純利益2,000万ドル台前半の水準へと低落し，さらに34～36年は1,600～1,700万ドルへと3段目の落込みを経験する。それでも最高水準にあった第1段階の5割台を維持していた。このような業績が「きわめて快適な成熟状態に落ち着いた」（Adelman, 1959, p.55）ようにみえるかどうかはともかく，後述のようにそれは，売上の低迷と経費率の上昇

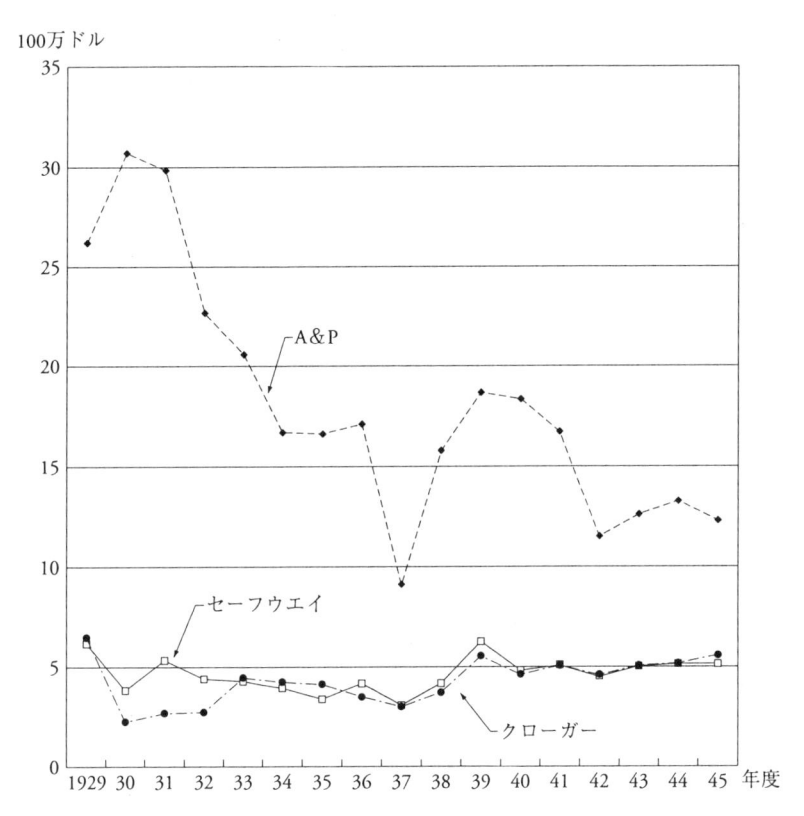

第Ⅱ章　スーパーへの業態転換と寡占体制の再編

図Ⅱ-2　大手3社の純利益の推移：1929-45年

出所：Selected Cos., *ARs*.

を粗マージンの安易な引上げによってカバーする，いわば後ろ向きの価格政策によって辛うじて維持されていたのである。

＊　「儲け過ぎ」の発生プロセスは次のとおりである。Ａ＆Ｐは目標投資収益率（通常25％）×投資額＝目標純利益，目標純利益÷予想売上高＝売上高純利益率。これに操作変数である一定の率を掛けて粗マージンを決定する方式をとっていた。売上が低下し始めるとこの変数を操作して調整するのであるが，巨大企業の整備された官僚制下のメリット・システムは，どうしても過大なリスク・マージンを見込ませるから「過剰調整」をもたらしがちとなる（cf.Adelman, 1959, p.39）。

93

だがこの段階が，そうした安易な価格政策による収益性維持の限界であった。スーパーの普及に伴うＡ＆Ｐの急速な競争力の喪失はやがて，もっぱら価格効果に依存した収益性の維持さえ不可能にする。それを端的に示すのが第4段階の1937年である。この年Ａ＆Ｐの純利益は前年比一挙にほぼ半減し，23年（870万ドル）以来初めて1,000万ドルを切って文字どおり危機的状況を迎える*。

　　　＊　とはいえ危機的状況は，あくまでＡ＆Ｐが依拠する蓄積基盤の脆弱化＝業態の陳腐化によるフローの収益性低下に関連していえることである。他面では，同社が圧倒的に強力な財務体質を構築していたことにも留意しなければならない。同社のキャッシュ・ポジションは過剰店舗状況による拡大停止と結びついて一挙に高まった。例えば，現金・預金と政府証券を中心とする市場性証券の合計額は，1929年の4,100万ドルから30年には一挙に7,000万ドルとなった。そして32年などは1億ドル弱もの巨額に達する。それに伴い手元流動性（月平均売上高比）も31年以降は100％台に乗せるのである。そのノーマルな水準を30％台とすれば，「儲け過ぎ」と拡大停止のダブル効果は一挙に過剰流動性をもたらしたといえる。そして経営危機を迎える37年でも8,500万ドル余を保有していた（以下，とくに出所を記さないばあいは主として同社の『アニュアル・レポート』による）。

　売上と利益の両面におけるこうした長期のほぼ一貫した低落傾向は明らかに，たんに大恐慌の影響という一時的要因にのみ帰すことはできない。むしろそれは，すでに示唆したように，Ａ＆Ｐの蓄積メカニズムに変調が生じていることの現われといってよい。

（2）内部固めに専念：クローガー社

　クローガー社は1920年代末の高株価を利用した積極的買収による急激な拡大という組織的脆弱期を大恐慌に直撃され*，Ａ＆Ｐとは異質の，急激かつ深刻な経営危機に直面する。そして買収した企業の真の統合，つまり一挙に巨大化したばらばらの組織の一体化＝管理体制の再編・強化が同社再建の緊急かつ中心的課題となる（以下は主として Phillips, 1936, pp.207ff., による）。

　　　＊　クローガー社の株価は1929年の最高値が $122^{4/8}$ ドルであった。ところがそ

れは30年に18ドルまで下落し，32年は10～18$7/8$ドルの低水準にあった（*Forbes*, various issues）。

　具体的には，店舗レベルでは，被買収企業の有能な人材の大量離散，（クローガー社の経営方式になじまない）大量の未習熟者の発生と志気の低下，一挙に増えた従業者の人事・昇進問題，競合店舗の買収に伴う店舗配置の重複，非効率＝低収益性，店舗アイデンティティの欠如，店舗の陳腐化等への対応による単位店舗の競争力の回復が何より緊要であった。また全社レベルでは，会計・財務，人事等の管理システムの整備と人事面の改革（教育・訓練の強化），20年代末に創設していた全店舗の分権的管理単位のブランチ数を23（のち21）に増やすなど，分権化のいっそうの推進が必要であった。それらの課題は，ピグリー・ウィグリー社（Piggly Wiggly Corp.）会長兼社長でリーマン・ブラザーズ社系のモリル社長兼ゼネラル・マネジャー＊を始めとする一新された新経営陣に重くのしかかった。

　　＊　この社長人事には，クローガー社と長年金融的に緊密な関連をもっており，モリル自身その顧問弁護士であったリーマン・ブラザーズ社，その他も関与していた。なお，クローガー社は1920年代からピグリー・ウィグリー社を子会社化していたが，41・42年にその持株の大半を処分した。

　シアーズ社におけるリチャード・シアーズとローゼンウォルド，ゼネラル・モーターズ社におけるウィリアム・デュラントとアルフレッド・スローン（Jr.）に典型的なように，資本としての無限の拡大志向的側面と，トップの意思決定が正確かつ迅速に貫徹すべき組織としての統一性＝整備された管理体制の確立・維持の側面とが，時には人格的に分離して表現されることがある。Ａ＆Ｐの場合は，超保守的な兄ジョージ会長と革新的な弟ジョン社長が両輪をなし，長期的には何とかバランスがとれていたし，セーフウエイ社の場合は財務面と管理面も重視する実権者チャールズ・メリルの影響力が強かったからそれほど分裂的ではなかった。ところがクローガー社の場合は不幸にも，1920年代末に急激な拡大を図った元社長アルバースと，その拡大政策に批判的であったリーマン・ブラザーズ社を始めとする大株主，創業者ク

ローガー，新社長モリル等とに分裂していたのであった。そして周知のとおり，オーナー経営者の場合を除くと，経営危機による拡張主義者の敗退のあとに「内政重視主義者」がヘゲモニーを握るというのが一般的パターンであり，この時期のクローガー社もその一典型であった。

新政権のもとでクローガー社は，一方では，財務を始めとして中央コントロールを強化し，他方では，店舗レベルの柔軟な運営を保証する分権的管理体制の整備を進めた。そして現場と総合本社との緊密なコンタクトの確保，各職務レベルでの訓練コースの採用，「政策の根本的変更と従来のやり方の破棄」，予算統制・会計制度の整備，PR部門の設置等がおこなわれた。こうして企業組織と営業方法，財務コントロール，人事，店舗・不動産等の各方面にわたる全面的改善・整備・合理化が進行する。また30年には，もう1つの組織イノベーションとして生鮮農産物調達の強化が図られ，同社の専門バイヤーを直接農家に派遣して，検査，選別，調達をおこなうため，A＆PのACCOと同様の農産物調達会社ウェスコ食品社を設立した（61ページ注参照）。

「内政重視主義者」の彼らがこれらの課題をひとまず解決したのは，1933年のことである（Kroger, *1930 AR, 1933 AR*）。

だがそれらのいわば内向きの措置がひとまず完了しても——激化する反チェーン運動への対応に忙殺されたことも1つの要因であろうが——新しいコンセプトに立った業態イノベーションによって困難な状況を突破するラディカルな方向は採用されず，基本的にはその後も停滞を続けることになる（図Ⅱ-1）。クローガー社の売上がそれまでのピークを上回るのは，A＆Pよりさらに1年遅れた1941年のことである＊。純利益の推移はさらに悪い。とくに管理体制の整備・調整期である30～32年にはピーク（29年）の640万ドルから約3分の1に激減する。この収益性の急激な低下は上記課題の処理を大きく促すことになった。そして調整がひとまず完了した33年からは400万ドル台に回復するが，A＆Pと同様，37年には再度300万ドル水準を割り込む。スーパーの影響が深刻化してきたのである（Kroger, *1938 AR*）。かくして比較的好調の41年の純利益も，それまでのピーク時の78％の水準にとどまっていた。ただし，本業の収益性を表わす営業利益は——ピークと思われる29

年のデータが欠如しているので正確な比較はできないが——41年には1,100万ドルに達し，29年水準を上回ったと思われる**。

 * この時期におけるクローガー社の買収活動は，とうぜんながらあまり活発ではなかった。1931～48年の買収は計4件，108店に過ぎない。
 ** それを反映して株価も長期低迷を続ける。1933年6月頃で30ドル，37年：14～24ドル，39年：20～30ドル，であった。そして40年の最安値は23 4/8ドル，最高値は34 4/8ドルであった（*Forbes*, various issues）。

（3）シェア格差の縮小傾向

　以上の点はセーフウエイ社もほぼ同様である。しかし図Ⅱ－1に示されるように，同社の場合は大恐慌へ突入してからも売上への影響は比較的軽微で，1931年にピークを記録する。それは同年，1,392店を所有するマックマー・ストアーズ社を買収したという特殊事情による。そして最低の33年でもピーク時の89％という高い水準を維持していた。その後は，35年に早くもピーク時を19％上回り，41年にはピーク時の売上高の1.9倍にも達していた。

　こうしたセーフウエイ社の相対的躍進の原因は第1に，他社が抑制していた1930年代にもある程度活発な買収活動を展開したことにある。同社は上記マックマー・ストアーズ社という大規模買収ののち，しばらくは内部合理化に専念するが，その後は41年8月のダニエル・リーヴズ社（Daniel Reeves, Inc. 498店，食肉店123店，倉庫3，年商2,200万ドルで全米第15位の食品チェーン。ニューヨーク市周辺）に続いて同年10月，ナショナル食料品会社（スーパー84店ほか。ニューヨーク州とニュージャージー州），その他を買収した（Safeway, *1941 AR*）。結局，31～48年に大手食品チェーン10社が買収した3,190店のうちセーフウエイ社だけでじつに2,034店（64％）を占めた（German, 1978, p.167）。しかもそれは，たんに小売分野にとどまらず，広範な製造業にも及んだのである（63-64ページ参照）。

　第2は，スーパー進出前の大手食品チェーンの中で同社が，単位店舗の大規模化＝競争力強化に最も積極的であったことにある。従来の基準からすれば比較的大規模な「完全食品マーケット（complete food market）」が全店の75％を占めるほどになっていた（Beckman & Nolen, 1938, p.220）し，同社の単

位店舗は1930年代に平均3,000平方フィート（約280m²）もの規模に達した。それは後述のように（125ページ），大手他社との店当売上高の大きい格差に現われている。

とはいえ純利益のほうは売上高ほど順調には推移しなかった。営業経費中最大の費目たる労働コストやそれに次ぐ費目であるレントの圧縮に努力を傾注*したにもかかわらず，1930～40年の前年比減益回数はA＆Pと同じく7回に及び，41年時点でもそれまでのピーク時（29年）の82％の水準にとどまっていたのである。ただし営業利益はやや好調で，36年には早くも29年のピーク（825万ドル）を上回り，41年には1,400万ドルに達した**。このように，セーフウエイ社は30年代，大手4社の中では比較的好調を維持していたといってよい（その理由についてはさらに次ページ参照）。

 ＊ レントについては，1920年代末には借手競争の激化の結果地主に有利な長期レンタル・リース契約が締結されていたが，大恐慌により一転して解約，レント引下げ交渉が一般化する（cf. Safeway, *1932 AR, 1933 AR*; Hollander & Omura, 1989, p.309）。この問題は，アライド・ストアーズ社に典型的なように，当時の百貨店でも最重要課題であった（Allied Stores, *1933 AR, 1935 AR*）。なおA＆Pの場合は，リース期限1年しか認めなかった会長ジョージの保守性が幸いして（ただし反面では好立地を失った）レントの負担に苦しむことはなかった。

 ＊＊ セーフウエイ社の株価は1929年の最安値90$\frac{1}{8}$ドル，最高値195$\frac{2}{8}$ドル，32年8月頃で38ドルであった（*Forbes*〔Aug.15, 1932〕, p.30）。

ではアメリカン・ストアーズ社の場合はどうであったか*。同社は1932年まで店舗数が増え続け，同年2,977店でピークに達した。これは大手他社より1～2年遅い。しかし売上は29年にピークに達したのち低落を続け，底を打った34年にはピーク時の8割となった。他方営業利益は，売上と同じく29年に780万ドルでピークに達したのち毎年低下し，最低となった37年には140万ドルまで急落する（純利益の底は38年のわずか5.8万ドル）。同社もまた危機的状況を迎えたのである（後述のように，そのことがセーフウエイ社やクローガー社に比較して機敏なスーパー転換に結びつく）。

 ＊ この時期にかんして図Ⅱ-1・図Ⅱ-2でアメリカン・ストアーズ社を外

第Ⅱ章　スーパーへの業態転換と寡占体制の再編

表Ⅱ-1　売上高成長率（年率）：1925-45年度

(単位：%)

年度	A&P	セーフウエイ	クローガー	アメリカン
1925-30	19.4	41.5[1]	18.1	5.6
1930-35	-3.9	6.1	-3.0	-4.1
1935-40	5.0	6.3	2.3	1.5
1940-45	5.2	10.7	12.1	13.3

注1）1926-30年度の年率。
出所：Selected Cos., ARs, より計算。

すのは，1920・30年代の停滞のため，30年代には上位3社との格差が大きく拡大したこと，またしばしば第4位の地位をファースト・ナショナル・ストアーズ社に奪われたからである。しかし戦後との関連もあるのでかんたんに触れた。

こうした収益動向のもとで，1933年から毎年期末店舗数の減少が始まり，最低の45年には1,964店とピーク時の66％水準となった。それは，一方では20年代末から30年代にかけて進められた店舗近代化（よりよい立地への変更と品揃えを拡大し，設備も改善した大規模店化）と，他方ではそれを上回る小規模旧来店舗の閉鎖の結果である。なお，同社のM＆Aは，セーフウエイ社ほどではないが，30年以降も続いた。その主なものは，32年のクロック・ストアーズ社（約150店）とキーストーン・ストアーズ社の一部（ペンシルヴェニア州西部の93店），41年のウィルキンソン・ギャディス社（128店），その他であり，31～48年に同社は計5件，513店を獲得した。

さて，以上の巨大食品小売企業上位4社のうちセーフウエイ社が売上・利益とも相対的に好調であったことはたしかである。その点を売上高成長率（年率）でみると表Ⅱ-1のとおりである。とくに1930～35年は，他の3社がいずれもマイナスを記録しているのに対し，セーフウエイ社のみは6.1％の伸びを示している。その原因は主として，すでに指摘したように，a）単位店舗が相対的に大規模で強い競争力があったこと，b）比較的競争が激しくなく，脅威となるべきスーパーも，価格アピール力の弱いカリフォルニア型が支配する西部を本拠にしていたこと，そして③不況下にもかかわらず積極

的に買収を進めたことにある。

　以上の点を上位3社の売上高相対シェアの推移で確認しておこう。まず第1に，1929年に67.5％に達したＡ＆Ｐの相対シェアは，37年（58.3％）にいたるまでほぼ一貫して低落している。第2に，それと対照的にセーフウエイ社は——さらにクローガー社のゆるやかだがほぼ一貫した低落分を上乗せする形で——29年の13.9％から37年の25.3％まで相対シェアをほぼ倍増させている。

　1937年以降の動きは，のちにのべるＡ＆Ｐのスーパーへの進出や戦時経済への移行等の影響のためやや複雑であるが，39年から45年までの期間全体としては，概括的にはＡ＆Ｐの相対的地位の低下（▲11.4ポイント）とセーフウエイ社の躍進（＋12.1ポイント），クローガー社の低迷ないし地位維持，という特徴をもつ。そして45年時点における3社の相対シェアはＡ＆Ｐ：56.1％，セーフウエイ社：26.0％，クローガー社：17.9％（3社計100％）となり，20年代に形成されたＡ＆Ｐの圧倒的なガリヴァー型寡占の構造は崩れ始め，3社のシェア格差構造がはっきり縮小する傾向をみせるのである。しかもその過程は，33年をピーク（24.9％）とする全米食料品店販売総額中の3社合計シェア（集中度）の長期低落傾向（45年：17.5％）とパラレルに進行する（128ページ参照）。

　この格差縮小傾向は，純利益の相対シェアについてもほぼ同様に指摘できる。

2　価格政策の転換

1）Ａ＆Ｐの政策転換

　Ａ＆Ｐにあっては，小売価格は地区事業単位の販売ディレクターが設定するが，ここでも同社の集権的体質を反映して全社的に，1つのマーケティング地域では全店同一価格原則に拘束されていた。しかし1920年代末から顕著になったコスト・プッシュ，とりわけ深刻な長期不況下の売上高伸び率のかくだんの低下は，経費率の上昇を抑えがたいものとした。

　こうした状況のもとで，Ａ＆Ｐを始めとする巨大食品チェーンの価格政策は大きく転換する。エコノミー・ストアに象徴される「青年期」の，圧倒的

なコスト優位を基礎とした低マージン＝低価格・大量販売という「量の論理」を追求する攻撃的な価格政策*は陰をひそめ，逆に売上の低迷をマージンの安易な引上げによってカバーする穏健・保守的な価格政策へと，いわばなし崩し的に転換するのである（cf.TNEC Monograph, No.35, 1940, pp.102-03）。それに伴い1920年代末頃には，縮小傾向にあったとはいえ独立店とチェーンの価格差はなお約10％前後あったのが，30年代にさらに縮小する傾向をみせる**。したがってこうした価格政策の転換は，反チェーン運動を刺激しないとの配慮による「戦術的後退」というよりも，巨大食品チェーンの独立店にたいするコスト優位＝価格競争力優位が失われつつある現実のかなり忠実な反映といってよい。

* カプランらはそれを1912～25年としている。しかしその後37年までの変化については触れていない（Kaplan *et al.*, 1958, p.182〔訳，224ページ〕）。
** 戦間期の15の価格比較研究をサーベイしたテドローの要約表とそのコメントをみよ（Tedlow, 1990, pp.200-01〔訳，234-35ページ〕）。とくにこの点は次の調査に明瞭である。Beckman & Nolen, 1938, pp.111-12 ; Taylor, 1934 ; Phillips, 1939a.

　Ａ＆Ｐにとりわけ鮮明に現われるこのような価格政策，したがってまた競争政策の変化は，1920年代においてさえ価格競争の展開に必ずしも積極的ではなかったクローガー社*やセーフウエイ社ではいっそうの価格競争の後退，その反面としての品質・サービスと広告の強調となって現われる。その点は，30年に商品テスト機関＝クローガー食品財団（Kroger Food Foundation）を鳴り物入りで設立して，自社の将来を高級サービスと優れた品質の強調による差別化戦略の追求にあるとし，価格アピールのみの上に築かれた事業の「不健全性」や価格競争の「害悪」を説くまでになったクローガー社の経営姿勢にとりわけ顕著である。事実同社は，30年代初めの時点で，低マージンのスーパー路線と高マージンの高級店路線との中間のコース（＝「適切かつリーズナブルな粗利益で，豊富な品揃えの高回転政策」）をとることを明言し（Kroger, *1932AR～1939AR*），価格競争への「及び腰」ぶりを露呈している。
* カプランらの研究によれば，1920年代，Ａ＆Ｐはプライス・リーダーであ

り，クローガー社はA＆Pと競合する地域ではむしろ直接の価格競争をできるだけ避け，価格面では受け身の追随者にとどまる先導者追随政策を採用していた (Kaplan *et al.*,1958, pp.206-07〔訳，255-56ページ〕)。これは，少数の巨大チェーンが「競争についての同じ見解をかなりよく共有し」，一種の馴れ合い（a pattern of a mutual accomodation）＝寡占的相互依存体制により市場支配をはかる形態に接近した姿である（cf.Jones, 1971, p.265)。なおホールドレンは，食品小売業における寡占的行動とりわけ価格先導制について否定的である（Holdren, 1965)。私もそれが容易であるとは思わないが，一定の状況・条件のもとでは充分ありうると考える。

こうして「量の論理」のあくなき追求という「青年期」A＆Pを強烈に特徴づけていた企業行動がしだいに後退し，粗マージンの引上げによる収益性確保という安易で退嬰的な政策に流れる傾向が強まった。その点は，部分的には売上高総利益率の推移からも確認できる。A＆Pの売上高総利益率は1928年に18.09％でボトムに達するが，その後は33年の22.35％まで一貫した上昇を辿るのである。それはA＆Pだけに特有の企業行動ではなかった。A＆Pの価格政策に追随することを基本姿勢とするクローガー社でも，28年に16.22％であったのが33年には22.95％に，そして40年代に入るまで両社とあまり直接的競争関係にないセーフウエイ社でも，27年の16.99％が33年には22.37％に，それぞれ急上昇している。このことからも明らかなように，粗マージンの引上げは巨大食品チェーンにほぼ共通していたといってよい。ただしもちろん，多様な要因の影響を受ける売上高総利益率の推移だけから寡占企業の保守的価格設定行動を推測するのは一面的である。

2）**価格ゾーン・システム**

だがA＆Pの場合，地域事業部（の社長）に対しジョン社長が，売上高の減少ないし低迷による経費率上昇を価格引上げによってカバーする政策，つまり収益性の確保を価格効果に依存しながら実現する安易な政策を繰り返し批判している (Adelman, 1959, pp.39-46) ことは，同社における行動の保守化の傍証になるだろう。彼はそうした政策のもつある種の危険性と腐朽性に気

づいていたと思われる。そしてあくまで低マージン＝低価格を出発点とした大量販売（数〔物〕量レベルで把握。彼は価格効果を排除しうるこの指標こそが競争力の最も正確な指標とみなした）の貫徹による目標利益率の達成を執拗に要求した。だがＡ＆Ｐの店舗が直面する現実は，その貫徹をしだいに困難にしていたのである。そして地域事業部社長たちはあくまでリアリストとして，そうした状況に対して価格引上げで対応し，ジョンも結局，その現実を事実上黙認せざるを得なかった。それが一定の分権的管理体制を採用している官僚制巨大組織の現実であった。

　Ａ＆Ｐの元従業者の証言によれば，この頃同社では価格ゾーン・システム（あるいはゾーニング・プラン）が採用されていた。すなわち地区事業単位はそれぞれ特定のテリトリーの競争状況を特徴づけるローズ，パール，グリーン，グレイ，ヴァイオレットなどの5～6ゾーンに区分される。そしてＡ＆Ｐのシェアが低く競争の激しいゾーンでは，地区事業単位全体に波及しないように配慮してそのゾーンの一定の品目について価格を引き下げ，シェアが高く競争が弱いゾーンでは逆に価格を引き上げる。「これが，彼らがさまざまなゾーンで価格を上下に調整するやり方です。ある特定の狭い地域に注意を払うことがゾーンの目的です」（Fulda, 1951, pp.1156-57）*。こうした細分テリトリー別の差別的価格設定は，「テキサスでの競争を排除するため，ルイジアナの消費者から抜き取ったカネでテキサスの消費者の財布を膨らませる」行為（後述〔130ページ〕の訴訟事件の摘要書）（Fulda, 1951, p.1157）をいっそうきめ細かく展開するものである。これは，相対的にシェアの高いテリトリーでより高い価格を設定し，そこで獲得した超過利潤を原資として相対的にシェアの低い競争的テリトリーでの攻撃的価格設定による損失を内部補助する政策，一般的には地域的価格差別政策として広くみられる独占的行動の一形態である**。

　　＊　なおフィリップスの説明によれば，例えば約200店からなるＡ＆Ｐのシラキュース・テリトリー（地区事業単位）では，各店舗は異なる平均価格水準を設定しているローズ以下の価格ゾーンに配属される。これは価格競争に迅速に対処する高度の柔軟性を付与した。なぜなら，もしある店舗が激しい価

103

格競争に直面すると，その店舗を現在の価格ゾーンから別の低い価格ゾーンへ移し，直ちに対抗することができるからである（cf. Phillips, 1939b, pp.334-35；Dirlam, 1977, pp.62-63）。

**　価格差別のタイプについては，Burns, 1936, pp.274 ff., をみよ。また内部補助の実態については次をみよ。FTC, 1966, pp.106 ff.；Marion *et al*., 1979, pp.42-43；Jones, 1971, pp.263-64.

　Ａ＆Ｐも1940年頃，多数の店舗が赤字を出していたことが裁判中に明らかになり大きい注目を集めた。同社は当時「予定（proposed）」利益や損失，「週損失計画（scheduled weekly losses）」を設定していた（Fulda, 1951, pp.1145-47）。また80年頃の状況についてコッテリルは，市場構造－価格関係に関連して，強力な市場ポジションは，低い単位コスト（効率性優位）によるよりは価格の引上げによる高利潤を享受させる傾向があること（＝市場パワー仮説）を確認している（Cotterill, 1986）。例えば大手スーパー・チェーンのグランド・ユニオン社は，ヴァーモント州のスーパー総売上高の39％を占め，同州内の多くの地域市場でも支配的地位を占めており，80年の平均税引前利益は売上高の5.95％にも達した。ところが他州では（業界平均に近い）わずか1.30％に過ぎなかった。この結果同社は，全社売上の3.7％しか占めないヴァーモント州で利益総額の15.1％をあげていたのである。なお内部補助弁護論としては *Yale Law Jour.*（1949, pp.978-79）をみよ。

３）進まない過剰資本の処理

　かくして1930年代の数年間，Ａ＆Ｐはいわば分裂症気味で，明確で一貫した政策あるいは状況の的確な認識に基づく新たな政策を欠いたまま，総合本社レベルでの混乱（Tedlow, 1990, p.242〔訳, 286ページ〕）を反映して漂流することになる。その政策姿勢はおそらく，初期にはかつてなく深刻な恐慌にたいする認識の甘さに規定され，のちには巨大組織につきまといがちな保守性・硬直性（慣性法則）により強く規定されていただろう。その点はまず第１に，新興の次世代業態であるスーパーを，不況に伴う一時的現象とする認識に，そして第２に，そうでなくても他社に比し集権的であった管理体制を，34年にさらに強化（仕入れ面の総合本社権限の強化，監査の強化等）するという逆行ぶりに現われている。「34～35年のＡ＆Ｐの思考にはかなりの退化があったようだ」（Adelman, 1959, p.58）と評されるゆえんである。これに対

表Ⅱ-2　A＆Pの赤字店の状況

年度	赤字店	赤字店比率[1]	閉鎖赤字店	閉鎖赤字店比率[2]
1929	2.1千店	14%	0.44千店	21%
30	2.1	13	0.36	17
1931	2.5	16	0.40	16
32	3.3	21	0.43	13
33	3.1	20	0.39	13
34	3.9	26	0.25	7
35	3.7	25	0.25	7
1936	3.5	24	0.33	10
37	4.4	33	1.46	33
38	2.4	22	2.70	110[3]
39	1.6	17	1.79	110[3]
40	0.9	12	1.71	190[3]
1941	0.6	10	0.96	160[3]
42	0.8	13	0.24	30
43	1.1	19	0.08	8

注）1）赤字店比率＝赤字店数／全店舗数（％）。2）閉鎖赤字店比率＝閉鎖赤字店／赤字店（％）。
　　3）年度中の閉鎖赤字店数が第4四半期の赤字店数を上回ったことを示す。
出所：Adelman (1959), pp.450-51, Appendix Table 12, より作成。

しクローガー社等は適切にも，30年代を通じて繰り返し分権化を推進する。

　第3に，一貫した政策の欠如は，赤字店の処理面にも現われた。表Ⅱ－2はA＆Pの赤字店の状況を示す。出店を抑制してからの赤字店比率は，1929～31年に単純平均で毎年約15％であった。ところが31年以降は，出店が低調にもかかわらず2割台の高水準となる。それと平行して赤字店の赤字総額もほぼ一貫して増加し，同社に重い負担を課すようになっていく。とくに危機的状況に陥った37年には，全店舗のじつに33％が赤字に転落した。だがこのような長期の状況にもかかわらず，赤字店の処理＝閉鎖がなかなか進まないのがこの期の特徴であった（Adelman, 1959, pp.49-50）。赤字店のうちどれだけが閉鎖されたかを示す「閉鎖赤字店比率」は31～36年の間，きわめて低かった。

　以上の赤字店の推移のうちに，スーパー参入までのA＆Pが明確な長期戦

略を欠いたまま状況に流されているさまがよく現われている。しかもこうした赤字店の「温存」は，粗マージンのたえざる引上げ圧力となっており，保守的・退嬰的価格設定行動と相互規定・「共存」関係にあった。

　ほぼ同じことはクローガー社以下についても指摘できる。ただし，もちろん程度の差はある。クローガー社は，1930～33年に1,400店余りを閉鎖し，期末店舗数で29年のピークに対し74％，そして38年には同69％の水準にまで低下させ，この点では最も進んでいた。これには，大恐慌のもとで，20年代末の猛烈なM＆Aの後始末を促迫されたという面も多分にあろう。他方セーフウエイ社の場合は，30年代の活発なM＆Aの展開もあり，31年にピークに達した期末店舗数（3,527店）は，38年時点でもその88％を維持していた。アメリカン・ストアーズ社は，32年に期末店舗数がピーク（2,977店）に達したのち減少に転じたが，それは同年から，小規模店舗を，より好立地の大規模・近代的店舗に置き換える方針を採用したからである（American Stores, *1933 AR*）。それでもセーフウエイ社と同様，38年時点で81％の水準を維持していた。

　これに対しA＆Pは，期末店舗数がピークの1930年（1万5,737店）の水準を，スーパーへの業態転換を始める直前の36年でもほぼ維持（94％）していたのであるから，店舗レベルの過剰資本の処理は最も遅れていたと思われる。ところが皮肉にも，この差が逆にA＆Pのスーパーへの業態転換を先行させ，セーフウエイ社以下のスーパー参入を遅れさせる一因となるのである。

3　スーパーへの参入とA＆Pの地位の再確立

1）新業態スーパーの意義とその急速な普及

　アメリカ小売業研究の碩学によって「これまで小売業に生じたいかなる出来事よりも革命的」（Nystrom, 1951, p.133）とされるスーパーは，直接的には，大量小売流通の原理と30年代の経済不況によってもたらされた効率向上の必要性との総合（Mayo, 1993, p.157）ではあったが，その本格的発展が戦後の好況過程に生じたことからも明らかなように，たんに「大恐慌の産物」にとどまらない一般的性格をもち，食品小売業における新舞台を設定[*]した画期的

コンセプト・業態イノベーションであった。そればかりではない。スーパーはより広く，20世紀の社会とビジネス全体の変化を包摂したフィロソフィーだとさえみなされる（Hampe & Wittenberg, 1964, p.317）ほど広範な影響を与えた。

* それはパラダイム・シフトであり，比喩的に，プロペラ機からジェット機への変化のようであったともいわれる（Mayo, 1993, p.146）。

その基本的特徴は，当時の食品チェーンのもつ単位店舗規模の制約を一挙に突破する大規模性（消費者側からいえばワンストップ・ショッピング）とセルフ・サービス*の結合にある。それはマクロ的には，新たな多品種大量生産段階に照応した大量販売体制の新構築の意義をもつ。旧来の店舗は，たとえコンビネーション・ストア化しても，1920年代からますます増加し始めた食品メーカーの新製品開発（それはより広い棚スペースを要求した）に必ずしも充分対応できなかったのである。

* セルフ・サービスは店員の販売労働過程（の一部）を顧客に転嫁するものである。そのため上流階級の顧客の中には，エリートとしてではなく労働者として処遇されたようで，見くだされているように感じ利用をためらう人もいたという（Mayo, 1993, p.92）。

これに関連して指摘すれば，しばしばセルフ・サービスがスーパーの「本質」のごとく理解されるがそれには疑問がある。すでに1916年9月，ソーンダースはテネシー州メンフィスで，通路をU字型に設計した最初のセルフ・サービス店「キング・ピグリー・ウィグリー（King Piggly Wiggly）」を開設していたからである。このセルフ・サービスの導入はたしかに重要な小売イノベーションではあったし，小売業としては珍しく17年には同システムの特許を獲得したが，小規模性もあって*――さらに低価格ではあったが，価格イノベーションとは充分に結合していなかったため――その衝撃力はスーパーとは比較にならなかった。それは基本的には，製造業レベルにおける多品種傾向に照応していなかったのである。

* 提供するのはわずか605品目であった。ただし，週売上7,000ドル（Ingham,

1983, p.1246) というのが事実とすれば，かなりの規模とはいえる。第 1 年目は 9 店，6 年後の1922年は29州で1,750店であったが，その大半はフランチャイズ店であった（Hampe & Wittenberg, 1964, p.314 ; Magill, 1996, Vol.1, p.207 ; Hayward & White, 1928, p.494）。同店を展開したピグリー・ウィグリー社（19年設立）に関連しては次をみよ。Hollander & Omura, 1989, p.307 ; Kroger, *1942 AR*；U.S.HR, 1935a, pp.40-42, 55, 71. なお，セーフウエイ社やクローガー社は20・30年代にフランチャイズ制によりピグリー・ウィグリー店をかなり大規模に展開した。とくに後者は28年に同社を買収して子会社化し，フランチャイズを供与した内外のピグリー・ウィグリー店から売上の0.5%のロイヤルティを得るとともに，自らも403店，ピークの30年には約2,770店のピグリー・ウィグリー店を経営した。しかし同店はしだいに不振となり，すでに触れたように41～42年に持株の大半を処分した。

以上の点を初期スーパーに即して敷衍しておこう。スーパーの発生史については多様な説があるが，それについてここで触れる必要はない。ただし，初期スーパーの圧倒的衝撃性と成功の鍵が価格アピール型業態イノベーションであったこと*を重視する私の見地からすれば，デラックス性と一定の大規模性を基本とするカリフォルニア型（大規模な単一の建物に独立店のグループが結集したものや，1929年時点でロサンゼルスのダウンタウンでドライヴ—イン・タイプのセルフ・サービス店を16店経営していたラルフズ食料品会社〔Ralph's Grocery Co.〕，その他）よりも東部型のほうが重要である**。カリフォルニア型は，その非価格アピール型業態のゆえに，西部を中心に展開するセーフウエイ社への影響は限られていた。またA＆Pの場合，カリフォルニア州ではロサンゼルスを中心にわずかなシェアしか占めていなかったから，カリフォルニア型の影響は問題にならないし，東部と中西部を中心に展開するクローガー社やアメリカン・ストアーズ社の場合はとりわけそうある。

　　*　ただし，価格アピール型業態たり得たのは，スーパーが社会的に支配的となり，食品小売業の標準業態化する戦後第Ｉ期までであり，その後はこの規定は消失する。

　　**　「東部は基本コンセプトを提供し，西部はこのコンセプトに〔スーパー

第Ⅱ章　スーパーへの業態転換と寡占体制の再編

マーケットという魅惑的な〕名前を与えた」(Markin, 1963, pp.115) といわれるが,「スーパー」の呼称は大規模性, 超廉価 (super prices) あるいはハリウッドに由来する等の諸説がある。なお以下も参照せよ。Markin, 1968, pp.7 ff., esp.p.13 ; Charvat, 1961, pp.18 ff.；ジンマーマン, 1962年, 第2章。

東部型は, 営業コストの徹底した引下げのため, 廃棄された工場や倉庫等を利用し, 虚飾を廃した「安売り屋 (cheapy)」からスタートし (cf. *Business Week*, 1933, pp.11ff. ; Merrill, 1933, pp.15ff.), やがて食品チェーン各社に深刻な影響を与えていく (一部の食品チェーンは独立店とともにスーパーに反対したほどである〔German, 1978, p.66〕)。

それはまず, 消費者へのアピール力の強い有名ブランドの価格を始めとして, 全体的に価格を大幅に切り下げるという価格設定イノベーションを基軸にすえた*。しかもその価格設定方式は, それまでの一律マージン設定に対し, 回転数や顧客アピール力などを細かく考慮した品目グループ別の粗マージン格差 (varing gross margins) 体系を導入して, 全体的な収益目標を達成するというより科学的方法を採用したのである。例えば, スーパーの創始者とされるマイケル・カレンの有名な提案によれば, 300品目を原価で, 200品目を5％, 300品目を15％, 300品目を20％のマークアップで販売し, 目標利益率を達成しようとした。こうした新価格設定方式によって, 低価格アピールはいっそう増幅された。

　* このことはメーカーに困難な問題を提起した。すなわちスーパーは, 価格アピールを効果的にするため有名ブランドを始めとするメーカー・ブランドを積極的に推進し, 同時に価格を大幅に切り下げた。そのことが, スーパーに対する製造業界の態度を, 一面では歓迎しつつ, 他面では警戒するというアンビヴァレントなものにさせた。価格切下げがメーカーの垂直的価格体系の崩壊につながり, また買手であるスーパー, 食品チェーン, 独立食品卸・小売商等顧客間の対立を激化させる恐れがあるからである。そこで一部の有力メーカーにはスーパーとの取引を拒否するものも現われた。とくに初期の代表的スーパー, ビッグ・ベア店に対して食品メーカーの業界団体アメリカ食料品製造業者連合組合 (Associated Grocery Manufacturers of America) は1933年, 非難決議をし, おとり販売を抑制するモデル州法を作成したほどである

(Greer et al., 1986, p.152 ; Hampe & Wittenberg, 1964, pp.321, 324-25 ; Mayo, 1993, pp.145-46)。しかし不況下で深刻化した過剰能力の存在と競争圧力は, 多くのメーカーを取引へと誘因した (Merrill, 1933, p.16)。他方初期スーパーは, 商品の調達難を回避するため——とくに37年9月のスーパー・マーケット協会第1回総会における発言にみられるように——チェーンとのビジネス方法の違いを強調し, PB開発の抑制＝メーカー・ブランドの販売促進や原価割れ販売の自粛等により, メーカーと協調しうる業態であるとして, 彼らの警戒心を解消しようとした (ジンマーマン, 1962年, 64-65, 107-09ページ)。これはチェーン発展史においてみられたのと同質の摩擦の再現である。

　しかし, このいわばソフト面のイノベーションはそれ自体で実現できるわけではない。劇的な低価格設定のためには, 小売業における最大の費目 (粗マージンの約半分) である賃金コストの切下げ, したがってまたセルフ・サービスの全面的採用 (新労働力編成) が不可欠であったが, スーパーは大規模性と結合させつつそれを大幅に実現した*。もちろん, セルフ・サービス自体は, 必然的に低価格設定と結びつくのではない。それを低価格設定と結び付けるのは1つの意思決定であり, カリフォルニア型はそれをしなかったが東部型初期スーパーはそれを大胆におこない, セルフ・サービスを価格アピール型業態の経営的基礎としたのである。

　＊　ただし, 当時にあっては, セルフ・サービスはスーパーを構成する4部門のうち加工食品雑貨部門にほぼ限定され, 他の3部門 (肉, 農産物, 乳製品等) は除外された。

　このような価格設定方式が大きい効果を発揮するには, それを基礎づけるハード面のイノベーション, つまり競争の基礎単位であり最前線である単位店舗の規模拡大とそれによる品揃えの一挙の拡大が必要である。スーパーの創始者とされるマイケル・カレンが提案したモデル店舗は, 当時約1,000平方フィート ($93m^2$) の食品店が支配的であったのに対し5,200～6,400平方フィート (480～600m^2弱) という規模であった*。しかも彼が実際に開設した1号店 (詳細はMcAusland, 1980, p.16の図参照) は2万平方フィート (1,860m^2) あったといわれる。売上規模の点でも, 1929年に平均的食品

チェーン・ストアの年商は4.6万ドル＊＊，独立店のそれは1.7万ドルであったが，当時のスーパーの定義は年商25万ドルであり，カレンの所有する数店の店当平均年商は100万ドル近かったようである。あるいはまた，平均的スーパーの売上規模は平均的独立店の約25倍であり，これに対し平均的チェーン・ストアは独立店の3〜4倍に過ぎなかったともいわれる（TNEC, Monograph No.35, 1940, pp.11, 65）。とくに大規模であった初期スーパーの一代表ビッグ・ベアの1号店は年商390万ドルで，近隣のA＆P店100店分，A＆Pの新規コンビネーション・ストアの約20店分もの年商に相当する規模であった（Mayo, 1993, p.144 ; Editors, 1971, p.37）。

* 1931年当時，業界誌が提案した（食料品と肉の）コンビネーション・ストアのモデル店でさえ2,000平方フィート余（190m^{2}弱）であった（German, 1978, p.230）。
** 1928年の調査では，1,000店以上を有する大手食品チェーンでは，年商2.5〜5.0万ドル未満の店舗が店舗総数の52.0％も占め，5.0〜10.0万ドル未満が28.1％を占めていた（FTC, 1933e, p.45, Appendix VI, Table 13）。

スーパーの基本的特徴は以上のようなものであるが，そこへさらに，その他一連の派生的イノベーション（広大な駐車場＊，部門別制，棚配列〔shelving〕，買物カート〔37年開発。初期はバスケット〕等）を有機的に関連づけ，最終的に単位店舗レベルの大量販売につなげた。いい換えれば，従来の大規模食品チェーンが，規模の経済性を小規模な単位店舗の多数展開によって全社レベルで実現したのに対し，スーパーは単位店舗レベルにおいてもそれを追求したのである。それは明らかに，単品レベルの大量販売と取扱い商品種類の一挙の拡充とを結合した業態として，エコノミー・ストアや，やや大規模単位店舗化していたとはいえなお相対的に小規模であったコンビネーション・ストアとは原理的に異なる業態であった。それは同時に，食品小売業史において初めて，大量の従業員を雇用し単位店舗レベルにおいて本格的に分業が導入されたということでもある（Tolich, 1991, p.49）。

* 1930年代のスーパーの定義には「充分な駐車場」が加えられている。ちなみに，20年代における乗用車の急速な普及に対し，駐車場をもたない旧来の

独立食品小売商や食品チェーン店は充分には対応できず，それはますます大きい問題になりつつあった（Mayo, 1993, pp.133-36）。立地変更に対しては，前者にあっては資金面で強い制約があり，後者にあっては既存店舗ネットワークの存在自体が大規模な対応を制約し（したがって新規出店の場合は，広い駐車場を付置し易い郊外立地化の傾向がみられた），この面からも業態陳腐化が生じていた。なお，関連して付言すれば，30年代に比較的好調であったセーフウエイ社は，スーパーへの転換前の30年代の時点で，駐車場付きの店舗が多いことを誇っていた（Safeway, *2000 AR*）。

こうしてスーパーは，少なくともそれが小売販売力の新たな社会的基準となるまでの普及過程では，それを先行採用した企業に圧倒的なコスト＝競争力優位，したがってまた高収益率を実現した画期的新業態となった。例えば伝統的食品店との経費・マージン比較によれば，後述のビッグ・ベア店の場合，粗マージンで25.81％対12.01％，経費率で18.29％対8.34％という圧倒的格差があった。これではとうてい競争にならない。その点は，程度の差はあれ大規模チェーンでも同様である。事実，スーパーはやがてＡ＆Ｐの蓄積基盤である店舗ネットワークにも深刻な打撃を与え始める（Tedlow, 1990, p.183〔訳，216ページ〕）。経費率18.73％（1934年）のＡ＆Ｐ店は価格では対抗できず，あえて対抗すれば大きい赤字を出す結果となった。救いは，スーパーの存在がまだ大都市の一部に限られ，その影響範囲が局部的なことであった。しかしスーパーは，長期不況という追い風もあって急速に拡大していた。多くの小規模店は何が起こっているか気がつく前につぶれていた（Mosher, 1944, p.13），というのはいささか文学的表現に過ぎるとしても，年商25万ドル以上をスーパーと定義する厳しい枠のもとでさえ，32年：6店，33年：15店，34年：94店，35年：300店，36年：1,200店（食料品店小売販売総額の6.3％），37年：3,066店（同9.5％）と急増する（German, 1978, p.68, Tables 2-3）。

このようなスーパーの急速な普及過程は同時に，アメリカにおける食品購買慣習の急激な変化の過程でもあった（Furnas, 1941, p.24）。主婦による近隣店への毎日の買物が，週末に2〜5マイル離れたスーパーへの自動車による週単位の買物，しかも車輪のついたダブル・バスケット（カート）を押しな

がらのセルフ・サービスによるそれへと，1930年代の10年間に大きく転換するのである。電気冷蔵庫の急速な普及（普及率は1929年：9％→33年：25％→38年：52％）はそれを加速した。それはたしかに消費者にとっては，カウンター越しに店員によって商品を「売られる」関係から，自ら「買う」関係への根本的変化であった（German, 1978, p.230）。だがそれは同時に，購買の責任が基本的に消費者に移行することを意味したし（Stacey & Wilson, 1958, p.132），マーチャンダイジングにおける非人的性格の強化（depersonalization）＝流通のコンベヤー・システム化（Stocking & Watkins, 1951, pp.317, 346）とパラレルに進行する，ショッピングにおける機能純化＝非人化とショッピング過程におけるある種の人間疎外をも伴っていた，といえるのかもしれない。

　例えばフロムはいう，「この数十年間に買手の役割にも非常な変化が起った。独立した商人の小売店にやってくる客は，かならず個人的な注意をもって迎えられた。すなわち，かれの買物は店の主人にとって大事なものであったし，かれは重要人物のように迎えられ，かれののぞみはいちいち相談され，買うという行為そのものが，かれに自己の重要さと品位との感情をあたえていた。百貨店〔スーパーと読み替え――引用者〕のばあい，その関係はなんとことなっていることであろうか。買手はまずその巨大な建物……，豊富に陳列された商品によって圧倒される。これらのすべてによって，かれは自分がどんなに小さな，とるにたらぬ存在であるかを感ずる。百貨店にとっては，人間としてのかれはなんの重要な意味ももたず，『1人』の買手として意味をもっているだけである。……客は抽象的な買手として意味があるので，具体的な買手としてはまったく意味をもっていない。……買うという行為は，郵便局で切手を買うのも同じことになっている」（フロム，1951年，144ページ）。

　では，こうした画期的な小売業態イノベーションを推進した中心的担い手はだれであったか。この点をある面で象徴的に明らかにするのは，スーパーの創始者とされるマイケル・カレンにかんする有名なエピソードである。それによれば，クローガー社の店長であった彼は1930年，スーパーのアイディ

アを詳述しその実験を提案した手紙を副社長宛てに出した。だがそれは握りつぶされる*。ここにはイスタブリッシュメントを構成する巨大組織のもつ保守的側面が象徴的に現われているようにみえる。憤慨した彼は自分のアイディアを実行するため同年8月，ニューヨーク市郊外のジャマイカにある巨大なガレージを転用して「世界最大の価格破壊者」と名乗る最初のスーパー，キング・カレン店（キング・カレン食料品会社〔King Kullen Grocery Co.〕の1号店）を開店した（ジンマーマン，1962年，37-48ページ）。そして，その大成功に刺激され，次つぎと独立系スーパーが設立される。

　＊　同じ提案は，カレンがその前に17年間就職していたＡ＆Ｐに対してもなされたという（McAusland, 1980, p.5）。なお，カレンの提案を握りつぶしたのはあくまで副社長の独断であって，当時のクローガー社の社長アルバースは，のちにそれを知ってカレンのアイディアを高く評価し，社長辞任後の1933年11月，シンシナティでアルバース・スーパー・マーケッツ社（Albers Super Markets, Inc.）を設立する。これが商号にスーパーマーケットを使用した最初といわれる。のちに彼は，37年9月のスーパー・マーケット協会創立総会において初代の会長に選ばれ，44年6月まで在任した（ジンマーマン，1962年，48，73，107，118-19ページ）。

　このような初期スーパーの中心的担い手となったのは明らかに，企業家精神に富む独立の卸売商や小売商，そして小規模チェーンであり，当時すでにその地位を確立していたＡ＆Ｐ以下の大規模チェーンではなかった（後藤，1991年，91ページ；Hartley, 1985, p.60〔訳，85-86ページ〕）*。それら中小商人の中から，戦後大規模食品小売企業にのしあがるフード・フェア・ストアーズ社（Food Fair Stores, Inc.：1960年度『フォーチュン』小売業ランキング第11位。当時の社名はユニオン・プレミア・ストアーズ〔Union Premier Stores〕社で，約26店経営の食品チェーンであったが，33年から順次スーパーに転換）や，ストップ・アンド・ショップ社（Stop & Shop Cos., Inc.：同第43位。当時の社名はエコノミー食料品会社〔Economy Grocery Co.〕），ペン・フルート社等が現われ，カリフォルニアでは早くからスーパーを展開するラルフズ食料品会社があった。

＊　例えば，キング・カレン店に次いで有名なビッグ・ベア店の開設も，ベテランの食品小売商2人と卸売商との提携による。またカレンの会社に半額出資したのはスウィート・ライフ・フーズ社の副社長であるが，同社も卸売商かもしれない。なお，画期的新業態に対する中小企業とイスタブリッシュメントのメンバーである大規模企業との対応の違いは，ヨーロッパにおける第2次大戦後のスーパーストアの展開の際にもみられるから，かなり一般的とみてよい（cf. Sparks, 2000a, p.6）。

2）巨大食品チェーンのスーパー参入の立遅れ

　強固な独占的地位を築きあげたものを含め，多くの寡占企業が市場環境の変化に適応できず，その地位を喪失したことは周知の歴史的事実である。寡占企業に停滞ないし相対的地位の低下の傾向が強力に作用する側面のあることは否定できないだろう。しかし，だからといってその地位のゆえに「必然的に」こうした変化がもたらされると考えるのは単純すぎる（もしそうなら，寡占核を構成する企業の交替はもっと速いはずである）。ところが他面では，寡占企業は豊富な経営資源の蓄積を始めとしてその地位の存続ないし強化に有利な各種の条件を備え，また変化する環境に対し積極的に働きかける機敏で革新的な行動により，その地位を強固に保持しているものも少なくない。この側面を一面的に強調したのが独占的支配強化の「ますます論」である。そして理論的にはさらに，独占的支配がますます強化されるがゆえに停滞するとの説もありうる。

　だが，これらはいずれも一時的，局部的現象を固定化して把握したものであり，歴史の検証に耐えられない一面的把握である。現実はこの両側面を同時に含むのであって，A＆Pにもみられるように，個別企業レベルではそれが時期的に分離しているのが一般的であるから，その具体的把握は歴史的方法による以外にない。

　ではこの時期における巨大食品チェーンについてはどうか。繰り返し示唆したように，当時の彼らには巨大企業に広くみられる保守的側面が前面に現われ，画期的新業態＝スーパーの採用に立ち遅れた，ということができる。その基礎には，「何を変える必要があるか。順調に利益をあげているではな

いか」という既存の蓄積構造の健全性・安定性への強い信頼感，および——それと表裏の関係にあるが——スーパーの進出を不況下の一時的現象だとする現実認識に規定された環境変化への対応の鈍さがあった（Phillips, 1938, p.195）。それは危機意識の欠如ともいえる。しかし部分的にはスーパーの脅威への認識がなかったわけではない。

　事実，A&Pでは早くも1932年3月，セントラル・ウェスタン地域事業部の会合でスーパーにかんして「明らかにそれらはきわめて大きい売上を実現しているから，この新しい小売方法に対し多少真剣な検討を加えるべきだ」とされた（Adelman, 1959, p.62）。だが現実にはそれは部分的な認識にとどまり，全社レベルでは共有されず，何の具体的措置もとられなかった（ただし，地域事業部レベルでは，本社からの支援なしに，スーパーの実験を始めた事業部もあった）*。ここにはたぶん，整備された官僚制に伴う「組織問題」も作用しているのだろう。巨大組織では一般に，その整備された官僚組織を通じて現実のさまざまな動きを鋭敏にキャッチすることはできるが，全社レベルで最終的判断をくだし前向きの具体的対応策を講じるのは容易ではない。そして経営トップないし幹部層の資質が決定的ともいえる役割を果たすのも，主としてこの側面にかかわる。

　　* 例えば1935年，同社のセントラル・ウェスタン事業部はケンタッキー州パデューカで最初のスーパーを開店したのを手始めに，いくつかの実験を開始した。

　さらに，以上の認識にも絡んでいるが，全社レベルにおけるスーパーへの早期転換を制約した現実的・客観的な要因として，既存巨大食品チェーンの規模そのものがある。具体的には，スーパーへの参入までの間，赤字店の処理が遅々として進まなかったことに現われているように，巨大な店舗ネットワーク＝資本ストックそのものの制約である。たとえかなりの程度陳腐化していても，なお膨大なその存在そのものが，その徹底した処理，したがってまたスーパーへの参入を制約する要因として作用する（「負の資本蓄積」を好んでするものはいない）（cf. Tedlow, 1990, p.246〔訳，292ページ〕）。

こうして1930年代，A＆Pを始めとするビッグ・フォーは——それ以下の大規模食品小売企業もほぼ同じだが——，一方では，スーパーの挑戦を受けながらもラディカルな対応ができずにずるずると後退を続け，他方では，広範な独立商グループからの政治的・社会的批判にさらされるという，二重の意味での"チェーンの厳しい尋問"期にあった（Markin, 1968, p.13）。そうした大手企業の中で，A＆Pは何とかスーパーへの業態転換の先頭を切ることができた。その決定打となったのは，既存の蓄積構造の健全性・安定性への強い信頼感を打ち砕く37年の大幅赤字である。次にその過程を辿ることにしよう。

3）A＆Pのスーパー参入過程

独立系スーパーのめざましい発展をみてA＆Pは——巨大企業の特徴的行動パターンの1つともいえる慎重さの現われであるが——ようやく1935年頃から，いくつかの地域事業部でさまざまな実験を始めた。最初は単位店舗の大規模化（売場面積2,500〜3,500平方フィート〔232〜325m^2〕）である。だがこのような既存業態の部分的調整ではとうてい対抗できないことが判明する。そこで当時のスーパーに広くみられた委託（テナント導入），地下特売場の設置，セーフウエイ社をまねた1店舗2分割（通常経営のコーナーとセルフ・サービスの価格切下げコーナー）等の実験もおこなった（ジンマーマン，1962年，78ページ；German, 1978, pp.69ff.）。

こうした慎重な行動パターンは1912年のエコノミー・ストアの導入の際と似た面がある。ただし，両者の決定的相違は次の点である。第1に，エコノミー・ストアにおいてもA＆Pは真の革新者ではなかったとはいえ，部分的・先行的に試みられていた各種イノベーションをいち早く取り入れ，新業態のうちに統合した点でやはりある種の革新者であった。しかもそれは，伝統的業態がなお陳腐化していない段階において，いわば先行して選択されたのであった。ここには若々しい成長志向型企業の姿がある。これに対しスーパーへの参入は，同社が全面的に依拠してきた（エコノミー・ストアを原型とし，コンビネーション・ストア化しつつあった）業態の急激な陳腐化に伴

う停滞・低迷のどん底において，いわば選択の余地のない脱却コース，正確には「会社存続のための闘いの礎石」として決定されたのである。

　第2に，エコノミー・ストアを展開しようとした時期，Ａ＆Ｐは大規模企業ではあったが小売業においてガリバー型企業ではなかった。だがスーパーへ参入しようとする時期のＡ＆Ｐは，その地位を低下させつつあったとはいえ，すでに食品小売業界においてガリバー型寡占の地位を築き，小売業全体においても傑出した地位を築きあげていた。ところがそのことは参入の迅速な決定の方向には働かず，むしろエコノミー・ストアの場合よりも遥かに慎重な実験＝リスク回避行動を生んだのである。ここにはもはや，かつての鋭い感受性と機敏な意思決定はみられない。

　Ａ＆Ｐの場合はさらに，エコノミー・ストアの場合と同様，参入の意思決定に特殊な要因がからんでいた。それは積極推進派のジョン社長と旧守派のジョージ会長という対立の図式である。視野が狭く，創造力豊かなビジョンに欠け，財務官僚的性格の強いジョージはラディカルな政策転換の緊要性を理解できず，単位店舗がかくだんに大きいスーパーへの参入による固定資本投資負担の増大，在庫投資増，その他による流動性の低下が倒産に結びつくのを最も警戒していた。そしてむしろ後ろ向きの，マージン引上げによる収益性の回復を強く主張していた。つまりもっぱら財務的側面からしかビジネスの世界をみることができなかったのである。かくしてＡ＆Ｐでは，1935年頃からセントラル・ウェスタン地域事業部やセントラル地域事業部を中心にスーパーの実験を繰り返し，成功していたとはいえ，総合本社レベルの最終決断ではジョージが最大の障害となっていた（cf. Adelman, 1959, pp.65-71；Walsh, 1986, p.49）。

　Ａ＆Ｐの最高権力者であるこの兄弟の対立は，2つの中心をもつ楕円のように，Ａ＆Ｐの進む方向を判別しがたいものとし，同社に混乱・漂流を続けさせた。それでもジョージはようやく1937年3月，100店の実験にしぶしぶ同意する。ここに突破口が開かれ，あとは急坂を転がり降りるように悪化する業績が，変革に反対するジョージへの最高の説得力を発揮した。こうして兄弟の意見はようやく一致し，37年6月に社長ジョンは全社的なスーパー開

発戦略を決定したのである。

　ジョンは1936年頃にすでにスーパーへの参入を決意していたようである（後述）から，結局兄の反対により参入が1年半ほど遅れたことになる。それでもとにかく，スーパー参入の成否にかかわる「きわめて決定的段階」（ジョン）（Adelman, 1959, p.71）を無為のうちにやり過ごすことは回避できたのである。そればかりではない。「A＆Pはスーパーの舞台に登場する意思決定では煩悶して時間がかかったが，＜成功体験と決別し＞以前にうまくいった方式を急速かつ全面的に転換しようと，ともかくも企てた最初のチェーンであった」（Walsh, 1986, p.49）。

（1）スーパー参入の基本コンセプト（その1）：価格政策の転換

　では，この間に練られたA＆Pのスーパー参入計画はどのようなものであったか。巨大企業の高度の組織性と参入の遅延はかえって参入計画を充分練られたものとした。だからこそのちに一挙の参入が実現したのである。それは1961年におけるクレスゲ社のKマート店によるディスカウント・ストア分野への参入パターンと酷似している（中野，1990年）。

　ジョンは遅くとも1936年頃には，健全で安定性を誇っているかにみえるA＆Pの蓄積基盤が，じつは独立系・小規模チェーン系スーパーの挑戦をうけて急速に脆弱化しつつある，との強い危機認識をもっていた[*]。そして再建＝スーパー参入計画の策定に際し，在来店舗の急速な競争力の喪失＝陳腐化という現実を真っ正面に見据え――エコノミー・ストアの際の経験をも充分参考にしたと思われるが――低価格，大量販売に基礎を置いた競争力優位の再構築を目指して，効率的な新単位店舗の展開を基本コンセプトとした。

　　[*] それは反トラスト事件の裁判におけるジョンの証言（1945年9月）ではっきりと確認できる。「私が最初に注目したスーパー・マーケットは東部のものでした。最初はたいして重視していませんでしたが，競争はかなりはげしいものでした」。そしてデトロイト等各地のスーパーを視察した上で，「私は会社の人たちに話し，私たちもこのような経営を採用する必要があると決断しました。のちに私たちはこの競争が本当に何を意味するかブルックリンで経験しました。……そこにキング・カレンという強敵と，いちはやくこの種の店を開店した多くの独立店がありました。ブルックリンでは非常に儲

かっていたのです。しかし短時日のうちにブルックリンの店はひどい赤字に追いやられました。……ブルックリンの店で起りうるものは，他の店でも起りうると考えました」(ジンマーマン，1962年，62ページ。なおFulda, 1951, pp.1065-66, も参照)。

具体的には第1に，従来の保守的な価格設定方式，つまりフルコスト・プライシング（ないしコスト回収を絶対視するマークアップ方式）のアプローチを根本転換し，「価格にコストを従属させる」政策をとった。すなわち効率的単位店舗の新展開を基礎に，競争力が現実的かつ集約的に表現される価格にかんして，全スーパーに上限粗マージン12～12.5％（地域事業部での実験ですでに達成していた）を先行設定する。そしてこの低マージン＝低価格政策を牽引軸にして売上高の一挙の引上げを実現し，結果的に経費率を10％に引き下げ，2％の純利益（いずれも売上高比）をあげようとしたのである（10 and 12 formula）(German, 1978, pp.70-72)*。これはその発想において明らかに価格設定主導型の小売イノベーションであり，価格設定方式の根本的転換というソフト面でのイノベーションを，「量の論理」を改めて追求する経営全体の再構築の基軸に据え，それをハード面ではセルフ・サービスと結合した新設の大規模・効率的店舗が支える，という構図である。その点では本質的にはエコノミー・ストア構想を推進させた事業哲学と同一であり，しばらくの間放棄されていたとはいえ同社にとってなじみのものであった。それでもこの転換はけっして容易だったわけではない。

* のちに触れるビッグ・ベア店の食料品部門の平均粗マージンは12.01％，売上高純利益率は3.66％であった（ジンマーマン，1962年，52, 54ページ）。なお，当時の食品チェーンの粗マージンは約20％である。

需要の価格弾力性が相対的に低い食品分野ではあっても，マージン操作によって売上高が変化し，それによって経費率が従属的に決定される関係は従来から認められていたが，1930年代の売上高低迷のもとで，各地域事業部では短期的視点から収益性を確保する姿勢が強まってコスト回収が絶対化し（＝大量販売志向の減衰ないし放棄），そのもとで従属的に利潤マージン，し

たがってまた価格が決定されがちであり，経費率上昇→マージン＝価格の引上げ→売上減少→経費率上昇→――という悪循環をもたらしていた。つまり従来の保守的価格設定方式は確固たる定着をみせていたのである。それを根本的に転換することに対して，各地域事業部からの強い抵抗があった（たんにジョージの保守性だけではなく，これもまたＡ＆Ｐのスーパー参入遅延の一因をなしていた）＊。それを排して転換を敢行し，低マージン＝低価格・大量販売の原点に立ち返らせようと粘り強く努力を続けたのは，今回もまたジョンであった。

＊　「売上低落にもかかわらず価格を引き下げることは多くの勇気を必要とし，ほぼすべての事業部社長からさまざまな抵抗を受けました」（German, 1978, p.72）。「本部ではこの種の経営を採用すべきか否かで意見が衝突したので私は非常に心を痛めました」（ジョンの証言）（ジンマーマン，1962年，62ページ）。

彼の計算によれば，低マージン＝低価格を展開軸として週平均店当売上高1万（年商50万）ドルを達成すれば，大手食品チェーンを始めとする競争者が対抗できないコスト＝価格優位を実現できる。そして現実にこの計算の正しさは実証された。「かくして，この低い粗マージン政策はスーパー成長のこの時期，Ａ＆Ｐを直接の価格競争から隔離する助けとなった」（German, 1978, p.71）。

(2) スーパー参入の基本コンセプト（その2）：独自の店舗設計

第2に，ジョンのスーパー参入計画の特徴はその店舗設計の独自性にあった。先行する独立系スーパーは，例えばカレン店が2万平方フィート（1,860m²），有名な「価格粉砕者」ビッグ・ベア店（1932年12月開店）が，閉鎖された自動車工場を利用・改造した5万平方フィート（4,645m²）もの超大型店舗であった。これに対しジョンは，規模の経済を実現できる最適規模を計測して5,000～1万平方フィート（465～930m²），「週平均売上1万ドル・タイプ店」（Ａ＆Ｐの従来型近隣店は週平均売上高950ドル弱）という比較的コンパクトな，しかし当時としては驚くほど「モダンな」店舗を展開し，その上で独立系スーパーの安物の設備・什器とははっきり区別されたよい設備を

配した（cf. McAusland, 1980, p.39；Tolich, 1991, p.47；Zimmerman, 1941, pp.406-07）*。これはたんに価格設定イノベーションにもっぱら重点をおいた劣悪店舗・設備の先行スーパー（「倉庫風の安売り屋」）との差別化を図るだけでなく，効率的店舗管理の面からも要請されることであった。

> *　「安売り屋」時代の終焉を示すそうしたデラックス化の傾向はすでに1935年から始まっていた（Charvat, 1961, p.30）が，A＆Pはその最先端をいったのである。

それというのも，独立系スーパーの巨大店舗にあっては，セルフ・サービスの自社直営の食品部門は売場面積の半分以下を占めるだけで，セルフ・サービスでない自動車用品，塗料類，電気製品，金物，化粧品・ドラッグ，精肉，野菜・果物，酪農品，パン類，キャンデー，タバコ，軽食喫茶等は，経営ノウハウの蓄積不足のためテナントに任せることが多かったからである（ただし，非食品の取扱いノウハウの欠如のため大手チェーンでも，一部にはテナントを入れることが多かった）。例えばビッグ・ベア店の場合，こうした委託・賃貸部門が売場面積の7割，売上総額の4割強も占めた。しかもこれらテナントからはその売上の5.13％の賃貸料を徴収しており，それは自社直営部門の純利益を上回っていたほどである（ジンマーマン，1962年，53-54ページ）。完備された官僚制がしかれた巨大食品チェーンにおいて，そうした異質の形態の店舗運営を一挙に導入することには無理があった*。そこで上記の規模が採用されたのである。だがその規模でも従来型店舗に比べ遥かに大規模であった。

> *　大規模チェーンは「……大規模なマーケットには手を出そうとしなかった。また委託も始めようとはしなかった。試みた者は不成功に終った。慣習にしばられた彼らのシステムは経営の完全な所有権を要求したため，オーソドックスな業種に沿ってスーパー・マーケット活動を続けた」（ジンマーマン，1962年，80ページ）。

表Ⅱ-3　A＆Pにおけるスーパーへの転換

(単位：店，%)

年度	スーパー数	全店舗数	スーパー転換率(%)1)	スーパー売上比率(%)2)	スーパー経費比率(%)	通常店経費率(%)	スーパー利益比率(%)3)
1937	280	13,058	2.1	6.1	n	n	n
38	771	10,671	7.2	25.4	11.9	17.7	34.7
39	1,119	9,021	12.4	41.0	11.6	16.8	50.7
40	1,396	7,073	19.7	54.0	11.5	15.9	58.6
1941	1,552	6,042	25.7	64.1	10.5	14.1	65.0
42	1,633	5,821	28.1	65.1	10.5	13.2	62.5
43	1,646	5,751	28.6	60.5	11.8	13.3	61.9

注) 1) スーパー転換率＝スーパー数／全店舗数。2) スーパー売上比率＝スーパーの売上高／全店売上総額。3) スーパー利益比率＝スーパーの利益額／全社利益総額 (%)。
出所：Adelman (1959), p.453, Table 14.

4) 参入の成功と地位の再確立

(1) 参入の成功＝新蓄積基盤の確立

　ジョン社長はスーパー進出計画に最初から相当の自信をもっていたようであるが，その自信はおそらく，当時急速な拡大をとげていたとはいえ経営資源の蓄積が乏しい独立系や小規模チェーン系スーパーの弱点がよくみえていたからに違いない（この点も，1961年のクレスゲ社によるディスカウント・ストア分野への参入に酷似している）。

　さて，すでにのべたようにA＆Pによるスーパーへの参入は1938年に本格化するが，エコノミー・ストア時代とは異なり豊富な経営資源を蓄積していただけに，その集中豪雨的進出も財務面である種の余裕をもっておこなわれた。こうしてまたたくうちに29年当時の支配的地位を再度確立する。それは小売寡占企業による業態転換の，成功したという意味では時期を逸せぬ転換の，だが深刻な経営危機に遭遇してようやく敢行したという意味では「かろうじて間にあった」転換の，古典的ともいえる事例となる（もう1つの古典的事例は，ヴァラエティ・ストア企業クレスゲ社によるディスカウント・ストア分野への転換である〔中野，1990年〕）。

　その参入＝業態転換状況は表Ⅱ－3のとおりである。本格参入となった

1938年にスーパー店数は一挙に771店となり，店舗総数が膨大なためスーパー転換率は1ケタ台にとどまるとはいえ，すでに売上総額の4分の1を占め，利益総額中のスーパーの利益寄与率はさらに高く35％にも達した。そして39年にはスーパー転換率12％ほどで早くもスーパーの利益寄与率が5割を超え，40年には売上比率でもスーパーは5割を超えた。こうしてＡ＆Ｐは，本格参入後ほぼ3年でこの新業態を新たな蓄積基盤として確立したのである。

　スーパーへの参入の成功と平行して，それまで遅々として進まなかった旧来の小規模な過剰店舗の処理も一挙に加速する。表Ⅱ－2に明らかなように，1930～36年の間，毎年平均350店以下にとどまっていた閉鎖赤字店数は，37～41年には5倍以上の年平均1,700店を超えるスピードとなる。この結果41年の期末店舗総数は37年水準の半分近くへと一挙に減少し，それまでのピーク（30年：1万5,737店）の4割以下となった。この事実は，Ａ＆Ｐのスーパー参入が，旧来のチェーン・ストア形態をも温存するたんなる多角化としての参入ではなく——戦時下の各種制約のもとで結果的には中途半端にとどまり，完了は戦後にもち越されるとはいえ——それを新業態＝スーパーによって代替する，いわば全面的業態転換としての参入であったことを示している。

　（2）相対的地位の強化

　いまやＡ＆Ｐと正面から価格競争を展開できる相手はいなくなった。もともと巨大チェーンを始めとする大規模食品チェーンは，Ａ＆Ｐに価格面で挑戦することを回避しがちであったため，この面の主な挑戦者は独立店ないし小規模チェーンであったが，スーパーへの転換による圧倒的コスト優位の再確立は，この方面の脅威を除去した。他方，ライバルの巨大チェーンに対しても，コスト優位に基礎を置いた競争力優位を確立することができた。例えば1941年時点でＡ＆Ｐの経費率は11.78％であったが，それはセーフウエイ社を始めとする大手他社より4～5ポイント以上も低かったのである（Adelman, 1959, pp.96-97, 464-66)[*]。

　　＊　マーキンによれば，1940年頃，Ａ＆Ｐの経費率はスーパーで12.5％，在来の近隣店（スーパー未転換店）で20％であった（Markin, 1963, p.116)。

なぜそうなったのか。それは，直接的には，コスト優位を規定する重要な要因の1つである店当売上高の著しい増加による。Ａ＆Ｐは店当売上高で長らくセーフウエイ社に遅れをとっていた。例えば，期中平均店当売上（年商）でみると，1929年のセーフウエイ社のそれ（9万1,200ドル）はＡ＆Ｐの1.3倍であった。格差はその後やや縮小するが，34年からはセーフウエイ社が積極的に単位店舗規模を拡大したため再度拡がり，37年には1.8倍にも達していた。他方，29年に1.2倍となって初めて優位に立ったクローガー社からは着実に接近され，1.1倍を切るようになっていた。ところがＡ＆Ｐがスーパーに本格的に進出したのちの41年には，スーパーへの転換率がなお25％ながら全店舗の店当売上高は21万ドルとなり，初めてセーフウエイ社を上回った（1.2倍）。もちろん，コスト面でも遥かに優位に立つことができた。当時，Ａ＆Ｐのスーパーの平均週売上は，店舗規模の拡大による取扱い品目数の著増（2,000品目以上〔Furnas, 1941, p.24〕）もあって1万3,741ドルにも達していた（Markin, 1963, p.116；Tolich, 1991, p.48）が，セーフウエイ社では平均3,200ドルにとどまり，4倍の格差が生じていた。

　このような店当売上高の優位が実現したのは，結局はライバル各社のスーパーへの転換の遅れにある。例えばセーフウエイ社の場合，積極的に大規模化＝「完全食品マーケット」化を進め，相対シェアを急速に高めたこと自体，つまりなし崩し型業態イノベーションによる1930年代における競争ポジションの一定の強化自体がかえって，本格的スーパーへの思い切った切り替えを躊躇させる皮肉な結果となる。セーフウエイ社の場合さらに，その店舗展開が東部ほど競争が激しくない西部を中心としていたこと，および西部を中心とするカリフォルニア型スーパーが非価格アピール型であったことも影響しただろう。だが躊躇したのはセーフウエイ社だけではなかった。スーパー路線と高級化の中間路線を進もうとした（Kroger, *1933 AR*）クローガー社もまた遅れた。そしてこの両社は奇妙にも，この時期の『アニュアル・レポート』において，画期的新業態であるスーパーへの参入という重要な戦略的意思決定について一言も触れていない。戦略としての明確な意思決定はなく，なし崩しにスーパーへの参入が進められたのだろう。

ビッグ・スリーに次ぐ規模のアメリカン・ストアーズ社の場合は，1920・30年代と長期にわたって停滞していたため状況が深刻であったこともあり，上記2社よりやや機敏であった。同社では37年に，セルフ・サービス店への需要が高まっているので，「アクメ・マーケット（Acme Market）」（あるいはAcme Self-Service Market）の店名で多数の店舗を開店したとの記述が初めて現われる（American Stores, 1937 AR）。そして38年には，そうしたセルフ・サービス店は新規開店141店のうち132店（94％）も占めていたのである。つまり，新規店舗はほぼスーパーになっていたということであるが，それでも40年時点における期末店舗数（2,157店）中のスーパーの比率はなお19％にとどまっていた。なお，同社で初めて「スーパーマーケット」という用語が用いられるのは44年のことである（American Stores, 1944 AR）。ファースト・ナショナル・ストアーズ社等も，38年時点ですでになし崩し的にセルフ・サービス化や単位店舗の拡大を推進していた（40年3月末時点で133店）ものの，41年まではあまり本格的に進出しなかったようである（Tedlow, 1990, pp.243-45〔訳，290-91ページ〕）*。

　　＊　ただし各社とも1936年から，やや小規模単位店舗ながら実験はおこなっていたようである（Zimmerman, 1941, p.403）。ある資料によれば，34～37年の間のスーパーの展開は，セーフウエイ社が28店，クローガー社が33店（「Pay'n Takit」というセカンド・ネームで実験したことにも現われているように，及び腰であった）である。これに対しスーパーの本格展開前のA&Pでさえ204店であった（Markin, 1963, p.116）。なお，独立店でのセルフ・サービス化率は39年時点で6％に過ぎなかった（German, 1878, p.82）。A&P以外の大手が展開するこれらの店舗は，設備や立地はよいものの単位店舗規模としては大規模コンビネーション・ストアに類似し，本格的スーパーというには一般に小規模過ぎた（cf. Phillips, 1938, pp.191-92, 195-96）。

　A&Pによるスーパー参入の実情を数字で確認すれば，1939年末時点で全米に4,982店のスーパー*が存在したが，そのうち1,119店（22％）をA&Pが占め，巨大食品チェーンのなかで群を抜いていた。こうした状況になって初めて，立ち遅れていたセーフウエイ社，クローガー社，その他も，ようやく

このリーダーの動きに追随する。その後のスーパーの推移は次のとおりである。40年：6,175店（全米食料品店総数の1.3％），食料品小売販売総額の22.1％，41年：8,175店（同1.8％），同24.4％，43年：9,809店（同2.5％），同26.2％である（German, 1978, p.68, Tables 2-3）。

　＊　1937年，スーパーマーケット協会は，4部門（セルフ・サービスの加工食品雑貨，〔非セルフ・サービスの〕肉，農産物，乳製品）を含む部門化された，年商25万ドル以上の食品小売商をスーパーと定義した（52年まで）。

5）再度低迷へ

　以上にみたように，全体的に大手食品チェーンがスーパーへの業態転換を逡巡している中でA＆Pは，遅れたとはいえ相対的に早期かつかなり徹底的に転換を敢行したため，比較的短期間のうちに強固な地位を再確立することができた。その基礎には，すでに触れたように，1920年代末とりわけ30年代に強まった保守的価格政策の転換があった。すなわち「市場での地位を保持または強化するための価格形成」を基本とし，高い売上高の実現を優先し，価格＝コストを直接この目的に従属させたのである。こうして明確に，売上高の増加が投資収益率よりも優先されることになった。例えば41年に総合本社は，各地域事業部の経営責任者に対し地区事業単位ごとに20％のシェア達成というきわめて高い目標を提示し，それが達成されるまでは価格と利益率を調整するよう要請した。こうして同社は再度，プライス・リーダーとみなされるようになる（Kaplan et al., 1958, pp.182-83〔訳，223-25ページ〕）。

　ではこの目標は達成されたのか。1941年時点での全39地区事業単位のシェアをみると，15〜20％が8，10〜15％が18，5〜10％が10，5％未満が3であったから，目標達成にはほど遠い。しかしセントラル事業部の187都市，全647店のうち189店について，39年センサスと比較してシェアを測定すると――算定にやや曖昧なところがあるが，いちおうの参考とすれば――1店だけでその地方の売上の50％以上を占めるのが8店，40〜50％が16店，30〜40％が55店，20〜30％が51店，10〜20％が55店，10％未満が7店であった（Klein, 1947, p.17；Fulda, 1951, pp.1074-75）。さらに同じセントラル事業部は41年5月の

会合で，人口40万人以下の都市では20％，それ以上では15％（すでに超過している場合を除く）の実現に努めることを決定している。そして最後に，37年第4四半期～40年第1四半期のシェアは，ダラス（人口26.0万人）：20.8％，コロンバス（29.1万人）：13.0％，ミシガン州ランシング（7.8万人）：19.7％，ペンシルヴェニア州シャロン（2.6万人）：33.9％，オハイオ州ヤングスタウン（2.2万人）：29.2％等となっていた（Fulda, 1951, p.1127）。これは小売業の特殊性を考えるとかなり高いシェアといってよい。

この結果，食品小売大手3社の相対シェアの推移は，37年に底（58.3％）に達したA＆Pのシェアが41年の63.9％まで順調に回復し，これと対照的にセーフウエイ社は37年にピーク（25.3％）に達したのち41年にかけて低落していく。そしてクローガー社も30年代の停滞から脱却しておらず，*1938 AR*で初めてスーパーとの競争の拡大が収益性のある経営を困難にしていることを認めたが，具体的措置はとられず，ボトムの41年は14.0％となっている。

だがA＆Pの地位はその後ますます強化されていったのではない。表Ⅱ－3からも明らかなように，1941年にスーパーの店数が1,500店に達してスーパー転換率が25％ラインを超え，スーパー売上比率が6割台に突入して以降，同社のスーパー転換は著しく停滞する。それと併行して同社の売上は伸びを大きく鈍化させ，セーフウエイ社やクローガー社とほとんど同じとなる（図Ⅱ－1）。その結果相対シェア格差は1941年をピークに縮小し始める。もちろん相対シェアは5割を超えてなお圧倒的とはいえ，ガリバー型寡占構造の崩壊過程への突入＝大手3社のシェア収斂傾向をみせるのである。同時に全米食料品店販売総額に占めるA＆Pのシェアも40・41年の13.4％をピークに急速に低下し――セーフウエイ社が約5％のシェアを維持するのに対し――45年には10.0％まで低下した。

ではなぜA＆Pは急に停滞基調に入ったのか。第1は，伝統的に内部成長に依存していたA＆Pは，スーパー参入に際しても新店舗開発に大きく依存したことである（German, 1978, p.92）。これに対しセーフウエイ社は，すでにのべたように合併に大きく依存した。この企業行動の相違は，戦時体制下の建築制限その他，各種の厳しい制約条件のもとではA＆Pの拡大をより強く

制約しただろう。第2は，急速な経営危機からの脱出と地位の再確立があまりにも順調に進んだことによる緩みである。戦時下で強まるさまざまな制約（個別企業ではコントロールできない外部環境要因の拡大）は，それに格好の口実を提供することによってむしろそれを加速する役割さえ果たしたといえる。これは，次の点とも結びついてかなり大きく作用したと思われる。

そして第3に，老害問題というか，人的問題がある。すでにたびたび触れたように，スーパーへの参入決定においてジョン社長が決定的ともいえるほど大きい役割を果たしたことは疑いない。しかしその彼でさえ，1930年代に次つぎに提起された新しい問題を機敏かつ的確に処理できたわけではない。売上高低迷下での恒常的コスト上昇圧力の安易な価格への転嫁傾向，深刻化する赤字店問題，力をつけてきたボランタリー・チェーンへの対応等，提起された重要問題がたびたび放置されたり，効果的対応策が打ち出せないケースもあった。それはたんに敬愛する兄ジョージ会長に遠慮したためだけではないだろう。そこには60歳を超え，長年にわたる第1線の活動からくる「疲労感」さえ窺われる。スーパーへの大胆な転換は，彼のいわば「最後の」クリーン・ヒットとなる。それが40年代に入って，地位の再確立と同時に濃厚になったのかもしれない。それはとりわけ第2次大戦後のいくつかの重大な意思決定上のミス（戦後不況説を盲信した意思決定〔不拡大策〕，郊外化＝大規模店舗化傾向への対応の遅れ，リース政策の失敗による好立地の喪失等）となって現われる（cf. *Food Topics*, 1961, pp.160ff.）。しかし戦時中においても，品不足が続いているにもかかわらず在庫を低く抑える政策の継続は，業績にマスナスとなったし，機敏かつ大規模に生肉産業に参入していったセーフウエイ社はやり過ぎだとしても，Ａ＆Ｐが食肉の取扱いから事実上3年間も締め出されていた（Editors, 1971, p.51）というのは，やはり商人として鈍感な動きの結果であろう。

要するに，きわめて集権的な管理体制をとり，同族支配下にある企業における2人の最高権力者の高齢化は，ブレジネフ体制末期のソ連のような雰囲気と状況をもたらしていたとみてよい。

そして最後に，これが最も重要な原因であろうが，1930年代末から40年代

にかけて相次いだ反トラスト法違反の告発が挙げられる。それらはＡ＆Ｐにとって長期にわたって喉にささったトゲとなり，膨大な裁判関連費用負担とともにＡ＆Ｐの経営姿勢をますます消極化させたに違いない。

　（ⅰ）まず38年１月には，連邦取引委員会からいわゆる正味価格（net price）に対する差止め命令が出され，連邦最高裁がＡ＆Ｐの上訴を棄却したので40年１月に実施された（cf. Fulda, 1951, pp.1097-103）。これは36年６月制定のロビンソン・パットマン法２条（ｃ）項に関連した係争で，同社にとっては仕入れ価格の優位を減殺しかねない問題として黙視できなかったのである。問題は次のようなものである。一般にＡ＆Ｐを始めとする大規模チェーンは供給業者（主としてメーカーや農業経営者）から──ブローカーを経由しない──直接仕入れをおこなう。その際，たとえブローカーを利用しなくても，自らがブローカー機能を遂行しているとして，肉以外の全製品からかなりの仲介料（brokerage fee，多くの場合は５％）を得ていた（35年に250万ドル）。ところが同法により仲介料の取得が違法とされるようになったので，仕入れ単価から仲介料相当分を引き下げさせようとしたのである。そしてこの割引を拒否するメーカーの中には「ブラック・リスト（"Unsatisfactory List"）」に入れられ，かなりの圧力を加えられたものもいたようである。連邦取引委員会はそうした割引を，リベートのカムフラージュとして「当然違法」とみなしたのである。

　（ⅱ）これがいっそう深刻であったが，1939年６月のNARG（全国食料品小売商組合。80ページ①）の調査要求に端を発して42年11月，食品の不当な取引制限・独占化のための継続的共謀の廉（シャーマン法１・２条違反）でダラスの連邦地裁に民事提訴された。さまざまな経緯ののち，司法省反トラスト部は44年２月にこの公訴を取り下げたが，代わりにイリノイ州ダンヴィルの連邦地裁（イリノイ東部地区）に刑事訴追した。これが有名なＡ＆Ｐ事件の始まりであり，45年４月に審理が開始された（141ページ参照）。これらの訴訟問題への対応は，もともと「内向き」のノンポリ企業としてPR関係に理解の乏しかった（アンチ・反チェーン運動を通じて多少は改善されたとはいえ，大手食品小売企業のなかでは相変わらず最も遅れていた）だけに大き

い精神的負担となっただろう。加えて反トラスト問題への対応にナイーヴ過ぎたこともあろう。その結果は,「反トラスト訴訟恐怖症」とでもいうべき心理状態に強く規定された,必ずしも適切とはいえない慎重過ぎる対応と経営姿勢のいっそうの消極化であった。そして歴史は繰り返す。こうした経営姿勢はセーフウエイ社においても,70年代にミッチェル(William S.Mitchell)会長のもとでそっくり再現される(260ページ参照)。

第Ⅲ章　スーパーの本格的発展期：1945～60年

1　戦時経済統制からの解放

1）時期区分

　前章でのべたように，1930年代アメリカの食品小売業は，価格アピール型の画期的業態イノベーションであるスーパーの急速な発展によって特徴づけられる。その初期発展の主な担い手は独立系中小商人層であった。彼らの急速な成長はやがて，小規模単位店舗（約1,000平方フィート〔93m²〕）を主な蓄積基盤とする既存の巨大食品チェーンを存続の危機に直面させるようになった。そこで37年，食品小売業のガリバー型寡占企業Ａ＆Ｐは，ジョン・ハートフォード社長のイニシャティブのもとに，ついにスーパーへの本格的業態転換を敢行する。その結果同社は，その巨大な経営資源の蓄積のゆえに新業態スーパーにおいても，圧倒的地位を再確立するのである。

　しかし，巨大食品小売企業の中でスーパーへの転換が最も先行していたＡ＆Ｐでさえ，戦時経済へ突入する1941年時点のスーパー転換率（スーパー店舗数／全店舗数）は25％にとどまっており，同社にあってもなお伝統的なサービス・タイプ店が圧倒的に多かった。セーフウエイ社以下の大手他社についてはいうまでもない。

　こうしたいわば転換過程の真っ只中で，第2次大戦参戦（1941年12月）による戦時経済統制が加えられたのである。食品配給制と価格統制（42年4月28日：上限価格令〔Price Ceiling Order〕，5月：一般最高価格規制〔General Maximum Price Regulation〕設定）の採用は，恒常的な供給圧力（買い手市場）を前提にしたスーパーの存在理由を減殺した（逆にいえば，それらは独立小

売商を利した〔cf. Osborne, 1945, p.16；後藤，1991年，111ページ以下〕)。だが，統制の中でもとくにスーパーへの転換を直接的に規定したのは民間建築規制である。これによってスーパー用店舗の新建設や改築は大きく抑制された。例えばA＆Pの場合，38〜41年の間，スーパーは年平均328店ずつ増加していたのが，42年には74店と2割強の水準に落ちた。しかもその後，42年末時点のスーパー店舗総数1,668店は44年末時点でも同数で，事実上スーパーへの業態転換は完全にストップしたのである（cf. German, 1978, p.70, Table 2-4。これは表II－3と少し異なるが，ジャーマンのこの数字のほうが正確と思われる)。A＆Pに次いで積極的であったアメリカン・ストアーズ社でも，スーパーへの転換が，42年4月に発せられた戦時生産局（War Production Board）の行政命令L41によって事実上停止したという（American Stores, 1942 AR)。

かくして，スーパーの普及による食品小売業における販売力の新たな社会的基準への移行は戦後に持ち越されたのである。戦後におけるその移行過程は――戦前と同様，自動車利用の増大や大型化する家庭用電気冷蔵庫の普及，さらには戦後における個人可処分所得のほぼ一貫した増加，人口の郊外への大移動，戦後ベビー・ブーム等に支えられ，またそうした状況を積極的に利用しつつ――1960年頃まで続く。「スーパー時代」ないし「スーパー・ブーム」と称されるゆえんである。とくに50年代はスーパー業界でしばしば「夢のような50年代（Fabulous Fifties)」と回顧される時期であり，それは同時にスーパーが食品小売業全体の圧倒的に支配的な業態となる時期でもあった（German, 1978, pp.3, 87, 112ff.)。

例えば，1945年に店舗数で食料品店総数の2.4%（9,575店)，食料品店販売総額の29.3%を占めていたに過ぎないスーパーは，60年にはそれぞれ12.8%（33万3,000店）および70.0%と，ほぼこの頃にともにピークに到達したのである（German, 1978, pp.68, 129, Tables 2-3, 3-10）*。そこで本章では，45年からほぼ60年までの期間を戦後の第1期として論じることにする。

＊　これは『プログレッシヴ・グローサー（Progressive Grocer)』誌とスーパー・マーケット協会の調査数字による。ただし，1960年にスーパーの店舗数と販売額シェアがほぼピークに達したのは，同誌のスーパー定義がそれま

での年商37.5万ドルから61年に50.0万ドルへと引き上げられたことが若干影響しているかもしれない。しかし基本的には，60年頃に1つの転換点を迎えたとみてよい。

なお以下では，食品小売企業大手4社としてA＆P，セーフウエイ，クローガー，アメリカン・ストアーズの各社を取り上げるが，その理由はこれら4社が当時，食品小売業における売上高上位4社という主要な地位をほぼ安定的に占めていたことにある。ちなみに，1948年時点で第4位のアメリカン・ストアーズ社の売上高が4億1,700万ドルであるのに対し，第5位ファースト・ナショナル・ストアーズ社がその85％，そして第6位ナショナル・ティー社が65％である。そして60年には，ファースト・ナショナル・ストアーズ社が第9位（アメリカン・ストアーズ社の売上高の53％），ナショナル・ティー社は第5位（同85％）であった。

2）経済統制の解除（1945〜47年）

新業態であるスーパーの効率性＝圧倒的販売力は明白であり，したがってスーパーへの業態転換の必要性はすでに戦前期に常識となっていた。しかしA＆Pを除く巨大食品小売企業はなお，既存の業態に蓄積基盤を置いてその支配的地位を維持していたので，スーパーへのドラスティックな転換は容易におこなわれなかった。既存の膨大な店舗ストックは，しだいに競争力を喪失しつつも，巨大製造企業における既存の固定資本に相当するイノベーション制約的役割を果たした＊。こうして一般的には，戦前期に巨大食品小売企業のスーパーへの業態転換は遅れ，スーパー業界への「遅れた参入者」となったのである。ここには個別企業における販売力構造（とくにハード面），業界編成上の地位，行動の間の興味深い1つの典型的関係が窺われる。

 ＊ ただしアメリカの場合，店舗開発では売却－リース・バックないし購入－建設－売却－リース方式（buy-build-sell-lease，土地を購入して店舗を建て，投資家等にそれを売却した上で借りる）という財務テクニックを使うか，あるいはデベロッパー等が開発した店舗を借りることが多い（もっとも自社所有・開発も少数ながらある）。資本の固定化を回避できるこの方式は，一

面では店舗の開閉を大変容易にする（Hirsch & Votaw, 1952, p.4）ため，製造業における固定資本と単純に同一視できないことに注意する必要がある。その意味では制約は基本的に，旧業態によって支配的地位を維持してきた過程において形成される硬直的経営姿勢という主体的側面にあるといえる。しかし他面，そうした方式においても貸手は経営安定化のためリース期間の長期化を求めることが多くなっていたから，一定の制約にはなる（キャンセル料が高くなる）。

　そうした中で食品小売業におけるガリバー型寡占企業Ａ＆Ｐのスーパー転換の成功は，他の大手企業を強く刺激した。だが戦時統制のためスーパーへの転換は基本的に，戦後の最重要課題として残されることになった。とはいえそれまでにもスーパー的要素の導入が試みられなかったわけではない。ハード面の転換は困難であったが，戦時の深刻な労働力不足はセルフ・サービス化等スーパーを特徴づけるソフト面の採用を促進させた。例えばセーフウエイ社の場合，1946年時点ですべての店舗が基本的に現金持帰り（セルフ・サービス）制を採用していたのである。しかし同社でも大量購入客についてはなお顧客の車まで運ぶサービスを提供していたのであって，不徹底な側面を残していた。そして何よりもハード面の転換＝大規模化が決定的に遅れていた。

　巨大食品小売企業がいつ頃から戦後戦略の策定に着手したかは不明であるが，判明している例としてはセーフウエイ社のそれがある。同社は戦時統制が撤廃されるであろう戦後の戦略について，すでに1943年から検討を始めていた（Safeway, *1943 AR*）。

　当時のアメリカ産業界では，第１次大戦後の短期ながら厳しかった恐慌（1920〜21年）により優良会社のシアーズ社でさえ倒産の危機に瀕したという強烈な印象が植えつけられていたので，第２次大戦直後の恐慌到来を予想する人びとも少なくなかった。小売業におけるその極端な代表が，ウォード社の中興の祖ともいえるエイヴリー（Sewell L. Avery）会長である。終戦後まもなく不況がやってくるとの確固たる信念を抱いていた彼は，新たな事業活

動の展開については極度に慎重となり，45～52年の間に新規店舗をいっさい開設せず，むしろ「最も立派な銀行の1つ」とか「小売店舗付き銀行」といわれるほど現金・預金等を貯め込んだ。これは戦後，巨額の投資による店舗の大拡張戦略に賭けたライバル企業シアーズ社のウッド会長とは対照的であり，その後の両社の対照的軌跡（一方は64年に小売業界の首位へ，他方は74年9月，石油メジャーのモービル社に買収される）の根源はここにある（cf. Hartley, 1981, pp.128ff.〔訳，29ページ以下〕; Tedlow, 1990, pp.332-35〔訳，395-400ページ〕; 中野，1986年）。優秀な経営者としての評価が高く，死去した時（51年9月，79歳）ヘンリー・フォードやロックフェラー一世と比較されたほどのA＆Pのジョン社長も，晩年には耄碌したのであろうか，終戦直後から50年代にアメリカ経済は不可避的に不況に向かうとの妄想にとりつかれ，急速に発展しつつあった郊外型スーパーへの大規模な転換計画を縮小し，中心都市内の近隣型小規模スーパーに固執した結果，数百もの好立地を失った（*Food Topics*, 1961, pp.160-62）。

　しかし，このような例外はあるものの，多くの小売企業は基本的に，戦時経済のもとで繰り延べされていた店舗拡張・近代化計画を遂行しようとしていた。しかもそのための所要資金は，①戦時下の設備投資の制限による留保利益積増し等による財務ポジションの著しい強化，②銀行の積極的融資姿勢等によって，容易に調達できる見通しがあったのである。

　こうした積極姿勢は，反トラスト法違反容疑で司法省から提訴されていたA＆Pを除き，基本的には大手各社にほぼ共通していたとみてよい。

　しかし，終戦によってこれらの拡張計画がただちに実施に移せたのではなかった。計画の実施には戦時経済統制の解除という前提条件が不可欠であるが，——戦時配給制への移行が，部分的にはともかく，全体的に深刻な影響を与えたわけではないし，早くも1943年夏からは食品配給の一部を廃止していたとはいえ——戦時統制の一挙の解除は，セーフウエイ社が予想したように，やがては多くの食品を供給過剰に陥れ，かなりの価格下落と競争の激化をもたらす恐れがあった。そこで同社は46年初めから用心して在庫減らしへと進むのである（Safeway, *1946 AR*）。第1次大戦後のシアーズ社の経営危機が，

直接的には投機的在庫積上げによる流動性危機にあった歴史的経験に学んだのである（中野，1985年，27ページ以下）。ところが現実に生じたのは，統制解除過程でのさまざまなボトルネックの発生による跛行的インフレの進行であった。

政府は，一挙の統制解除が戦時期の巨大な繰延べ需要を急激に発現させてインフレを昂進させることを危惧し，むしろその漸次的解除を図った。しかしそれでもインフレを抑制することはできなかった。

まず小売業に関係の深い建築規制についてみると，1945年は政府規制が存続し（商業用・産業用建物の建設については，結果的に46年も規制される），さらに建設資材不足，建設関連労働力不足による建設コストの高騰とレントの上昇が大きい影響を与えた。例えばセーフウエイ社では，不動産にかんして売却・リースバックないし購入－建設－売却－リース政策へと復帰できず，拡大が制約されるか新規店舗建設そのものに慎重にならざるをえなくなった。状況はクローガー社やアメリカン・ストアーズ社でも基本的に同様である（Kroger, *1948 AR*；American Stores, *1946 AR*）。そして47年もこうした状況は続いた。その結果セーフウエイ社の45年の新規店舗建設はわずか8店（別に既存建物の店舗リースが加わるので新規開店は計23店）であり，46年はさらに少なくて5店（同23店）に過ぎない。そして47年でも建設および大改装は15店にとどまる（同28店）。ただし，建築制限が撤廃され建築コストが落ち着いたらすぐ拡張に踏み切れるように，45年には56カ所，46年には236カ所（いずれも年末時点）というように，店舗用地を大規模に手当てしていた（Safeway, *1945～1947 AR*）。

では価格統制の解除についてはどうか。物価管理庁（Office of Price Administration, OPA）は1945年9月から統制解除プログラムを開始したが，OPAの解散は46年6月末であり，物価統制令の全面撤廃はようやく46年12月のことである。もちろん，このように一挙に解除しなかったのは，戦時経済体制から平時体制への円滑な転換を図ろうとしたためであるが，それでも家庭用食品の消費者物価指数（1967年＝100）は45年：50.7→46年：58.1→47年：70.6，と2年間でほぼ20ポイントも急上昇するインフレとなった。しかし48年の食品

価格は，一般的には9月まで上昇したものの，その後は一転して下落し，通年では6.0ポイントの上昇にとどまった。

こうして，戦時経済体制から平時体制への移行を完了し，正常な蓄積軌道に復帰したのは1948年からである。ここに初めて各社はいっせいに店舗拡張・近代化計画の本格的推進に走る。しかしそれも短期のうちに中断されてしまう。50年6月に勃発した朝鮮戦争のためである。政府は第2次大戦中の経験に学び，同年11月には経済安定庁（Economic Stabilization Agency, ESA）のもとに価格安定本部（Office of Price Stabilization, OPS）を設置し，再度賃金・物価の統制や建築規制を実施する。

3) 朝鮮戦争による経済統制

OPSによる価格と賃金の政府統制は，重い連邦所得税（例えばクローガー社の場合，1950年は税率47％，51年は58％）とともに，巨大食品小売企業の収益性に重大な影響を与え，その蓄積構造を大きく規定した。そして51年には大手4社はすべて増収・減益となる*。さらに，A＆P以外では現実的脅威とならなかったものの，税引前利益が3,000万ドルに達すると適用される超過利潤税（50年半ばに導入）があった。それゆえ彼らが経済統制に批判的になるのはとうぜんである。具体的には，彼らによれば政府の設定した肉と加工食品の上限価格は次の点で不当であった――（a）戦争勃発前のマージン水準を認めない。（b）経費のたえざる上昇も斟酌してくれない。例えばクローガー社の場合，この頃賃金水準は毎年，前年比約7％ほど上昇していたと思われる。（c）大手小売企業が良質品の低価格供給に果たしている高度機能（それにはコストがかかる）を認めようとしない。したがって結局政府統制は，生計費を低く維持するために小売業を含む食品産業を不公正かつ差別的に取り扱い（＝差別的上限価格の設定），同産業を主たるいけにえにしようとするものだ，と非難した（Kroger, *1951 AR*; American Stores, *1951 AR*）。とくにセーフウエイ社は法的措置をとるとまでいきまいた（Safeway, *1951 AR*）。

* 1951年の売上と純利益の伸びはそれぞれ，A＆P：＋6.7％，▲17.4％；セーフウエイ社：＋20.2％，▲48.3％；クローガー社：＋15.8％，▲3.3％；アメリ

カン・ストアーズ社：＋11.0％，▲29.0％。

　価格統制は1952年も続いたが，その頃の現実は，競争の結果多数の食品がOPSの上限価格以下に設定されるというありさまで，予想された供給不足は生じなかった。また52年にはA＆P（＋7.5％），アメリカン・ストアーズ社（＋0.6％）のように増益に転じる企業も現われ，批判の勢いは衰えていく。こうした状況の中で政府は，53年初め価格統制の廃止に踏み切り，この面では完全に正常な蓄積＝競争条件に復帰した。そして54年には超過利潤税も廃止された。

　他方，建築規制にかんしては，戦争勃発による経済統制のもとで建設資材・設備不足とそれによる価格上昇がしだいに明白になってきており，店舗拡張・近代化計画の推進にブレーキがかかることが危惧されていた（cf. Safeway, 1951 AR）のであるが，1952年にはついに，全国生産局（National Production Authority）が設定した新店舗建設規制が適用された。その結果新規開店数は大きく落ち込むことになる。例えば比較的資料の揃っているセーフウエイ社についてみると，51年に262店の新規開店がみられたのが，52年には81店へと3分の1以下に減り，さらに53年には16店へと激減する。またアメリカン・ストアーズ社も51年の53店が52年には43店，そして53年には42店にとどまった*。クローガー社の場合，この時期のデータは新規開店と改装・立地変更がこみになっているが，51年：183店，52年：132店，53年：143店，であり（新規開店数はこのうち6割強とみてよい），ここでも規制の影響がかなりはっきり現われているといってよい。

　　＊　ただし，セーフウエイ社の1951年新規開店は飛び抜けて多い（50年は70店）ため，規制の効果が過大に現われたことに注意する必要がある。逆にアメリカン・ストアーズ社では規制撤廃ののちも新規開店数が大きく落ち込んでいくので，この側面からみれば規制が無意味であるかのような印象を与える。だがそれらはいずれも個別的事情による。

　しかしこのような建築規制の影響も，価格統制よりやや遅れたとはいえ1954年には完全になくなり，価格・賃金面と同様ここでも正常な蓄積条件に

第Ⅲ章　スーパーの本格的発展期：1945〜60年

復帰したのである。こうして巨大食品小売企業にとって政治的・社会的コンテキストにおける蓄積制約条件は消滅し、ここに彼らはその最も重要な戦後戦略である店舗拡張・近代化計画を本格的に実施し始めた。

　このような食品小売業界の状況の中でＡ＆Ｐだけは独自の問題に捉われていた。すなわち、1930年代末から強化された反トラスト政策のもとでセーフウエイ社やクローガー社も提訴されるのであるが＊、とくにガリバー型寡占企業であるＡ＆Ｐは格好の標的とされ、執拗な攻撃を受けたのである。そして、その対応に忙殺される過程で、同社の経営姿勢はきわめて消極的・防御的となっていく。したがって上にみたような政治的・社会的コンテキストにおける蓄積条件の正常化がもつ意義は他社よりも低い。

　　＊　例えば両社は1943年1月、独立小売商を打倒するため内部補助による原価割れ販売をおこなったとして、司法省によりカンザス・シティの連邦地裁へ提訴された。両社は不抗争の答弁書を提出し、地裁はセーフウエイ社に4万ドル、クローガー社に2万ドルの罰金を科してケリがついた。

　Ａ＆Ｐが反トラスト法違反で提訴される過程は次のとおりである。1942年11月、司法省は同社をシャーマン法違反（不当な取引制限・独占化のための継続的共謀）の廉でダラスの連邦地裁に民事提訴し、ついで44年2月、この提訴を取り下げる代わりにイリノイ州東部地区連邦地裁に対しシャーマン法違反の刑事提訴をおこなった。その審理はリンドレー判事のもとに45年4月16日から開始され、46年9月21日、有罪判決がくだった。Ａ＆Ｐはただちにシカゴ第7回巡回裁判所へ上告したが、49年2月29日、この上訴審においても敗訴し、罰金17万5,000ドルを支払う羽目になった（U.S.v.New York Great Atlantic & Pacific Tea Co., 173 F.2d 79〔7th Cir.1949〕, affirming 67F.Supp.〔E.D.111, 1946〕）。

　司法省はさらに追い打ちをかけ、1949年9月15日、ニューヨーク州南部地域連邦地裁へシャーマン法違反の民事提訴をし、同社における製造業と販売業との分離、ガリバーである小売業部門の7分割および農産物買付け子会社ACCOの解体を求めた。この提訴を巡ってはＡ＆Ｐも、ＰＲ顧問ボイヤーのも

と積極的な反撃に打って出，全国の大小2,000紙に「皆さんは，Ａ＆Ｐが廃業してほしいですか」「皆さんは高価格を望むのですか」といった刺激的見出しの全ページ広告を掲載したりした。結局このケースは54年1月19日，両者が同意審決に達したが，その内容はACCOの解体だけをおこない，小売業の分割と製造業分離はおこなわない，という竜頭蛇尾のものであった*。しかし，このような相次ぐ反トラスト訴訟は，のちにみるように同社の経営スタイルに対し長期にわたって深刻な影響を与えたのである。

* この訴訟を巡る文献としては差しあたり以下を参照せよ。Dirlam & Kahn, 1952/1953/1954, pp.166 ff. ; Adelman, 1949a/1949b/1949c/1949d/1953/1959 ; Edwards, 1949, pp.97-98, 102-03 and *passim* ; Fein, 1951 ; Fulda, 1951 ; Hirsch & Votaw, 1952 ; Klein, 1947 ; *Yale Law Jour.*, 1949 ; Andrews, 1950.

2 スーパーの本格的発展

1) スーパーへの業態転換

(1) 店舗数の推移

こうして戦後，戦時経済統制が緩和・撤廃されると，スーパーの本格的発展が始まり，1950年代は「スーパーの黄金時代」と称せられる高成長をとげる。まず中小・中堅小売商の大量参入があった。そして大手企業でも大量の新規建設が強行される。その結果，50〜60年間にスーパーの店舗数は倍増（1万4,217店→3万3,300店）し，とくに前半期（52〜56年）の店舗数の伸びが著しい。売上もこの10年間に約4倍（103億ドル→362億ドル）となり，食料品店販売総額中のシェアは40％から70％弱へと急上昇した。以上と併行して，とくに大手企業では，旧来のサービス・タイプの店舗のたえざる閉鎖・統合＝既存資本ストックの整理が進められ，企業としての全社的生産性の向上が追求されるのである。その状況を店舗数の推移で辿ると表Ⅲ−1のとおりである。同表の新規店舗はほとんどスーパーであり，閉鎖店舗は旧来のサービス・タイプ店が中心である。

さて，同表およびその他資料からこの期間の大手企業の店舗動向にかんして次の点を指摘できる。

第Ⅲ章　スーパーの本格的発展期：1945～60年

表Ⅲ-1　店舗数の推移

区　分	1940年	1945年	1946～50年	1951～55年	1956～60年
A&P					
期末店数	7,230(160.7)[1]	5,600(124.4)	4,500(100.0)	4,150(92.2)	4,351(96.7)
セーフウエイ					
新規開店数	211	23	173	507	877
閉鎖店数	542	44	539	591	658
期末店数	2,528(122.0)	2,442(117.9)	2,072(100.0)	1,988(95.9)	2,207(106.5)
クローガー					
新規開店数	n.a.	n.a.	n.a.	n.a.	555
閉鎖店数	n.a.	n.a.	n.a.	n.a.	830
期末店数	3,727(181.5)	2,730(132.9)	2,054(100.0)	1,587(77.3)	1,372(66.8)
アメリカン					
新規開店数	n.a.	n.a.	n.a.	179	191
閉鎖店数	n.a.	n.a.	n.a.	771	422
期末店数	2,157(143.3)	1,964(130.5)	1,505(100.0)	953(63.3)	840(55.8)
	(ス418)	(ス606)	(ス773)	(ス734)	(ス799)

注）期末店数はそれぞれ1940，45，60年度末のもの。クローガー社は食品店のみ。カッコ内のスはスーパーを指し，内数。．1）うちスーパーは1,413。
出所：Selected Cos.,*ARs*, respective years.

　①クローガー，アメリカン・ストアーズの両社にあっては1945～60年の間，期末店舗数がかなり急速に減少している。それは50年を基準にしてクローガー社が66ポイント，アメリカン・ストアーズ社は75ポイントにも及ぶ。しかしA＆Pとセーフウエイ社はそれほど減少していない。しかも56年以降はともに増加に転じている。例えばセーフウエイ社の場合，45年時点で2,442店であったのが，最小の56年に1,981店となり，それ以降は増加に転じ，60年には2,207店になっている。

　②セーフウエイ社の場合は，閉鎖が高水準で進められる一方，朝鮮戦争による建築規制がおこなわれていた期間を除き，1950年代に入ると新規開店のペースが一挙に速まり，50年代後半からほぼ毎年，新規開店が高水準の閉鎖さえ上回るようになったため，①で指摘したような現象を生んだのである。事実，同社はすでに49年に意欲的拡張計画を打ち出し，今後5年間に約1億4,500万ドルの巨費を投じ1,000店を建設するとしていた（52年には毎年100店に縮小）。つまり同社は，朝鮮戦争期に一定のブレーキをかけられたとはい

え基本的に，この期間中かなり積極的な拡大姿勢を貫いたのである。この結果，60年時点の全店舗の年齢構成では約40％が5歳以下，60％以上が10歳以下という新鋭販売力を形成するに至る*。

* ちなみに，1950〜60年のセーフウエイ社の固定資本純投資は——土地・建物の建設に関連する不動産コストはリース・バック方式のため除いて——計3億2,900万ドルで，そのうち減価償却費は2億1,300万ドルで，残りは内部留保，その他により調達した（Safeway, 1960 AR）。なおこの間，同社は優先株と社債により約1億ドル調達した。

③アメリカン・ストアーズ社の場合，この期間はなお全体として小規模・低収益の既存のサービス・タイプ店のスクラップ化と既存店の改装による小規模スーパー（セルフ・サービス店ないしスーパーレット〔superette〕）の開設にやや比重がかかっていたが，1949〜59年の間に小規模サービス・タイプ店が822店も整理された結果，60年末時点では残存サービス・タイプ店は41店（45年は1,358店）に過ぎなくなっており，さらに62年には26店となって事実上その整理は完了した。他方，新規建設自体が活発化し，61年には32年以来約30年ぶりに期末店舗数が年初の店舗数を上回ることになった。

④どのスーパーでも，高蓄積の推進により新規スーパーの数がますます増えるとともに，さまざまなマイナー・イノベーションの急速な進行によって既存スーパーの陳腐化が速まり，既存スーパー自体の一定の閉鎖・更新は遅かれ早かれ避けられない。この点を資料の揃っているアメリカン・ストアーズ社について具体的にみると，同社では1955年に170店閉鎖しているが，そのうち101店がサービス・タイプ店であり，69店がセルフ・サービス店＝初期の小規模スーパーであった。ところが60年になると，サービス・タイプ店の閉鎖が9店であるのに対し小規模スーパーの閉鎖は35店と前者を大きく上回っている。同社にあっては57〜58年頃からこのような現象が一般化するのである。そして，こうしたスーパー自体のたえざる規模拡大・更新活動は，その後，各社で恒常化する（後述）。

⑤資料が欠けているが，クローガー社もセーウエイ社にほぼ準じた行動をとったものと推測される。同社は，一方では1955年頃から古い小規模店の閉

鎖を加速する（Kroger, 1955 AR）とともに，他方では新規店舗による代替を急速に進めた。こうした過程で，アメリカン・ストアーズ社とほぼ同じく，62年には29年以来33年ぶりに期末店舗数が年初のそれを上回った。

⑥以上3社に対し，A＆Pの動きはかなり異なる。資料の欠如のため明言はできないが，同社の場合，期末店舗数が大きく減少しなかったのは第1に，戦前期のスーパー化においてライバル企業にだんぜん先行していたため，すでにかなりの程度整理が済んでいたからである。例えば1936年の店舗数1万4,766店は，46年時点で約3分の1の5,238店に整理され，その結果スーパーは42年時点よりわずか2店増の1,670店にとどまったものの，スーパー転換率は32％にも達していた（Fortune, 1947, pp.258-59）。しかし第2に，スーパーへの先行転換による成功（収益性の回復）のゆえに，一時の強い危機意識が希薄となり，なお数多く残っているサービス・タイプ店の整理や，同社に多い小規模スーパーの更新が遅れたのではないか，と推察される*。そして第3に，最も重要な要因と考えられるが，戦後だけで10年間近くも続いた反トラスト訴訟が，ノド元に突き刺さったトゲのようにA＆Pの行動を規制し，新鋭大規模スーパーの積極的建設にブレーキをかけた。

  * 同社元幹部ウォルシュによれば，1950年末時点で全4,514店のうち約4,000店（約9割）がスーパーであり，スーパーへの転換は事実上完了していた，という（Walsh, 1986, p.69）。だが他のさまざまな資料から判断して，この数字はあまりにも過大であり信用できない。戦後のA＆Pはあまり活発な店舗建設活動をおこなっていないのである。

（2）大規模化のトレンド

　上述のようにスーパーの戦後発展の第Ⅰ期は，一方では，旧来のサービス・タイプの閉鎖が進行し，他方では，スーパーの新規開設が急速に進行した。だがそれにすぐ続くか併行して，初期の小規模スーパーの閉鎖と大規模スーパーによる代替も急速に進展したのである。それはとうぜん平均店舗規模のたえざる拡大をもたらした。この過程は，重要な業態調整としてその後40年以上にわたって継続するのであるが，ここではその初期の過程を辿ってみよう*。

*　以下の叙述の理解を助けるため,『プログレッシヴ・グローサー』誌のあげる1951年央の代表的なスーパーを紹介しておこう。まずレジは6カ所,売場面積6,000平方フィート（560m²弱）,年商80万ドル以上（スーパーの定義は,それまで年商25万ドル以上であったが52年には年商37.5万ドル以上となる）である。取扱い分野は加工食品雑貨,農産物,乳製品,肉,その他食品の5部門に分かれる（ただし,別にドラッグと雑誌用のセクションが70平方フィート〔6.5m²〕ほどある）。肉部門はまだセルフ・サービスとはなっていない（Walsh, 1993, p.1）。

　まず経営している全店舗の平均的規模をみると,例えばセーフウエイ社は,A＆Pがスーパーに本格参入する1938年までは店舗規模が最も大きく,効率的経営を誇っていた。同社の平均的店舗規模は,26年頃は1,000平方フィート（93m²）と業界のほぼ平均に近かったが,30年代には3,000平方フィート（280m²弱）に,そして40年代初めには5,000～6,000平方フィート（465～560m²弱）（＋駐車場20～30台分）にも達していた。

　だが巨大食品小売企業における平均的店舗規模の拡大は,いうまでもなく一般にいっそう大規模である新規店舗によって牽引される。その様子をスーパー業界全体の新規店舗規模の動向と比較しながらみておくと,まず新規開店スーパーの平均売場面積の推移は,『スーパー・マーケット・マーチャンダイジング（*Super Market Merchandising*）』誌によれば,1949年：8,000～9,000平方フィート（740～840m²弱）→55年：1万2,900平方フィート（1,200m²）→58年：1万7,100平方フィート（1,590m²）,であり,約10年で倍増している。なお,ショッピング・センターに建設されるスーパーは,都心や近隣立地型スーパーの約1.8倍の規模となっていた（FTC, 1960, pp.56-57.）。

　他方,スーパー・マーケット協会によれば,1953年に新規店舗の店舗面積1万3,600平方フィート（1,260m²強）,売場面積9,384平方（870m²）であったのが,60年には店舗面積2万1,300平方フィート（1,980m²）,売場面積1万3,419平方フィート（1,250m²）へとそれぞれ1.6倍と1.4倍となっていた（cf. German, 1978, p.136, Table 3－13）。こうした業界の動向に対し,大手各社がとくに大規模であったわけではなく,むしろやや小規模であった*。

＊　例えばセーフウエイ社では，1950年の新規店舗が1.5万～2万平方フィート（1,400～1,860m²），駐車場300台分にもなり，その平均売上高は年商93万ドル（同社の他の店舗の約1.5倍）に達していたが，61年の新規店舗の平均規模は1万8,270平方フィート（1,700m²）にとどまった。クローガー社の60年の全新規店舗の平均規模も1万8,100平方フィート（1,680m²）と，セーフウエイ社とほぼ同一規模になっている。これらの数字をみる限り，大手企業の新規店舗は業界平均のそれより15％ほど小さい。

さて，以上のような店舗数と店舗面積の推移の結果，大手各社の総店舗面積は著しく増加する。その点をデータのあるクローガー社についてみると，1947年時点で約860万平方フィート（80万m²）であったのが，60年には1,830万平方（170万m²）と2倍以上となった。つまりハード面からみた同社の販売キャパシティは，60年には47年水準の2倍以上に増強されていたのである。

なお，NCFMの研究によれば，売場面積4,000～1万6,000平方フィート（約370～1,500万m²）の店舗で，コスト差はわずか2セント以下に過ぎない。規模の経済はほとんど作用しないのである。「それゆえ，大規模店舗を建設するとくに強力なインセンティヴは，コストの動きだけからは生まれない」（NCFM, 1966, p.149）。そして1965年頃の最適規模は，現実の規模（後述）より相当低い約1万8,000平方フィート（1,670万m²），年商175万ドル規模だといわれる（NCFM, 1966, p.478）。コッテリルも，売場面積1.6～2万平方フィート（1,490～1,860m²）まではコストが低下するが，それ以降は一定だという（Cotterill, 1986, p.381）。

以上のような店舗規模の推移に照応して店当売上高も一貫した上昇を示す。例えば，クローガー社やアメリカン・ストアーズ社にあっては，1950～60年の間に3～4倍，早くから相対的に大規模であったセーフウエイ社でも2倍弱（50年の週売上1万1,000ドル→60年：2万1,100ドル）の増加である。それにもかかわらず，スーパーへの転換がほぼ完了した50年代末においても業界平均とかなりの格差があり，3～4割小規模であった＊。なお，A＆Pの店当売上高は，スーパー転換の先行性を反映して50年時点では他の3社より多かったが，設備投資の抑制による大規模な新規店舗の建設の遅れのため，や

がて他社よりもずっと低い水準へと低落していった。
　　＊　ただし，1950年代後半になるとかなりの地域市場で過剰店舗が発生したことを反映して，業界平均の店当売上高ははっきりと伸びが停滞する（単位面積当たり売上高も同様）（German, 1978, p.144）。

（3）食品百貨店化：取扱い品目の増加

　この時期にスーパーは，新規店舗を中心にエアコン，冷凍設備等の新鋭設備やその他のイノベーションを背景にして冷凍食品（1950年代），生鮮農産物等の取扱いが進む。例えばプラスティック・フィルムとラッピング機の導入により，野菜・果実にかんして——店頭労働としてではなく——バックヤードで事前の包装・計量・値付け作業がおこなわれ，セルフ・サービス化されるようになった（McAusland, 1980, p.62）。こうして，既存分野における戦後の新製品ラッシュ（後藤，1991年，125ページ以下）に対応できただけではなく，（a）冷凍食品のような画期的新製品や，（b）通常は他業種（生鮮食品店等）によって取り扱われる製品をもさらに積極的に取り込むようになった。つまり食品百貨店（food department store）化していったのである。そればかりではない。さらに進んで，（c）粗マージンの高い非食品をも積極的に取り扱うスーパーが出現する（この側面からすれば，スーパーはかつてのよろず屋〔general store〕的特徴をより大規模な形で復元したともいえる）（Mueller & Garoian, 1961, pp.12-13）＊。

　　＊　1958年時点における典型的スーパーの非食品シェア（売上総額比）は5.20％（健康・美容品：2.30％，家庭用品：0.92％，雑誌・書籍：0.52％，衣料品：0.54％，等）である。例えばアメリカン・ストアーズ社は *1957 AR* において，大規模な新規店舗は広範な需要を確立している非耐久消費財と流行のない製品（非食品）を取り扱う部門をもつ，とのべている。なお，従来取り扱っていなかった品目を「新製品」と定義して，典型的な食料品店におけるその取扱い比率をみると，55年時点で売上高の約19％に達する（FTC, 1960, p.69）。ちなみに，本業と関連のない非食品を取り扱う傾向は，商品不足が著しかった第2次大戦期に多くの小売業でみられるようになっていたから，このような取扱いの拡大にはある程度習熟していたといえる。

急速に拡大する店舗規模は取扱いキャパシティを高め，このような傾向を促進した。かくしてスーパーの取扱い品目数は，1936年頃は1,400であったのが，50年：3,750→55年：4,723→60年：5,800～6,100，63年：6,800，と急速に増加していく（cf. German, 1978, p.137, Fig.3-1 ; Tolich, 1991, pp.48-49 ; Hampe & Wittenberg, 1964, p.346, Fig.15・1）。大手スーパーのうちではセーフウエイ社が，56年時点の新規店舗で平均6,000品目，61年の平均的店舗は4,000～6,000品目であった。

 このうち（b）（c）のような，品揃えのオーバーラッピングはさまざまな度合いで他の小売業種を競争関係に巻き込む（Cairns, 1961, p.34）（＝競争フロントの多面化）とともに，侵食される側の対抗的動きを誘発し，こうして伝統的な業種区分や業種観念がしだいに現実に一致しなくなる傾向を示す。それに照応してメーカーのチャネル政策にも重要な影響を与えていった。しかしそれは次期以降に本格化するのである。

2）売上高の動向とシェアの推移：ガリバー型寡占の崩壊へ

 以上の店舗と取扱い品目の動向を売上高で総括しておこう。図Ⅲ－1は戦後第Ⅰ期における大手4社の売上高の推移である。「スーパーの黄金時代」と称されるにふさわしい伸びである。スーパーが食料品店販売総額の35％を占めた1950年に至る5年間のA＆Pの伸びがとりわけ著しいのは，戦前期におけるスーパーへの先行転換の利益を享受できたからである。そしてA＆Pの50年の売上高31億8,000万ドルは，全米売上高ランキングでGMに次ぐ第2位であった。しかし先行利益の享受もそこまでであった。朝鮮戦争に伴う経済統制が解除されるにつれ，表Ⅲ－2で明らかなように，A＆Pの売上高の伸び（5年ごとの平均年率）も急速に鈍化し，大手4社の中でも最低で推移する。

 この結果，1950～60年の10年間にA＆Pの売上高はわずか1.7倍にしかならなかったのに対し，セーフウエイ社は2.0倍，クローガー社は2.2倍，そしてアメリカン・ストアーズ社は2.2倍と，いずれも2倍以上であった。このうち長期的に必ずしも高い成長をとげてきたとはいえないアメリカン・スト

図Ⅲ-1　大手4社の売上高の推移：1945－60年度

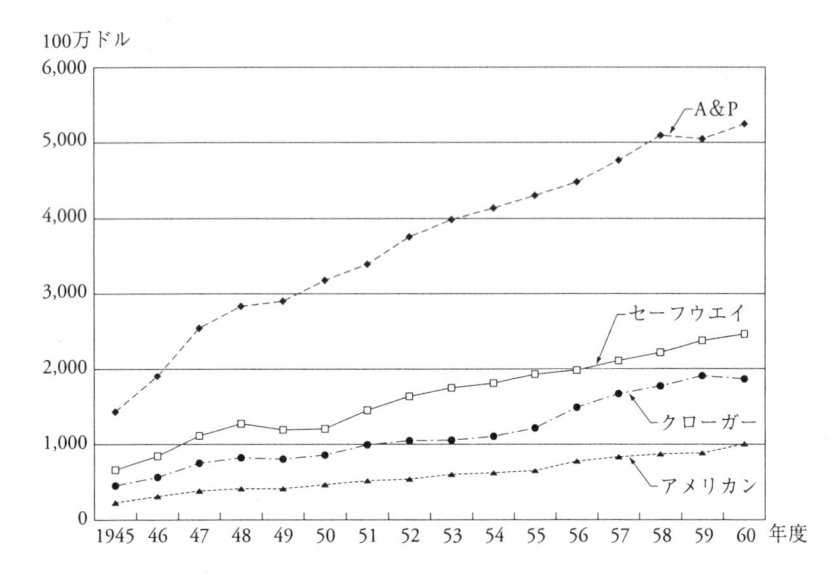

出所：Selected Cos., *ARs*.

表Ⅲ-2　売上高成長率（年率）：1945－60年度

(単位：%)

年度	A&P	セーフウエイ	クローガー	アメリカン
1945-50	17.3	12.7	13.5	15.0
1950-55	6.2	9.8	7.2	6.9
1955-60	4.0	5.0	8.9	9.1

出所：表Ⅱ-1に同じ。

アーズ社についてみると，同社は20年に売上高1億ドルを，52年に5億ドルを，そして60年に10億ドルを超えたのである。

　売上高のこのような推移をよりいっそう明白に示すため大手4社の売上高相対シェアを図Ⅲ-2に示しておこう。1950年に55.6%を占めてピークに達したA&Pの相対シェアは，その後ほぼ一貫して低落傾向を辿り，60年にはピーク時から6.1ポイント低下してついに5割を切った。これに対しセーフウエイ社は戦後初期，戦時中の無理な製造業進出の処理に追われやや低迷していたが，50年を底（21.2%）にしてその後は増大傾向にある。クローガー

第Ⅲ章 スーパーの本格的発展期：1945～60年

図Ⅲ-2　大手4社の売上高相対シェアの推移

(単位：%)

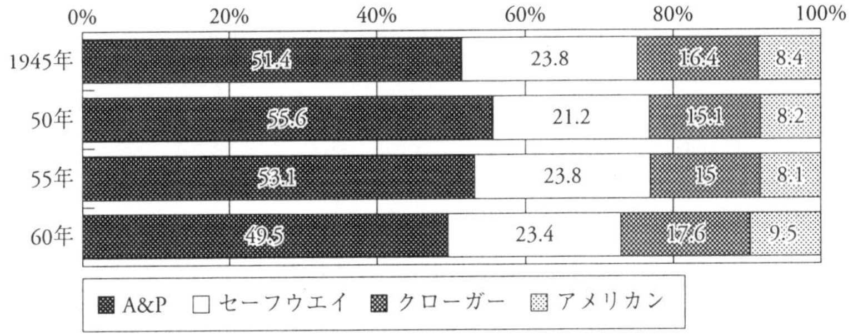

	A&P	セーフウエイ	クローガー	アメリカン
1945年	51.4	23.8	16.4	8.4
50年	55.6	21.2	15.1	8.2
55年	53.1	23.8	15	8.1
60年	49.5	23.4	17.6	9.5

出所：Selected Cos., *ARs*, より作成。

社とアメリカン・ストアーズ社も同様である。食品小売業において再度確立したガリバー型寡占構造が，長期の崩壊過程を辿り始めたことがはっきりと読み取れる。

ではこれら4社は全米食料品店販売総額の中でどのような地位を占めていたであろうか。4社の売上高集中度（CR_4）は，1948～60年の間，約21%でほとんど上昇していない。もちろん地域別CR_4をみると，例えば58年には次のようにきわめて高率の地域が現われる（Cairns, 1962, p.14, Table V）。ニューイングランド：35.2%，中部大西洋：29.9%，中央東北部：30.0%，中央西北部：20.3%，南部大西洋：29.3%，中央東南部：22.3%，中央西南部：17.9%，山岳部：不明，太平洋部：16.5%。そして集計単位の地域を細分すればするほどこの傾向はいっそう明白になる。例えば人口100万以上の5都市におけるCR_4は40.5%，10万～20万未満の43都市では60.6%にも達した（Mueller & Garoian, 1961, p.35, Table 14）。

しかし，全体的にはこの時期，CR_4は変わらない。つまりこの時期，スーパー業界では大手4社以下の伸長も著しく，業界が全体的に売上高を伸ばした黄金期だったのである。

では収益状況はどうであったか。図Ⅲ－3に明らかなように，「スーパーの黄金時代」にふさわしく各社ともきわめて好調であった。営業利益はこの

図Ⅲ-3　大手3社の営業利益の推移：1945-60年

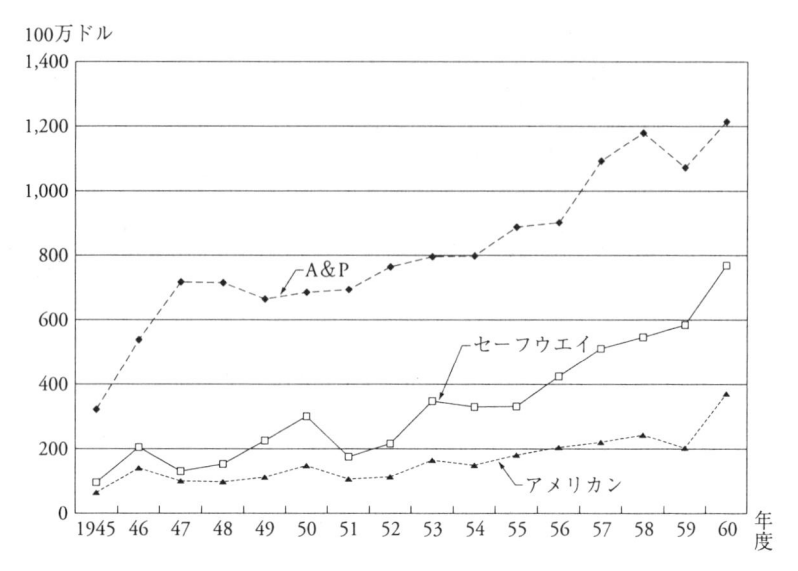

100万ドル

注）営業利益は減価償却費控除後。
出所：Selected Cos., *ARs*.

期間，低迷していたクローガー社を例外として，Ａ＆Ｐでは約3.8倍，セーフウエイ社は7.9倍，アメリカン・ストアーズ社も5.7倍という，20年代を遥かに上回る好調ぶりであった。

3）組織イノベーション——分権化の推進

巨大な販売力を管理するためには整備された管理組織が必要であるが，ひとたびできあがった組織は必然的に，「過去の負荷（past loadness）」を引き継ぎ（"past embededness"），固定性ないし粘着性をもつ（組織的保守主義〔organizational conservatism〕）（Child *et al.*, 1987, pp.92ff., esp.p.108）。これに対し販売力はたえず変化（通常は発展）する。そこで販売力の発展がある限度を越えると，既存の組織形態が販売力のいっそうの発展にとって桎梏となる。そこで新しい販売力水準に照応するよう組織形態の調整が必要となる。小売業におけるそれは，次の理由によって分権化がいっそう進む形態をとる——一般的

第Ⅲ章　スーパーの本格的発展期：1945～60年

にいって消費者の分散性に強く規定される小売業は，製造業に比べとりわけ分散的立地となる産業特性をもつが，その分散性は企業規模の大規模化に伴いいっそう進行する傾向がある（＝店舗の広域展開）。しかも競争の激化は現場に近いレベルでの機敏な判断をますます要求する。それに伴いその店舗に特殊的なスキル（当該店舗の従業者が蓄積しているその地方市場の独自性についての知識と対応能力等）が重要となる。

　だが他方では，「チェーン・システムの本質とは，そのネットワークを通じて本社の意思決定，店舗デザイン，マーチャンダイジング，オペレーション，販売促進および人事にかんする決定を浸透させること」(Hollander & Omura, 1989, p.316)，つまり集権制と斉一性にあり，それなくしてはそのメリットを充分に発揮できない。この矛盾は，大規模小売企業につきまとうものであり*，食品取扱い品目の拡大，非食品部門の強化，さらにはデリカテッセン等のサービス諸部門の導入は，管理課業をいっそう複雑化させる。そして一般的には，販売力の発展に伴う組織の大規模化と管理課業の複雑化は，慣行化したトップ・マネジメントの執行では対応がますますむずかしくなる（同じことはミドル階層についても指摘できる）。その結果，巨大食品小売企業においても何らかの組織イノベーションがおこなわれざるをえない**。その方向が分権化である。

　　*　1929年以来，大規模なM＆Aを繰り返した巨大百貨店が直面した重要な管理問題もこれである。
　　**　クローガー社の「スーパーストア」化（後述）をケースとして取り上げ，テクノロジーの発展，店舗規模の拡大と店舗内分業の複雑化，労働組織の変化，管理体制の再編の関係についての優れた研究としてはWalsh (1993) がある。なおこの点については281ページ以下参照。

　まずクローガー社では，1950年頃から新たな分権化の動きをみせていたのであるが，55年に「小売分野の競争は性格上地方的であるから，そうした競争に対応するため意思決定は迅速になされねばならない」(Kroger, 1955 AR)，としていっそう分権化し，価格設定の権限も地方レベルへ移した。そして公式にはブランチと呼ばれる地域事業部（56年時点で24。その本部はオフィス，

倉庫，配送単位からなる）への総合本社グループの支援体制が再編された。重要性を増していくこのブランチは，あたかも独立の地方チェーンのごとく経営されるほど分権化されており，それはとうぜん店長の権限強化を伴っていた。

　セーフウエイ社でも分権化が進められていたが，1956年時点では18の地域事業部に分かれ，それがさらに27ゾーン，120地区に区分されていた。同社では地域事業部をクローガー社と同様自律的なプロフィット・センターとして運営する，というのが公式の政策である。総合本社の権限は──Ａ＆Ｐを除く他の大半の大規模企業も同様であるが──資金供与・投資決定等重要な財務事項，幹部人事権等の掌握に限られていた。またプライベート・ブランドの決定権も本社が握っていたようである（Dirlam, 1977, pp.54-55）。その後，61年には地域事業部は24となり，62年初めにはそれらを4つの地域にグループ化し（国内では首都ワシントン地域事業部だけは例外），4人のリージョナル・マネジャーを任命した。彼らはそのテリトリーの店舗運営に全責任をもち，その下に地域事業部の長がおり，さらに最末端には店長がいて店舗運営にかんして広範な裁量権が与えられる，という形態の分権化が行われた。かくして「総合本社─リージョナル・マネジャー─地域事業部長─店長」という4層の管理構造となった。

　こうしてクローガー社とセーフウエイ社はきわめて類似した分権的管理体制を採用するに至ったのである。

　これに対しＡ＆Ｐは，7つの地域事業部を通じてカナダを含む全店（1946年時点では5,238店）を管理しており，それはさらに39（のち38）の地区事業単位に分かれていた（69ページ）。ところが相次ぐ反トラスト訴訟で神経質になっていた同社は──そうでなくても他社に比べ分権化が進んでいなかったにもかかわらず──54年の同意審決を契機に，業界の一般的トレンドに逆行して集権的で硬直的な管理体制をさらに強化した（Walsh, 1986, pp.80ff.）[*]。しかもそのトップには，現場経験のない秘書役で，無能といわれるバーガー（Ralph W. Burger）社長が就任していた（50年6月〜63年1月）のである。それは従業員の志気を大きく低下させ，競争への対応の遅れ，したがってまた

60年代以降における同社沈滞の重要な一因となる。
  ＊　それと同時に法務部門が会社の最高スタッフの一部となり，同意審決（141-42ページ）をさらに保守的に解釈して販売，購買，会計等の部門に命令をくだすようになった。

　このような分権化と併行して売場スペースの管理も進化する。スーパーは大規模単位店舗であるため，加工食品を中心とする自社の経営ノウハウだけではスペースを埋めることができないので初期にはかなりのテナント部分を抱える企業もあった（ただし，A＆Pは異なる）。しかし，しだいにノウハウを蓄積して全部門を自社で経営し始めた。また店内ディスプレイ，店舗レイアウト，広告，その他の面のたえざる改善もおこなわれた。それと同時に大規模単位店舗は，収益性の向上のため売場の細分された区画ごとのきめ細かい管理を生み出していく。その一産物は，買物客が最も集まりやすく，また注目度の高いいわばS席のような区画（通常は買物通路の突き当たり）を，「差額地代」に相当するものを徴収して週ベースで食品メーカーに「貸す」慣行を導入するようになったことである。この慣行は戦後，一般的なものとして定着したとみてよいだろう（German, 1978, p.76）＊。
  ＊　もちろん理論的には「絶対地代」に相当するものも考えられないことはない。それは——陳列場所の差異を問わないで——その商品を取扱い"陳列させてやる"こと自体に対する支払い要求であり，店舗という私的施設への「入場料」である。それはやがて1980年代に「新製品導入料（slotting allowances）」として反トラスト政策上の大きい争点となる（中野，2003年。関連して75-76ページ注参照）。

　類似の問題としては，ある棚スペースをプライベート・ブランド（PB，流通業者の独自ブランド）とナショナル・ブランド（NB）のいずれに配分するかの決定があるし，複数のNBの棚配分の問題もある。つまり，一般的には「棚スペースをめぐる闘争（battle for shelf space）」は二重である。それは結局，単位スペース当たり期間収益を基準に調整＝決定されるのであろうが，店長の課業の軽減と店舗の労働コストの低減に寄与する食品メーカー派遣従

業者による棚管理サービスの提供は——小売商のある種の無機能化をもたらしつつ——この基準の適用を曖昧にさせたり撹乱させることにもなる。そしてこの場合，メーカー派遣従業員はどうぜん自社ブランドを優遇するであろうから，それらメーカーに有利な棚シェア，したがってまた売上シェアの固定化の傾向を生むであろう（Dirlam, 1977, p.66）。いずれにせよ，こうした棚管理の科学化が進行した。それはまた他面では，小売商にある種「場所貸し業」＝不動産業的性格を付与することになる。

4）巨大食品小売企業の相互浸透と競争の激化

　巨大食品小売企業4社はその発展の過程で，既進出地域における店舗のよりいっそう稠密な展開や，これまで取り扱っていなかった製品市場への新たな進出＝製品拡張型多角化によって，その市場を深耕し，与えられた地域市場での売上・収益の増加を図ろうとしただけではない。それと併行して新しい地域市場への進出，いわゆる地理的市場の拡張がおこなわれた。その際最も重視される要因は，第1に人口増加率であり，第2に効率的物流体制の構築可能性である。既存市場の隣接地域への進出が比較的多いのは後者のためである。そしてこの新地域市場への拡張においても地方チェーンの買収によることが少なくない。

　さて，こうした拡張につれ，これまで相互に競争関係になかった巨大企業同士が新しく競争関係に入るか，あるいはいっそう多くの店舗が競争関係に入るようになる（＝競争密度の深化）。こうした関係は，歴史的にはジグザグのコースを辿りながらもたえず進展し，いわゆる相互浸透が深まり競争が激化する潜在的可能性や現実性が強まるのが一般的である。そこで以下では，ほぼこの時期（戦後発展の第Ⅰ期）におけるその展開の様相を，地理的拡張の側面を中心に辿っておこう。

（1）拡張と収縮：セーフウエイ社

　ニューヨーク市に本拠をおくA＆Pは，1920年代末までは，主としてミシシッピ以東に店舗を展開しており，最も強固な地盤はニューヨークを中心とする北東部とシカゴを中心とする中西部の大都市圏である（なおカナダ事

業単位は27年に開設し，ニューイングランド事業部〔本部ボストン〕に所属）。この限りでは同社は，クローガー社やアメリカン・ストアーズ社とは競争関係にあったが，セーフウエイ社とは直接の競争関係になかった。しかしやがて同社は30年にロサンゼルス，31年にはシアトルにそれぞれ進出し，セーフウエイ社も次にのべるように東進して41年に大西洋岸に達したため直接の競争関係に入った。とはいえ，A＆Pの西部進出は50店規模であり，その後も拡大されることはなかった。そのため物流効率の追求がむずかしく，ほとんど影響力をもたなかった（69年，ロサンゼルス撤退）。

第Ⅱ章（97ページ）でのべたように，セーフウエイ社は1930〜48年の間，大手食品チェーンのうちでは最も発展をとげたが，そのうち41年8月のダニエル・リーヴズ社（ニューヨーク市，498店）の買収と，41年10月のナショナル食料品会社（ニュージャージー州，84店）の買収はともに新市場への進出であった。こうして本拠地のカリフォルニア州からしだいに東へ進み，オクラホマ州タルサ，ミズーリー州カンザス・シティをへて，東海岸に至ったのである。さらに食品小売チェーン兼卸売企業の買収によりカナダ西部諸州にも進出し，47年時点では23州と首都ワシントンで計2,393店を経営するようになっていた。そのうち上位5地域（計52％）は，カリフォルニア：682店（28％），ニューヨーク：150店（6％），テキサス：146店（6％），カナダ：141店（6％），首都ワシントン：115店（5％）である。とはいえ主な地盤はあくまで太平洋岸，西部，山岳諸州であり，大西洋岸では南部で比較的有力という程度であった（Safeway, *1947 AR*；FTC, 1948, pp.52-53）。そして49年の店舗大建設計画では，既存市場の深耕を基本とするため新テリトリーへは進出しないことにしていた。

だが1950年代後半には，競争の激しい北東部市場では大規模店の適地が少なく，店舗展開は思うように進まなかった。そこでついに61年10月，ニューヨーク事業部を売却（163店，年商約2,160万ドル）し，ニューヨーク－ニュージャージー地域から撤退することを余儀なくされた。撤退の直接的契機は万引きの横行，労働争議の頻発，低いシェア等による赤字にあった（Pearce II *et al.*, 1986, p.519）。その代わり同年にはアラスカに進出した。こうし

て同社の主な店舗展開は，62年時点（全2,070店）になると地域事業部別では次のように変化していた（計58％）。カリフォルニア（3地域事業部）：486店（23％），カナダ：218店（11％），首都ワシントン：214店（10％），コロラド州デンバー：150店（7％），ダラス：130店（6％）。

なお同社は，1950年代は主として単独出店であったが，57年にロバート・マゴワン体制になってからは，主な潮流であったショッピング・センター立地が積極的に選好され，その躍進に寄与した（Laulajainen, 1987, p.68）。

(2) 東西に拡張：アメリカン・ストアーズ社

フィラデルフィアを本拠地とするアメリカン・ストアーズ社は中央部諸州を中心に店舗展開していたが，1955年，マーケット・バスケット社の買収によってニューヨーク西部地域を強化し，また新地域へもテリトリーを拡大した。さらに61年1月には，一転して西海岸の有力企業アルファ・ベータ食品店会社（Alpha Beta Food Markets, Inc., その後継会社はAlpha Beta Acme Markets, Inc.）を買収した（American Stores, *1960 AR*）。アルファ・ベータ食品店会社は61年4月時点で南部カリフォルニアにおいてスーパーを51店経営しており，アメリカン・ストアーズ社はこの買収によって人口急増のサンディエゴ等太平洋岸の新しい主要市場に参入できた。この結果，41年時点の主要な展開と20年後のそれを比較すると次のようになる。41年時点の全2,130店のうち上位5州（計98％）は，ペンシルヴェニア：1,284店（60％），ニュージャージー：525店（25％），メリーランド：162店（8％），ニューヨーク：65店（3％），デラウエア：61店（3％）。つまりホーム・グラウンドのペンシルヴェニアの比重がきわめて高いことからもわかるように，市場拡張型多角化はそれほど進展していなかったのである。ところが61年末時点になると，全845店のうち上位5州（計94％）は次のとおりである。ペンシルヴェニア：322店（38％），ニュージャージー：188店（22％），ニューヨーク：117店（14％），メリーランド：103店（12％），カリフォルニア：64店（8％）。こうして同社は他の大手3社すべてとかなりの程度の競争関係に入った，とみてよい*。

  * より細分された地域データがないのでたしかなことはいえないが，1930年

代後半期にニューヨーク大都市圏ではA＆Pが約1,400店であったのに対しアメリカン・ストアーズ社は約400店であった。なお当時，A＆Pに次ぐ680店を経営していたのは大規模食品チェーンのH・C・ボハック社（H.C.Bohack Co., Inc.）であった（Bloomfield〔ed.〕, 1939, p.241, Table 3）。なおアメリカン・ストアーズ社の本拠地フィラデルフィアにおけるA＆Pとの価格競争の展開様相については次をみよ。Fisk *et al.*, 1964, pp.277-91.

　本拠地がオハイオ州シンシナティのクローガー社は，中西部を中心に1942年時点で全3,174店を19州で展開していた。そのうち上位 5 州（計74％）は次のとおりである。オハイオ：710店（22％），イリノイ：532店（17％），ミシガン：429店（14％），ミズーリー：356店（11％），インディアナ：319店（10％）。その後55年には店舗展開は29州に及んだ。

　以上のような状況から，初期には，西海岸と西部を中心とするセーフウエイ社とは直接の競争関係にはなかったが，部分的とはいえしだいに競争関係に入る。他方，最も広域に展開しているA＆Pとは早くから競争していた。その際，価格政策では「先導者（A＆P）追随政策」をとり，またできるだけ直接の価格競争の圏外に立とうとして，プライベート・ブランド（PB）の積極的推進をはかるA＆Pに対して——良質の生肉の低マージン販売とともに——ナショナル・ブランド（NB）の推進によって差別化を図っていた（Kaplan *et al.*, 1958, pp.206-07〔訳，255-56ページ〕）。事実，例えば58年時点でA＆PのPB比率（売上総額比）は推計20％であったのに対しクローガー社はわずか 9 ％であった（Mueller & Garoian, 1961, p.95）。

第Ⅳ章　業態分化の進展と
　　　　巨大食品小売企業の対応：1960～75年

1　概観

1）業態分化：特徴1

　1930年代に出現した画期的業態であるスーパーは，価格アピール型小売業態イノベーションとしてスタートし，前章で明らかにしたように第2次大戦後に本格的発展をみる。だが60年頃を画期としてその発展にははっきりと一定の変化がみられる*。つまり60年頃までは旧来の伝統的食品店（フルサービス店）に急激に代替する形で——単位店舗の大規模化と取扱い品目数の増加を伴いつつも——スーパー形態のいわば単線的かつ急速な発展がみられた。またその過程でしだいに，同じような営業をしているスーパー間の，いわば同質的競争が前面に出てくるようになる。それと併行して各種サービス競争が前面に出てくる。しかしこれも，価格競争ほどではないが，一般的には追随し易く，先行採用者がその利益を享受できる期間は短い。しかし効果がいち早く相殺（competitive neutralization）されても採用を続けないわけにはいかず，その帰結はコスト上昇・価格引上げ圧力，したがってまた価格競争の減衰となる（Allvine, 1968, p.64 ; NCFM, 1966, p.167）。こうした経営状況がこの期スーパー業界の底流となるのである。

　　* それはアルヴァインにおいても，在来型スーパーが挑戦にさらされるようになった，という形で認識されている。ただし彼はその時期を1950年代後半からとしている（cf. Allvine, 1968, pp.61, 66ff.）。

　このような状況のもとで1960年以降は，①スーパーの過剰店舗化の進行，

②ディスカウント・ストアの急速な発展，さらには③60年代後半から激しくなる食品価格の上昇による消費者の購買慣習の大きい変化等の影響が加わり，基本業態としてのスーパーにおける業態分化，あるいは漸進的改良（incremental improvement）型＝「なし崩し型」ともいうべき業態イノベーションが進行し始める*。

* それと併行して，店舗数ではなお圧倒的シェアの非スーパーの食品店でも，スーパーの脅威に対抗するため多様な業態修正ないし転換がおこなわれた。例えば，ニッチ市場を狙う小規模専門店であるグルメ・ショップ，健康食品店，高所得者を標的とするスーパーレット，低所得者を対象とするエスニック食品店等である（Mayo, 1993, pp.211-12）。なお，1971年時点でスーパーは全食品店の18％，売上高の75％を占めた。

この業態分化への取組みにおいて機敏かつ積極的であったのはむしろ，本稿で主として取り上げるような大手企業ではなく，2番手以下の企業であった。大手企業はその行動の一定の側面においてすでに，保守的性格をかなり濃厚にしていたのである。だがそれと併行するかのように大手4社の間でも，1960年頃までと比べて遥かに，その戦略行動に差異ないし分化がみられるようになった。つまり，基本業態たるスーパーに等しく主要な蓄積基盤を置きながらも，亜業態の展開等における分化により，戦略行動面で別個のグループに属するとみるのが適切となってきたのである。

なお付言すれば，特定の戦略グループ*への所属を規定するのはまず第1に，売上高・資本金・従業者規模等で測られた企業規模ないし経営資源の蓄積水準や寡占構造上の地位といった，いわば客観的で容易に計量できる要因である。しかし現実の戦略的競争行動がそれら客観的要因によってもっぱら規定されることなどありえない。競争行動は必然的コースを辿る「自動操縦」ではありえない。たとえこれらの客観的要因が基本的に同一ないし同質的だと仮定した場合にも，トップ経営陣の眼前には通常いくつかの選択肢がある。そしてその選択は主として彼らの資質によって規定される。固有の「企業文化」を体現した彼らの，リスクを賭した「意思決定」がおこなわれるのである。そこから戦略グループの分化が生じる。

＊　戦略グループの概念については，集計水準いかんによって，コングロ型ないし多業態（multiformat）型小売企業に適用する際，慎重な取扱いが必要と思われるが，ここでは詳論できない（196-97ページも参照）。同概念の小売業への適用にかんしては差しあたり次をみよ。Marion, 1987, pp.187 ff., esp. pp.194 ff./1998, pp.382-83 ; *do. et al*., 1993, pp.180 ff. ; Cotterill, 1993a, pp.167-68, 170 ; Cotterill & Haller, 1987, pp.205-06.

　他方また，それらの客観的要因において劣位にある企業の経営陣は，それらの要因がモノをいう次元の競争を回避し（「クリンチに持ち込む」），少なくとも自社が優位にあると思われるか，あるいは相手が優位にあるかどうか不明の競争次元を積極的に設定しようとするだろう。

　かくして現実の，総体としてのダイナミックな競争過程というのは，こうした客観的要因と経営陣の資質の両面に規定された企業行動の展開過程となろう。

2）反トラスト政策の強化：特徴2

　1950年代末，スーパーが飽和化するにつれM＆Aによる成長を志向する傾向が強まった。それは主として，地域経済の影響を相対化できる新地域市場へ進出する市場拡張型M＆Aであった。49～58年に83社が食品チェーン315社，2,238店を買収したが，その大半は50年代後半に起こった。しかしそれに関与したのは，ナショナル・ティー，ウィン－ディクシー・ストアーズ（Winn-Dixie Stores, Inc.），グランド・ユニオン等，主として中堅スーパーであり，これにクローガーを加えた4社で計55社，1,049店（売上計7億7,500万ドル）を買収したが，それは全買収の51％を占めた（Mayo, 1993, pp.182-83. 関連してFTC, 1960, pp.6, 16-18, 126ff. 参照）。他方，A＆Pはその伝統を堅持してまったく買収に手を出さず，セーフウエイ社の買収も限られたものであった。

　こうしたM＆Aの活発化に対し，連邦取引委員会は一定の反対姿勢を示していたが，この時期（戦後第Ⅱ期），食品小売企業や百貨店を始めとする大手小売企業の成長戦略を大きく規定した重要な要因は，1960年代，民主党政権のもとで厳しくなった反トラスト政策である。それにより，とくに64年

以降 M & A は劇的に減少し，集中状況や大規模企業の発展に重要な影響を与えた*。むしろこの期の反トラスト政策は，独占的行動の主要舞台である製造業や鉱業から政治的に「人気」を得やすい小売業へと，意識的に移されたといえる側面があるかもしれない。それは，主婦によるスーパーのボイコット（「レディコット」「ガールズコット」）やコンシューマリズムの台頭のような，60年代後半からしだいに顕著となるインフレ傾向，その他に対する消費者の反発とも呼応する政策展開の一面をもっていたのである。

* のちに詳述するように，反トラスト政策は1970年代に入ると，とりわけ共和党政権のもとで大きく緩和ないしアンチ・反トラスト政策の姿勢が鮮明となるが，それでも30年代後半からこの期に及ぶ政策姿勢の強化は――国内市場の巨大性とともに――90年頃まで続いたアメリカ食品小売業界の低位集中，したがって文字どおり全国チェーンの内実をもった企業が存在しない群雄割拠性＝非統合性（「多数の大規模な・リージョナル・チェーンないしマルチ・リージョナル・チェーンの支配」）という特徴を生みだし，ロビンソン・パットマン法の存在はメーカーの小売企業に対する相対的地位の強化，したがってまた後者へのパワー・シフトの阻止に貢献した（中野，1966年，27ページ以下；Wrigley, 1989, pp.284-86/1992, p.739/1997d/1999a/2002；Seth & Randall, 1999, p.182）。それは高位集中・集権化を背景に小売商主導型流通システムを構築した「イギリス・モデル」とメーカー主導型流通システムが持続した「アメリカ・モデル」という対照的モデルが生まれる重要な要因となった（259ページ参照）。

それとも関連して，反トラスト訴訟恐怖症に陥っていたかつてのガリバー型寡占企業 A & P は，この時期にその地位を決定的に低落させた（第Ⅴ章参照）。同社は1920年に小売業売上高第1位の地位をシアーズ社から奪って以来，2分の1世紀をへた64年に再びその地位をシアーズ社に奪回されたのである。それのみならず，73年には食品小売業においても売上高首位の座をセーフウエイ社に明け渡した（営業利益額ではすでに64年にセーフウエイ社に抜かれていた）。いい換えると食品小売業の寡占構造はこの時期にかなり大きく変わるのである（167ページ）。したがって戦後のアメリカ巨大食品小売業を概括すれば，ガリバー型寡占企業 A & P の圧倒的優位のうちに出発し，

その優位の消滅によって1サイクルが閉じられた，といえるかもしれない。

なお，第Ⅱ期を1975年で終わらせたのは積極的理由からではなく，きわめて非学問的・便宜的な理由による。70年で区切って，ニクソン政権による71年の新経済政策から石油ショックのからむ75年頃までを，特殊な調整期ないし過渡期として処理することも可能であろう。75年で区切った理由をあえて挙げれば，A&Pの歴史とその象徴的意味を重視したこと，そして食品小売業における巨大企業体制にきわめて大きい影響を与えた反トラスト政策の潮流の変化を重視したからである。

2 売上高・収益動向と労働関連の制約

1) 中位の伸び：売上高と利益

この期のスーパー大手4社の売上高の推移をみると図Ⅳ-1のようになる。同図から明らかな点は第1に，A&Pを例外として各社とも着実な成長を示し，とくに1960年代末から70年代前半にかけて成長が加速しているかにみえることである。しかしそれは名目値でのことであって，消費者物価（食品）の上昇は，60年代前半に年率1.4%であったのが65～70年には4.0%，70～75年にはじつに8.8%にも達しているのである。

第2に，A&Pの著しい停滞性である（その分析については第Ⅴ章参照）。同社の1970年の売上高は60年のそれのわずか8%増に過ぎず，実質値ではかなりの減少なのである。それに関連して第3に，すでに触れたように，70年代に入るとすでに実質的には並んでいたので象徴的意味しかないが，73年には売上高においてもセーフウエイ社がA&Pをわずか（2,600万ドル）ながら上回ってトップに立ったことである。これは新業態「エコノミー・ストア」の発進（12年）によって食品小売業界において圧倒的な首位を築いてからじつに約60年ぶりの首位交代であった。

以上のような売上高の推移をもう少し正確に捉えたのが表Ⅳ-1である。同表によれば，セーフウエイ社を除き，1960-70年の売上高成長率（年率）は，物価上昇率が50年代より高くなっているにもかかわらず，50年代後半期より低下しているのである。つまりこの期間，大手各社は全体的に成長率が

図Ⅳ-1　大手4社の売上高の推移：1960-75年

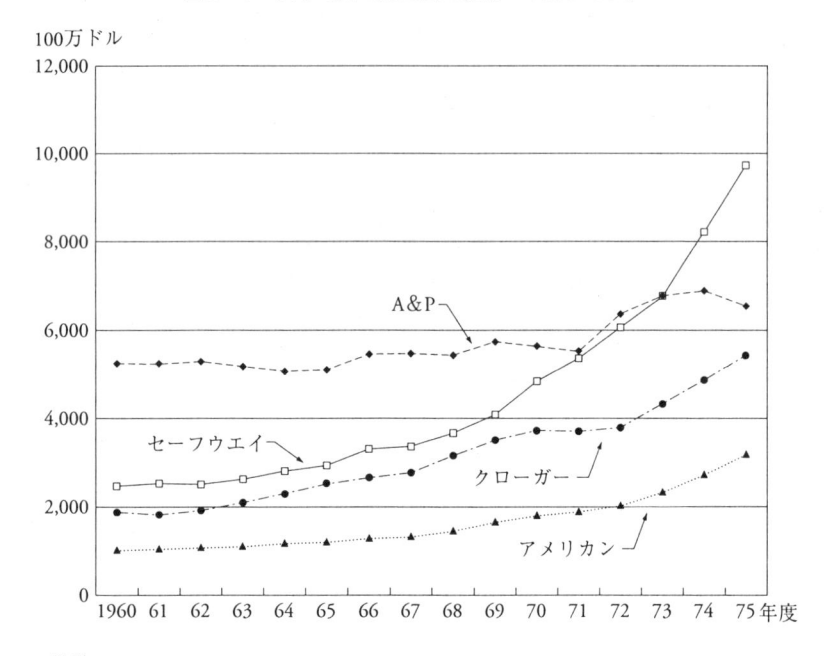

出所：Selected Cos., ARs.

表Ⅳ-1　売上高成長率（年率）：1945-75年度

(単位：%)

年度	A＆P	セーフウエイ	クローガー	アメリカン
1955-60	4.0	5.0	8.9	9.1
1960-65	−0.5	3.5	6.4	3.5
1965-70	2.0	10.6	7.9	8.4
1970-75	2.9	14.9	7.7	12.3

出所：表Ⅱ-1に同じ。

低下しているのである。そしてここでもA＆Pの停滞ぶりが目につく。もう1つ指摘できる点は、50年代後半から60年代前半にかけて停滞的であったセーフウエイ社が——後述の「主婦の反乱」を受けて、売上増進に大きく貢献していたボーナス・ビンゴ・ゲームを廃止したため停滞した67年を除き——60年代後半から著しく高い成長率を示すことである（その資金調達は自己

第Ⅳ章　業態分化の進展と巨大食品小売企業の対応：1960〜75年

資金のほか，ノートと増資による）。その結果が，既述のように，73年の売上高首位への躍進である。これは20世紀に入って以来食品小売業界における史上初の首位交代であった。そして76年には，同業界で初の年商100億ドル超企業となった。他方，クローガー社とアメリカン・ストアーズ社*もこの時期比較的安定した伸びを示す。とくにアメリカン・ストアーズ社の70年代前半は，72年を除くとセーフウエイ社とともにきわめて高い。

　　*　アメリカン・ストアーズ社は1917年の創立以来使用してきた社名を62年6月，アクメ・マーケッツ社に変更し，さらに73年12月，再度元の社名（ただし持株会社とし，東部スーパーの事業会社としてペンシルヴェニア法人のアクメ・マーケッツ社を設立）へ戻した。そして79年5月，ドラッグ・ストア大手のスカッグズ社に買収される（267ページ）が，社名は元のまま。いちいち変更に言及するのは煩瑣なので本書ではアメリカン・ストアーズ社でとおすことにする。

　以上のような動向の結果，大手4社の売上高相対シェアは次のように変化した。まずＡ＆Ｐは，1954年のピークから5.6ポイント低下して1959年時点でついに5割を切る（49.3％）。とはいえこの時点ではまだ第2位のセーフウエイ社とは26ポイントの大差があり，なおガリバー型寡占企業であったといってよい。だがＡ＆Ｐはその後も一貫して低下し，70年にはセーフウエイ社と5ポイント差に接近し，とうていガリバー型とはいえなくなる。その後は既述のように73年にセーフウエイ社に首位を奪われ，75年にはとうとう26.3％となり，第3位クローガー社の21.8％に接近するとともに，39.0％の首位セーフウエイ社には逆に12.7ポイントもの大差をつけられるに至った。このようにこの期，アメリカ食品小売業の寡占構造に決定的ともいえる変化が生じるのである。

　では収益面はどうであったか。図Ⅳ−2は大手3社の営業利益の推移を示す。本業の収益力を示す営業利益は，絶好調であった1975年を除く60〜74年の期間，セーフウエイ社は2倍強，アメリカン・ストアーズ社に至ってはわずか1.1倍に過ぎない。さらにＡ＆Ｐにあっては，アメリカ経済の好調期たるこの時期に前年比減益を繰り返し（赤字も2回），60年の1億2,000万ドルが

図Ⅳ-2 大手3社の営業利益の推移

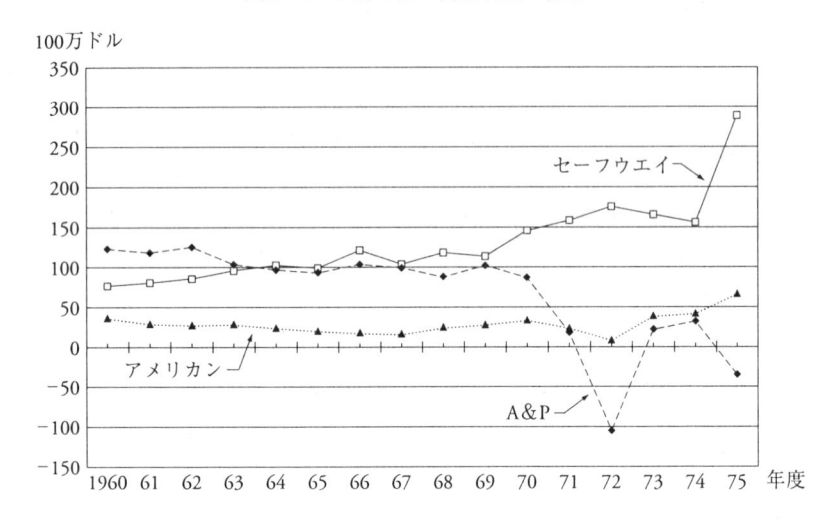

注）減価償却費控除後。
出所：Selected Cos., *ARs.*

71年には2,000万ドルを割り込むまでになった。

　純利益の推移もほぼ同様である。それによれば，2番手グループのウィン－ディクシー・ストアーズ社とともにスーパー業界では長年，代表的好収益企業とみられ，比較的順調な伸びを示したセーフウエイ社を除き，各社とも安定した収益をあげていたとはいえない。特殊な問題を抱えていたA＆Pを除いても，1950～60年の3社の純利益は2.0倍（売上高は2.1倍）となるが，60～70年は1.7倍（売上高は1.9倍）にとどまるのである。そして最も好調なセーフウエイ社でも，60～70年の純利益の増加は2倍弱であり，同じく巨大小売企業であるシアーズ社の2.4倍やKマート社の6.0倍にとうてい及ばなかった。とくにアメリカン・ストアーズ社は，さまざまな競争圧力のもとでその市場地位を維持するため，60年代中頃には低価格政策の採用を余儀なくされて利益が圧迫されたし，クローガー社もこの時期のピークである74年の4,490万ドルは，60年の1.8倍強にとどまる。そこにはこの時期の大手企業が置かれた新たな状況（後述）と，当時のアメリカ・スーパー業界の強い競争体質が影

響しているといえるだろう。

　他方，セーフウエイ社の相対的好収益は第1に，1960年代中頃までは，主たる地盤である西部の競争が東部ほど厳しくなかったこと，第2に，品質面での高い評判の確立，店舗近代化等による一定の競争力格差を前提とした高収益志向の経営姿勢（55年10月，ロバート・マゴワンが会長に就任してからの政策転換）による*。そして第3は，粗末な本社建物に象徴される間接部門の管理経費の節減，早期支払い割引の獲得等，各種の経営合理化の積み重ね，第4に，ユニット・プライシング，品質表示の率先採用等の積極策が消費者に受け入れられたことによる（Pearce II et al., 1986, p.509）。

　　* ロバート・マゴワンは，ニューヨーク・メーシー百貨店の既製服部門のバイヤー（のち広告部門）であったが，メリル・リンチ社（Merrill Lynch, Pierce, Fenner & Smith）のパートナー，チャールズ・メリルの1人娘と結婚したのを機に同社のパートナーとなり，営業部門を担当するようになった。その頃，1926年のセーフウエイ社設立以来最大株主であったチャールズ・メリルは，大手スーパーでありながら低収益を続けていたセーフウエイ社の経営を立て直そうとしていた。そこで義父のチャールズは，ロバートにその任務に就くことを要請したのである（cf. Forbes〔Jan.1, 1968〕, p.177）。

　このようにみると——A＆Pを除き，1960年代が業績面で不振であったというわけではないものの——スーパー大手各社は，全体としてはアメリカ経済の「黄金の60年代」を充分謳歌できるほどの状況ではなかったといえる。以上のような推移は売上高純利益率の動向にも現われている。大手4社のうちではセーフウエイ社が72年まで比較的その水準を維持したが，他社は50年代から70年代初めにかけて長期的に低落傾向にあったといってよい。とくに70年代に入ってからは，セーフウエイ社を除きいずれも1％を切ることが多くなっている（ちなみに20年代には大手各社は売上高純利益率3％前後という高い水準にあった）。そのことは48年以降，売上高純利益率がピークに達した年にも現われている。セーフウエイ社の場合それは66年（1.79％）*であったが，クローガー社（1.69％）とアメリカン・ストアーズ社（1.62％）はともに49年，A＆Pは48年（1.36％）と，それぞれ比較的早い時期となって

いる。

  * セーフウエイ社は1963年に1.69％で，33年以来30年ぶりに新記録となった（Safeway, *1963 AR*）。66年にはそれがさらに上昇したのである。

　では，収益性を規定する粗マージンの動向はどうか。一般的にいって大規模食品小売企業の粗マージンは，長期的には「スーパー革命」の進展に伴い低落したが，スーパーへの転換の完了によりそれも底を打った。その後は，非価格競争が前面に出てくるにつれて上昇に転じ，1950・60年代に「スーパー革命」前の30年の水準へと戻った。例えば連邦取引委員会の調査結果によれば，52～65年に大規模小売企業の平均粗マージンは約15％上昇し，約22％に達した（スーパー・マーケット協会のデータでも，54年に約17％で底に達し，以後はほぼ一貫して上昇し64年には21.8％であった）。とくに55～65年の粗マージンの上昇のうちトレーディング・スタンプ（以下，スタンプ）や広告等販売促進関連費用の上昇が41％を占め，14％がレントと施設関連費用，29％が労働コスト，そして16％がその他コストと利益変動による。

　以上のようなスーパーの発展過程は，マクネアの「小売の輪」仮説が説く業態のライフサイクルそのものといってよい。しかし1960年代半ば以降は，高級化というこの傾向は一時的に逆転し，スーパー業界における価格競争の激化等を反映して粗マージンの上昇傾向に歯止めがかかる（FTC, 1975, pp.6-7, 33-34, Appendix Table 1）。それがセーフウエイ社を除く大手企業の純利益の伸びを再度抑制したのである。

2）労働関連の制約

　大手を始めとする大規模スーパーは，以上のような収益状況を好転させようとして粗マージンの約5割を占める労働コストの削減を図った。しかしそこにはある種の困難があった。まず第1に労働組合の存在である。
　アメリカ小売業の代表的組合である小売店員国際組合（Retail Clerks International Association, RCIA）は，1950年代以降の全産業的な組織化の減速期にあって組織拡大に成功し，「アメリカ小売業における組合運動推進主体の代

表」（林，1984年a〔2〕，55ページ）として，労働界における地位を急速に高めた（45年：9.7万人→60年：34.2万人→74年：65.1万人）。それに並行して組合の活動が小売経営に与える影響も大きくなっていく。組合員の大半は食品店，とくにスーパー（それも大規模なそれ）に集中*しているのでその力は強く，大規模スーパーに与える影響も大きくなり，労働コストの削減は容易に進まなかった。いやむしろ現実には，労働力の需給関係の逼迫もあって66〜70年に平均時間賃金は年率3％，さらに71〜75年は同8％も上昇するのである。結局労働コストの切下げは——後述（第Ⅵ章）のように——非組合企業との競争に遅れをとった大規模企業が経営悪化に陥り，あるいはLBO後の大規模リストラの過程で店舗閉鎖の脅迫と脅威のもとに置かれた組合が，雇用確保を最優先課題として賃金切下げを受け入れていった80年代まで持ち越される。

　　* 1954年時点でRCIA組合員の61％を占めた。その後この比率はさらに上昇する。また組合員は人口50万人以上の巨大都市に偏り，とくにカリフォルニア州が牙城（RCIA組合員の5分の1）であった（林，1986年，237-49ページ）。なおRCIA（72.8万人）と北米肉切り労働者合同組合（Amalgamated Meat Cutters and Butcher Workmen of North America, 51万人）は79年に合併して統一食品・商業労働者国際組合（United Food and Commercial Workers International Union, UFCW）が結成され，UFCWはAFL-CIO傘下最大の組合となった。

　第2に，店舗業績の向上のため経験のある従業者を経営内に引き留めておくことは，当時のスーパーが直面する主要な課題であった。ところが現実には，低賃金のためスーパーの離職率はきわめて高く，それが労働生産性の上昇を妨げる重要な一因になっていた。例えば，1968年にスーパーの一般的離職率は従業者100人当たり60人という異例の高さであった（製造業では4〜5人）（Carley & Otto, 1977, p.44）*。職場の荒廃を象徴するかのような数字である。このような状況で，経験のあるフルタイマーの賃金切下げを図るというのは，あまり合理的な政策とはいえないだろう。そこで経営側は，とりわけ60年代末以降，組合によるさまざまな拘束をある程度回避しうるパートタイ

マーへの依存度をいっそう高めていく。
   * 1971年時点でフルタイムのスーパー従業者のうち離職率が高いのは，100人当たりでキャッシャーの14人，肉カッターの10人である。ただし，離職率が高いのはスーパーだけでなく百貨店も同様であり，小売業全体が大半の若年労働者にとってキャリアの初期通過点である（Bluestone et al., 1981, Chaps.5・6）。

3 反トラスト政策の強化

1） 戦後期のM＆A活動と売上高集中度

　図Ⅳ-1でみたような大手4社の売上高の推移は，アメリカ食品小売業全体の発展の中でどのように位置づけられるのか。この点を集中度の推移の側面からみておこう。

　その前提としてまず戦後期のM＆A活動について概観すると，1950年代初めまではむしろ低調であった。企業成長は主として新規用地における新規店舗開設によったのである。これは巨大な業態転換期（この時期には適当な買収対象が存在しない）を特徴づける現象といえるだろう。ところが50年代後半になるにつれスーパー業態の店舗が飽和状態に近づいていった。それにつれて買収活動がしだいに活発化していく。例えば上位20社のM＆A活動をみると，49～54年は年平均買収件数4.2件，買収店舗数73店，買収店舗売上高4,059万ドルに過ぎなかったのが，55～64年は年平均で買収件数27.2件，買収店舗数263店，買収店舗売上高2億9,034万ドルへと一挙に増える。しかも54年までは，同一市場で直接競合関係にある企業を買収するいわゆる水平合併が主流であったのに対し，55年以降は異なる地域市場で同一事業を営む企業を買収するいわゆる市場拡張型合併が主な潮流となった（German, 1978, pp.170, 184, Table 3-19 ; FTC, 1960, pp.5, 32-33/1966, pp.156ff.）。

　このようなM＆A活動のもとで上位企業の集中度はどのような推移を示したか。上位4社の売上高集中度（CR_4。食料品店販売総額比）は1958年に22.4％のピークに達して以来，75年までの十数年にわたって低下した（▲5.4ポイント）。この低下はガリバー型寡占企業A＆Pの凋落（▲7.5ポイント）によって大きく規定されていた（A＆Pを除く大手3社の集中度は10.1％か

第Ⅳ章　業態分化の進展と巨大食品小売企業の対応：1960〜75年

表Ⅳ-2　1960年代前半期の高成長スーパー

(単位：%)

順位	社名	成長年率
1	ジューエル	9.9
2	アーデン・メイフェア	9.5
3	フード・フェア	8.0
4	グランド・ユニオン	6.2
5	ナショナル・ティー	6.1
6	ウィン-ディクシー	5.9
7	クローガー	5.2
8	セーフウエイ	3.9
9	ファースト・ナショナル	3.8
10	アメリカン・ストアーズ	3.5
11	A&P	0.4
業界平均（中位数）		5.9

出所：*Chain Store Age*(1967), p.80.

ら12.7％へとわずかながら上昇している）とはいえ，A&Pを除いても大手企業の集中度はこの時期あまり上昇しなかったといってよい*。それにはこの時期の反トラスト政策の強化が大きく影響している。

　　* なお，この時期の大手4社の重要なM&Aとしては，アメリカン・ストアーズ社による1961年1月のアルファ・ベータ食品店会社（後継会社はアルファ・ベータ・アクメ・マーケッツ社，南カリフォルニアで51店経営）の買収，同じくアメリカン・ストアーズ社による64年9月のリー・アンド・デリック社（Rea & Derick, Inc., ドラッグ店47店）の買収くらいである（178ページ参照。95年売却処分）。

　他方この時期，8位以下のグループになるとM&A活動や拡張政策の展開においていっそう積極的であり，シェアを倍増させ10％を超えるまでになった（FTC, 1966, p.307, Appendix Table 15； Marion *et al.*, 1979, p.7, Table 1・1; Parker, 1986, pp.87-89.）。

　以上に関連して2点触れておこう。表Ⅳ-2は1966年に至る6年間の大手・中堅食品小売企業の売上高成長率（年率）を高い順から並べたものである。大手4社の中で好調であったクローガー社とセーフウエイ社でも業界平

173

表Ⅳ-3 1960年代後半期の高成長スーパー

(単位:%, 100万ドル)

順位[1]	社名	売上高成長率[2]	70年度売上高順位[3]
1	プエブロ国際	41.1	42 (459.4)
2	バザー	27.4	—
3	ラッキー・ストアーズ	26.8	14 (1,488.7)
4	フィッシャーズ・フーズ	23.3	49 (401.5)
5	ディロン	21.3	
6	サウスランド	19.3	24 (950.7)
7	スーパーマ・ゼネラル	17.9	28 (807.5)
8	ジャイアント・フーズ	17.0	46 (435.4)
9	ペン・フルート	16.8	—
10	ウォールドボーム	16.5	—
18	セーフウエイ	10.4	3 (4,860.2)
23	アメリカン・ストアーズ	8.1	11 (1,650.2)
24	クローガー	7.3	5 (3,735.8)
35	A&P	0.8	2 (5,650.0)

注) 1) スーパー業界36社中の順位。
2) 1965～70年の年平均売上高成長率。
3) 全米小売業ランキング。カッコ内は売上高。—は上位50位外。
出所:*Forbes* (Jan.1, 1972), p.191 ; *Fortune* (May 1, 1971), p.196.

均以下の成長率であったことが分かる。

　表Ⅳ-3は主要スーパー36社を，1960年代後半期5年間の売上高成長率（年率）が高い順に並べたものである。第1位のプエブロ国際会社（Puebro International, Inc.）は年率41.1％という高率であった。そして成長率ベストテンに入る企業はいずれも15％以上の伸びを示し，その多くは後述のいわゆる「食品ディスカウント」業態を採用し，当時の"ディスカウントの新しい波（new wave discounting）"（*Chain Store Age*, 1967, pp.131-32）に乗っていた。注目されるのは，これら成長率ベストテンの中には70年度売上高ランキングの上位10社に入る大手企業は1社も入っていないという点である。だがそればかりではなく，小売業売上高ランキング上位50社のうちに入らない企業さえ4社含まれている。他方，本書で取り上げている大手4社のうちA＆Pは，調査対象36社中じつに35位であり，最も高いセーフウエイ社でも18位に過ぎなかった。

第Ⅳ章　業態分化の進展と巨大食品小売企業の対応：1960～75年

1960年代のアメリカ経済全体の印象とはかけ離れた，食品小売大手企業のこのような全体的な低迷が，上記のような集中度の推移を規定したのである。

2）反トラスト政策の強化

以上のように，A＆Pを除いて，第Ⅱ期の上位3社および上位7社の売上高集中度が微増にとどまったのは，基本的には――イスタブリッシュメントを構成する――大手企業の保守的政策の結果ではあるが，それとともにケネディ，ジョンソンと続いた民主党政権のもとにおける反トラスト政策の強化が一定の重要な役割を果たした。その重要なきっかけとなったのはヴォンズ食料品会社事件（U.S.v.Von's Grocery, 383 U.S.270〔1966〕）である。

1966年5月に連邦最高裁判決がくだされたヴォンズ食料品会社（Von's Grocery Co., 以下ヴォンズ社）の事件を契機として，大手食品小売企業のM＆A活動は大きくブレーキをかけられる。同事件は，ロサンゼルス地区で第3位（シェア4.7％）のスーパーであるヴォンズ社が，60年に同地区第5位（シェア4.2％）のショッピング・バッグ食品店会社を株式交換によって買収しようとした際，司法省がクレイトン法7条違反で提訴したものである（60年3月。cf.Padberg, 1968, pp.287ff., Appendix C ; Glick, 1968, pp.47-52）。

この提訴では，同地区第2位になるとはいえ合計シェアわずか8.9％，しかも商圏が重なっているわけでもない企業の合併が――「現実に」ではなく，「潜在的競争理論」に立脚して――将来，競争を実質的に減殺する恐れがあるものとして違法とされたのであり，また全国集中ではなく地方レベルの集中度を考慮した新アプローチを採用していた。民主党政権下における反トラスト政策の厳格化を象徴するケースである。そして司法省の判断を支持した連邦最高裁判決と，以下にのべるような連邦取引委員会による反トラスト法の積極運用により，比較的大型のM＆A活動は急減する（German, 1978, pp.177-79 ; Parker, 1986, p.32 ; Marion *et al.*, 1979, p.145）。

司法省と並行して連邦取引委員会も，食品小売業における市場拡張型合併への反対措置を強化した。この頃の同委員会の主な告発としては次のものがある――：①1951年1月～58年9月にナショナル・ティー社（60年度全米第

5位のスーパー）がおこなった26社（約485店）の買収（59年3月～）（cf. Padberg, 1968, pp.277ff., Appendix B ; Glick, 1968, pp.52-55)，②55～58年にクローガー社がおこなった5件の買収（59年4月），③グランド・ユニオン社（同第8位）がおこなった13件（92店）の買収（62年1月），④コンソリデーテッド食品会社による食品チェーン3社の買収（66年）。⑤ウィン－ディクシー・ストアーズ社による買収（1966年9月）。そして60年代後半に連邦取引委員会は，大規模スーパー各社との間で相次ぎ，今後10年間，同委員会の事前承認なくして合併しないとの協定を結んだ*。

　* 1965年と68年にグランド・ユニオン社，66年にナショナル・ティー社と，68年にコンソリデーテッド食品会社およびH・C・ボハック社と，それぞれ同意審決に達した。また68年にはラッキー・ストアーズ社からは自主的に順守するとの宣誓供述書を得た（cf. Marion et al., 1979, p.144）。なお連邦取引委員会は，百貨店各社とも同様の協定を結んだ。

　さらに1967年1月，連邦取引委員会は規模の経済の分析と結びつけて，ナショナル・ティー社判決を一般化した「食品流通産業の合併にかんする運用政策〔ガイドライン〕(Enforcement Policy with Respect to Mergers in the Food Distribution Industries)」を発表した。それによれば，年商5億ドル以上の大規模企業（66年時点で，スーパー上位10数社が適用される）による買収は慎重な「審査（attention and consideration）」を受ける。また，もっと小規模で合計年商1億ドル以上の場合でも，重要な都市圏のリーダー企業が，ある地域市場のリーダー企業と合併する場合は同じく審査を受ける。

　同委員会によれば，このアンチ合併政策は今後の買収を抑制するだけではなく，新規参入を奨励して価格競争を刺激するという狙いがあった（Dirlam, 1977, pp.77-78 ; Jones, 1971, p.265, note 33 ; Marion et al., 1979, p.145）。現実に大規模スーパーのM＆A活動は事実上停止したから，この狙いはこの時期，基本的に達成されたものとみてよい。

　しかし，マグマにも比すべき企業の旺盛なエネルギーは第1に，大規模企業にあっては既存事業の強化と――当時のコングロ合併の盛行に刺激されたかのように――さまざまな形態の多角化の方向に向かう*。そして第2に，

すでに触れたように，比較的下位企業における M & A 活動を刺激したのである。

  * こうした多角化の積極的展開はスーパーだけではなく百貨店，「GMS」等の大手企業においても広くみられた（cf.Hollander & Omura,1989, p.317）。なお，スーパーと同様，百貨店業界内での M & A を規制された大手百貨店各社は，ディスカウント・ストアや専門店等，本業から遠い業態の買収を積極化させた（Wood, 2001, pp.1287-88）。「GMS」のうちシアーズ社の多角化については，中野（1987年，21ページ以下）参照。

3）大手食品小売企業における多角化

　もちろん，多角化の展開は反トラスト政策のみによって規定されるのではない。むしろ基本的には，その産業の発展段階，その企業の資本蓄積の水準，競争態様，そして最高経営責任者の資質等によって規定されるのであって，反トラスト政策の態様は，重要ではあるが1つのきっかけをなすに過ぎない。

　アメリカの大規模スーパーは，一方では1950年代末から店舗面でしだいに飽和状態に接近するとともに，他方では豊富なキャッシュ・フローを抱えながら適切な投資先を見出せない，ある種の過剰資本圧力を受ける状態にあった。そうした中で大手4社のうちでは A & P とセーフウエイ社がいわば伝統的スーパー専業で，小売業内部の多角化を禁欲する戦略コースを選択していた（Dirlam, 1977, p.47）（ほかにスーパー上位企業では当時のウィン－ディクシー・ストアーズ社がこのタイプに入る）。

　もっとも両社にはやや差異があり，A & P はその強度の保守性のゆえに文字どおり意識的に専業路線を追求したのであるが，セーフウエイ社の場合は，1969年頃に「多角化は成長へのもう1つのカギである。当社は引き続き積極的に，売上と利益に貢献しうるいっそうの可能性を追求する」（Safeway, 1969 AR）と，多角化の推進を唱ってはいた。事実それまでにも，63年から大規模なドラッグ・ストアを発進させ，66年には食品とドラッグの総合店である「ドラッグ・センター」を34店経営していた。そして68年には合弁により持帰りフライド・チキン店分野へも進出した（69年8月：1号店→70年末：14店）から，A & P とは異なりそれなりの意欲はあったのだろう。しかし前者

は，ドラッグ・ストアの経営ノウハウの欠如のため不振に陥り，69年頃から撤退に向かい，71年になると既存のスーパー事業の中に縮小・吸収され，「ドラッグ・センター」としては消滅する。また後者は，ごく小規模の事業であり，結局多角化を成功させることはできなかったのである。ただし，のちに触れるように，同社の場合この動きは海外展開に全力をあげるようになったことと表裏の関係にある。

　以上2社に対しクローガー社とアメリカン・ストアーズ社は——この時期に小売業内部の多角化を大きく推進したといえるほどではないが，それでも——前2社に比べるとドラッグ等専門店への多角化をかなりの程度進めた。例えばクローガー社は1960年秋，ニュージャージー州のセイヴォン・ドラッグズ社を買収（7店）してドラッグ・ストア分野に参入し，61年には新しくドラッグ事業部（SupeRx Drug Stores）を創設（Kroger, 1960 AR）して急速に店舗（主な店名はSupeRx）展開し，65年：180店→70年：431店→75年：551店，とした。それに伴い同社の売上高に占めるドラッグ部門のシェアも70年には7.4％（利益総額の16.7％），75年には8.6％に達する。68年時点での同事業部の売上高2億4,700万ドルは，処方箋薬の売上高としては全米第2位であった。もっとも同社は1973 ARにおいて，今後は新分野に参入しないで自社のコア事業に集中することを確認している。これは，4—5）（193ページ以下）でのべる新しい亜業態＝「スーパーストア」の成功に伴う集中投資の必要性が，それまでのいささか散漫な多角化（例えば，72年にはレジャー・センター経営やコンビニエンス・ストア1号店開店）を反省させるきっかけとなったのであって，すでにコア事業を構成していたといってよいドラッグ部門からの撤退を意味したのではない。

　クローガー社と同様アメリカン・ストアーズ社も，1962年頃からドラッグ・ストアを手がけ始めていたが，64年9月にリー・アンド・デリック社を買収（47店。173ページ注参照）したことによってこの事業の基礎を築いた。その後もこの子会社は拡大を続け，72年には98店に達していた。そのほか同社は69年9月，ロサンゼルスのディスカウント百貨店チェーンを買収し，74年に6店経営していた。しかし75年時点でも，ドラッグ・ストアとディスカ

表Ⅳ-4　ラッキー・ストアーズ社の小売関連多角化

(単位：%)

多角化分野	1968年度	1970年度	1975年度
A スーパー	—	54.1	33.5
B ディスカウント・センター	—	19.9	33.9
食品店小計	86	74.0	67.4
C 百貨店	—	19.4	28.6
D 衣料品店	—	4.5	3.7
E レストラン	—	—	1.4
F その他[1)]	—	3.7[2)]	2.4
非食品店小計	14	26.0	32.6
合　　計[3)]	100	100	100
	(1,076.6)	(1,577.0)	(3,109.4)

注）売上総額比。1) 自動車用品店、ドラッグ・ストア。2) レストランを含む。
　3) カッコ内は売上総額（単位：100万ドル）。
出所：Lucky Stores, *ARs*, selected years.

ウント百貨店の売上高合計は同社の売上総額の3％強に過ぎなかった（このほかに，68年に専門企業と提携してフランチャイズ方式によるファースト・フード・レストラン事業〔70年からはファミリー・レストランも〕に進出したがごく小規模であった）。

　このように大手スーパーにおける戦後第Ⅱ期の多角化，とくに小売関連分野のそれは，クローガー社のドラッグ・ストア事業を除けば目ぼしいものはない（なお，1960年代に重要な意味をもつディスカウント・ストアへの進出を巡る姿勢については別に **4**〔182ページ以下〕で取り上げる）。全体的には，さまざまな初期的企てがなされたという水準にとどまっていたといってよい。

　これに対し2番手グループの筆頭ともいえる地位にあるラッキー・ストアーズ社（本拠，サンフランシスコ）の小売関連多角化はいっそう進んでおり，表Ⅳ－4に示されるとおり，多角化率（ここでは売上総額のうちコア事業である食品店以外の売上比率）は1968年の14％から75年には33％にも達していた。こうした積極的2番手企業の中からやがて，同社のように高成長・高収益企業として大手企業の存在を脅かし，大手グループの仲間入りをする企業が出現するのである（*Forbes*〔Mar.1, 1969〕）*。このことは，第1に，多角化行動が単純に過剰資本論（客観的条件論）だけでは説明できないことを示

唆する。また第2に，反トラスト政策の状況と企業成長の関連を考察する際に必要な1つの視点を示唆してくれる。

* 同社は1965年度小売業ランキング第40位（食品小売業第10位）→69年度同第13位（同第7位）→74年度同第10位（同第4位）と急上昇した。ただし，ある時期において成功している多角化事業が，別の時期においては桎梏に転化することにも注意しなければならない。事業の評価はむずかしい。ラッキー・ストアーズ社の場合も同様であり，80年代に入り不振に陥っていた同社は，M＆Aの脅威のもと，84年からリストラを積極化し，ディスカウント百貨店ジェムコ・ストアーズ社（76店）をデイトン・ハドソン社に売却（86年12月）するとともに，自動車用品店（378店），その他も売却処分し，多角化部門の整理を進めざるをえなくなった（Hafner, 1987, p.33）。そして結局88年6月，アメリカン・ストアーズ社に買収された。

4）製造部門の強化と流通センターの整備

反トラスト法違反に問われる恐れのない既存分野の強化は，大手4社の場合はとくに製造部門と流通センターの整備という形態をとった。のちに第Ⅴ章で触れるように，小売業部門では退嬰的であったというほかはないA＆Pでさえ，高収益のゆえに製造部門の強化にかんしては積極的であった。例えば，2,500万ドルもの巨費をかけ1963年10月から建設に着手し，65年6月から一部生産を開始したニューヨーク州ホースヘッズのアン・ペイジ（Ann Page. 64年，クェーカー・メイドから名称変更）事業部の食品加工プラント（150万平方フィート〔約14万m²〕）は当時世界最大といわれた。さらに65年には，1,600万ドルをかけて建設したニューヨーク州の巨大なジェーン・パーカー・ベーカリー（Jane Parker Bakery）もフル操業に入る。かくして73年時点では，A＆Pの売上総額のじつに約10％を自社製造部門（アン・ペイジ事業部，ナショナル乳製品事業部，ナショナル・ベーカリー事業部）で生産していたのである。そして75年時点でも製造・加工プラントを43，従業員1万1,000人を擁する全米最大級の食品メーカーの1つであった（*Business Week*, 1975, p.133）。

小売面の多角化では遅れていたセーフウエイ社も，1975年時点で製造部門では製造・加工プラント111，プライベート・ブランド（PB）約5,000品目

（売上総額の4分の1），関係要員は7,500人を擁していた（Safeway, *1975 AR*）*。そしてクローガー社も，上記2社ほどではないが製造部門を強化しており，68年時点では全米第2位の総合キャンディ・メーカーであることを誇っていたし，75年の売上の約25％がPBであったが，その4分の3は自社プラントで製造していた（Kroger, *1975 AR*）。

* 他社もほぼ類似しているが，主な製品はミルク，パン，アイスクリーム，コーヒー，ジャム，ゼリー，洗剤，ソフト・ドリンク，野菜オイル，ランチョン・ミート等である。

しかし戦後第Ⅰ期から第Ⅱ期にかけて注目されるのはむしろ，卸売商排除のもとでの店舗事業に対する最重要支援施設，すなわち店舗経営とシステム的に統合され一体のものとして推進された流通〔物流〕センター網の整備である。この面では大手4社の中でセーフウエイ社とクローガー社が先行していた。例えば——事実かどうか確認できないが——セーフウエイ社自身は，従来の倉庫に代わる「流通センター」のコンセプトの点で他社に先行しており，最初にそれを完成させたのは早くも1951年（首都ワシントン）のことであったという（Safeway, *1975 AR*）。その経験を踏まえた上で *1952 AR* では，コストのかかる従来型多階倉庫ではなく，全倉庫・配送施設をワン・ルーフのもとに結合する流通センターの意義を強調しており，以後その建設に注力するとしている。事実同社では，61年末時点で全24地域事業部のうち20において近代的流通センターを完成させ（そのうち61年10月操業開始のロサンゼルス事業部のそれは，同社最大の42.8万平方フィート〔約4万m²〕），70年代初めには28地域事業部のうち25事業部が流通センターをもっていた。つまり地域事業部は近代的流通センターを1つのコアとする店舗網とのワンセットでなければ効率経営の実を挙げられなくなっていたのである（ただし，それは自社直営である必要はなく——のちにそういう動きが現われるが——外部の卸売商を利用しても効率的でありうる）。

他方，クローガー社でもほぼ同様の進展がみられる。同社における流通センターの整備は1955年頃から急速に進められ，*1956 AR* ではそれまでの倉庫

に代わって「流通センター」というタームが初めて用いられた。そして58年には，設備投資総額4,877.5万ドルのうち最も多い36％を流通センター向けが占め，それまでつねに首位にあった店舗設備・リース施設改善投資の30％を上回った（第3位は製造業向けの18％）。その後は再び店舗関連投資が圧倒的に多くなるとはいえ，60年（投資総額3,760万ドル）：25％→65年（同4,450万ドル）：20％→70年（同8,900万ドル）：30％→75年（同6,970万ドル）：15％と，製造業投資を上回る高水準で推移した。このようにコスト構造，したがってまた競争力を規定する要因としてますます重要性を高める物流関連施設の整備が急ピッチで進められたのである。

やや遅れてアメリカン・ストアーズ社でも1960年代には流通センター建設の積極投資をおこない，その整備を進めた*。

* 1964年4月に操業開始の新流通センター（カリフォルニア州ラハブラ）は，50エーカーの土地に57.6万平方フィート（約5万4,000m²）の建物で，同社は業界きっての近代的・効率的センターだと自慢していた（American Stores, 1963 AR）。

4 業態分化への巨大食品小売企業の対応

1) ディスカウント・ストアとスーパーの相互浸透

一般に食品小売企業間の競争の激化は，収益性への影響を通じてほぼ必然的に，取扱い商品の調整をもたらす。大規模小売企業の場合，その組織能力のゆえに，いわゆる「品揃えの柔軟性（assortment flexibility）」ないし「取扱い製品のモビリティ（product mobility）」（Cairns, 1961, p.37）はきわめて高く，相当の範囲内で融通無碍といってよいほどである。その方向は，一方では，高マージン品に牽引された形での非食品の拡大であり，他方では，取扱い商品の絞込みである。後者は，のちにのべる倉庫型業態のように，絞り込んだ品目の大量取引により，より強度の価格アピール型業態として存続しようとする場合に採用される。しかしそれは次期の展開であり，この時期は，第Ⅰ期に引き続きまずは前者が進行した。

品揃えの拡大は，一面では食品関連の品揃えの拡充（商品カテゴリー別の

第Ⅳ章　業態分化の進展と巨大食品小売企業の対応：1960～75年

取扱い品目の増加＝タテへの拡大〔深度の強化〕）であると同時に，他面では，非食品（ないし一般商品〔ゼネラル・マーチャンダイズ〕）の取扱いの拡大，つまり品揃えの幅の拡大＝ヨコへの拡大過程でもあった（いわゆる混合〔scrambled〕マーチャンダイジングの展開）。店舗規模のたえざる拡大は，空間的キャパシティを高めることによってそれを容易にした。むしろ非食品の取扱い拡大のために店舗面積を増やしていった。この品揃え拡充・拡大過程は，第Ⅲ期を含み，その後も長期にわたって連続的に進行する。

　この時期，スーパーの飽和化＝標準業態化という状況下において，その価格アピール力はますます低下していたが，スーパー間競争が減衰するはずもなく，競争の主な舞台はいわゆる「高級化」競争へ，つまりサービス競争へと移行していった。そしてこの時期の品揃えの拡大もますますサービス・アピール競争の一形態としておこなわれたのである。だがそれは，店舗の大規模化・デラックス化競争と併行しており，ともにコストを高め，コスト上昇圧力はまた高マージンの非食品の取扱いを強めるという螺旋状の進行がみられた。労働組合の力が最も増大していたこの時期は，これに労働コスト圧力も加わり，スーパーの営業コストはほぼ一貫した上昇傾向にあった。それを受けて，スーパーの価格もほぼ一貫した上昇傾向にあった。この時期になると人びとはもはや，スーパーを価格アピール型業態とはみなさなくなっていたのである。

　その意味は，上述からも明らかなように，二重である。1つはスーパー業態の標準業態化，その反面としての価格比較すべき旧来型独立商（ボランタリー・チェーン等に参加しないそれ）の周辺化による価格比較効果の減殺であり，2つは，非価格競争コストと労働コストという2つの恒常的コスト上昇圧力を受けたスーパーの価格引上げの帰結だという点である。

　スーパー業界のこのような主潮流は，スーパーの競争空間に大きい空隙をもたらした。そして機敏にもその空隙を認識し，そこに新たな成長機会を求める企業が輩出するのである。その一般的背景としては，価格引上げに対する消費者の間の強い潜在的不満があったが，直接の契機はディスカウント・ストアの躍進[*]によって与えられた。

＊　ディスカウント・ストアの発展は，スーパーだけでなく，伝統的小売商の中でリーダーの地位にあった百貨店に対しても深刻な影響を与えた。1950年代にはまず大半の百貨店がバーゲン販売の地階を放棄し，60年代以降，ますます進行するディスカウント・ストアによる侵蝕のもとでしだいに，白物家電を始めとして数多くの商品部門の整理を余儀なくされ（「50貨店」化），百貨店自体の再定義と新戦略＝組織的リストラが必要となるほどであった（cf. Wood, 2001；Bluestone *et al.*, 1981, pp.31-32）。その主な帰結は，女性用アパレルや雑貨に重点を移したファッション志向の高級化路線の強化である。他方その新路線も，90年代に入ると先端ファッションに強い専門店（リミテッド社〔The Limited, Inc.〕やギャップ社〔The Gap, Inc.〕を含む）の発展の強い影響を受けるようになる（cf. Pearce〔ed.〕, 2005, Vol.2, pp.688-90）。この挾撃のもとで百貨店の業績の低迷が一般化し（cf. Rachman & Fabes, 1992），M＆A等による大規模再編が進行して百貨店業界の高度集中が生じた（2005年8月には業界第2位のメイ百貨店でさえフェデレーテッド百貨店に買収された）。この過程で，デイトン・ハドソン社のように，62年に参入したディスカウント・ストア事業部のターゲットが中核事業化し，社名を変更（2000年1月，ターゲット社に）する企業まで現われた。しかし，フェデレーテッド百貨店を始めとして，60年代にディスカウント・ストア分野に参入した百貨店の企ては，その大半が失敗した（Laulajainen, 1987, pp.145-52）。

さて，アメリカ食品小売業においてこの時期に生じた技術変化は，店舗オペレーションを大きく変えるいわば画期的なイノベーションというよりはむしろ，小規模な改良を積み重ねる漸進的改良型のそれであった（Carey & Otto, 1977, p.45）が，業態イノベーション・レベルについても同様であった。そこではスーパーに取って代わる画期的新業態が出現したのではなく，基本業態であるスーパーの枠内でなし崩し型業態イノベーションの展開としてさまざまな亞業態が生まれたのである。それはまず，1950年代後半から急速な発展をみる画期的新業態ディスカウント・ストアの影響を受け，それとの部分的相互浸透という形態をとる。それは次のような過程を辿る。

ディスカウント・ストアはその発展の過程でワンストップ・ショッピング機能の強化，したがってまた集客力強化のためしだいに食品を取り扱うようになった。しかし前身が非食品企業の多い当時のディスカウント・ストアは

一般的に，食品取扱いノウハウを蓄積していなかった。そこでそれを補完するため彼らは，既存のスーパーをテナントとして導入し食品部門を運営させたのである。その限りではそれは既存スーパーにとって基本的に，新規出店による拡大と同じことであり，スーパー側も受入れが容易であった。とはいえ一般的には，ディスカウント・ストア側はスーパーの顧客吸引力を最大限に利用しようとしてテナントとしてのスーパーに対し，一方では低価格政策を厳しく要求するとともに，他方では自らの営業領域を侵蝕しかねない非食品の取扱いにかんしては規制することが多かった（*Chain Store Age*, 1967, p.132）*。

* 例えば1963年，Kマート店（当時はクレスゲ社のディスカウント・ストア部門）のスーパー部門の有力テナントになったアライド・スーパーマーケッツ社（Allied Supermarkets, Inc. 本社デトロイト）の場合，飛ぶ鳥を落とす勢いで成長していたKマート店への出店契約の締結に成功（今後開店するKマートの全店舗のスーパー部門を引き受ける）したから，同社にとっては大手スーパーに成長しうるチャンスをつかんだとして当初は大成功とみられていた。だが皮肉にもそれはしだいに同社の業績不振の原因に転化する。その理由は第1に，Kマート店の急速な店舗展開に平行して出店しなければならないことによる過大な投資負担（流通センターの整備を含む）にあった。つまり自立的投資決定ができなかったのである。それはやがて同社の財務体質を脆弱化させていく。それとも関連するが第2に，アライド・スーパーマーケッツ社は事実上，自社からは破棄できないような不利なリース契約を要求された。第3に，非食品の取扱い数を制限されたことにある。そして第4に，Kマート店がアライド・スーパーマーケッツ社を客寄せの手段に使っていたことの現われであるが，食品関係で最も安売り店であることを要求されたことにある（自立的価格設定への制約）（cf. *Forbes*〔June 15, 1970〕, p.50）。

業界誌の推計によれば，ディスカウント・ストアの食品部門（リース部門）の推計販売総額は1960年：4.0億ドル（食料品店販売総額の0.8%），65年：34億ドル（同5.7%）に達した（NCFM, 1966, p.163）。また例えば，61年には大規模スーパー42社のうち15社がディスカウント・ストア内で食品部門を経営し，3,530万ドルの売上をあげていたが，64年には21社，3億1,820万ドルに達していた（FTC, 1966, pp.33-34）。これらの数字からも，ディスカウント・ス

トアにおける食品販売が急増していたことが窺われる。

　しかし他面，スーパー自身がそうした歴史をもつように，ディスカウント・ストア自体が食品部門を直営できるだけのノウハウを蓄積すると，直営に切り替える可能性が高い。その意味では，リース形態（テナント）によるディスカウント・ストア内でのスーパー経営の基盤は不安定であった。またアライド・スーパーマーケッツ社の事例にみられるように，とくに2番手以下のスーパー側に対しては，ディスカウント・ストア側のパワー優位を背景とした劣悪な経営条件の押し付けがあったといってよい。

　このようなディスカウント・ストア側のスーパー参入行動に対し，対抗措置としてスーパー側は，非食品の取扱いをますます強化していく。この時期に進行する店舗規模のたえざる拡大傾向は，それを実現するキャパシティを高めた。それと同時に，彼らは――そしてディスカウント・ストア内で展開する在来型スーパーも――支配的スーパー業態である在来型スーパーに対して競争優位を実現できる，独立展開のディスカウント型亜業態の開発に重要な動機とヒントを与えられた（Chain Store Age, 1967, p.133；German, 1978, pp.202ff.）。このようにスーパーとディスカウント・ストアという異質の，したがって本来は競争関係の希薄な業態間で取扱い商品の部分的相互浸透がみられ，その行動に部分的対称性が認められるようになった。この過程は，その後もなし崩し的に進行し，やがてその極限に――ウォル−マート社による「スーパーセンター」の展開のように――ディスカウント・ストア側によるスーパーの本格展開＝ディスカウント・ストアとスーパーの融合業態の本格的展開をみることになる（第Ⅵ章参照）。

　ここでは，急成長をとげつつあったディスカウント・ストア分野へのスーパー側の対応の2つの形態として，ディスカウント・ストアへの参入とスーパー専業でとどまった企業におけるディスカウント機能の強化によるスーパー亜業態の展開について具体的にみておこう。

2）スーパーのディスカウント・ストア参入行動

　まずクローガー社は *1961 AR* で，ディスカウント・ストアの急速な発展に

第Ⅳ章　業態分化の進展と巨大食品小売企業の対応：1960～75年

注目すると同時に，ディスカウント・ストアに隣接した別店舗への出店や大規模ディスカウント・ストア内の食品部門へのテナント出店を試験的におこなっているとのべている。しかし差しあたりはそれ以上の対応行動はとられなかった。

　セーフウエイ社も 1961 AR において，食品部門をもつディスカウント・ストアの発展を注視し，2店で実験をおこなっていると記している。さらに 1962 AR では，今後とも食品に力点を置いた経営を続けることを確認している（この点はクローガー，アメリカン・ストアーズ〔1959 AR, 1961 AR〕の両社も同じ）。だがその含意は，基本的にディスカウント・ストアへは参入しないが，たとえ参入をした場合でも，スーパー事業に対し副次的にしかおこなわない，ということである。セーフウエイ社の場合，組織の動揺を抑えるためにこのような確認をしたのかもしれないが，このような「言い訳」をしながらの実験は，ディスカウント・ストア進出姿勢の中途半端さの反映であった。

　そして同社は1962年8月，新しく非食品事業部（Non-Food Div.）を創設し，「SuperS」と呼ばれる店舗（2万4,000平方フィート〔約2,230m^2〕，4万2,000品目の取扱い）を展開し始めた。これには既存のセーフウエイ店内設置型と隣接型の2タイプがあった（Safeway, 1962 AR）。SuperSは1964年に28店にまで達するが，業績がよくないため結局，65年に同事業部を廃止する。失敗の主な原因は，直接的には，スーパー経営しかしらない既存の人材の転用という安易な方法をとり，非食品あるいは広範な総合品を取り扱うノウハウをもつ人材を充用しなかったことにあるが，基本的には，すでに指摘したように進出への基本姿勢を確立していないことにあった。それには，その頃から活発化する国際事業展開＊との投資配分問題がからんでいたと思われる。

　　＊　セーフウエイ社は1961年にホノルル，イギリス（現地子会社Safeway Food Stores, Ltd.設立），63年にはオーストラリア（現地子会社Australian Safeway, Pty.Ltd.設立），西ドイツへと，立て続けに本土外の新地域へ進出し，積極的展開を目指していた（その状況については Safeway, 1971 AR，をみよ）。

　他方，ディスカウント・ストアへの参入を基本的に見送ったはずのクロー

ガー社も，ようやく1967年，スリフタウン事業部を創設して食品部門をもたない6〜7.5万平方フィート〔約5,600〜7,000m²〕規模のディスカウント・ストアへ参入し，5店ほど経営するようになった。しかし結局これも成功しなかった。アメリカン・ストアーズ社はさらに遅れ，すでに触れたように69年9月，既存のディスカウント百貨店チェーンの買収により参入する。しかしこれらはいずれもごくマイナーな事業にとどまった。この2社にあっては，基本的に参入しないと確認した分野への参入に意気があがるはずもなかったのである。

　要するに，A＆Pも含め大手4社はいずれも，ディスカウント・ストアには本格的参入しようとしなかったし，本業たるスーパー業態自体におけるディスカウント機能の強化を図り，価格アピール型業態としての再生を目指そうともしなかった。長く続いたサービス競争のもとでビルトインされた高コスト体質の根本的改革は，かなり大胆な業態革新ないし店舗運営方式の改革なくして困難であるが，この時期の大手企業はそれを敢行せざるをえないほど追い込まれていなかったのである。とはいえ，すでにみたように（図Ⅳ－1・2），業績は低迷していたから，抜けるに抜けられぬ「ぬるま湯」に浸かっている状況にあったといってよい。

　これに対し2番手グループの中からは，ディスカウント・ストア進出に積極的な企業が現われる。そしてこの点で最も先行していたのは，1960年度『フォーチュン』売上高ランキングで第17位（食品小売業第8位）に躍進するグランド・ユニオン社である。同社は早くも56年6月，同社の既存スーパーを2倍の4万平方フィート（約3,720m²）に拡張した店舗「グランド・ウエイ」店を開設し，増床した2万平方フィート分を非食品に充当する大規模な総合商品取扱い実験を始めた（以下，Butler, 1960, による）。その際，家電製品等の耐久消費財や衣料品等ソフト・グッズの専門取扱いスキルを蓄積していなかったので，外部から積極的に専門家をリクルートした。その実験結果に基づき，58年7月，ディスカウント機能をさらに強化した6万平方フィート（約5,600m²）の「グランド−ウエイ・ディスカウント店（Grand-Way Discount Center）」の1号店を開店するとともに，しだいに総合ディスカ

ウント・ストアないしスーパー型ディスカウント百貨店（Brand, 1965, p.4）への途を歩む。

その後，同タイプの店舗をしだいに増やし（1960年に17店），規模も10万平方フィート（9,300m²）に達するものがあった。これと平行して，当初取扱い非食品は1万5,000品目であったのを3万品目にまで増やしている。そして同部門は，66年には同社の売上の20％を占めるほどになり，その後もさらにディスカウント・ストア事業を拡充し，初期の低収益性を克服していった（Butler, 1960, pp.172ff.；Hollander & Omura, 1989, p.72；Forbes〔Mar.15, 1971〕, p.72）。これはスーパーから大規模にディスカウント・ストア分野へ参入していった事例である。このような企業としてはほかにストップ・アンド・ショップ社，ジューエル社等の急成長企業がある（Drew-Bear, 1970, pp.235-43）。

このように，この時期のディスカウント・ストアへの対応において一般的には大手企業は消極的であり，2番手以下の企業グループは積極的という，戦略行動の分化が生じていたのである。

3）ディスカウント食品店の展開：スーパーの業態分化

すでに触れたように，ディスカウント・ストアによる食品部門の展開は，一面ではスーパー専業企業にとって深刻な脅威になるとともに，他面では，店舗飽和下での非価格競争への移行に伴うコスト上昇圧力により価格競争力を喪失しつつあった支配的スーパー業態＝在来型スーパーに対し，競争優位を実現できる亜業態の開発に重要な動機とヒントを与えた。そして機敏にも，そこに重要なビジネス・チャンスを見出す企業群を生み出していく（それら企業は，1965年に販売額30億ドル〔食料品店販売総額の5.1％〕に達していた）。その基本的コンセプトは「基本に帰れ」，つまり初期スーパーの特徴をなす価格アピール型業態としての再出発であった。

しかも次のような状況がスーパー自体のディスカウント機能の強化ないしスーパーの新亜業態開発をいっそうを刺激することになった。すなわち1964年4月頃，食品価格が上昇しているにもかかわらず農民の手取りが少ない，ということが大きい争点となり，大規模スーパーの仕入れ力が非難された。

それをきっかけに65年,大統領が任命するメンバー15名による食品マーケティング調査全国委員会（National Commission on Food Marketing, NCFM）が設置され,食品関連の広範な分野（製造業,果実・野菜,食肉,卵の各産業と小売業）について優れた調査研究がおこなわれ,公刊された*。また60～65年の食品価格の上昇は平均年率1.4%であったのが,65～70年には年率4.0%へと一気に高まった。それに抗議して66年,コロラド州の主婦グループがスーパーのボイコット（いわゆる「レディコット」「ガールズコット」）や店頭デモをおこなったが,それは大きな社会的関心を呼び,議会の聴聞会や政府主導の調査等がおこなわれることになった。

　* 本書でしばしば引用するNCFM, 1966, もその1つであるが,関連してFTC, 1966, もみよ。

このようにして,すでに始まっていた基本業態スーパーの分化が促進され,スーパー業界の「新しい波」としてディスカウント型食品店が大量に出現する（Minichiello, 1967, pp.37ff.）（ディスカウント・ストア内の食品部門の大半も,大きくはこの部類に入る）。この新業態は価格切下げ（在来型スーパーに比べ粗マージンが4～6ポイント差）,大規模店舗,より大量販売,品揃えの調整（拡大と縮小）,低経費等の特徴をもっていた*。このようなスーパー業態の分化というか亜業態の出現は,与えられた基本業態の高級化の極限に価格アピール型新基本業態の出現を説く「小売の輪」仮説でうまく説明できるのであろうか**。

　* 在来型スーパーに比べ売場面積は2,500～5,000平方フィート（230～460m²）ほど広く,品揃えは,①より狭くして,のちの倉庫型店舗の萌芽形態としての意義をもつものと,②より広くして広範な非食品やサービス部門をもち,のちのスーパーストアの先行形態としての意義をもつものがあった。

　** 「小売の輪」への疑問は,①業態サイクルにおける業態間の質的違い,つまり前期業態から次期業態へシフトしたと規定する明確な説明原理を欠く点（質的違いを何によって規定するのか）と,②各段階（phase）への移行行動を斉一的に捉えがちな点にある。競争の重要な側面としての差別化行動としての亞業態化が捉えられないのである。現実には,この場合のように,高級化の進行の末にいわば「原点に返る」ようにみえるケースも少なからず

ある。この問題を適切に処理するためには，基本業態とその修正業態（亜業態への分化）の区別を明確化しなければならないだろう。

4) 亜業態展開で立ち遅れる大手企業

1969年頃には，スーパーの約35%がこの「ディスカウント型」へ転換していたといわれる（その3年前は10%弱）が，この転換に積極的かつ機敏であったのもやはり，次のような2番手以下のグループであった——ラッキー・ストアーズ社：62年に食品ディスカウンティングの実験を始め，その成功を踏まえ63年にロサンゼルス，67年に北部カリフォルニアに拡大するとともに，食品店経営は全面的にこの業態とした（Laulajainen, 1987, p.73）。68年度『フォーチュン』売上高ランキング第19位／ジューエル社：同第11位／ストップ・アンド・ショップ社：同第29位／アライド・スーパーマーケッツ社：同第26位等*。

* 何社かは別名で単独出店していった。例えばフード・フェア・ストアーズ社は「パントリー・プライド」；ブルーノズ社は「フード・ワールド」；ジューエル社は「グランド・バザール」；ファースト・ナショナル・ストアーズ社は「ビッグ・ボーイズ」等である。なお，ラッキー・ストアーズ社はこの亜業態により，セーフウエイ社やウィン–ディクシー・ストアーズ社と並ぶ高収益会社となった（Forbes〔Mar.1, 1969〕, pp.42-43）。

このあとにクローガー社（マーケット・バスケット事業部），アメリカン・ストアーズ社（アルファ・ベータ事業部），さらに遅れてセーフウエイ社が続いた（Forbes〔May 1, 1968〕／〔Apr.1, 1971〕）。そして「殿（しんがり）をつとめたのは，例によってA & Pであった」（Forbes, 1969, pp.35-36/〔May 1, 1968〕, p.36）*。このように，大手企業によるディスカウント型スーパーへの追随は，1960年代初期のディスカウント・ストア進出の場合と同様，一般的には立ち遅れた上に中途半端であった。例えばセーフウエイ社は，60年代前半のディスカウント・ストア進出に失敗したことがトラウマになったのか，明確な方針を打ち出すに至っていない。またクローガー社も，この頃毎年の『アニュアル・レポート』で競争の激化を嘆いていたが，67年に「当社の競

争上の地位を改善するため今年初め,数多くの主要営業地域で低価格マーチャンダイジング計画を採用した」(Kroger, 1967 AR)。それが「クローガー・ファミリー・センター」である(67年:7店→68年:16店)。それは,上記ディスカウント型スーパーとはやや異なるコンセプトに基づく中途半端なスーパーの亜業態であり,結局は次のスーパーストア(superstore)への過渡的業態といってよい。具体的には,店舗面積4～6万平方フィート(3,720～5,570m^2)で,食品以外にドラッグや総合品を取り扱う。それは一面では,「競争上の地位の改善」つまりシェア拡大のため低価格設定を志向するとともに,他面では,それによって失われる利益を,粗マージンの高いドラッグや総合品,さらにはさまざまなサービス部門の設置によってカバーしようとするものであった。その意味では新亜業態クローガー・ファミリー・センターは単純な価格アピール型ではなかった[**]。

* A&Pは1969年に「A-Marts」という店名で参入したが,その数はわずかであり,本格的なものではなかった。
** それは主婦から好評であったのでこの時点では積極的に出店していく予定であった。数年後の1972年に,同社は不採算を理由にファミリー・センター・ストアーズ事業部を廃止したが,それはおそらく,後述するように,不採算のせいではなく,次の亜業態「スーパーストア」の本格展開のうちに吸収されたのであろう。

 他方,アメリカン・ストアーズ社は,1968年10月に東部で「スーパー・セイヴァー(Super Saver)」という店名でディスカウント型スーパーを展開し始め,70年には30店に達した。
 このように,ディスカウント型への対応は大手4社の間でも,一定の分化がみられるのであるが,全体的には,コストの上昇傾向とコスト構造の硬直化を背景に,価格競争力の低下を反映して彼らのディスカウンティングへの姿勢がはっきりと消極化していたことがみてとれる(それは1980年代以降の日本の総合スーパーと酷似している)。この点は,市場制覇を実現してからもしばしば積極的に価格競争を挑んだ,90年代以降のウォル-マート社との著しい違いである。こうした姿勢は,競争市場空間における空隙を拡大し,

逆にまたディスカウント型企業の伸長の余地を大きくしたともいえる。

5）新鋭業態スーパーストアの展開
（1）先行するクローガー社

　アメリカ経済の供給力ネックは，1960年代後半期にヴェトナム戦争の激化によっていっそう深刻化し，物価上昇が加速するが，71年には世界の穀物，その他の不作，中東原油価格の上昇と石油関連製品やエネルギー価格の上昇，米ドルの価値低下（→アメリカ産食品への海外需要の増加），72年には農産物不作によるソ連のアメリカ小麦大量買付け，それに続く第1次石油ショック等も加わり，70～75年の食品関連の消費者物価は年率8.8％もの高騰となった。それに対応して消費者は，高品質志向を維持しつつも価格感応度を急激に高めた。

　アメリカでは，このような新たな市場環境＝新市場機会の出現に対応して必ずといってよいほど新業態が出現するが，今回のそれは「1970年代の新型スーパー」（German, 1978, p.234）といわれるスーパーストアである。そのコンセプトが導入されたのは72年であり，その一応の定義は年商500万ドル以上（伝統的スーパーは100万ドル以上），店舗面積3万平方フィート（約2,800m^2）以上であり，取扱い品目数は平均的には，75年時点で――伝統的スーパーの9,000品目に対し2.7倍強の――約2万4,500である（のち，しだいに引き上げられる）。またスーパーストアはインストア・ベーカリー，デリカテッセン，ファースト・フードのような労働集約的サービス部門を積極的に設置するとともに，長時間営業，日曜日営業をおこない，サービス・アピール型業態としての性格をより強くもっていた。

　このスーパーストアは在来型スーパーよりも高収益であったため急速に普及し，1974年に新規開店したスーパーの11％がこのタイプであり，ある調査では75年に全米で3,800店舗以上あったといわれる（German, 1978, pp.235-38）。急速な普及といってよい。

　大手企業の中でスーパーストアを先駆的に採用し，店舗近代化計画のもとにそれを積極的に展開したのはクローガー社である。当時同社は，大手ライ

バル他社と同様標準業態化し，高コスト構造のもとで価格アピール型業態の性格を失いつつあった在来型スーパー経営に行き詰まり，「われわれは停滞状態にあった」（ある幹部の回想）（Laycock, 1983, p.109）。そこで1970～71年に，過去20年間の経営の徹底検証をおこない，その結果，70年代初めにその基本政策を大きく転換する。まず71年，中途半端な業態であったそれまでのクローガー・ファミリー・センターの展開を中止し，スーパーストア計画に切り替えたようであるが，公式には*1972 AR*で初めてスーパーストアに言及し，典型的なそれを店舗面積3万5,600平方フィート（3,300m^{2}強），従業員規模80人余としている（58年頃の典型的スーパーはフルタイマー約24人，パート7人弱）。それは，一方では，勢いを増しつつある各種ディスカウント型業態への対抗と，他方では，特定の市場やセクターに特化したニッチ業態（食品専門店）への対抗を目指して中間コース（middle-of-the-road approach）（Mayo, 1993, p.218）を採用した業態である。同社ではそれ以降，最高経営責任者ハーリング（James P.Herring）の主導のもとにこのスーパーストアへの急激な業態転換を進め，75年には早くも全店舗面積の43％を占めた。そしてやがては「スーパーストアはこんにちでは当社の基本店舗（basic store）だ」（Kroger, *1977 AR*）と宣言するほどになる。同社のこの先駆性と徹底性こそは，低迷に転じたセーフウエイ社と対照的に，70年代後半以降における同社のめざましい業績を支える最も重要な基礎となった。

　食品小売大手4社のうち，首位にあったセーフウエイ社は*1975 AR*で初めて，今後の主要な業態がスーパーストアになると予想したものの，実際には何の具体的措置もとられず，1978年時点でなお店舗数はゼロであった。これには，74年に社長兼最高経営責任者（CEO），77年に会長兼CEOとなったミッチェルの，A＆Pのバーガーに酷似した反トラスト訴訟を過度に警戒した超保守的経営が影響している（第Ⅵ章参照）。そして同社では——79年時点で350店経営しているとはいうものの，実際には——ようやく80年，ピーター・マゴワン体制のもとでスーパーストアへの本格的進出が始まったのである（Pearce II *et al.*, 1986, pp.511, 516 ; *Business Week*, 1982b, p.44 ; Hafner *et al.*, 1986, pp.52-53）。具体的には80年8月に，テキサス州シャーマンに同社としては北

米最大5万7,600平方フィート（5,350m²）の，スーパーストアの拡大版である食品・ドラッグ・コンビネーション・ストアを開店した（Safeway, 1980 AR）。

またアメリカン・ストアーズ社は，1975年頃からカリフォルニア州中心の事業子会社アルファ・ベータ社と東部の事業子会社アクメ・マーケッツ社で新業態店を展開し始めたが，それはスーパーストアであった（American Stores, 1975 AR）。

〔補論〕 競争構造と競争行動の把握についての若干の注意点

小売業における競争行動を捉えようとする場合，差しあたり次の点に注意する必要がある。第1に，小売業はいわゆる立地産業ないし地方市場産業（local market industry）であるから商品調達面，とくに食品メーカー等との取引関係では全体としての規模，したがってまた全国シェアが重要であるが，現実の競争行動の把握ではそれはきわめて限定された意義しかもたない。現実の具体的競争行動を把握するためにはむしろ，地方市場（人口中心地）ごとのシェアが重要である。そこでSMSA（Standard Metropolitan Statistical Area）別の集中状況をみていくと，1977年時点で全米人口の73％が277のSMSAsに住んでいたが，平均的SMSAのCR₄は56.3％（加重平均で53.2％），SMSAs全体の5分の2はCR₄が60％以上というかなりの集中状況にあった（この側面についての詳細な研究は，Parker, 1986, 1987〔Chap.3〕，をみよ。また Marion et al., 1979, pp.14-19も参照のこと）。なお，近年，競争の激化のもとで大手企業はますます，進出SMSAsでトップないし第2位以外のシェアしか実現していない場合は，撤退を決める企業が少なくない（第Ⅵ章参照）。

第2は，大半の地方ないしリージョナル商圏，とくに高度集中市場では大規模スーパー間の相互依存性が高く，しかも価格設定面でのイニシャティヴ（価格切下げ・引上げの程度・範囲）にかんしてスーパー間においてかなり明確な「序列」が認められる点である（Markin, 1968, p.86）。ただしその「序列」はけっして固定的ではないし，サービスの面で多様性に富む手段を駆使

して差別化を志向し，それに加えて「製品－サービス－価格」の複雑なコンビネーションを駆使して多彩でダイナミックな競争を展開する側面（Fisk et al., 1964, pp.277ff.）を軽視してはならない。現状分析においてはこの両側面に目くばりする柔軟性が必要である。

この点に関連して第3に，競争構造の把握をきわめて困難にすると同時に，競争行動をダイナミックにさせている次のような要因がある。例えば初期スーパーは一般の食品店と直接的競争関係にあった。したがって集中度の測定においても，彼らを含めた食品小売業全体を対象にしなければならない（総体分析の必要性）。ところが1950年代に入ると，一方では，食品小売販売総額中のスーパーのシェアはますます高まり，他方では，小規模食品店やコンビニエンス・ストアは便利さ，食品専門店は特定の消費者ないし特殊なニーズの充足への傾斜等，ともにニッチ・プレーヤー化し，メジャーであるスーパーとはかなり明白に異質の市場細分を構成するようになった。事実，スーパーの店長は，その価格やマーチャンダイジング戦略を決定する際，もっぱら近隣の他のスーパーの動きを注視しているのであって，ニッチ・プレーヤーは眼中にない。いい換えると小規模食品店やコンビニエンス・ストアはもはやスーパーへの現実的かつ有効な対抗勢力とはみられていないのである。このような競争状況の中で食品小売業の総体分析にとどまるのは，競争分析としては限界がある（スーパーを独自に分析する必要性）（cf. Cotterill, 1993a, pp.160-61）。

このように，一定時点においても特定の分析目的のために取り上げなければならない対象業態，したがってまたは「関連市場」は異なるし，それは歴史的にも変化するのである*。要するに，食品小売店によって提供されるものを広く「製品－サービス－価格」のパッケージだとみなせば，単業態企業（single-format firm）の場合，戦略グループは消費者によってそのパッケージが基本的に「同一」と認識された店舗グループによって構成される。しかし例えば，明確な特定の「関連市場」であるスーパーでも，後述のようにさまざまな分化形態（在来型スーパー，スーパーストア，倉庫型店〔warehouse store〕，コンビネーション・ストア，ハイパーマーケット，スーパー倉庫型店等）が

生まれ，同一企業がそれら亞業態ポートフォリオを有する場合（multi-format firm），その次元で戦略グループ（類似のポジション，つまり「価格－サービス－製品」に関する類似の戦略的業態ミックスを選択している一群の企業）を規定しなければならない（Cotterill & Haller, 1987, pp.205-06）。かくして競争分析はきわめて複雑かつ重層的となる（関連して270-71ページ参照）。

* スーパーとレストランとの競争はすでに問題とされているし，今後スーパーがコンビニエンス・ストアと重要な競争関係に入ることもないとはいえない（cf. Ingene, 1983, pp.49-75）。

したがって競争に関連する1つの問題は，それら業態間の可変的な代替性の程度であり，現実の競争の分析にあっては部分的競争関係（の程度）と全面的競争関係，あるいは全社レベルと戦略事業単位レベルとを区分する必要がある。それは競争のダイナミックスを規定する重要な一側面といってよい（cf. Marion, 1987, p.195）。ここでは資料的制約から，この側面に踏み込んで分析してはいない。

第Ⅴ章　A＆Pの凋落と再生

1　バーガー体制：長期低迷へ

1）反トラスト訴訟恐怖症による超保守的経営

　以上において1960年代以降のアメリカ巨大食品小売業の主要な変化を辿ったのであるが，その中でA＆Pの長期停滞については言及を留保してきた。本章はそれを取り上げる。

　さて，1971年8月，ニクソン大統領は「新経済政策（Economic Stabilization Program, ESP）」を発表し，71年8月15日時点で90日間の賃金規制・価格（粗マージン）凍結が導入された（第Ⅰ段階）。ただし，この統制のもとでも賃金上昇はなかなか止まなかった。次いで第Ⅱ段階（71年11月15日～73年1月11日）ではこの統制を「ガイドライン」方式に変更した。この方式のもとでは，利潤マージンの引上げはできないがコストの増加を反映する限りでの価格引上げは認められた。さらに第Ⅲ段階（73年1月11日～9月12日）は，大半の産業にとっては第Ⅱ段階のルールの自主管理への移行であったが，農産物価格と卸売価格の急上昇，食肉を始めとするいくつかの品不足が生じたこともあって食品小売業にとってはより厳しく，第Ⅱ段階の継続となった。とくに6月13日からは再度2カ月間，食品小売価格は完全に凍結された（のち若干の調整余地を認める）。第Ⅳ段階（73年9月13日～74年4月30日）になってようやく，肉価格を始めとして価格統制が緩和され，やがて経済統制そのものが廃止されたのである（Marion *et al.*, 1979, pp.63, 65）。

　このような内容のESPが小売業，とりわけ日常生活に密接に結びついている食品小売業を直撃したことはいうまでもない。だがそれに加えて食品小売

業では，かつてのガリバー型寡占企業Ａ＆Ｐによる常軌を逸した価格競争が，同社と競争している地域市場のスーパーに対し，短期的とはいえESPそのものさえそれほど拘束とは感じられないほどの深刻な影響を与えた。

　第2次大戦後20数年，かくも長期にわたって「眠れる巨人」として「惰性の経営」を続け，ついには「牙のない年老いたライオン」（*Forbes*〔Feb.15, 1970〕,p.44）という「ミゼラブルなイメージ」をもたれるようになったＡ＆Ｐが，なぜ突然このような過激な戦略に打って出たのか。それを理解するためにはＡ＆Ｐの長期低迷の過程を辿る必要がある。

　ハートフォード兄弟は1949年4月，ジョン社長に次ぐNo.2の実力者としてしられていた仕入れ担当最高責任者ボフィンガー（David T.Bofinger, 1899年入社）を後継社長に選び，ジョンは会長となり，兄ジョージは会長を辞めたが引き続き財務担当最高責任者にとどまった。ところがボフィンガー社長は同年12月，就任わずか9カ月で急死する。同社にとってこれが重要な躓きの石となった*。高齢のジョン会長が急遽社長職に復帰したのち，50年6月，ハートフォード兄弟と個人的に親しく，家族ぐるみの付合いをしていたバーガーを社長に選任したのである（Hoyt, 1969, pp.205-06 ; Walsh, 1986, p.78; *Fortune*, 1963, p.105）。これは予想外の人事と受け取られ，やがて社内に多いたたき上げの幹部や現業部門との円滑な意思疎通を欠き，志気の著しい低下を招くことになる。経営者としてかつてはあれほど有能であったジョンも，老齢のせい（51年9月20日死去，79歳）か，最後の後継人事で誤ったというほかはない。バーガーはそれまでほとんど現場を知らず，「ジョンの秘書に昇進した〔1925年頃には会社のセクレタリーにもなっていた〕使い走りのオフィス・ボーイ」に過ぎなかった（Walsh, 1986, p.79）というのはいささか誇張としても，あまり経営実績がなかったことはたしかである**。

　　＊　これは次期社長とみなされていた有能な後継者カーソン・ペック，チャールズ・グリスウォルドが相次ぎ死去した1915～16年のウールワース社の状況に酷似している。
　＊＊　ただし，ジョンの死後しばらくは兄ジョージが最高実力者として会長に復帰したので，ジョージの存命中は彼の威信もあってバーガー体制の問題の一部はそれほど顕在化しなかった。しかしジョージも57年9月23日，92歳で

死去する。

　ハートフォード兄弟がバーガー人事に託したのは——その晩年，反トラスト訴訟にさんざん悩まされてきただけに——訴訟を提起される恐れの多い積極的拡大戦略ではなく，Ａ＆Ｐの現在の地位を維持することを基本とする保守的経営を望む，ということである。そしてバーガーは，小心翼々の官僚よろしく，兄弟の遺志にあくまで忠実かつ頑固であった（Hoyt, 1969, p.259）。こうしてバーガー体制のもとで，滑稽なほど現状維持的で保守的色彩の濃い政策が採用されたのである。現場をしらず，想像力と独創性に乏しいバーガーはそれにうってつけの人物であったといえる。例えば彼は，戦後ブームという成長機会を捉えるため積極的拡大政策に打って出ることに反対して曰く，「今は連邦取引委員会，その他の政府機関をまたまた刺激する時ではない。わが社が今公然と攻勢的になれば，そうしたことがきっと起こるのだ」（Walsh, 1986, pp.92-93）。

　しかし，ますます加速する市場変化のもとでは，現状維持的という消極的経営姿勢では現状維持自体も不可能となる。事実Ａ＆Ｐの事例は，ガリバー型の優良企業であっても，より高い目標を喪失すれば全社的に志気を維持することがいかに困難であり，いかに急速な低落を余儀なくされるかを示す１つの典型的事例となる。

　当時のＡ＆Ｐの最高経営責任者にとって決定的に重要なことは，ハートフォード兄弟の判断の誤りを修正し，また彼らが想定もしていなかった新たな状況のもとで，その状況を的確に把握し，積極政策へ戦略転換できるかどうかにあった。バーガーの無能さはもっぱらこの点にかかわる。そして早くも1950年代末には「今やこの会社の核心は空（a void）である」（Tedlow, 1990, p.250〔訳, 298ページ〕），といわれるほどの事態に陥る*。反トラスト訴訟恐怖症により，時代に逆行して強化された集権的管理体制と——現場で現実に生じている事態や問題への的確な認識を欠く——バーガーによる指導のもとで，総合本社の最高幹部たちと地域事業部以下の幹部との現状認識のズレが深刻化する（Walsh, 1986, pp.85-86）。

＊　同社の『アニュアル・レポート』には，会社運営の現代性を維持するため店舗開発計画を継続する（1958 AR）とか，あるいは人口移動・郊外化の進展，消費パターンの変化に合わせて店舗開発計画を加速する（1959 AR）とか，さらには大規模店舗建設による小規模・陳腐化店舗の代替（1968 AR, 1969 AR）等の記述がある。主観的にはそうであったのかもしれないが，大手他社と比較するとそれらは事実上「口先」だけか不徹底であった。

　まず，A＆Pの現状維持的政策を基本的に規定した司法省による反トラスト法違反での民事提訴（141-42ページ参照）は，1954年1月に同意審決に達した。その内容は，すでにのべたように農産物買付け子会社ACCOの解体だけを求めたものであり，A＆P本体の小売事業と製造事業との分離や小売事業の7分割は免れたのだから，実質的にはA＆Pの勝利であったといってよい。このような帰結には，52年の選挙により20年ぶりに共和党政権（アイゼンハワー大統領）が復帰し，反トラスト政策が消極化したことが反映していた（Hoyt, 1969, pp.212-14）。

　ところが小心者バーガーは，同じく内弁慶の兄ジョージ会長とともに，政府のこの新たな政策潮流を理解できず＊，相変わらず「ノイローゼ」（*Food Topics*, 1961, p.162）というほかはない過度に神経質な姿勢をとり続ける。そして法務部門のスタッフを重用してガードを固めるとともに，同意審決内容をさらに保守的に解釈して，おとり販売によって競争企業を駆逐しようとしていると非難されないよう，販売価格の設定では極端に慎重となり，仕入れ価格面ではそれまでのきわめてタフな交渉姿勢は消え，差別的優遇や割引・控除の要求を過度に自制しようとしたのである。しかもその実効性を確保するため，現場のさまざまな活動に対して集権的コントロールを強化するという逆行的措置をとった（Walsh, 1986, pp.80-81）。要するに，極言すれば，企業家や商人たちではなく弁護士がA＆Pを運営するようになったのである。そこには「自縛のタイタン」がいた。こうして全社的に退嬰的姿勢が支配的となる。

＊　A＆Pとは対照的にクローガー社では，1944年，元下院議員・判事であったデーヴィスを副社長（62年社長，64年に会長兼最高経営責任者）として登

用し，政府の政策を始めとする外部環境が会社の運営に多大の影響を与えることを充分考慮し，広い視野から経営にあたった（Laycock, 1983, p.41）。

2）立遅れの顕在化：4W

　こうした経営姿勢では，当時進行していた食品関連業界における市場・取引態様の急激な変化にとうてい対応できなかった。それはまず，小売企業の総体競争力を構成する基礎単位である店舗レベルにおける4W（小規模〔wrong size〕，不適切な立地〔wrong places〕，まずい販売方法〔wrong ways〕，まずい品物〔wrong goods〕）として現われる。その実状を主な側面について概観しておこう。

（1）小規模店舗と高コスト問題

　A＆Pが直面する問題は，直接的には業界最高といわれた高い労働コストにあった。しかし「城内平和」確保のための労働組合対策（その結成阻止を含む）等もあって，高収益の優良企業が労働者を優遇するケースは，A＆Pに限らずある時期までのシアーズ社を始め，しばしばみられたことである。経営的視点に立てば，問題はそれを高生産性に結合する資質を経営陣がもっているかどうかにある。現場をしらないバーガーにはその資質がなかった。そして収益性の低下に伴う経費節減努力はむしろ店舗条件・サービスの低下をもたらし，ひいては売上の低下をもたらす悪循環に陥ったのである。

　さらに，もともとジョンは，かつて成功した1万2,000平方フィート（1,120m²弱）級の小規模店に固執していたのであるが，バーガーも基本的にそれを引き継いだため，急速に進行する店舗の陳腐化に対応できなかった。こうしてA＆Pの店舗の年齢構成はいびつとなり，陳腐化した小規模・非効率店舗が主力をなすようになっていたのである。事実，例えば1970年時点で，有力スーパーは平均2万平方フィート（約1,860m²）以上の店舗規模を誇っていたのに対し，A＆Pはわずか1.4万平方フィート（約1,300m²）に過ぎなかった。

（2）立地戦略の誤り

　立地戦略面では，空洞化する古い都心や都市近隣店に執着した立地戦略の

ため，戦後ますます主潮流となったスーパーの郊外ショッピング・センター（大規模のリージョナル型でも近隣型でもなく，主としてその中間のコミュニティ型）立地化に機敏に対応できなかった。もちろんこれは，基本的にはジョン自身の判断ミスではあったが，無能なバーガーはそれを修正できなかった。総合本社の管理委員会がリース関連事項を集権的に管理していた上，1950年代に同社が設定していた新店舗リースの基準（従来の1年間から1期間5年へ，1平方フィート当たり年2ドル以下のレンタル料，5回の更新付き）の硬直的適用は，不動産価格と建設コストの上昇，さらには根強い需要圧力のもとで生じたデベロッパーのリース期間延長・レンタル料引上げ要求への硬直的拒否姿勢となって現われた＊。その結果同社は，主要ショッピング・センターを始めとして数多くの優良地を，デベロッパーの要求に柔軟に対応したライバル企業に奪われたのである＊＊。これは同社の「基本的ミス」（*Food Topics*, 1961, p.157；Walsh, 1986, p.82）であった。

　　＊　この点は，現場の不動産・店舗開発担当者と総合本社の専門スタッフとの相互補完的な緊密な連繋のもとに，優れた立地戦略を展開したクローガー社と対照的である（cf. Brown *et al.*, 1970, pp.129 ff.）。
　＊＊　1955～63年のスーパーの新規出店地は，新規店舗数のうち小規模新ショッピング・センターが20％から33％へ，大規模新ショッピング・センターが23％から33％へと，新ショッピング・センター立地が7割近くを占めるようになっていた。他方，旧来の近隣立地は29％から22％へ，都心の古い大規模ビジネス・センターは10％から6％へと低下していた（Hampe & Wittenberg, 1964, p.345, Table 15・2）。A＆Pはこうした立地動向に遅れをとっていたのである。

　さらにはまた，成長する西部（1930年にごく小規模〔50店舗〕にカリフォルニア州へ進出したが，69年に全面撤退。数年後シアトルからも撤退）や同じく成長著しいサン・ベルト諸州を無視したのも，現状維持で充分とする基本姿勢による（Laulajainen, 1987, pp.63-64）。
（3）販売促進とサービス政策の誤り
　1950年代は，20世紀初頭に次ぐ「第2次トレーディング・スタンプ」ブー

ム期であった。セーフウエイ社はすでに54年，スタンプ競争の激化に対抗したためそれが減益の一因となったほどであり，クローガー社も56年初め，スタンプ会社や食品チェーン数社と共同で新スタンプ会社トップ・ヴァリュー社を設立するほど積極的に対応した（同社は，9カ月もしないうちに全米第2位のスタンプ会社となった）（Kroger, 1955 AR）。アメリカン・ストアーズ社も55年，最大手スタンプ会社スペリー・アンド・ハチンスン社が発行しているS.＆H.グリーン・トレーディング・スタンプを採用している。

　ところがA＆Pがスタンプを採用したのは，他社に比し数年も遅れた1961年11月中頃のことである。それまではコストのかかる販売促進手段とみなしてその採用を控えていた。ところがスタンプ競争がさらに熾烈になり，その影響が甚大で減収見通しが明白になった61年時点になってようやく，しぶしぶスタンプの導入に踏み切ったのである。もっとも60年時点ですでに全スーパーのじつに72％がスタンプを採用していたから，その効果もあまりなく，63年に同社は再度減収（前年度比▲2.3％）に陥った（なお，スタンプを完全に廃止したのは72年）。

　他方サービス面では，店舗の照明が暗く，ディスプレイも乱雑であった上，経費節減のため従業者を減らしたのでチェックアウト数が少なく顧客は待たされた。その従業者も，同社の長期の停滞のため新規採用が少なく，また労働組合との交渉姿勢の問題性と先任権制のため高齢者が多い，という状況であった。

（4）商品政策の遅れとPB重視戦略

　戦後アメリカの食品製造業では新製品が続出したため，小売企業にとっては限られた棚スペースのもとでいかに機敏かつ適切にその採否を決定するか――これが個店の競争力を規定する重要な要因となっていった（1960年代中頃，スーパーが取り扱っている全品目の半分は，10年前にはなかった品目だといわれる）。だがA＆Pの場合，その決定に際しいちいち総合本社にお伺いを立てなければならず，またそうした硬直的官僚制のもとでは決定はいつも遅れがちであった。その結果やがて，メーカー側セールスマンの姿勢は消極的となり，メーカーにとってかくも巨大な販路でありながら同社は，かつ

ては試供品や新製品がいち早く提示される企業であったのが，今や最後の企業になったといわれるほどになる（Walsh, 1986, p.81）。こうした管理体制が現場の自発性や意欲を大きく殺ぐのはいうまでもない。

またその他の商品戦略においても，強い反ナショナル・ブランド（NB）路線をとり，「棚には自社のプライベート・ブランド（PB）しか並んでいない」というのは誇張であるが，それでも同社のPB比率は，セーフウエイ，クローガー，アメリカン・ストアーズの各社が約10％であったのに比べ2倍の水準であった（Mueller & Garoian, 1961, pp.94-95）。PBが強い競争力をもっている限りではそれも許される*が，その競争力が低下し，それに反比例して市場細分化戦略の重視によってNBが競争力を強めている状況下では，この路線への固執は悲劇的結果をもたらした**。また他のスーパーがしだいに高マージンの非食品（ドラッグ，化粧品，台所用品，衣料品，その他）を積極的に取り扱うようになったのに対し，A＆Pは「極度に慎重」であった（*Fortune*, 1963, p.107）***。それには同社の店舗が相対的に小規模で，総合品を取り扱うキャパシティを保有していなかった，という現実的条件も影響していた。

　　*　　例えば，クローガー社はPBにしだいに力を入れ（90年代にはセーフウエイ社も同様），1975年には売上の約4分の1にも達し，82年時点でも3,000品目以上で同様の売上シェアを保持していた。
　　**　　A＆Pが，消費者の選択幅を拡大するため主要NBの取扱いを増やす，とのべたのはかなり遅く，*1968 AR*においてである。しかしそれも，PB強化の実情報告のついでに触れた程度だから，実行については疑わしかった。
　　***　　A＆Pはようやく*1967 AR*で初めて，長期の製品ライン拡張計画や非食品への進出（健康・美容関連品の製造や，それらPBの一部の外部生産委託）について触れている（*1970 AR*も参照）。

以上のような重大な問題をはらみながらも，全体的にこの時期はスーパーの躍進期であったため，業界平均の半分以下の伸びとはいえ，バーガー体制下のA＆Pの業績は，図Ⅲ－1のように，絶対的には高い伸びを示した。

（5）投資戦略と配当政策の問題性

A＆Pは1940年代後半から長期にわたって高配当政策をとった。45年に無額面普通株1株当り配当は4.75ドルであったのが，46〜47年：5ドル，そして48〜57年は7ドルを維持した（1対10の株式分割がおこなわれ，額面1ドルとなった59年以降も，70年まで1.20〜1.70ドルの高配当を維持した）。その結果として，かつては圧倒的に巨額であった内部留保も，大手スーパーとしては相対的に少なくなっていった。

　高配当の理由は2つである。1つは，現状維持で充分とする基本姿勢により，積極的設備投資（店舗開発）をおこなわなかったため資金需要が弱かったことである。2つ目は次の点にある。A＆Pの最大株主は医療関係の慈善事業団体であるハートフォード財団（1929年設立）であったが，同財団の運営はほとんどもっぱらA＆Pの配当収入に依存していたため，A＆Pに対したえず高配当への圧力をかけた（後述）。とくに62〜67年という決定的ともいえる時期に，同社の現金配当性向はライバル企業各社の2倍に近い平均7割近くにも達し，第2次大戦中を除き，同社史上でも異常に高率であった。その後も財団は，同社が積極政策へ転換しようとする際につねにブレーキをかける役割を果たした。

　同社の伝統的な保守的財務政策（1970年代初めまで長期負債ゼロ）とも結びついた高配当政策，それと表裏の関係にある店舗開発投資への消極姿勢は，アメリカ経済の「黄金の60年代」を基本的に無為のうちに過ごさせることになった。この点は大手他社と比較すれば明白である。例えば68〜70年の年平均純資本支出が，A＆Pの7割程度の売上規模のセーフウエイ社が，逆に1.5倍の水準にあった。60年代のこうした消極的政策は――業界の常識からは外れていたのであるが――バーガー以下が60年代の高度成長期の到来を認識できず，むしろ恐慌が間近いとして流動性を確保し，防衛的に待機していたこととも関係がある。これは第2次大戦直後のジョンの認識および政策とも酷似している。

3）A＆Pの持株構造と財団のA＆P支配

　A＆Pは1958年に株式を公開した。しかし弟ジョンと兄ジョージの全持株

（各20％）はハートフォード財団に寄付されていた（公開時点で財団の持株比率は約40％，70年代初めで33.6％）。この時点における財団の所得は年600万ドルであったが，これは全米最大規模に入る（Hoyt, 1969, p.217）。

同財団は，すでに触れたように医療関係の慈善事業を目的とするが，同時にA＆Pの乗っ取り防止をも狙いとしていた。その持株比率の高さからして，その議決権を行使しうる財団理事長が実質的にA＆Pを支配する権力をもつ。そしてA＆Pの会長が財団理事長を兼ね，過去の栄光に生きる元重役が理事の多くを兼ねる慣行となっていたので，バーガー（1957年理事長就任）の権力は絶大であるとともに，財団は全体として老害支配というか保守的姿勢をとりがちであった。

だが，絶大な権力をもつバーガーとはいえ，大株主の遺産相続人たち（ハートフォード一族の数人）の存在は脅威である*。彼らはしだいにその持株を処分していったので，その限りではバーガーの支配はますます強固になっていたが，彼らがバーガーへの唯一の有力な反対派をなしていたことは明白である。そこでバーガーは，高配当政策によって彼らを懐柔する政策をとったのである。

* 彼らは計40％ほど（1970年代初めは20〜25％）を所有し，残りはさらに分割されて第3世代の相続人に渡っていった。彼らは，ハートフォード兄弟が生きている間はつねに，兄弟に議決権の行使を白紙委任していたが，兄弟の死後は独自の動きをみせた（*Fortune*, 1963, p.106）。なお，60年に発足した従業員株式購入貯蓄プラン（会社側が4分の1を拠出）はやがて，財団に次ぐ大株主に成長する。だがそれは，いうまでもなく会社側と一体であった。

そして財団も，慈善事業のための原資をA＆Pの配当にもっぱら依存していたので，その限りでは高配当政策を堅持するよう圧力をかけた（「A＆Pは〔財団に〕うまい汁を搾り取られていた」〔*Fortune*, 1978, p.35〕）。A＆Pが優良会社である限りはこの3者間の矛盾は顕在化しないが，長期にわたる消極的政策とその結果としての業績の低迷は，従来の高配当政策の維持をしだいに困難にさせる。こうして1968年（とくに71年）以降は配当をある程度抑制するようになるが，それはA＆P自体によるリストラへのささやかな努力でも

あったといえよう。

　だが業績の低迷に加えて配当の引下げは，1958年の上場時に65ドル，高配当期の61年11月には70ドルに達した株価を低落させ，73年初めにはついに16ドルにまで落ち込む。それは同社の配当に寄生している財団（そのＡ＆Ｐポートフォリオの価値は，61年の5億8,500万ドルから73年初めには1億3,500万ドルに激減していた〔Tracy, 1973, p.105〕）と，なおかなりの持株を保有している一部の遺産相続人に困難をもたらし，不満を呼び起こした*。

　　＊ヴァラエティ・ストア業界大手のクレス社が1929年に設立した慈善事業のクレス財団（Samuel H.Kress Foundation）もＡ＆Ｐと同じ構造であったが，Ａ＆Ｐより10年以上早いクレス社の斜陽化につれ，酷似した問題に直面した（Rieser, 1957, pp.170ff.）のは興味深い。

　こうして，低落ないし衰退過程にある巨大組織によくみられることであるが，Ａ＆Ｐの場合も会社，支配株主たる財団および有力株主の一族という，それぞれ固有の利害を異にする3者間の対立関係が固定化＝構造化され，強力かつ長期の一貫した政策の展開をむずかしくさせた。それとともに一方では，あせりからか経営陣にきわめてリスキーで冒険主義的な政策をとらせることになり，他方では，大株主をして買収工作に乗り易くさせたのである。

2　バーガーなきバーガー体制と長期低迷

1）店舗投資の軽視：アーゴット体制

　Ａ＆Ｐの取締役会（20人）は長らく，全員内部取締役によって固められていたのであるが，兄ジョージ死去後ハートフォード一族の遺産相続人グループは，1958年の株式公開を機に，みずからの利害を反映させるため，同年の株主総会で2人，のち6人の外部取締役（ニューヨーク生命保険副社長〔のち会長〕，RCA社長，ウェスティングハウス会長，ハーヴァード・ビジネス・スクールの元ディーン〔のちフォード社取締役・フォード財団の副理事長〕，その他）を送りこんだ（Hoyt, 1969, p.218；Walsh, 1986, p.89. なお，63年の株主総会後は，取締役会24人のうち外部取締役は10人となった）。これは部

分的に，ジョージ死去後のＡ＆Ｐ経営陣の威信の低下を反映していたとみてよい。

　遺産相続人グループの利害を代表する外部取締役たちは，1950年代末以降明白となった業績不振を背景に，一斉辞任をちらつかせながら協調してバーガーに辞任の圧力をかけた。その結果彼は63年1月24日に社長を，そして4月11日には兼任していた会長を辞任する。こうしてようやく「沈滞の11年間」に終止符が打たれたように思われた。

　しかし現実にはバーガーなきバーガー体制が続いたのである。その原因はまず第1に，Ａ＆Ｐ株の34％を保有する最大株主ハートフォード財団の理事長にバーガーが再任されたことである。その彼は，6年後の1969年に理事長を辞任するまで強大な権力を保持し，Ａ＆Ｐの経営に大きい影響力を行使した（財団理事長としての彼の後任も，親友でＡ＆Ｐの元仕入れ担当最高責任者ハリー・ジョージであった）。第2は，Ａ＆Ｐの後任会長兼CEOに，保守的で非社交的・秘密主義的な兄ジョージの長年の部下であり，当時財務担当最高責任者となっていた老齢のアーゴット（John D.Ehrgott, 67歳）が選ばれたことである。なぜならアーゴットもまた兄ジョージや前任者バーガーとその性向を共有し，現場に近づかない人物だったからである。こういうメンタリティーの人物が兄ジョージ以下3代も続けて最高経営責任者に選任されたということは，財団はもとより当時の外部取締役たち（したがってまた遺産相続人たち）もまた，Ａ＆Ｐの直面している問題の深刻さに気づいていなかったことを物語るのかもしれない*。

　　* 外部取締役の間では高齢のアーゴットの選任に反対の声もあったが，全体的には，業績が好転したわけでもないのに，バーガーの辞任により外部取締役たちは急に静かになった（*Forbes*, 1976, pp.99-100）。これは一面では，このトラブルの底の浅さを示しているといえるかもしれない。だが他面では，遺産相続人グループが持株処分と見解の分裂によってしだいに力を喪失したこととも関係がある。なおその後，若返りを要求する点でほぼ一致した外部取締役の圧力もあって，最高経営幹部層での人事トラブルが相次ぐが，1964年6月，社長兼CEOにジェイ（Byron Jay）が就任する（→68年6月辞任）。

予想されたことであるが，アーゴット体制下の経営はバーガー体制下のそれと基本的に同じであった（次のジェイも同様）。まず何よりも，緊急に積極化させる必要があったにもかかわらず，相変わらず設備投資水準自体が低かった。しかもその投資先は主として製造プラント（180ページ）や物流施設であり，小売企業の総体競争力を規定する最も重要な基礎単位である店舗への投資を長期にわたって怠たった。1960年代という高い経済成長期であるにもかかわらずそうなのである。かくしてアーゴット体制下の5年間にも及ぶ時間のロスは，Ａ＆Ｐの競争力回復を決定的ともいえるほど困難にしたといってよい。「スーパー経営で確実に成功しようと思うなら，Ａ＆Ｐの隣に出店すればよい」というのが当時の業界ジョークであった。

　とはいえそうした投資行動にも一定の現実的根拠はあった。なぜなら店舗競争力の低下＝店舗利益の減少は，その地位を維持するために短期利益を重視せざるをえない経営陣をして製造部門利益への依存をしだいに高めさせ，1960年代末には主要な利益源を製造部門に恒常的に依存するようになっていたからである。そうなれば設備投資資金がこの部門に継続的に重点配分されるのも，ある面では無理はない。事実，減価償却資金とわずかな内部留保を原資とする設備投資は，その半分が製造プラントや流通センター等店舗投資以外に向けられる（＝「方向違い」）ありさまであった（Walsh, 1986, pp.97, 124-25）。

　しかし他面，ナショナル・ブランド（NB）志向を強める消費者ニーズとのズレの拡大による店舗売上の低迷は，プライベート・ブランド（PB）生産のために拡充・新鋭化された直営製造プラントとの不均衡，したがってまた後者の遊休能力の拡大（→製造コストの上昇→店舗への出荷価格の引上げ＝新鋭製造プラント製品の価格優位の減殺）をもたらすか，あるいは稼働率引上げのため小売店舗への押込み販売を誘発するという悪循環に陥らせた。この側面からみれば——当時のある食品メーカー幹部がいうように——彼らは事態を顛倒して把握し「製造経営を維持するために小売経営を利用しようとした」といえる（*Business Week*, 1972, p.78）し，「しっぽ〔製造部門〕が犬〔本業としての小売部門〕を動かす」と揶揄されたのももっともである。

こうして，ある時点では製造と流通とを結合した効率的かつ壮大な高度統合システムではあっても——正確にはむしろそのゆえに——市場環境が変われば，一方のトラブルがただちに全システムに波及し，相互規定的に機能不全に陥ってしまい，たえずその弥縫策に追われる，という典型例となった。
　このようにみれば，1960年代における A & P 低迷の最も直接的な原因が，コア事業たる小売事業そのものに対するトップ・マネジメントの的確な現状認識の欠如，およびそれに規定された大胆なリストラの欠如にあったことは明白である。しかしそれらも，根本的には，長年にわたってガリバー型寡占の地位を享受してきた間に進行した組織の硬直化・官僚制化，行動と精神の保守化・慢心，その他を特徴とする「企業文化」とでも呼ぶべきものによって規定されていたといえるだろう。本末顛倒の製造業重視と，そのメダルの裏面だが，明快で一貫した基本的店舗政策の欠如はその具体的表われである（Walsh, 1986, pp.113ff.）。

2）オルドリッジ改革の限界：低い設備投資水準

　長らく本命視されていたオルドリッジ（Melvin W.Alldredge，57歳）は1966年7月会長，次いで68年6月に最高経営責任者（CEO）兼務となった。オルドリッジ体制のもとで69年2月から，25年の組織改革によって創設された32～33の地区事業単位（いわゆる「ユニット」）を地区事業部に名称変更し，それらを4つのリージョンに区分けするとともに分権化が進められた＊。それと同時に，地区事業部と総合本社との間に介在していた「地域事業部」（69ページ参照）が除去されて組織が簡素化し，管理経費が削減された。また主要NBメーカーとの関係改善努力（PB優遇の是正），ライバルが10年以上前から実施していた店長へのインセンティヴ報奨プランの実施，その他が企てられた（A & P, *1968 AR*；鳥羽，1971年，226ページ以下；*Chain Store Age*, 1969, pp.218-220；*Forbes*〔Feb.1, 1969〕, p.51/〔Feb.15, 1970〕, p.44）。

　　＊　あまりにも遅れて着手されたこの分権化は，現実には一定の混乱を招いた（Walsh, 1986, pp.123-24）。副社長兼ゼネラル・マネジャーを長とする新しい地区事業部は，形式的には決定権を与えられたが，実態は次のケーン体制に

なるまでは大して変わらなかった。

　しかしここでも，根本問題への切り込みが決定的に欠けていたというほかはない。というのも，オルドリッジ改革においても競争の基礎単位たる店舗レベルからの立直しは大きく軽視されていたからである。それは端的には，1969年の新規開店数がわずか99店であったことに現われている。この数は，それまでの10年間の平均200店以上という水準に比べても大きく見劣りした（Walsh, 1986, pp.121-22）。そればかりではない。この新規開店水準は売上高がA＆Pの65％程度に過ぎなかった70年時点のクローガー社のそれと同じなのである（セーフウエイ社は66〜70年に年平均134店）。オルドリッジはまた，69年に「A ＆ P A-Mart」と「A ＆ P Discount Food Store」の店名のもとに，新機軸として食品ディスカウント事業の展開を開始したが，この面でも立遅れは否めなかった。それらは既存店舗のうち比較的大規模な店舗を業態転換した（年末には149店）だけの小手先の措置であり，その成果もはかばかしくなかった（A＆P, *1969 AR*; Walsh, 1986, pp.127-28）。これでは，単位店舗規模がライバルの約半分で店当売上高が低い状況（ライバルは200万ドル以上に対しわずか120万ドル）を克服するのはむずかしい。

　しかしこうした店舗投資水準の低さは，たんにオルドリッジや最高経営陣の認識レベルにのみ規定されていたのではなかった。それはまた，伝統をなしていた無借金政策に規定されてもいたのである。

　A＆Pの場合，店舗投資だけが低水準だったのではない。この頃になると，偏重されてきた製造業投資自体も——ホースヘッズとフラッシングの巨大プラントの完成という特殊事情もあったが——低水準で推移する。そこには次のような原因があった。①設備投資の原資としての利益の伸びが低迷していたことである。オルドリッジ体制3年間（1968〜70年）の純利益は，60〜62年の84％の水準にとどまっていた（セーフウエイ社では1.6倍に増加していた）。②68〜70年の間，内部留保率は平均35％に引き上げられた（66年から引き上げられたのであって，とくにオルドリッジ独自の政策ではない）とはいえ，やはり低過ぎた。低下しつつあったとはいえセーフウエイ社やクロー

ガー社ではなお50％前後の水準を維持していたのである。これは，財団や遺産相続人グループの高配当要求との妥協を余儀なくされ，内部留保率引上げのドラスティックな政策がとれなかったためである。③すでに触れたようにセーフウエイ社，クローガー社等では臨機応変に長期資金を借り入れたのに対し，Ａ＆Ｐは伝統的な保守的財務政策＝無借金政策に固執し続けるという硬直的姿勢をとった。

以上3点の結果として，店舗と製造プラント・流通センターへの投資を含む全体としての設備投資額そのものが低く抑えられざるを得なかったのである。例えばＡ＆Ｐの設備投資は，1967～72年の間，年平均6,000万ドル弱であったが，それは売上規模においてＡ＆Ｐの5・6割台のクローガー社の水準（6,200万ドル強）を下回っていたし，売上規模が接近しつつあったセーフウエイの設備投資は，その2倍強の水準（1億2,100万ドル）であった。これでは，たとえ設備投資の配分が適正であったとしても，基礎的競争力を維持・改善するための店舗近代化投資を，ライバル企業のそれと同等以上のペースで推進するなど望むべくもなかった。

かくしてオルドリッジ体制下では，設備投資の方向＝配分問題とともに，設備投資水準自体の絶対的低さというより根源的次元の問題がいっそうクローズアップされてきたのである。

3 WEO計画の推進とその失敗

1) あせりを誘うケーン体制の脆弱性

このようにして，現場を熟知していたとみられたオルドリッジも，腐食の進行がとまらない古船の立直しに失敗し，1971年2月，辞任に追い込まれた。後任の会長兼最高経営責任者（CEO）には，叩き上げで現場と同社が直面する問題を熟知しているとみられた社長ケーン（William J. Kane）が就任した。事実彼は——ミドルの資質しかなかったと評されるが——個店レベルから立直す必要を痛感しており，その限りでは前任者たちよりも問題の真の所在を把握していたといえるかもしれない。しかし「黄金の60年代」を無為のうちに過ごしてきたため重症に陥っている同社の治療が，一夜でできる特効薬な

第Ⅴ章　Ａ＆Ｐの凋落と再生

どあろうはずもない。同社の立直しには長期にわたる多面的かつ地道な努力，とくに巨額の店舗開発投資の継続，メーカーとの取引関係の改善，品揃えの改善，サービスの向上，たるんだ巨大組織の整備・再編による志気の向上等が必要であった。それらのことは多くの外部者にとっては自明であって，ケーンも問題の深刻さを熟知していた。さらにはまた老害の財団による人事支配に起因するその地位の不安定さ（彼は財団の理事を兼任しない最初のCEOであった）から，自分に許された時間が多くはないことを熟知していただけに，長期低落を一挙に挽回しようと功をあせったのであろう。それが狂気ともいえるWEO（Where Economy Originates）計画であった（cf. Walsh, 1986, Chap.9 ; Hartley, 1992, pp.160ff.）。

　弟ジョン元社長の経営理念に集約されているＡ＆Ｐの伝統的・基本的戦略は，効率的・低コスト経営を基礎とした低マージン＝低価格・大量販売（profit-through-volume）戦略にある。その意味では，エーデルマンのいうようにＡ＆Ｐの巨大性は，同社がそのライバルに比し圧倒的に効率的な流通システムを構築できたいわば「勝利のシンボル」であった。そして一般にどの既存巨大企業も，自由な市場競争の過程で顧客を獲得してその地位を築いたのであるから，多かれ少なかれこうした側面をもつ（ただし，その勝利が効率性のみによって実現したとみるのは一面的である。効率性の範囲を超えた，たんなる巨大性ないしパワーに基づく独占力の行使の問題があるからである）*。

　　＊　もちろん，競争過程で優位に立ち得た根拠は一様ではありえない。店舗，製品（品質，品揃え），価格，物流，立地，販売促進，サービス，その他の組合わせに各社ごとの独自性があるからである。とはいえ——市場の発展段階や競争環境いかんによって上記の個別的要因の作用度合いは変化するのであるが——全体的ないし長期的には，引力が作用するかのようにたえず総合力で競う方向に向かう（総体競争力の規定性）といってよい。

　だが当時のＡ＆Ｐにあっては，長期にわたる保守的経営により，主力店舗の陳腐化（相対的小型化，旧式化，設備・什器の劣悪化，立地の劣悪化等）が決定的に進行し，効率的経営の最も基礎的単位自体が腐食していた。また

効率的経営にとってますます不可欠となっていた流通センター等の立ち遅れも進行していた。そのような時に同社は,「長い惰眠から覚めて」無謀な価格戦争の火ぶたを切ったのである。しかもそれは,上記伝統的・基本的経営理念への久しぶりの回帰として正当化された。それが,食品小売業界全体に史上最大のダメージを与えた(「ジェノサイド」)といわれるWEO計画(戦略)である (Tracy, 1973, p.104)*。

* これに関連してA＆Pは『アニュアル・レポート』において,同社が多くの面で立ち遅れ,価格面でも優位を喪失したことを初めて,率直に認めた(ケーンの意向を反映した表現だろう)。そして「……当社の店舗に顧客を呼び戻し,失われた勢いを取り戻し,黒字経営に復帰するためにドラスティックな行動をとらなければならないことは明白であった。そうした行動のうち最も劇的なものが全社的なWEO計画であった」(A & P, *1972 AR*) とのべている。なお,同様のケースは後年,ウォル－マート社による侵蝕に対抗したKマート社で再現され,同様に悲惨な帰結(2001年1月破産)を迎えた。

2) WEO計画の推進とその失敗

1971年3月,会長兼CEOに就任したケーンはすぐ,ディスカウント食品店の実験を始めた。そのきっかけは,フィラデルフィアの小規模チェーンであるペン・フルート社のディスカウント販売によって打撃を受けたA＆Pの地区事業部が,本社に対し店舗閉鎖の承認を求めてきたことにある。それに対しケーンは,閉鎖よりもまず価格アピール型新業態の倉庫型店店 (warehouse store) ないし倉庫型スーパー (warehouse supermarket) の実験を始める決定をくだし,フロントの庇に「倉庫型安売り店 (Warehouse Economy Outlet)」と記した最初の店舗を71年5月,ニュージャージー州ペンソーケンに開店した*。これは不振の既存店舗を最小の投資で倉庫型スーパーへと転換したものである。その特徴は,虚飾とサービスを削ぎ落とした低経費・高効率経営,高回転品への集中,大幅な価格切下げにある。この実験は,平均的A＆P店が2.5万ドルの週売上高であるのに対し,開店第1週に30万ドルをあげて大成功であった。そこでしだいにこの実験を拡大し,あるいは他の地区事業部が自発的に追随し,いずれも売上高増加の点では好結果を得た。

＊　WEOのアイディア自体は，フィラデルフィア地区事業部副社長ジョーダンに発するといわれる（Walsh, 1986, p.140）。

　そこで1972年1月，上記実験を総括し，新しく「WEO店」として全社を挙げての推進を決定する。同社の未来をこの新業態に賭けたわけである（A＆P, *1971 AR*）。

　A＆PによればWEO店は，これまでのすべての低価格店の最良の運営原則を総合し具体化したものとされたが，のちにみるように実態はそれにはほど遠かった。しかしとにかく，WEO第1号店は1972年1月にスタートしたのである。そして5月には早くも，同社の全4,200店余のうち1,500店以上が新業態に転換され，9月には3,900店以上が転換を完了していた（A＆P, *1972 AR*）。

　ではWEO店とはどのような業態であったのか。まず第1に，それはライバル店舗（大手のそれは平均2万平方フィート〔約1,860m²〕以上）に比べ小規模な自社の既存店舗（平均1万4,000平方フィート〔1,300m²〕）を，あまり手をかけずに，ほぼそのまま業態転換したものである。つまり業態転換投資をほとんど必要としないものであった。正確には，必要としない新業態だからこそ選択したともいえる。だが第2に，取扱い品目数を従来の1万1,000から8,000品目ほどへと絞り込んだ。そして第3に——これが従来店舗との決定的な違いであるが——WEO Price Programとも称されるように，取扱い品目の9割について大幅に価格を切り下げた。その度合いは，既存店舗の平均マージン約21％に対しWEO店は9〜13％程度であり（*Business Week*, 1972, p.76），コスト低下によって正当化できる範囲を逸脱したもの（不当廉売）として，のちに連邦取引委員会の価格調査によって非難されたほどであった。

　当初，WEO計画の推進による売上の伸びは大きかった。したがってケーンを始めとする経営首脳たちがWEOコンセプトの正しさとその成功（かつての地位の再確立）の幻想を抱いたのも無理からぬ面がある。しかし同社自身が認めるように，収益状況は期待外れであった。四半期別の収益状況は1971年の第3四半期から赤字に転落し，72年は全四半期が赤字で，通年でも5,100万ドル余の記録的な赤字を計上した（69，70年とも売上高純利益率は

0.9%，71年は0.3%であったのが，72年には▲0.8%）。このため支払いノートによる1億ドルの借入れコミットメント（期限75年9月）を設定せざるを得なくなり，年度末の負債残高は5,500万ドルとなった。これはじつに，20年に長期負債がゼロとなって以来50余年ぶりのことである。

　この深刻な事態に仰天した財団は圧力をかけ，またおそらくケーン自身もその推進に自信を失ったのだろうが，結局同社は，おそらく1972年第4四半期頃から，赤字縮小のためしだいに価格を引き上げる政策へと転換し，WEO計画は終焉を迎えることになった。それに伴い73年には小幅の黒字に回復（同0.2%）した。こうして無謀なWEO計画は，その失敗が何ぴとにも明白となり，ケーンはその責任を問われて任期満了前の75年2月に辞任させられた*。

　　＊　この失敗を，「銀行が『破滅的競争』を阻止するために，競合する企業間の関係に直接に介入した」とか「結局は金融機関が介入し，幹部経営者を更迭し，前任者ほど競争的でない新しい経営者と入れ替えた」（ミンツ／シュワーツ，1994年，138ページ）という，おそろしく単純な金融機関の一元的支配論は，以上からも明らかなように根拠がない。

　WEO計画失敗の直接的原因は，その推進方法の適否という観点からみると，元幹部のウォルシュも指摘するように，地方的競争条件を無視してWEO店の運営原則を一律に適用したことにある（Walsh, 1986, pp.143-44）。またWEO店への転換を一挙に進めたため，その推進コストの負担（広告費，店舗改装費用，その他の総額）が予想以上に大きかったこともある。

　しかし，このような同計画の推進方法の不適切さ・無謀さという技術的レベル以前に，基本的問題があったというべきである。事実，A＆Pの競争相手の多くがWEO計画のスタート時からその失敗を確信していたといわれ（*Business Week*, 1975, p.130；Tracy, 1973, p.104），クローガー社のハーリング社長はそれを「自暴自棄の産物」（Tracy, 1973, p.108）とみなしていたほどである。当時のA＆Pでは，いくら既存店舗を改装・転換してもその多くが小規模，劣悪立地であった上に，劇的価格切下げに必要な物流面，その他の効率的で適切なサポート体制を欠き，マージン切下げを補完する高マージンの非食品

をストックする棚スペースの余地にも乏しいことは周知のことであった。

食品小売業界では，1％の粗マージンの切下げは12～15％の売上増加がないと償えないといわれていたが，同社の店舗の現状にはそうした数量効果を期待できる力があるとはみえなかった。いい換えれば，企業の基礎的諸条件（ファンダメンタルズ）の強化という裏付けなしに，背伸びした競争を挑んだ（"おとなしい子羊が狼の衣装をまとった"）ことにそもそも無理があった。その限りでは「A＆Pは1970年代に変革を試みた。だがその時はすでに遅過ぎたのである」(Tedlow, 1990, p.375〔訳，450ページ〕)。

WEO計画が失敗した原因はともあれ，失敗の根底には，慈善事業という独自の組織目的をもち，したがってその事業の継続のために充分な所得（A＆Pからの配当）を確保する必要のあるハートフォード財団，またA＆PのOB（＝老害）に支配されるような人事構成となっている財団が，最大株主としてA＆Pを強力に支配していたことがある。こうしていわば執行権力（経営陣）との間にある種の権力の二重構造が存在し，権力の重心のたえざる移動が生じて首尾一貫した基本政策の展開をむずかしくしていた。しかも厄介なことに（あるいは虫のよいことに）執行権力側も，財団の干渉から解放された自律的経営を志向していたとはいえ，同時に，経営の安定性を確保するため財団が最大株主としてとどまることを望んでいたのである（Walsh, 1986, pp.98-99）。

しかし，経営陣に都合のよいこのような期待は，A＆Pが好業績をあげ高配当を続けない限りかなえられるはずもない。無配や低配当によってその存続そのものが危険にさらされる財団は，収入と活動水準の維持のためA＆P株を処分し，信託ポートフォリオを多様化する方向をとらざるをえない（部分的にはおこなわれた）。財団がこのような「結論」に達すれば，残るのはA＆P株の処分問題だけであるが，この結論に達するまでは，A＆Pは財団によるたえざる干渉にさらされることになる。

A＆Pの実態に疎いがそれを支配している財団と，1960年代の試行錯誤をへてようやく厳しい実態を熟知するにいたった経営陣との認識のギャップは，A＆Pのリストラにかなりの無理ないしゆがみを強いることになった。端的

にいえば,頑迷・無知な財団を納得させるには早急に業績をあげるほかなかったのである。そうとなれば,操作性が高く即効性のある手段しか残されてはいない。それが全社的に展開されたWEO計画であった。その意味では財団の存在自体がケーンをして無謀なWEO計画の採用へと追いつめた,といってよい面があった。

財団によるA＆P株処分＝身売り（1979年）という決断によって初めて本格的リストラが進行し始めたことは,以上の把握を裏書きするものといってよい。そしておそらく財団は,WEO計画の失敗直後に上記「結論」をくだしたように思われる（後述）。

失敗したとはいえ,WEO計画の推進により多くの小売企業が深刻な影響を受けた（Tracy, 1973, p.104）。例えば,そのカバーするテリトリーの4分の3でA＆Pと競争関係にあるクローガー社は,コスト削減策を講じるとともに,販売シェア維持のため直ちに対抗的価格切下げ政策をとった。その結果1972年第3四半期に同社史上初という営業赤字に陥った（Kroger, 1972 AR）。そして結局,WEO計画に対抗せざるをえなかったクローガー社とアメリカン・ストアーズ社はともに,72年の売上高純利益率を急落させているのである。これに対し,A＆Pとは直接的競争関係にない店舗が多いセーフウエイ社等西部系企業の売上高純利益率はあまり変わらなかった（図Ⅳ－1も参照せよ）。またある調査によれば,A＆Pと直接の競争関係にある30チェーンの売上高純利益率は,70年,71年とも0.8％であったのが72年には0.2％へと急落し,73年には0.4％とやや回復したという（FTC, 1975, p.19, Table 3）。その他,企業によっては価格面だけではなく営業時間の延長,その他さまざまな非価格競争戦術をも駆使して対抗し,WEO計画を挫折させた。

上述した戦後期A＆Pの凋落を大きく規定した「ポスト・ハートフォード」期のA＆P経営の特徴をかんたんに要約すると,第1期として,現状維持・消極経営主義を信条とし,現場に無知なバーガーとアーゴットの「バーガー体制」期が1968年6月まで続き,この10年余りの無為のうちにA＆Pは決定的ともいえる遅れをとってしまった。次のオルドリッジからケーンに至る第2期（68年7月～75年2月）はリストラ期である。業績がますます悪化する

につれ，しだいに問題の深刻さについての正確な認識が得られていくがその対策は，第1期から第2期への過渡的性格の強いオルドリッジにあっては中途半端に，そしてケーンにあっては冒険主義的なものとなり，実態を改善するどころかさらに悪化させてしまった。そこで第3期に入ると，会社売却の決断との関連もあっていわば「敗戦処理」役としてアウトサイダーが登用されるのである。

以上の過程は，同社がしだいに追いつめられていく過程を端的に示しているとともに，長い伝統とくにガリバー型寡占企業としての地位を享受するうちに形成されたＡ＆Ｐ特有の「企業文化」や強固な組織的保守主義，いわば「過去の負荷」との対決・決別の試みが進化していく過程をも反映している*。だがそれは結局，財団との二重権力構造の制約もあって「企業内在的」には克服できず，西ドイツ資本による買収という「断絶」を契機として初めて，一貫した徹底的リストラ政策がとられることになるのである。

* ガリバー型ではなかったがＡ＆Ｐと酷似しているのは，ニュー・イングランド最大のスーパーといわれたこともあるファースト・ナショナル・ストアーズ社である。図Ⅰ-2のように，同社は1929年時点ですでに大手食品チェーンとなっていたが，その後も順調に成長し，55年時点でも食品小売業第6位を維持していた。だがその後，「無気力で超保守的会社」として，60年代後半には決定的に立ち遅れてしまう（*Forbes*〔Oct.1, 1967〕, pp.26-27）。

4　二重権力の終焉：西ドイツ資本による買収

1）スコット体制下のリストラの失敗

ケーンの後任には，Ａ＆Ｐ創立以来初めてアウトサイダーが登用された。頑固な保守主義と純血（内部昇進）主義で知られた同社としては驚天動地のことである*。それは，1974年に雇い入れたマネジメント・コンサルタント会社ブーズ・アレン・アンド・ハミルトン（Booz, Allen & Hamilton，以下ブーズ社）の勧告に従ってとられた措置である。その人物とは，アイダホ州に本拠のある大手スーパーで，成長めざましいアルバートソンズ社の副会長兼最高経営責任者（CEO）であったスコット（Jonathan L.Scott，44歳）であった（74年12月，Ａ＆Ｐ副会長兼取締役→75年2月，会長兼CEO）。この人事はＡ＆

Pの自信の喪失と「過去との決別」(Tedlow, 1990, p.253〔訳, 301ページ〕) を示すものであった。同時にそれは, 財団がA＆Pを売却してもよいとの結論をくだしたことを意味していただろう。それはスコットの行動に対する財団の干渉の度合いの低下につながり, したがってまた彼はかなりの程度自由に意思決定できる立場を確保できたとみてよい。

* これはしばしばみられる巨大企業の再建パターンである。例えば名門小売企業ウールワース社は, 経営危機に陥った1994年, 同社の115年の歴史で始めて外部（前メーシー百貨店社長）から会長兼CEOをリクルートして再建にあたらせた（*Wall Street Jour.*, Dec.13, 1994)。また同じく名門小売企業のシアーズ社も, 深刻な経営不振に陥った92年, 名門高級百貨店サックス・フィフス・アヴェニューのマルチネツを登用した。

だが戦後約30年間にわたる保守主義と消極経営のツケを, かんたんに処理することはできなかった。ここにスコットの苦闘が始まる（cf. *Fortune*, 1978, pp.35-36 ; *Business Week*, 1975)。

スコットは1975年2月にCEOとなって実権を握るや, ブーズ社の勧告*に従い, 約2億ドルもの除却費用をかけて不採算店といくつかの補助施設の大規模な整理・統合を始めた。「われわれは他のチェーンがずっと以前に完了した転換を実施するため前進しなければならない」(A＆P, *1974 AR*)。その結果期末店舗数は, 74年の3,468店が75年には一挙に2,074店（約4割カット), 退任する79年には1,542店へと, 74年水準の半分以下（44％, 店舗面積では59％）にまで整理された。また製造プラントや物流センター・倉庫の整理も大胆におこなった。

* ブーズ社は100万ドルでA＆Pの現状分析と再建5カ年計画の策定を受注した。その報告と勧告は, A＆Pの弱体化の主因を人材と店舗・施設への投資の欠如に求め, 当面は不採算の1,250店（1974年の全店舗の36％), いくつかの倉庫, 製造プラントの迅速な閉鎖を求めていた（Walsh, 1986, pp.167-69)。

「大手術はつねに費用がかかり, 苦痛を伴う」（スコット）にもかかわらず, 以上のように店舗閉鎖は予想以上に進み, 1974年（2億ドル)・75年（3,500

万ドル）の両年にわたって準備金を取り崩して充当した合理化コストも，予想より安上がりであった。

　しかし，それでもA＆Pの業績は好転しなかった。もちろん，このような一見大胆な店舗整理にもかかわらず，1975年の売上高の低下は対前年比わずか▲4.9％にとどまり，76年には10.7％もの伸びを示したのは奇跡的といってよい。だがそれは，一面では閉鎖店に小規模店が多かったということであり*，他面では存続店の多くが24時間営業に移行した結果でもある。しかし収益面ではめぼしい効果はなかった。就任初期の「お祝儀景気」と"Price and Pride"キャンペーンの熱気が冷めると急速に，いっこうに改善されていない店舗運営慣行レベルの実態**に規定され，売上は停滞し，営業利益はさらに急落する（図Ⅳ－1と後掲の図Ⅵ－1参照）。

　　* 小規模店舗の整理により平均店舗規模は1.6万平方フィート（1,490m²）から約2万平方フィート（1,860m²）へと増加し，平均週売上高も1974年の3万7,000ドル余から76年には7万ドル弱へと急上昇して業界平均（7万2,425ドル）に接近した。

　　** 基本的には，長年にわたり集権的管理体制を採用してきたためにそれに照応した「企業文化」が形成され，したがってまたマネジメント・クラスの最基底層をなす店長を始めとするヒエラルキーの諸階層において，多かれ少なかれ管理能力の劣化（deskilling）が広範に生じていたということである。例えば店長は，新たに自主的決定権限を与えられても地方的競争条件に敏速に対応した仕入れ商品や販売価格の決定に習熟していなかった。これら基礎的諸制約条件は短期間では克服不可能である。スコット体制下のA＆Pの場合は，カネをかけた人事訓練計画の不備や店舗運営情報フローの不備等，その克服努力の不適切さも重なった（cf. *Fortune*, 1978, pp.39-40）。

　まず売上は，後掲の図Ⅵ－1のように，1977年の対前年比伸び率がわずか＋0.7％に逆戻りし，78年も＋2.5％に過ぎなかった。そしてスコット在任最後の年である79年は▲10.5％と決定的に失速するのである。他方純利益は，76年には2,400万ドルをあげたものの，それには基本的収益力とは関係のないかなりの特別利益が含まれていたし，77年からははっきり低迷に転じ78・79年と連続して赤字に陥った。事実，本業の収益力を示す営業利益率はきわめ

て低水準を推移し，75，80年は赤字であった。

　業績が容易に好転しない原因は，Ａ＆Ｐの立遅れがあらゆる面にわたり，かつ深刻だったことにある。例えば，店舗整理を進めていたとはいえなお，きわめて多くの店舗が衰退しつつあった都市近隣地に立地していたし，それまでのプライベート・ブランド過度重視路線の修正（ナショナル・ブランドの重視）と大規模な製造プラントの整理という相互に規定しあう過程は，縮小の悪循環に陥りがちであった。その1つの現われが製造プラントの極端に低い稼働率（推計25〜50％）である。

　だがそれに加えてスコットの場合には，リストラの方法の不適切さとある種の不徹底さ（＝戦略的ミス）があった。例えば彼は，その店舗閉鎖計画の推進において地区事業部全体の閉鎖というトータルでラディカルな方法＝一括方式をとらず，最も業績・効率の悪い事業地区のみの店舗，倉庫，プラントを閉鎖するという微温的な方法を採用した。とくに最も重要な店舗整理にかんしていわば患部切除的な個店別アプローチ（store-to-store approach）を採用した（*Fortune*, 1978, p.36. ただし，ダラスとバッファローの2地区事業部〔のちにセントルイス事業部も〕は例外的に完全撤退）。だがそうしたアプローチでは，物流等他のシステムはそのままなので間接費負担の上昇を招き，結局は存続店舗をも不採算化させ，いつまでも均衡点に到達できない螺旋的な縮小過程に引きずり込まれてしまう。

　Ａ＆Ｐにおける長年の課題である労使関係についてはどうか。小売業におけるリストラの成否を決定的に左右するのは，賃金コストへの切込みである。Ａ＆Ｐの場合，週平均賃金は6.74ドル（フリンジ・ベネフィットを除外）であったが，これは業界平均より1.64ドルも高かった。ところがさらに，先任権制のもとでの店舗閉鎖では，相対的に低賃金・高生産性の若年層から順次解雇され，相対的に高賃金・低生産性の中高年層が存続店舗に吸収されるので，労働コストは必然的に上昇する。こうして競争条件の劣化がさらに進行したのである（Tedlow, 1990, pp.253-54〔訳，302ページ〕）。スコットはこの面にも積極的に取り組み，「成果主義」の貫徹と労働条件の引下げにかんして組合側から一定の譲歩を獲得した（A＆P, *1977 AR, 1978 AR*）。とはいえ，時間

的制約もあり，めざましい成果とまではいかなかった（後述のウッドの改革参照）。

　以上のような大規模な合理化推進と並行してスコットは，大胆な拡大計画をも進め，いわば二正面作戦を展開する。その中ではとくに，1976年から開始した食品とドラッグの複合店「ファミリー・センター」が重要である。企業全体としての志気を維持するには，一方的な縮小均衡の実現という消極策にとどまれなかったのかもしれない。いずれにせよ彼は，5年間で5億ドルの資本支出計画を策定し，うち最初の2年間で2億3,000億ドルを投じて新規店舗200店，改装と拡張600店，「化粧直し」1,400店という計画を構想する。所要資金のうち2億ドルは銀行11行との融資協定により調達することとした（A＆P, *1975 AR*; *Fortune*, 1978, p.40）。

　しかしこの計画も，的確な財務コントロールを欠いた上に，重要市場であるシカゴ市場への対応において失敗した。同市場は1976年に1,000万ドルもの赤字を出していたにもかかわらず彼はそのテコ入れを決意し，76年11月，同市場からの撤退を決定したナショナル・ティー社から62店を2,200万ドルで買収した。しかし良い結果は出ず，その後も赤字を続けた末に結局撤退を余儀なくされたのである。

　上にのべたような二正面作戦の展開は，WEO計画によって悪化していたA＆Pの財務構造をさらに脆弱化させた。1971年まで長期負債ゼロを続けてきた同社は，WEO計画を展開した72年に，同社史上初めて5,500万ドルを調達したが，74年にはそれも3,900万ドルに減少していた。ところが75年には7,850万ドルへと増勢に転じ，76～78年の間は1.0～1.3億ドルもの水準に達したのである。このような負債の急増に，先に触れた収益の悪化が加わり，78年からは積極的拡大を図る資本支出計画そのものを縮小せざるをえなくなった。

　他方，スコット体制下のトップ・テンの経営陣はすべて，A＆Pの「企業文化」に侵食されず「過去の負荷」がないようスコットが外部から引き連れてきた「落下傘部隊」であるが，それは予想されたとおり一定の組織的動揺を招いた。その上財務構造の脆弱化は，別の意味において経営幹部層の広範な動揺を招き，とくに1977年からは有能な人びとを先頭に人材の社外流出が

続出し*，ミドル・マネジメント層における混乱・志気の低下が広範に発生する。このような組織崩壊の状況は，時間のかかる地道な基礎的改革をいっそう困難にし**，やがてはスコットに自主再建を諦めさせたと思われる。

* ある推計では，過去3年半のうちに店長の約25％が辞めたが，これは正常な転職率の2倍以上という（*Fortune*, 1978, p.42）。そこで1978年には，幹部を対象としたマネジメント・インセンティヴ・ボーナス・プランを導入した。

** したがってスコットのあと立直しにあたったウッド（後述）はまず，長年にわたる騒動と人員削減のため「砲弾ショック」（戦争神経症）に陥っていた大半のトップ幹部層やミドル・マネジメント層の地位を保証することから始めなければならなかった（*Business Week*, 1982a, p.52）。しかし，組織改革にあくまで抵抗するトップ幹部層は84年頃までに全員整理した。

2）西ドイツ資本によるA＆Pの買収

A＆Pに対する買収の試みは繰り返しおこなわれてきた。まず1968年，A＆Pの最大の仕入れ先（食品メーカー）コンソリデーテッド食品会社の元会長N・カミングズはヘンリー・フォード二世，ロックフェラー一族，英国ロスチャイルド家の相続人，その他を含むグループを結集し，財団に対し1株当たり34ドル（時価26ドル）で全持株（34％，計2億8,430万ドル）の買収を提案した。さらに彼らは創業者ハートフォードの遺産相続人グループの持株をも買収しようとした。この企ては結局，財団の拒否にあって挫折したが，この頃から同社はM＆Aの好対象としてウォール街から注目されるようになる（Walsh, 1986, p.119）。そしてウォール街の投資会社アレン社，ボストンの投資家（72年12月）等による買収の企てがあったが，それらはいずれも，まだA＆Pを見限っていなかった財団の拒否にあって失敗に帰す（Tracy, 1973, p.114）。

1973年初めには，前年にすでにA＆P株の5％を入手していたコングロ企業ガルフ・アンド・ウェスタン・インダストリーズ社による1株当たり20ドル（時価17ドル）での株式公開買付け（TOB）がおこなわれたが*，この企てもまた阻止される。反トラスト法違反の疑いがあるとするA＆Pの主張が裁判所によって認められたからである。

＊　ガルフ・アンド・ウェスタン・インダスリーズ社の最大株主 C・ブルードーンは「倒産しかかっており，手遅れでうまくいく見込みのないこんな会社に投資するとは，君もクレイジーだね」といわれたそうである（Walsh, 1986, pp.153-54）。

　ところがその公判過程で，大株主である遺産相続人の一部とともに財団が，必ずしもTOBを拒否しようとしなかったことが暴露された。財団によるA＆P売却の「結論」がこの頃には出されていたかどうかは分からないが，この事件は，TOBを巡る交渉においてつんぼ桟敷におかれたケーンと財団との齟齬を白日のもとにさらすとともに，ケーンの経営改革意欲をある程度殺いだことはたしかだろう。いうまでもなくこのような状況は，この過程で明らかになった最高経営幹部層の動揺・分裂の顕在化とともに，長期的観点に立った一貫したリストラの推進を不可能にするものであった。
　西ドイツ最大とも第2位ともいわれる非公開の巨大小売企業で，オーストリアを含めて約2,000店を経営し，若い頃アメリカのスーパーで現場訓練を受けたことがあるテンゲルマン・グループ（その概要はKacker, 1985, pp.39-40, 参照）の会長兼最高経営責任者〔CEO〕のハウプは，かねてよりアメリカ進出を狙っていた（以下については次を参照。Fortune, 1979, pp.15ff. ; Bernstein, 1980, pp.66ff. ; Walsh, 1986, pp.191-95）。
　他方，低配当に失望し，すでに自力再建を諦めてA＆P株（約25％を所有）の処分を決定していたハートフォード財団は1978年夏，名門投資銀行ディロン・リード社にA＆Pの買手探しを依頼した。そしてこの企てに有力株主である創業者ハートフォードの遺産相続人一族も加わる。ハウプとディロン・リード社を仲介したのは，ハウプや当時のA＆P会長兼CEOであったスコットとも旧知のペプシコ社のD・M・ケンドール会長であった。この結果，79年1月に売却について最終合意に達した。それによれば，ハウプはA＆Pの全株式2,490万株の42％（1,040万株）を，2段階に分けて計7,700万ドルで現金買収する（730万株を1株当たり7ドル余で，さらに310万株を1年以内に7.50ドルで買い入れる〔当時の相場は7ドル弱だから少しプレミアムを付け

た])。そして買収株式は財団(当時は約25％所有)や創業者ハートフォードの遺産相続人一族等から調達することになった。

その後テンゲルマン・グループはさらに2年間にわたってA＆P株を追加購入し，結局ハウプは1億2,200万ドルを投じてA＆P株の51％を所有することになった(持株はハウプ一族のコントロール下にあるパートナーシップ組織 Tengelmann Warenhandelsgesellschaft に移管)。こうして，かつては全米最大の小売企業であり，創業者の息子の1人ジョン・ハートフォードがアメリカの代表的経営者の1人としてヘンリー・フォードやロックフェラー一世に比肩されたほどの名門企業A＆Pも，ついに西ドイツ資本に買収されたのである。

さて，"おばあちゃん(Grandma)"のニックネームで親しまれてきたアメリカを代表する巨大小売企業が、外国資本によって買収された初めてのケースであっただけに、この買収はアメリカ国民に大きな衝撃を与えた。日本でいえば、三越が韓国の小売資本に買収されたような感じを与えたといったところだろう。だがそれは同時に――当時はいささかもそのようにみえなかったのであるが――たんに一資本による孤立的な買収ではなく、アメリカ食品小売業全体の広範で劇的な再編成の始まりを告げるものでもあった(Cotterill, 1993a, p.162)。

5　ウッド体制の確立とリストラの推進

1）ウッドの会長就任とオーナー権力の後退

新オーナーのもとでA＆Pは直ちにリストラに取り組む必要があった。だがその前提として、その推進の任にあたる有能な経営者を見い出さなければならなかった。そして1980年4月のスコット辞任*ののち，ハウプが後任会長兼CEOとして任命したのは意外にも、全米第8位のスーパー、グランド・ユニオン社(80年度『フォーチュン』小売業売上高ランキング第18位)の前会長兼CEOでイギリス人のジェームズ・ウッド(50歳。88年12月～93年12月は社長も兼任)であった**。こうしてハウプと雇われ経営者ウッドが、それまでだれもがその解決に失敗してきたA＆Pの「難題」(Bernstein, 1980, p.67)に立ち向かうのである。

＊　スコットは，1986年，当時スーパー業界第3位アメリカン・ストアーズ社の中核事業を担う子会社アメリカン・スーパーストアーズ社の副会長（のち会長）兼最高経営責任者となるとともに，87年以降持株会社アメリカン・ストアーズ社の副会長兼執行副社長，社長，最高経営責任者等をへて92年に辞任。
　＊＊　1973年末，イギリスの食品コングロ企業ケイヴンハム社は，グランド・ユニオン社の株式の51％を買収してウッドを社長として送り込み，彼は同社を立て直してその経営能力を示した。

　ここにA＆Pは，オーナーが変わるとともに最高経営責任者も新しく外部からスカウトされ，A＆Pの伝統を体現したトップ・レベル・マネジャー層（彼らが組織改革に最も抵抗した）も，ウッドが連れてきた外部からの人材にしだいに置き換えられることによって初めて，A＆Pの伝統的企業文化に捉われないラディカルな改革を推進しうる主体的条件が，ひとまず与えられたのである。

　状況証拠からみて新オーナーのハウプは，A＆Pが内包していた問題の深刻さをあまり認識していなかったようである。しかしまもなく彼は，計画がすっかり狂い，自分がヴェトナム戦争の泥沼にはまり込んだアメリカに酷似していることを発見して愕然とする（*Business Week*, 1982a, p.49）。以下その過程をかんたんに辿ろう。

　まず，買収するやハウプは直ちに，前会長スコットが推進していた大胆な店舗整理にストップをかけた。スコットやウッドはそれに反対であったが，じつは彼は西ドイツで大成功（1,000店経営）したサービス・カットの低価格・限定品揃え店（ボックス・ストア）の「プラス（PLUS）」店＊を，小規模店が多いA＆Pの既存店の業態転換によって推進しようと構想していたのである。それはまた，彼が構想するA＆Pの多角化戦略の一核心でもあった（A＆P, *1979 AR*; Kinkead, 1982）。

　　＊　在来型スーパーの取扱い品目数が1万2,000品目であるのに対し約1,000品目，売場面積は在来型が2.0～2.5万平方フィート（1,860～2,320m²）であるのに対し0.8～1.2万平方（740～1,110m²）と小型である。

この構想では，Ａ＆Ｐの不採算・非効率店をわずか25万ドルほどの業態転換費用でもって活性化でき，しかも低間接費のゆえにその損益分岐点が——平均スーパーでは週売上高約11万ドルであるのに対し——わずか3万ドルであることも大変魅力的であった（Bernstein, 1980, p.66）。それは1979年8月から実施に移され，79年末にはその事業を管轄する子会社プラス・ディスカウント食品会社（PLUS Discount Foods Inc.）も設立された。

　だがプラス店のコンセプトは，ハウプが西ドイツの経験に固執した産物に過ぎなかった。アメリカの消費者はこの業態に対し西ドイツとは異なった反応を示したのである。それに加えてＡ＆Ｐの伝統的企業文化による制約もあり，この企ては結局失敗する。1980年時点でプラス店の展開に約4,000万ドルを支出し71店が営業していたが，それらは年400万ドルの赤字を出していた。そこでウッドは，81年に入るとプラス店の展開を中止し，年末からはその閉鎖を始めた（83年8月，全店処分）。

　新オーナーたるハウプの意向を強く反映し，彼が自信をもって推進した新戦略＝プラス店推進の失敗と，1981年における1億160万ドルもの巨額の赤字（74年の1億5,700万ドルに次ぐ戦後2番目。株価は4.75ドルまで低落）は皮肉にも，Ａ＆Ｐにおけるパワー・シフトを生じさせ，プラス店のコンセプトに反対したためハウプ側近から解雇要求さえ出ていた雇われ経営者ウッドの権威を逆に高め，その相対的独立性を強めるとともに，自らの構想に基づく長期戦略の展開をきわめて容易にしたのであった（cf.Kinkead, 1982, pp.94ff.）。

2）ウッドの再建構想とその特徴

（1）再生計画

　ウッドは1982年をＡ＆Ｐの「転換の年」とするため，折からの不況のもとでいっそう顕在化した構造問題を直視しつつ，81年に包括的な再生計画（revitalization program）を策定し，店舗の除却等のため2.0億ドルの巨費を投じて下半期から実施に移した。「われわれは初めて，長年にわたって当社を悩ませていた弱点を解消する行動を開始することができた」。その計画の概要は次のとおりである（A＆P, *1981 AR*, *1982 AR*）。①古い陳腐化した不採算店が

なお残っているが，ひどい赤字を出している市場からは全面撤退する。②従業者1人・1時間当たり平均コストは競争相手である労働組合のない (nonunion) 企業よりも高い。しかし格差は縮小傾向にあるので，引き続きその方向で労働組合と話し合い，精力的に努力する。③プライベート・ブランドに関連するさまざまな問題の根源を絶つ，つまり収益をあげているコーヒー事業を除き製造業からはほぼ全面的に撤退する。④今後の成功のカギとしての従業者の開発・訓練の強化。⑤オペレーションの全領域・局面を迅速・正確にモニターしコントロールできる，業界では最高に近い経営情報処理＝コミュニケーション・システムズを引き続き改善し，それを店長レベルへの分権化のいっそうの推進に結びつける。⑥買収，改装と拡張の推進等，新店舗開発計画を引き続き推進する。

　以上をみても分かるように，この計画には新業態開発等積極的かつ斬新な戦略構想はみられない。主眼は，企業規模（店舗数）を縮小してでも低コスト＝効率経営を実現し，収益性を回復することに置かれ，基本的には「与えられた業態構成を前提とした上での合理化」という正統的手法の適用という域をあまり出るものではなかった。だがこの時点ではむしろ，そうした質の合理化こそあらゆるリストラの前提条件として緊要事であっただろう。そしてウッドのこの時点での独自性は――Ａ＆Ｐの直面していた経営危機の深刻さがそれを促迫したともいえるが――その合理化推進の徹底ぶりにあったといってよい。

　事実ウッドは前会長スコット以上に合理化を進め，上記計画を実行に移したのである。例えば店舗・施設関連では，前述の2億ドルにのぼる資金を投入して，1981年にシカゴ，カンザス・シティ，ルイスヴィルの全店（＝地区事業部の廃止）とプラス店の半分の計500店の閉鎖を断行した（Kinkead, 1982, p.90）。これらにより同社の店舗数はわずか2年間で3分の2に減少した（1980年：1,543店→82年：1,016店）。また80年末時点で6.0万人いた従業者を82年には4.0万人にまで削減した。さらにハウプの躊躇を押し切って，巨大食品メーカーと称されたＡ＆Ｐの，当時なお残存していたプラントのほとんどすべてを閉鎖する大胆な措置をとる[*]。これによって初めて，「しっぽ（製

造部門）が犬（小売部門）を振り回す」状況から完全に解放され，バイヤーが存分に腕をふるい，消費者のニーズに即応した柔軟な仕入れができるシステムになったし，Ａ＆Ｐ全体としても小売業に専念できる体制となったのである。それは同時に，スコット体制下でも推進されていたプライベート・ブランド重視路線からナショナル・ブランド重視路線への転換を決定的なものとした。

> ＊　その象徴的出来事は1982年4月，ニューヨーク州ホースヘッズにある世界最大といわれた150万平方フィート（1万4,000m^2）もの食品加工プラント（65年6月から一部生産開始。180ページ参照）の閉鎖を決定したことである。同プラントは1,500品目のプライベート・ブランドを生産し，Ａ＆Ｐの売上総額の約15％も占めていた（Pearce II *et al.*, 1986, pp.489-90）

（2）「労使関係への新アプローチ」：再建のキメ手

だが小売業という労働集約的産業にあっては，蓄積条件の再構築は労使関係の再編なしにはありえない。そしてこの点にこそウッドの最大の貢献があった。以下ではその側面をみておこう。

売上高純利益率が1％前後で，「カミソリ刃のように薄利（razor-thin margin）」といわれるほどのスーパー業界において，Ａ＆Ｐの労働コストは売上の約13％で業界平均の11％を大きく上回り，それが同社の収益性回復のアキレス腱となっていた。1970年代末，同社がワースト・ラン・スーパーと称されていたのも主としてこの点に規定されていた。

それは，圧倒的に優越した地位のもとで獲得した独占利潤の一部を，「城内平和」を確保するため労働組合にも再配分するという，慣行化した同社の企業行動＊が，優越した地位を喪失した後までも，惰性＊＊と大規模小売商を中心に組織された強力な労働組合の存在とによって根強く存続した結果であった。ウッドは，この伝統的な労使関係にこそ問題の根源があるとみなし，就任するや直ちに，この領域に「革新的なアプローチ」（Ａ＆Ｐ, *1979 AR*）で切り込んだのである。もちろんこれには，深刻な経営危機の状態にあったがゆえに，根源的な問題が鮮明かつ典型的な形で提起され，否応なくそれに取り組まなければならなかったという面もあろう。

＊　この種の企業行動が，大手スーパーに限られず自動車産業を始めとして他の産業でも広くみられたことは周知のとおりである。この面からみれば労働組合の存在がスーパーの利潤に与える影響は二重である。すなわち一方では，利潤再配分によるスーパーの獲得した利潤の引下げ（マイナスの影響）と，他方では，こうした行動によって独占利潤のすべてが再配分されるわけではなく，ある調査（1970～74年，大規模スーパー）では「組合のある企業は，集中によって増加した利潤の57％を留保する」（Voos & Mishel, 1986, p.516）という。

　　＊＊　Ａ＆Ｐの対組合交渉姿勢は，スト回避を基本とする甘いものであったといわれる（Walsh, 1986, p.135）。

　時あたかも，ウッドに味方するかのように，アメリカの小売業関連労働組合運動は1970年代中頃をピークとして大きく後退期に入ろうとしていた。

　もともと当時のＡ＆Ｐの労働協約の多くは，その地区事業部に組合員（従業者の大半は組織化）がいるＡ＆Ｐ店が１店でも存続している限り，1971年以前に雇われた組合員（シニア・ワーカー）を解雇できないと規定していた。したがってこの協約は，店舗整理に際ししばしば高賃金・低生産性の中高年従業者の温存，低賃金・高生産性の若年従業者や労働コストの低いパートタイマーの解雇に結びつきがちであり＊，同社における店舗整理＝合理化の徹底を大きく制約してきた。

　　＊　店舗整理の進行による店舗数の絶対的減少は，この中高年従業者へのシフトを純粋かつ極端な形で現出させる。こうして同社の従業者の平均勤続年数は他のスーパー・チェーンの２倍にも達していた（*Business Week*, 1982a, p.50）。

　ところがウッドは，とくに1981年から，折からの不況を背景に地区事業部全体の閉鎖・レイオフ等で威嚇しながら，組合側に対し賃金切下げと先任権制の破棄という，長年にわたる慣行を打ち破る大胆な要求を突き付け，ローカル・レベルの組合を中心にしだいに譲歩を勝ち取っていく（林，1984a；Ａ＆Ｐ，*1986 AR*；Kinkead, 1982, p.103）。もちろん組合側も，400店の閉鎖，組合員１万5,000人もの解雇を伴う案件について会社と81年秋以来全国交渉を行ない，初めは──２年間の賃金凍結，労働作業割当て計画（ワーク・スケジューリ

ング)への一定の規制緩和,労働コストを「業界平均並み」にするための10%の賃金カット,その他を含む——会社側提案を,最低のジョブ保障もないあまりにも「極端」なものとして拒否していた(*Monthly Labor Rev.*〔June 1982〕, p.64 ; Ruben, 1983, pp.34-35)。しかし,店舗経営の柔軟性が高く競争力のある優良リージョナル・チェーンの多くは,労働組合のない企業*であり,それらライバル企業との競争において敗退しつつあるＡ＆Ｐ店の現状と,店舗閉鎖＝解雇の現実的可能性を目のあたりにした組合側は,とうぜんのことながら雇用保障(店舗閉鎖の停止)を最優先せざるをえなかったのである。

* 具体的には,低コスト経営,低価格販売で有名なフード・ライオン社(Food Lion, Inc. 1984年度『フォーチュン』小売業売上高ランキング第48位)や,積極的な販売促進とサービス・製品の優れた差別化戦略を推進したジャイアント・フード社(Giant Food, Inc. 81年度 同第39位)を指す(cf. Michaman & Greco, 1995, pp.84, 88-89, 93)。なおジャイアント・フード社は79年,スーパー業界で初めて全店にPOSシステムを導入した企業となった。この時クローガー社は,全1,234店(スーパーのみ)中わずか66店(5.4％),セーフウエイ社は79年に全2,425店中わずか40店(1.7％)で導入されていたに過ぎない。Ａ＆Ｐにいたっては80年末時点で1,543店中わずか15店(1.0％)に導入していただけである。その他,ジャイアント・フード社の機敏な動きについては,Saporito (1985)を参照せよ。以上からも予想されるように,彼らの競争優位はたんに非労働組合企業であることだけに基づくのではない。

多少の時期的ずれはあるが,クローガー,セーフウエイの両社を始め他の大規模スーパーも相次いで同様の措置をとる(*Business Week*〔Feb.6, 1984〕, pp.16-17)。さらにその方向は,のちにＭ＆Ａ関連の重債務等によって,あるいはそれを絶好の口実として,いっそう加速される。例えばクローガー社では,1982年からカグラー(William G.Kagler)社長のイニシャティヴのもとに強硬な労働政策が採用され,83年:団体交渉において経営側から賃金,フリンジ・ベネフィットの切下げ要求→組合側は拒否→いくつかの市場からの撤退＝店舗閉鎖→84年:切下げを受け入れた新協約の締結(同社スーパー従業者の約半分をカバー),という経過を辿る(*Kroger, 1984 AR*)。したがって84年はクローガー社にとって労使関係の重要な転換の年となったのであり,この

年から賃金,フリンジ・ベネフィットの切下げか,さもなければ店舗閉鎖かの二者択一を迫りつつ,組合側の大幅譲歩を引き出す戦術による労働コストの切下げが広範に進行した。セーフウエイ社でも,83年の労働協約交渉において賃金率の切下げと経営側に有利な就業規則への改定が実現する。

このように1980年代のスーパー業界では労働条件の劣悪化が広範に進行したのである。

(3) 経営参加,QCサークル

しかしA&Pの場合,こうした新しい労使関係が労働側の一方的譲歩によってのみ成立したのではない。効果的な政策を打ち出せず,競争力喪失により雇用確保の責任を果たせなかった経営側もまたその弱点を突かれることになった。その結果経営意思決定への一定の参加が制度化されるのである。その先駆となったのはフィラデルフィア地区であった(cf. Kinkead, 1982, p.104)。

同地区は1981年に1,200万ドルもの赤字に陥ったが,82年春,労働組合(United Food & Commercial Workers〔UFCW〕Local 1357)との合意のもとに,競争力を喪失した全81店を閉鎖したのち,1つの実験を開始した。つまり生鮮農産物の取扱いを強化した「スーパー・フレッシュ(Super Fresh)」店を18店開店したのである。閉鎖された店舗の従業者(組合員約2,000人)はスーパー・フレッシュ店に復職する代わりに賃金,フリンジ・ベネフィットのじつに25%カット(約1,000万ドル)を受け入れた。しかし従業者側は——日本式QCサークル活動のアメリカ版にほかならないが——制度化された会合における提案等を通じて,店舗レベルの意思決定(たとえば店舗運営やマーチャンダイジングにかんする決定)に参加する権利を得た(=「Quality of Work Life」アプローチ)。

これによって従業者は,この方面の能力開発の動機づけと訓練機会を与えられ,またある種の疎外意識から解放され「プライドと業務における自己の重要性の自覚」をもつようになろう。それは一面では,全体として従業者の志気向上に結びついて企業の業績向上に寄与すると同時に,他面では,経営者だけが排他的に現実の(生産力や)販売力を管理する能力(=いわば「統

治能力」）をもち，かつ発揮するのではなく，従業者もまたそうした能力を磨き，部分的ながら発揮しうる機会を与えられることになった*。これはある面では，少なくとも現代の巨大食品小売企業にあっては従業者もまた多かれ少なかれ管理者的機能を果たす方向へ進まなければ，すなわち旧来のとおり経営側と労働側がたんに意識の上だけでなく役割の上でも鋭く断絶・対立しているままでは，激しい競争に打ち勝てない状況の反映であろう（cf. Walsh, 1993, p.132）。

* この能力の充分な習得と元管理者層の一定部分の結集を前提にして初めて，倒産に際しての選択肢として，従業者所有店舗（次注参照）や労働組合管理企業も現実的となる。これに対し旧来型アプローチでは，プロセスにはいっさい関与せず（むしろそれを「よし」とした），つねに「結果」とのみ闘わされたのである。

同時にそれはまたおそらく，従業者を生涯にわたりたんなる管理される対象という受動的存在に縛りつける状況から引き離し，より主体的・人間的活動へと進む展望を切り拓くだろう。とはいえそれは，差しあたりは，労働側がきわめて低いレベル＝店舗レベルにおいてマネジャー・クラスにとって代わりうることを，したがってまた「やつらとわれわれ」との歴史的隔絶の解消ないし超克へのほんの僅かな一歩を示すに過ぎない。

（4）「ボーナス・アプローチ」

経営側の譲歩を示すかにみえるもう1点は，労働コストを売上高の10％以下（従来，A＆Pのフィラデルフィア地区店の平均は15％）に抑え込んだら約1％のボーナスが獲得できるという点である*。従来，このような業績リンク・ボーナス制は原則として，小売業にあっては店長以上の管理者層のみを対象として，インセンティヴとして与えられていたものである。

* このアイディアはUFCW Local 1357の組合長ヤング三世の創案である（彼はそのほか，組合員からの拠出金により6店を買収して従業者所有店舗とした）。当時これは"クレイジー"で「異常な約束」とみられていた（Ekuland, 1986, p.57）から，経営側の譲歩という性格が強かったのだろう。このアプローチは，労働コストが売上高の11％なら0.5％，9.5％なら1.5％という傾斜

的ボーナス制であった。ちなみにこのアプローチは，業績好調へと転換した際における組合側の攻勢（かつての譲歩の奪回）の可能性を排除しない。事実，1980年代中頃からはそうした性質をもったストが続発する（Tasini *et al.*, 1985, pp.31-32）。

U・S・ホンダと並び称されるこの「労使関係への新コンセプト」，あるいは「ユニークな労働管理形態（a unique labor-management format）」（Galambos & Pratt, 1988, pp.235-36）によってＡ＆Ｐは，戦後期に限っても約30数年にわたる停滞からようやく決別し始めるのである。

このスーパー・フレッシュ店は，「ここ20年のうち初めて，Ａ＆Ｐがフィラデルフィアの競争相手を悩ませた」業態となった。そして1982年には全社レベルでも，77年以来5年ぶりに3,200万ドルの利益をあげた。この成功を受けて同社では82年，子会社スーパー・フレッシュ食品店会社（Super Fresh Food Markets, Inc.）を設立した。それと併行してこのスーパー・フレッシュ・スタイルの労働協約，つまり「業績主義ボーナス・プラン」＝「ボーナス・アプローチ」を「最良のシステム」（A & P, *1984 AR*）として全社的に拡大適用していったのである。この結果86年末時点では，全店舗の約4分の1の従業者に適用されるほどになる（Ekuland, 1986, p.57）。

このようにしてＡ＆Ｐの全社レベルの労働コストも，売上高の11.5%と急速に業界平均に近づき，1986年時点では業界平均の12%に対しＡ＆Ｐのそれは11%へと低下するまでになる（A & P, *1986 AR*）。

Ａ＆Ｐのこのめざましい成果は注目をあび，同社のいわゆる「ボーナス・アプローチ」は急速に他社にも拡大していった。また同社のQC活動も，例えばクローガー社では，さまざまな労働者管理委員会（worker-management committees）の設置という形態をとって採用されていく（Walsh, 1993, p.128）。

6　ウッドによる新展開の特徴と限界

1）積極経営への転換

ハウプ主導で展開されたプラス店の不振，1981年の激しい価格競争，そし

てアメリカ経済が陥っていた不況の影響はＡ＆Ｐにとってきわめて深刻であった。結局同年は，すでに触れたとおり，74年の1億5,700万ドルに次ぐ1億160万ドルもの大赤字を出した。そのこと自体はウッドのヘゲモニーの確立に貢献したものの，流動性危機さえ危惧され，彼のリストラ構想そのものが危殆に瀕するほどであった。

　ところがまさにその時（1981年5月），救いの神が現われた。それは，いささか現実離れした離職率の仮定に基づき，また年金資産の増殖率についてもきわめて低い見積もりをしていたために発生した，Ａ＆Ｐ従業員年金プランにおける剰余金（過剰積立て）の発見であった。ウッドはこれ幸いとばかり，ハウプの反対を押し切ってその利用を決断し，81年10月，資産評価額3億5,350万ドル以上もあった現行退職年金プランを12月末日をもって廃止し，新たなプランに代えると発表した。この措置により約2億7,500万ドル（最終的には2億6,500万ドル）もの無税の剰余金を手に入れることになった（cf. Kinkead, 1982）*。文字どおり予期せざる幸運というか，棚からボタモチである。そしてこれがリストラ推進の当面の資金となり，81年度第4四半期には早速このうち1億3,000万ドルを使用した。幸運は重なるもので，業績も最悪期を脱し，82・83年と連続好調に転じた。

　　　＊　なお，これに関連してウォルシュら元従業員たちの反対（「年金プラン加盟者に全額配分せよ」との集団訴訟）があったが，加盟者へのベネフィットを5,000万ドル増やすことは認められたものの，83年12月，Ａ＆Ｐがほぼ勝訴（原則和解協定を裁判所が承認）し，84年5月，和解事項が実施に移された。提訴を巡る経緯については，一定のバイアスはあるが当事者ウォルシュの著書（Walsh, 1986, Chaps.13 and 14）が最も詳しい。

　1982・83年の好業績によって，買収前後の混乱に伴う痛手をほぼ癒したＡ＆Ｐは，83年頃からしだいに積極経営（"a new era of innovative and aggressive marketing"）（A&P, 1983 AR）に転じる。その結果，それまでの大規模な店舗閉鎖のトレンドとは決別し，店舗投資を積極化し，買収にも手を出していく。事実，同社の固定設備投資は84年から1億ドル台に乗り，86～90年は年平均2億1,300万ドルにも達したのである＊。文字どおり急増である。

＊　とはいえ，例えばクローガー社は，1985～88年に年平均3億9,400万ドルの資本支出をおこなっていたし，アメリカン・ストアーズやセーフウエイの両社もＡ＆Ｐより遥かに多かった。

　こうしてＡ＆Ｐは，「転換の年」1982年から90年の間にスーパーやスーパーストアを530店買収し＊，180店を新規建設し，数百店を改装するに至った。まずは円滑な蓄積軌道に乗ったといってよい。その１つの現われは，同社が最も重要な市場として注力していたオンタリオとニューヨークの都市圏で，86年にトップのシェアを獲得したことである。前者は，85年4月，カナダ最大手でスーパー93店舗（プラス流通センター２）を経営するドミニオン・ストアーズ社を１億1,600万ドルで買収することによって実現した。後者は，81年のストップ・アンド・ショップ社の11店の買収，および86年の，主に東部で139店を経営するウォールドボーム社（買収価額２億8,710万ドル。ただし単独買収ではなくパートナーシップによる）とニューヨーク州で53店を経営するショップウェル社の買収（6,400万ドル）による。その他，80年代末にかけてデトロイトを含むいくつかの重要都市市場においてもトップないし第２位のシェアを実現し，その市場での地位を大きく強化した。

＊　後述を除くと，1983年10月：ベータス社からミルウォーキーのコールズ食品店事業部の70店を3,120万ドルで買収；84年：ラッキー・ストアーズ社からイーグル・スーパー14店を買収——この２つの買収により，ウィスコンシン市場でだんぜんトップのシェアとなった／84年10月：パントリー・プライド社からヴァージニア州のスーパーを20店買収／89年1月：ボーマンズ社からミシガンのファーマー・ジャックス店を81店買収（7,800万ドル）／90年10月：食品小売企業スタインバーグ社から，オンタリオにあるミラクル食品マート事業部のスーパー69店を5,700万ドルで買収。

２）Ｍ＆Ａによる新業態ポートフォリオの構築

　上に記したように，1982～90年におけるＡ＆Ｐの店舗増加は新規建設よりはＭ＆Ａによるものが遥かに多い。だが注意しなければならないのは，そうしたＭ＆Ａの量的側面ばかりではなく，新しい業態ポートフォリオが，

主としてM&A活動を通じて急速に構築されたという質的側面である。

では新業態ポートフォリオとはどのようなものであり，従来のそれとはどう異なるのか。それは基本的には，店舗が小さく，汚くて薄暗く，品揃えも悪いという既存のA&P店イメージからの脱却を志向するものであった。したがってそれはとうぜん，店舗・設備等ハードとマーチャンダイジングの両面における高級化路線の大胆な採用を含むことになる。それを象徴するのは，1986年7月に買収したショップウェル社のグルメ業態＝高級食品専門店「フード・エンポーリアム（Food Emporium）」である。これは，従来のやぼったいA&Pのイメージからは想像もできないような，コスモポリタンな品揃えをもつ高級で洗練された業態であった。

だがもちろん，A&Pはこうした高級化路線のみに傾斜したのではない。1980年代末時点での同社の現実の業態ポートフォリオは次のようなA～Cの3層構成となっていた。このような多様なスーパー亜業態ポートフォリオの構築による事業展開の点で，同社は珍しくも革新的であった（Pearce II *et al.*, 1086, p.499）。

A. グルメ店＝高級食品専門店「フード・エンポーリアム」——シティ・センターや裕福な郊外コミュニティ向けのグルメ・スーパー。ただし，この業態の開発においてA&Pが先行していたわけではない。すでにジャイアント・フード社やセーフウエイ社等がこれを展開していたからである。しかしそれでも，彼らにあまり遅れをとらずにこの業態を取り込んだ。

B. スーパーストア——当初は2つの原型があった。①1984年秋から展開し始めた「フューチャーストア（Futurestore）」。これはミドル・クラス以上を標的とし，高品質の腐敗性品，エスニック売場，専門サービス部門を拡充した高級イメージの大規模スーパーで，主として新規建設による。内装カラーが在来店とはまったく異なる。②85年3月から展開し始めた「セイヴァセンター（Sav-A-Center）」。これはスーパーストアの総合性，多彩さに倉庫型店の低価格アピールの要素を結合した業態であり，主として新規建設による。90年代にはしだいにこの②のタイプに絞られる。

C. 近隣型スーパー——「エー・アンド・ピー（A&P）」，「スーパー・フ

レッシュ」(不採算店の業態転換の柱として開発した低コスト運営の新業態店),「コールズ」(ウィスコンシン),「ウォールドボームズ」(ニューヨーク),「ドミニオンズ」(オンタリオ。1990年代には「フード・エンポーリアム」的性格を強める店舗も)等。都市圏の人口密集地域に立地し,その大半は在来型スーパー(90年代には「ファーマー・ジャックス」〔ミシガン〕,「ミラクル・フード・マート」〔トロント〕が加わった)。

3)マス・マーケットの解体と新しい市場像:標的市場の再設定

このような業態ポートフォリオの新構築を導いたのは次のような基本的認識である。すなわち,1960年代までは正確に照準を設定できたマス・マーケット(=個人レベルでは「平均的消費者」の存在のたしかな手応え)が解体し,現在では消費者の購買パターンと選好が「多様で細分化された万華鏡」のようなものに変質した。したがってこのように細分化され,局地化されたニーズをもつ顧客に対しては,かつてのような1業態ないし1種類の規模の店舗で「万事足れり(one-size-fits-all)」とはいかないし,総合取扱い小売業的(a catch-all retailing)アプローチは通用しない。複数の業態開発,したがってまた業態ポートフォリオの新構成による,消費者の特定のニーズへの正確かつ機敏な対応こそがこれからの小売業にとって「成功のカギ」になる,との認識である(A & P, *1983 AR*; *1990 AR*)。

さて,このような新しい市場イメージのもとで進められる店舗・企業経営は,とうぜんのことながら,多かれ少なかれ集権的管理体制のもと画一的業態(=クローン店舗)と統一的店舗運営(=マニュアル経営)を基本とする従来のそれからは相当異質のものとならざるを得ない。だがそのような転換は,既存のA&P店の業態転換や新規開店だけでは迅速に実現できず,機会を逸することになる。そこで同社は,地域に密着し強固な存立基盤を確立している優良企業のドミナント・リージョナル・チェーン(その多くは同族経営)を買収する途を追求したのである(A & P, *1986 AR*)。それが上記の買収である。

こうしてA&Pは,いくつかの異なる業態から構成され,地域に密着した

地方色豊かなリージョナル会社群から構成される企業へと転換した（A & P, *1986 AR*）。この体制のもとで，現業部門は元オーナー経営者の自由裁量に任せてその優れた商才を存分に発揮させ，総合本社は彼らが苦手とする経営情報処理＝コミュニケーション・システムズの整備や財務コントロールの強化にウエイトを置いたのであった（Saporito, 1990, pp.112-13）。

　転換のもう1つの側面は標的市場の絞込みである（＝「どこにでもあるA & P店（A & P-in-every-town）戦略」の放棄）。一般に巨大組織にありがちなことであるが，激変する市場への対応が遅れシェアを落とす地域市場が続出する。その結果，大手企業にあっても1920～60年代にみられたような全国市場制覇志向は全体的に現実性を失う。そこでセーフウエイ，クローガー等の大手企業も，まもなく市場絞込み戦略を採用する*のである（258, 263-64ページ参照）が，凋落の激しかったA＆Pはそれを先駆的かつ徹底して採用し，絞り込んだ市場に対し限られた経営資源を集中投入する戦略をとった。この戦略はその後，競争の激化に伴いいっそう徹底し，90年代に入るとどの大手企業もほぼ，No.2以内を確保していない地域市場からは撤退するのを基本とするようになっている**。

　　*　例えばクローガー社は，理念的には比較的早くから地理的拡大の基本政策＝店舗建設プログラムとして，確固たる地位を築いた市場への集中＝シェア引上げをかかげていた（Kroger, *1979 AR*）。
　　**　このような行動パターンが巨大小売企業の間で一般化すれば（後述〔263-64ページ〕のように一般化している），それは地域市場の競争のあり方に深刻な影響（シェア格差＝序列の固定化，共謀の誘発，リーダーのもとでの暗黙の斉一的行動等）を与えるだろう。

　小売業のような立地産業にあっては，企業の収益性が主として，実質的に戦略事業単位をなすローカル市場（SMSAにほぼ等しい）レベル（およびその集合）の成果に規定される（Cotterill, 1993a, p.165）から，優良ドミナント・リージョナル・チェーンの買収とともに，この標的市場絞込み戦略は，企業側からすればきわめて合理的であった。

第Ⅴ章　A＆Pの凋落と再生

4）A＆Pの業績回復の特徴と限界
（1）上げ底された業績の回復

　ウッド体制のもとにおける以上のような再生過程をへて，1980年代後半期にA＆Pは完全に再建され，競争力を回復してふたたび「東部の野獣」(Saporito, 1990, p.109) となった。事実それは業績に反映されており，アメリカ経済の急激な回復にも助けられたが，82～90年の純利益の増加率は年率21.8％にものぼったのである。これには，高い粗マージンを享受できる①腐敗性品の取扱い強化，②高級化（upgraded）マーチャンダイジング，③ナショナル・ブランドとプライベート・ブランドの構成比を始めとして，製品ミックスの変更等が効果を発揮した。こうして89年には買収後始めて10年ぶりに，テンゲルマン・グループに対して1,400万ドルの配当ができた。また買収時わずか5～6ドル台であった株価（NYSE）は，89年3月20日には47$^{5/8}$ドルで引けたのである。

　しかしA＆Pのこのようにめざましい好業績は第1に，主要ライバル企業が1980年代に吹きすさんだM＆Aの嵐に巻き込まれ，その重い後遺症に悩まされていたために相当上げ底されていたことを見逃してはならない。例えば，以下で触れる狂気のM＆Aに巻き込まれた企業のうちセーフウエイ，クローガー，スーパーマーケッツ・ゼネラル（Supermarkets General Corp.〔SGC〕），ストップ・アンド・ショップの4社だけで，LBO時点で計約4,000店（88年の全米スーパー店舗数3万1,000店の13％）を経営していた（256-57ページも参照）。

　これらライバル企業の多くはM＆A対応に忙殺され，短期的視点に立った無理な防御策を強いられたり，ウォール・ストリートの動向に過度の注意を向けたりして，多かれ少なかれ本業が軽視されるか弱体化した。とくに，買収に成功してもLBO等により巨額の債務負担にあえぐ企業や，防御に成功しても過大な配当等防御策に膨大な資金の投入を余儀なくされ財務体質が弱体化した企業は，競争力を大きく殺がれ，長らく身動きできない（offenseless）状態に陥った。それら企業は一般に競争行動を「軟化」させ，高価格を設定しがちであり，ライバル企業を有利にする方向に作用したといわれる。つま

243

り，ライバルの非LBOスーパーはこの時期，一定の条件さえ整えばこうしたLBOスーパーを「食い物」にできたのである。もちろんA＆Pも，主要ライバル企業が置かれているこのような状況を積極的に利用してシェアを拡大しようとした（A＆P, *1988 AR*）。

（2）労働関係への新アプローチが内包する問題性

このように，A＆Pの急速な業績回復は，有力ライバルがM＆Aの嵐に襲われ，疲弊していたという状況に大きく助けられたラッキーな面を多分にもっていた。では同じく同社の業績回復に大きく寄与した労働関係への新アプローチについてはどうか。それはたしかに即効性はあったが，その決定的な差別的優位性は基本的に，先行採用企業としての利益を享受できる期間だけの一時的なものである。新アプローチが主要ライバル企業に普及するにつれ，差別的競争優位性は基本的には失われてしまうからである。そうなると，賃金やフリンジ・ベネフィットのいっそうの切下げ，パートタイマー比率の引上げ*等，労働側にさらなる譲歩を要求するという，労働条件劣悪化の螺旋状の過程にはまり込む可能性がある。そうなれば従業員の志気はますます低下するだろう。

* 例えば，1995年に締結されたUFCW Local 876との3カ年協約（デトロイトを中心に約6,500人をカバー）では，パートタイマー比率は従来の50対50からフルタイマー30対パートタイマー70に引き上げられた（cf. *Monthly Labor Rev.*〔Sep.1995〕）。

他方，好業績が持続すれば労働側の譲歩奪回闘争を誘発し，しかもそれを店舗閉鎖の威嚇でもって切り返すのがむずかしくなる。かくして全体的に，蓄積の基礎条件をなす労働関係が脆弱化する恐れが強くなる。事実，スーパー業界における労働関係は新アプローチの普及等によってもけっして安定したとはいえなかったし，1980年代末以降も労働関係がスーパーの経営問題のなかで占めるウエイトは引き続ききわめて大きい（cf. McCormick, 1989, pp.15ff.）。

こうした労働関係の不安定化は，ワンストップ・ショッピング等便利さを

強調し，専門サービス諸部門を拡充する1980・90年代の（スーパー・）スーパーストアやコンボ・ストア（詳細は後述）戦略の展開を制約する。なぜなら，コンビニのような小規模店舗や倉庫型店等の価格アピール型業態とは異なり，それら大規模サービス・アピール型業態の業績は，地域市場密着型マーケティングの展開に不可欠な，その店舗固有の高いスキルを身につけた勤続年数が長いフルタイム従業者の強固なコアが，分厚い層として存在しなければならないからである（Walsh, 1993, pp.126-27）。このコア従業者群を縮小ないし弱体化させるような労働関係は，今後のサービス・アピール型新鋭業態の展開にとってけっしてプラスになるものではない。

* スーパーにおけるパートタイマー比率は1962年：35％→85年：60％，と急上昇したが，それは大規模店におけるフルタイムのコア労働力を，それぞれの部門にかんして部門長1人とその部門内1～2人に絞り，雇用の増加に比例させなかったからである（cf. Tilly, 1991, p.16）。だが，それによって消費者の高質サービス要求に充分対応できたかどうかは疑問である。

（3）財務操作主義的経営と店舗投資の軽視

　A＆Pにおけるウッドの経営の問題点はさらに，財務面に大きく傾斜していたことである。就任後いち早く財務コントロール・システムを強化し，それと関連して機敏な財務対応ができるよう会計情報システムも強化した（スコット体制下の財務コントロールのずさんさが反面教師となった）。逆にいえば，買収したリージョナル・チェーンの現場を元のオーナー経営者に任せたように，最も基礎的なマーチャンダイジング面や店舗レベルのハード面の改革にはあまり注意を向けなかったのである。その意味ではA＆Pの好業績は必ずしも同社の「真の転換を告げる」ものとはいえなかった（cf. Kinkead, 1982, p.104 ; Saporito, 1987, pp.68-69）。例えば，同社の宿痾ともいえる単位店舗の小規模性はなかなか解消されなかった*。

* A＆Pは平均店舗規模を2万2,504平方フィート（2,090m²）から3万1,635平方（2,940m²）に増やすのに10年以上かかった（*Wall Street Jour.*, May 28, 1993）。

財務操作重視のウッド体制のもとでこうした弱点はいっこうに解消されなかった。いやむしろそれは増幅され，1980年代末以降には──LBO熱が大西洋を越えた象徴といわれた（*Business Week*〔July 3, 1989〕）イギリス第3位の食品小売企業ゲートウエイ社の買収にからむ約4億3,600万ドルの投資（Isosceles PLCとジョイント）等──マネー・ゲームへの突入とその失敗，それに長期にわたる店舗投資の不足に起因する主要ライバル店との店舗規模格差による競争力喪失が加わり，90年代の業績不振の顕在化へと至るのである。同社の業績は，底上げ状態の解消に加えて不況による消費の冷え込みもあって，91年から急速に悪化（82年以来の減益）し，92年には1億8,950万ドルという同社としては史上最大の赤字を出した。

5）その後のA＆P：衰退過程へ

　その後の過程は低迷・衰退としかいいようのないものである。後掲の表Ⅵ－1のように，1990〜95年の間の売上高成長率（年率）はじつにマイナス2.4％である（もっともアメリカン・ストアーズ社はもっとひどく，マイナス3.7％）。そして90年の売上114億ドルは，95年には101億ドルに減少していた（後掲の図Ⅵ－3）。その後1996〜2005年も，売上高は完全に足踏み状態（2004年の売上は1996年水準のわずか107.6％）となり，さらに2005年は前年比約2割という大幅減少に陥り，危機的状況を迎えている。

　収益状況はさらにひどく，2005年までの10年間，じつに6年間が赤字なのである＊。そして6年ぶりに純利益を計上した2005年も，営業利益レベルでは3億2,000万ドル強もの大幅赤字であった。文字どおり蓄積メカニズムの崩壊を窺わせるものがある。このような過程で店舗数はますます先細りとなり，1990年に1,275店あったのが，毎年のように減少し，2005年にはじつに3分の1以下（405店）となっている。

　　＊　1993年12月のウッドの辞任は，直接的にはイギリスでのマネー・ゲームの失敗の責任をとらされたものであろう。92年には営業利益レベルでは前年比2割強に急減したとはいえなお，4,400万ドルの黒字であったが，上記マネー・ゲームの失敗により最終損益では1億9,000万ドルもの巨額赤字を計

上した。また94年には再度 1 億7,000万ドルの最終赤字となったが，それは海外事業の大赤字（カナダ事業でのスト続発とイギリス事業の不振）のためである。

　このような大規模で全面的なリストラは1998年から本格化した。すなわち，いくつかの物流関連施設，製造プラント，不採算店舗の閉鎖・売却，管理機構の縮減に着手した。とくに2003年末からはニュー・イングランド北部とウィスコンシンの店舗の売却が始まり，同年，ほとんど処分した製造事業のうち最後まで保持していた有名な Eight O'Clock Coffee 事業さえ 1 億750万ドルで売却してしまった。また2005年には15億ドルでカナダ事業をスーパー・ドラッグ小売商メトロ社に売却したし，中西部の49店舗も処分を決定した。
　このような最近の状況は，ハウプがＡ＆Ｐの経営に意欲を失っているのではないかと思わせるほどである。この転落が1993年12月，ウッドの後任としてテンゲルマン・グループのオーナーであるエリヴァン・ハウプ会長兼CEOの末息子クリスチャン（Christian W.E.Haub, 29歳）を社長兼COO（最高執行責任者）に任命したことと関係があるかどうかは分からない（98年 5 月，会長兼CEO）。しかし，上に概観した最近の同社は，いわば「会社崩壊」状況に近いといってよい。もしそうだとすれば，私は，Ａ＆Ｐの創業からほぼ「死滅」までを辿ったことになる。

第Ⅵ章　スーパー間競争の激化とM＆Aの嵐
　　　　：1975～90年

　第Ⅱ期と同様，ここでも時期区分に関して確固たる根拠があるわけではない。西ドイツ資本によるA＆Pの買収（1979年1月）という象徴的出来事を重視すれば80年までとするのも一案であるが，スーパー業界においてA＆Pが占める地位はかなり大きく低下していたので，この買収の衝撃性はいささか落ちていた。また「小が大を呑む」ケースである，ドラッグ・ストア業界第3位で，主として西部をテリトリーとするスカッグズ社（本拠ユタ州ソルト・レーク・シティ）によるアメリカン・ストアーズ社の買収（79年5～7月）も，それに続く80年代のM＆Aに比べるととくに画期とするほどの意義を付与しがたい。そこでとりあえず，反トラスト政策の緩和のもとでの業界再編成の活発化という基本的性格において総括できるので，75～90年をひとまず第Ⅲ期とする。

1　寡占構造の不安定化：特徴1

　第Ⅲ期の大手スーパー4社*が置かれている状況を概観するためその売上高の動向を図Ⅵ－1でみておこう。同図から明らかなことは，総括的には1980年代後半における売上高順位の急激な変動であるが，より立ち入ってみれば次の3点を指摘できる。

　　＊　厳密にいえば，1980年代前半期，ラッキー・ストアーズ社とアメリカン・ストアーズ社はスーパー業界の第3・4位を争っていた。またA＆Pも，80年代全体をとおして第5位以下であったことが多い。したがって叙述が錯綜するのを回避するため，「大手4社」といってもこれまで中心的に取り上げてきた4社のことを指す。

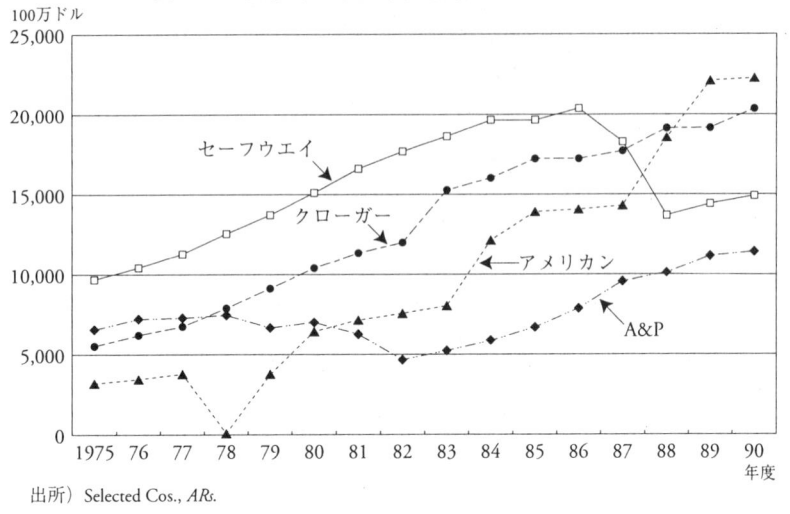

図VI-1　大手4社の売上高の推移：1975－90年度

出所）Selected Cos., *ARs*.

　まず第1に，テンゲルマン・グループに買収されたのちの企業再建期にあったA＆Pを除きどの企業も，1980年代前半までは順調な成長をとげ，売上高順位の変動もなかった。ところが後半に入ると様相が一変する。まず，①73年にA＆Pを抜いてトップに立ったセーフウエイ社はわずか15年間（A＆Pは72年間）その地位を維持しただけで，88年にはトップの座を——この時期に標準業態となったスーパーストアを先行採用し，さらにはディロン社（83年1月），その他を買収した——クローガー社に譲り，自らは第3位に落ちる。②そのクローガー社も次年にはアメリカン・ストアーズ社にトップを奪われれ，そして③75年に食品小売業第4位であったアメリカン・ストアーズ社が積極的なM＆A活動もあって89年にはトップになる。

　以上の動きを5年ごとの平均売上高成長率（年率）でみると表VI－1のとおりである。これからも明らかなように，クローガー社とアメリカン・ストアーズ社は1975～85年に，60年代を遥かに上回る2ケタの成長率を実現していた。とくにアメリカン・ストアーズ社は80年代後半も10％近い成長率を誇っていた。ところがクローガー社とセーフウエイ社は成長に急ブレーキがかかる。

第Ⅵ章　スーパー間競争の激化とM&Aの嵐：1975～90年

表Ⅵ-1　売上高成長率（年率）：1975-2005年

(単位：%)

年度	クローガー	セーフウエイ	アメリカン	アルバートソンズ	A&P
1975-80	13.7	9.2	14.9	—	1.3
1980-85	10.7	5.4	16.7	10.7	−1.1
1985-90	3.4	−5.4	9.8	10.2	11.5
1990-95	3.4	2.0	−3.7	8.9	−2.4
1995-2000	15.4	14.3	—	22.9	1.0
2000-2005	4.3	3.7	—	2.8	−3.8

出所）表Ⅱ-1に同じ。

　このように，1980年代後半には明らかに，食品小売業の寡占構造が全体的に，急激に不安定化したのである。
　第2に，この時期に2社が，アメリカ巨大食品小売業の長い歴史においてもかつて経験しなかったほど急激に売上を落とした。1社は，大規模なリストラを進めていた1980年代初頭のA&Pであり，底である82年の売上高はわずか2年前の水準の66％に過ぎなかった。もう1社は，それまで業界リーダーであったセーフウエイ社である。同社は87・88年に売上高が急減し，底の88年にはピーク時（86年）の67％に落ちるとともに，文字どおりトップの座を転げ落ちたのである。先頭を切っていたマラソン選手が急に反対方向に走り出したかのような，このような形のトップの交替も珍しい*。

　*　上位企業のこのような動向を反映して，上位4社の売上高集中度（CR_4）は次のように，ほとんど変わらなかった。1982年：16.1％→87年：17.1％→91年：16.3％（Messinger & Narashimhan, 1995, p.196）。

　第3は，1982年を底としてA&Pが，それまでの長期低迷からの脱却を示すかのように，それ以降は順調に売上を伸ばしていることである。
　そして以上の3点のいずれにも，後述するようにM&A活動がからんでいるのである。
　さて，このような売上高の推移を，より長期のトレンドの中に位置づけると，1960～80年はA&Pを除く3社が比較的順調に売上を伸ばし，A&Pのみが低迷していたのに対し，80年代は様相が一変し，セーフウエイ社の著しい

沈滞，80年代後半のＡ＆Ｐの目ざましい復調，アメリカン・ストアーズ社の著しい伸びによって特徴づけられることが分かる。

純利益（税引）は，売上高の変化を遥かに上回る激変ぶりを示す。①この15年間に大手企業が3社（Ａ＆Ｐ〔1978～81年〕，セーフウエイ社〔86，87年〕，クローガー社〔89年〕）も赤字に陥った（ただし，セーフウエイ社は営業利益レベルでは両年とも黒字）。これもまたアメリカ巨大食品小売業の歴史において初めての経験である。1930年代の大恐慌期においてさえ，しばしば減益には陥ったが赤字は経験していなかった。②3社のうちＡ＆Ｐはすでに指摘した特殊事情があるから除外すると，残り2社はいずれも80年代後半に激震に見舞われている。例えばセーフウエイ社は，85年に2億3,100万ドルという同社史上最高の純利益をあげたのち，いきなり2年連続の赤字に転落する。またクローガー社も，87年に同社史上最高の2億4,700万ドルの純利益をあげたのち，88年にはわずか3,450万ドルに急落し，さらに89年には7,300万ドルの赤字に陥るのである。純利益レベルの収益性の不安定化は明白である。

比較的順調であったのは，再建後のＡ＆Ｐとアメリカン・ストアーズ社といえる。だがこのうち後者は，この期間のピークが1984年の1億8,600万ドルであり，以後85～89年はその5～8割の水準で低迷する。したがって結局，この期間に増益を続けたのは82年以降のＡ＆Ｐだけということになる。事実Ａ＆Ｐは——90年には奪回されるとはいえ——88・89年だけはアメリカン・ストアーズ社を抜いて4社中純利益額トップを記録するまでになった*。

＊　ただし，4社に次ぐ地位にあったウィン-ディクシー・ストアーズ社やアルバートソンズ社は89年度にそれぞれ1億3,450万ドルと1億9,660万ドルと，遥かに大きい純利益をあげていた。

ところが，本業の収益性を示す営業利益率の動向は，図Ⅵ-2のように，上記純利益の動向とはかなりの乖離を示す。各社とも，80年代初めまではやや低迷するものの，その後は2％台をほぼ維持し，とくに80年代末からは著しい上昇を示す（Ａ＆Ｐだけはほぼ一貫して急上昇をとげる）。営業利益率のこうした動きも，じつは後述のようにＭ＆Ａ騒動が大きくかかわってい

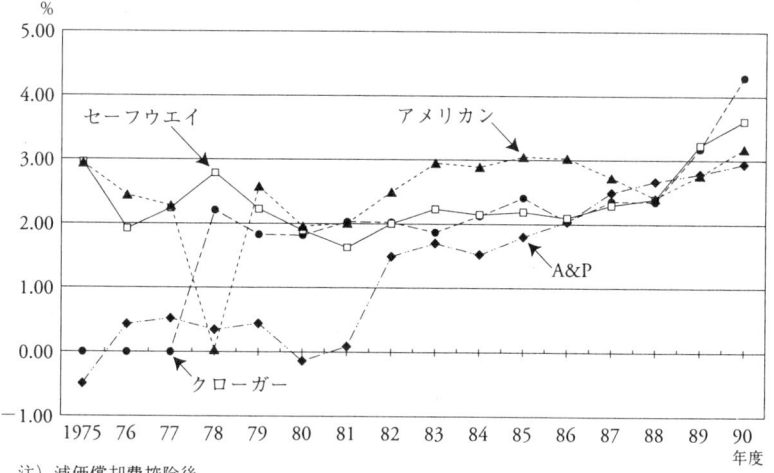

図VI-2　大手4社の営業利益率の推移：1975-90年度

注）減価償却費控除後。
出所）Selected Cos., ARs.

るのである。

　さて，これまでは売上高と利益という，単純であるが基本的な指標を通じて大手4社の業績の推移を辿ったのであるが，次に，このような推移を規定した特徴的要因を明らかにしておこう。

2　反トラスト政策の後退とM＆Aの嵐：特徴2

　以上のようにこの期間，食品小売業の寡占構造の不安定化はいっそう進行したが，その点を単純かつ明快でより客観的な指標たる売上高の上位10社の構成変化によって確認しておこう。
　ⅰ）10年前に食品小売業のランキング上位10社に入っていなかった企業は，1970年には1社（＝10年前の1960年にランキング入りしていなかったラッキー・ストアーズ社）だけであるが，75・80年は各2社，85・90年は各3社と，しだいに増えている。
　ⅱ）上の裏面であるが，10年後にランキング入りしていない企業は，65・70年は各2社であるが，それ以降（75・80年）は各3社で，ここでも増加している。

ⅲ）ランキング内のシェア構造をみると，シェア格差構造の不安定性が増大している。すなわち1965年には，Ａ＆Ｐ（スーパー業界第1位）と，セーフウエイ社（第2位）とクローガー社（第3位），ついでアメリカン社（第4位）以下，というかなり明確な3層構造をなしていた。ところがその後は3層構造が急速に崩れ，90年にかけて，Ａ＆Ｐの凋落，セーフウエイ社の急伸と後退，クローガー社の地位の維持とアメリカン・ストアーズ社の躍進等を伴うビッグ・フォーの地位の激しい変動が生じた。上位4社以下についても同様である。要するに，アメリカ・スーパー業界の上位企業の編成は，著しく不安定性を増しているのである。

ⅳ）しかしスーパー業界の上位企業の編成の不安定性のみを強調するのも一面的である。例えば1990年の上位10社のうち7社は，10年前にもランキングに入っていたし，20年前（1970年）でも5社が入っていた。しかも65年から90年にいたる4分の1世紀の間，上位4社の常連はセーフウエイ，クローガー，アメリカン・ストアーズ，Ａ＆Ｐの各社であったことを忘れてはならない。

このような上位企業を始めとする食品小売業界の激しい変動はおそらく，次の要因によって規定されていただろう──①成熟市場のもとで市場環境の変化と競争がいっそう激しくなったこと。そして後者は，企業の差別的有利性を生み出すさまざまなイノベーションの試みが，ますますかんたんに模倣＝コピーされること（＝「競争対応時間」の著しい短縮）によって促進された（Bates, 1976, p24）。一般的にいって企業の「反射神経」が強化され，全天候型の迅速・柔軟反応戦略が強化されたのである。

②短期収益の極大化志向を強める株主から経営陣への圧力が強まったこと。それは──もちろん，つねにではないが，しばしば──経営陣に一定の無理を強い，中長期的にマイナスになりがちなスタンド・プレー的，極端で短期に成果の出やすい行動（極端なレイオフや事業部門の切売り，財務操作等）に走らせ，経営基盤の脆弱性と業績の不安定性をいっそう強める側面をもっていた。

しかしこのような不安定性の増大は，直接的にはとりわけ，③80年代に嵐

のように進行したM＆Aによって規定されていた。

　2次にわたる石油ショックを含む1970年代は消費者物価（食品）の著しい上昇の時代であった。BLS（Bur.of Labor Statistics）によれば，その上昇率（年率）は60〜65年：1.4％，65〜70年：4.0％である。これに対し70年代は70〜75年：8.8％，75〜80年：7.7％（ピークは79年の11.0％），ときわめて高率であった（しかしその後，82年〔4.1％〕からは落ち着いてきた）。このため70年代には，一方では虚飾を排しサービスを削減したいわゆるノーフリル（no-frills）店やノーブランド品（「ゼネリック・ラベル」）*が流行するとともに，他方では，議会でもたびたび食品価格の高騰問題が取り上げられ，大規模食品小売企業の行動等に対する規制の動きを生んだ**。

　　*　ディスカウント・ストアの伸張と消費者の食品価格の高騰に対する批判への対応として，1977年にジューエル社が初めて採用してから急速に広まり，1980年頃までにはどのスーパーも取り扱うようになっていたが，一時的熱気にとどまりその後は急速に縮小した（Glick, 1969, pp.47ff.）。
　　**　これに関連しては，のちに挙げるマリオンらの文献のほか以下を参照せよ。U.S.Senate, 1979；U.S.HR, 1976；U.S.Congress, Joint Economic Committee, 1977a, 1977b；FTC, 1975（筆者はパーカー）.個人論文としては，Lamm（1981）がある。なお，マリオンらの研究への批判は上記議会聴聞会記録中にみられるが，その他次も参照。Anderson, 1993, pp.203 ff.

　例えば，a）ウィスコンシン大学のマリオン，ミューラー，コッテリル，連邦取引委員会のパーカーらのグループは，反トラスト法の厳格な運用と大規模食品小売企業・食品メーカーに対する情報開示を強硬に要求した。彼らは基本的にベイン流産業組織論に立脚して，売上高集中度とくに上位4社集中度（CR_4）と上位4社の設定価格・利益水準との関連についての実証分析を精力的におこない，その結果に基づき$CR_4＝40％$，相対市場シェア＝25％を競争ノルムであると判定し，それ以上の集中度における独占的価格吊上げ（monopoly overcharges）を推計した（U.S.Congress, Joint Economic Com., 1977a/1977b, p.80; Marion et al., 1979, p.104）。b）1975年には下院議員54人の共同提案によって，食品製造・流通産業の競争状態にかんする定期報告を連邦取引委

員会に義務づける法案（H.R.9182）が上程されたりした（U.S.HR, 1976）。

　しかしそれらの企てはいずれも成功せず，むしろ反対に政策の主たる潮流は反トラスト法の運用緩和＝レッセ・フェールないし停止へと向かうのである。その徴候は，1960年代にM＆Aを規制した大手小売業各社に対する同意審決の期限が相次ぎ到来した70年代中頃に，連邦取引委員会が明確な態度を示さなかったことである。それが反トラスト政策転換のシグナルとなったのはいうもまでもない。事実，75年には早速，ラッキー・ストアーズ社によるアーデン・メイフェア社（Arden-Mayfair, Inc.），76年にはウィン－ディクシー・ストアーズ社によるキンベル・ストアーズ社の買収，その他が容認された。75～76年に連邦取引委員会が問題にしたのはたったの1件である（U.S.Congress, Joint Economic Com., 1977a, pp.4-58）。そして84年には，連邦取引委員会と司法省は事実上，すべての非水平的合併を容認し，水平的合併についても，従来のガイドラインより許容的な改定合併ガイドライン＝反トラスト機関による事実上の反トラスト政策の停止決定を発表した（85年1月には67年1月策定の「食品流通産業の合併にかんする運用政策〔ガイドライン〕」が正式に廃棄された）＊。

　　＊　1980年代の反トラスト政策の崩壊状況については，U.S.HR, 1988, のコッテリル証言に詳しい（pp.80ff.）。

　そうしたいわばアンチ・反トラスト政策に力づけられて，とりわけ1980年代に入ってからはM＆Aを巡る動きが活発化する。そして80年代後半には敵対的テイクオーバー・ビッド（TOB，株式の公開買付け）が広範に企てられ，業界編成に「激震」ともいえる影響を与える。これが第Ⅲ期の第2の特徴である。その広がりと深度は，メリル・リンチ社を先頭とする投資銀行が，残された数少ないフロンティアであった小売業分野に積極的に接近した20年代後半のそれさえも上回る，かつてない規模に達したとみてよい。事実，「79～89年の間，合併とLBOはスーパー上位20社の売上の81.6％に影響を与えた」（Cotterill, 1993a, p.164）といわれるほどであった。あるいは，85～89年の間に，大規模食品小売企業上位50社のうち，全米食料品店販売総額の25％を占める

19社がLBOないし資本修正に関与したといわれる（Chevalier, 1995a, p.416；Wrigley, 1998, p.128）。

ここに，従来は製造企業に対して甘く，小売企業に対して相対的に厳しかったといわれるアメリカの反トラスト政策における差別性が取り払われ，いわば「全面解禁」となったのである。それはパワー関係の推移にかんして小売企業に相対的に有利に作用しよう（ただし，小売業におけるＭ＆Ａの盛行は製造業における対抗的Ｍ＆Ａを引き起こす可能性もある）。

特徴的なことは，第Ⅲ期のＭ＆ＡないしLBOでは，それまでとは異なり，食品小売企業ベスト・テンに入るような大手企業が広範に買収対象とされたことである。例えば，当時スーパー業界でクローガー社とともにトップを争っていたセーフウエイ社は，1986年6月，有名な乗っ取り屋ハフト（Herbert Haft）一族に率いられるダート・グループ社（Dart Group Corp.）から敵対的TOBをかけられた。そしてその防御のため，当時史上最大*といわれた53億ドルのLBOによりニューヨークの投資ファンドKKRに身売りし（8～11月），同時に非公開会社となった（詳細は後述）。

 * 1983年，クローガー社がスーパー業界第11位のディロン社を6.0億ドル（株式交換）で買収した時も「スーパー業界史上最高額」といわれた（これに対し反トラスト機関は何の措置も講じず，黙認した）が，それがわずか数年のちに10倍近い額となって記録を更新したのである。

そしてクローガー社も，1988年にはハフト一族から敵対的TOBをかけられたし，KKRからもビッドをかけられ9.9％もの株式を握られたことがある。結局これら敵対的TOBに対する防御のために同社は多大の負担を強いられることになる。また，80年にスーパー業界第4位と第7位であったラッキー・ストアーズ社とジューエル社はともに，アメリカン・ストアーズ社によって買収（88年と84年）されてしまった。

要するにこの期は，トップ企業といえどもかんたんにＭ＆ＡないしLBOの標的にされてしまうほどの激動期であった。もちろん，二番手以下の中堅企業でも大規模なＭ＆Ａ関連の動きがみられた。こうした熱狂的Ｍ＆Ａは，

経営資源の効率的利用を促進するとの弁護論にもかかわらず，後述のように，その成功・失敗を問わず，巻き込まれた企業の多くに巨額の負債を残し，従業者の大量解雇・労働条件の劣悪化と資産売却による大規模な事業再編等，要するに大規模なリストラをもたらした。あるいは金融市場への経営陣の過度の注目（＝本業の軽視），過度の短期視点，「空騒ぎ」ないし「カネと労力のムダ使い」等に起因するさまざまな傷痕を残した。

そしてLBOのため重債務企業となり，その財務体質を著しく弱体化させた企業では，価格競争回避ないし価格引上げ行動が強まった（cf. Chevalier, 1995a/1995b）といわれる*。たしかにシェア第3位以下の市場からは撤退し，シェア・トップないし第2位で踏みとどまった市場では徹底的にその地位を強化するコア事業・重点市場への集中戦略（core focus strategy）は，価格引上げ等の独占的行動を容易にするだろう。事実，それらの行動によって，スーパー大手3社の出店地域がオーバーラップする地域市場はきわめて少なくなったといわれる（Seth & Randal, 1999, p.188）し，圧倒的といわれるウォルマート社のスーパーセンターに対する競争回避行動は，「消耗戦」を嫌う大手スーパーや中堅スーパーに広くみられるようになった。

* ただし，その傾向がただちに発現するのではない。LBO企業が営業する地方市場の主要ライバル企業がLBO企業であるか，非・低LBO企業であるかによって影響されるからである。後者にとっては，LBO企業の多くがいわば半身不随の「流動性制約」下にあるため，参入と積極攻勢の絶好の機会となる。

そればかりではない。多くの企業が熱に浮かされたような猛烈な M＆A 騒動に巻き込まれた結果，アメリカの食品小売企業の多くはこの時期，重債務負担のもとで資本支出が抑制され，さまざまな近代化計画の推進の面でイギリスやヨーロッパ大陸の大手企業に大きく立ち遅れ，数年間をムダにしたといえる。例えば，従来のデベロッパー主導型の店舗開発から小売商主導型のそれへの転換，物流・ロジスティックスのいっそうの整備とそのコントロールの強化，小売商が主導権を握った形の革新的なサプライ・チェーン・マネジメントの実現，競争をある程度遮断し収益性の向上に寄与するPB開

発の強化，重投資による統合情報システムの構築等の遅れである。これらをいち早く敢行したイギリスでは，大手食品小売企業の圧倒的シェアのもと，巨大小売資本の支配（big capital-retailer dominance）モデルともいえる大手小売商支配のフード・システム＝「イギリス・モデル（U.K.model）＝小売商主導型モデル（UK retailer-led model）」を実現した*。それは，大手食品小売企業の集中度が低いアメリカの「メーカー主導型モデル（US manufacturer-led model）」と対照的である。リグレーは前者の本質的特徴を「資本集約的な小売商支配（capital-intensive/retailer-dominance）」システムにあるとし，その経営様式の核心が資本集約的競争様式の構造化による巨額の固定資本投資と，その結果としての——営業経費と運転資本の厳しいコントロールによる——効率経営の志向にあるとしている。そしてこの志向から上記のような諸改革を敢行できたとみる。

* このイギリス・モデルのアメリカへの移転の試みについては，Wrigley（1997a/1997b/1997c/1997d/1998/1999a/1999b/2000/2002）をみよ。ただし，イギリス・モデルの普遍性（「斉一的グローバル・モデル」）の主張が妥当するかどうかは，イギリス資本のアメリカでの今後の展開，アメリカにおける食品小売業における集中の進展いかん，圧倒的に強力なアメリカの食品メーカーのパワーの今後の推移，反トラスト政策等に規定され，リグレーがいうほど単線的に，イギリス・モデルに収斂するとは思われない。とはいえ，イギリス・モデルとアメリカ・モデルの比較考察は，ヨーロッパとアメリカの食品小売業の国際比較に際して数々の興味深い視点を提供してくれる（cf. Cotterill, 1997 ; Seth & Randall, 1999, pp.181, 190 ; Hugh, 1997）。

3 M＆Aへの巨大食品小売企業の対応

この期のM＆Aでは，ダート・グループ社やKKRのような純粋の投資家グループが大規模に小売業に関与してきたのが特徴であるが，以下，この時期におけるいくつかの代表的事例を取り上げ，標的とされた企業がどのような対応行動をとったか概説しよう。

（1）重い財務負担とリストラの強行：セーフウエイ社のケース

1985年のLBO以前のセーフウエイ社は，73年にA＆Pを抜いて売上高で食

品小売業トップ（小売業第 2 位）となったが，75年の純利益 1 億4,900万ドルをピークにやや停滞していたし，営業利益率も78年の2.79％をピークに低迷に陥っていた。その主な理由は――折からのコンシューマリズムの活発化，女性・マイノリティへの雇用差別等の社会問題・訴訟の多発，相次ぐ反トラスト関連訴訟等の社会的状況のもとで――最高経営責任者ミッチェルが訴訟に巻き込まれることを極端に恐れるようになり，財務と法務を担当する役員が重用されるようになったことにある（*Business Week*, 1982b, p.44 ; Pearce II *et al.*, 1986, pp.509-10）*。これは社会的・政治的コンテキストが，トップのパースナリティないし資質とも結合して，企業行動を大きく規定した典型的ともいえる事例である。プライベート・ブランドの偏重やPOS導入の遅れとともに，その極度に消極的な経営姿勢は，「安全路（safeway）」のみをとる「西部のA＆P」（Blyskal, 1982）と蔑称されるほどであった**。そうした経営姿勢はたしかに，74〜79年の間，長期債務を 1 億ドル余りの低水準にとどまらせはしたが，他方では，とうぜんながら営業レベルの積極性を殺ぎ，セーフウエイ社が進出している主要14都市のうち 9 都市でシェアを低下させたのである。例えば，同社にとっての中核市場ロサンゼルスでのシェアは，75〜80年の間に約 7 ％へと半減し，第 4 位に転落した（Pearce *et al.*, 1986, pp.509-11 ; *Business Week*, 1983, p.68）。この過程は，すでに触れたバーガー体制下の A＆P の企業行動と酷似している。

　　　＊　一例を挙げれば，弁護士たちは訴訟を起こされることを恐れて店内に健康食品コーナーを設置することにさえ反対した。
　　＊＊　もちろん，同社の保守化はたんにミッチェルだけによるのではない。長期にわたり最高実力者であったピーターの父ロバート・マゴワン（彼がミッチェルを後任に選んだ）の頑固な保守主義の影響もあった。

　セーフウエイ社の低迷の打破は，1980年 1 月に就任した新会長兼CEOのピーター・マゴワンに託された。事実彼は，81年初め積極行動に出る決定をおこない（*Safeway, 1981 AR*），他社に大きく立ち遅れていた（78年末時点でゼロ）新鋭業態＝スーパーストアの展開に着手する（新規開店の70％を占めた）とともに，価格アピール型業態「リカー・バーン（Liquor Barn）」，価格ア

ピール型業態の倉庫型店「フード・バーン（Food Barn）」，グルメ食品店等新鋭業態の開発を意欲的に進めた*。また業界では先駆者であった国際事業についても積極性を保持し，その海外事業の比重は他社をだんぜん圧していたのである（84年の売上196億ドルの26％，純利益1億8,500万ドルの38％を占めた）（*Wall Street Jour.*, Aug.15, 1985）。

* 今後10年間はスーパーストア・コンセプトが主な発展方向であることをはっきりと認識し，追上げを図った（Safeway, *1979 AR*）。この結果1983年初めの時点で，全2,454店（うちアメリカ国内立地は1,919店）のうち74％は平均2.4万平方フィート（2,230m²）の在来型スーパー，20％は平均4万平方（3,720m²）以上のスーパーストア，3％がフード・バーン，約3％弱がリカー・バーンになったといわれる。だがこの算定におけるスーパーストアのカテゴリー設定はやや甘く，この業態の展開における立ち遅れはなお克服されていなかったようである（cf. Hafner et al., 1986, p.52）。

このような時期にセーフウエイ社は，超大型ハリケーンの来襲のようなM＆Aに巻き込まれ，以上の経営改革の推進を大きく中断させられる。すなわち同社は，1984年頃からヴァンクーヴァーのベルツバーグ一族や大手百貨店アライド・ストアーズ社による乗っ取りが噂されていたが，86年7月，有名な乗っ取り屋ハフト一族に率いられたダート・グループ社により35.4億ドルの敵対的TOBをかけられた。だがセーフウエイ社は，自社が切売りされ解体されることを危惧してただちにそれを拒否する（Magowan, 1989, pp.9ff.）。しかしその後まもなく（8～11月），ホワイト・ナイト役を演じたニューヨークの投資ファンドKKRによって，当時小売業史上最大といわれた42.5億ドルものLBOで買収された*。KKRはセーフウエイ社の当時の負債15億ドルも引き受けたので，結局新セーフウエイ社（90年2月，企業組織を再編し，それまでの Safeway Stores, Inc. から Safeway, Inc. へと社名変更）の負債総額は58億ドルという巨額に達した（利子支払い・元本返済額に対する利払い前・税引き前・減価償却前利益＝EBITDA〔earnings before interest, taxes, depreciation and amortization〕の比率は0.85％にまで低下した〔Denis, 1994, p.208〕）。その結果，86年には同社史上初の赤字（1,400万ドル）に転落し，さらに87年には4億

8,800万ドルもの大赤字を計上し（ただし，営業利益は4億5,000万ドル弱の記録的黒字），同時に非公開会社となった。

* その際，乗っ取りに失敗したダート・グループ社もセーフウェイ社の持株を売却してわずか3カ月で約1億4,000万ドルもの利益をあげた。また投資銀行その他の専門家は2億ドルを稼ぎ，KKRに資金を提供した投資家たちも，平均2ドルで購入した株式が再公開時（1990年4月）は11.25ドルとなっていたので，わずか3年半で10億ドルほど儲けたのである。最後にストック・オプションを得たセーフウエイ社のトップ幹部35人も，株式の再公開によってこの間に株価が6倍近くなっていた（Cotterill, 1993a, p.178；Mayo, 1993, pp.228-29）。これらの利害関係者がいずれも，このLBOを「大成功」だとみなすはとうぜんである。

3年半の非公開をへてセーフウエイ社は1990年4月，株式の10％を再度公開する（以降，順次公開して巨額の資金を調達）。この時には買収された時点の巨額の負債もようやく半減していたが，それまでのリストラ過程は激烈で徹底していた。巨額の負債を返済するため相次ぐ資産の売却処分（内外11の主要事業等の売却価額約24億ドル）＊や設備投資の抑制がおこなわれた。とくに，大手スーパーの中で最も積極的に海外展開を進めていた同社は，西ドイツ，オーストラリア，イギリスの子会社を相次ぎ売却し，海外経営はメキシコとカナダ（一部を処分）だけとなった。銀行クレジット協定の約款により，資本支出は，LBO前は6億2,300万ドルであったのが2億3,600万ドルに制限された（Denis, 1994, p.208）。また従業者数は，86年の17万2,000人が88年には一挙に10万7,000人に減少するとともに，店舗閉鎖＝解雇の圧力のもとに，長年の懸案であった労働条件の切下げを強行した＊＊。文字どおり，「金融業者たちの利益はセーフウエイ社の労働者の犠牲によって得られたもの」（Mayo, 1993, p.229）であった。店舗数も86年の2,300店が，わずか3年後の89年には1,100店へと半減していた。それは70年代A＆Pの激しい店舗整理を上回るほどのハイ・ペースであった。

* これに関連して1988年8月，セーフウエイ社はカリフォルニア南部のほぼ全店舗（172店）をカリフォニア南部最大の優良スーパー，ヴォンズ社（300店以上。86年1月，経営陣主導のLBOにより非公開化→87年7月，アライ

第Ⅵ章　スーパー間競争の激化とM＆Aの嵐：1975～90年

ド・スーパーマーケッツ社との合併後公開へ）へ売却するのと引換えに同社の普通株式を約30％入手して（のちに65％まで増やす）子会社化し，96年に完全子会社化した。

＊＊『ウォール・ストリート・ジャーナル』紙のサンフランシスコ支局記者スーザン・フォーラディ（Susan C.Faludi）は，この買収に関連するヒューマン・コストを探り（*Wall Street Jour.*, May 16, 1990 ["The Reckoning"]），レイオフの衝撃と賃金切下げ，生産性向上への圧力，元従業員の自殺等の話を含む優れた報道により1991年度のピューリッツァー賞（explanatory journalism 部門）を得た（*Wall Street Jour.*, Apr.10,1991）。これら従業員の立場からすれば，このLBOについての評価は投資家やセーフウエイ経営者のそれとはまったく異なるものとなろう。ここでは，それぞれの立場によってその評価は異なる，という当たり前のことを——しばしば特殊利害が一般利害として主張されがちなので——指摘しておく。ただし，その場合でも，LBO前後という異時点比較による企業の経営資源のより効率的利用を促進したとの「客観的」立場もありうる。しかしその際，LBO騒ぎによる前向きの経営改革の中断（数年間）の時間的ロス，海外展開の後退等についてはほとんど触れられることはないし，大量の失業による全体としての人的資源の利用効率の低下というマクロ的側面は，とうぜんながら脱落する。

このようなリストラの強行は同時に，次の2つの過程と併行していた。1つは，トップないし第2位のシェアを維持している市場以外からは大胆に撤退し，踏みとどまった市場での位置を重点的に強化したことである（踏みとどまった21の主要な大都市圏のうち18でトップないし第2位のシェア）（Safeway, *1989 AR*)＊。この行動パターンはこの時期以降，クローガーを始めとして大手各社で一般化する（242ページ）。つまり営業地域の大胆な再編がおこなわれたのである。第2に，それと関連して，LBOに関連する重債務圧力のもとで，負債コストの回収のため価格の引上げが広くおこなわれたことである。例えば，セーフウエイ社の売上高純利益率は，1985年の2.18％から90年には3.65％へと劇的に上昇したし，EBITDAも大きく上昇した（Cotterill, 1993b, pp.241-42。詳細は「付論2」参照）。

＊1987年にダラス，ソルト・レーク・シティ，エル・パソ，オクラホマの各事業部から撤退し，88年にはカンザス・シティ，リトル・ロック，ヒュース

トンの各事業部から撤退し，リッチモンド事業部の一部から撤退した。

このようにセーフウエイ社では，買収を契機に全面的かつ徹底したリストラが強行され，それが一段落し，収益性も大きく改善した1990年代に入ってから再度資本支出を積極化させるのである（Safeway, *1990 AR, 1991 AR*）。こうして同社の行動は，ポストM＆AないしLBO後のリストラとその後の積極経営の一典型となった。

LBOを契機とする重債務に促迫されたこのようなリストラと「優良企業」としての再生（Weinstein, 1997, p.22）を，当時の会長兼最高経営責任者マゴワンは，その立場上とうぜんとはいえ「smaller but stronger」に転身する過程だ（Magowan, 1989, p.12）と総括したが，重要なことは，労働コストの削減ないし抑制を基軸とするこうした合理化過程は，LBO直後の期間に特有のことではなく，1992年に社長となり，その後最高経営責任者となったバード（Steve Burd）のもとでも恒常的なものとしてビルト・インされている点である（Weinstein, 1997, pp.17ff.）。

しかし，一方的に労働側に大きい負担を強いるこのやり方が安定性を保証されるはずがない。事実やがて，業績の回復や景況の変化ないし労働の需給関係の一定の変化のもとで，大規模なストライキの頻発をもたらすことになる。例えば1996年，同社の「輝ける星」の1つであるカナダ市場の全セーフウエイ店でスト・ロックアウトが起こったし（Lewis, 1997, p.51），本拠地のカリフォルニアでも長期ストが相次ぐことになる。

（2）重い財務負担による競争力の喪失：ストップ・アンド・ショップ社とSGCのケース

東部市場でA＆Pの有力ライバルであったストップ・アンド・ショップ社（1986年度スーパー業界第8位）や，強力なパスマーク・ストアーズ社（Pathmark Stores, Inc.）等を傘下にもつ優良企業のスーパーマーケッツ・ゼネラル社（以下，SGC。同第6位）も，セーフウエイ社と同様ダート・グループ社に狙われたため，86年から87年にかけて乗っ取り防止措置に追われる。そして結局SGCは87年4月，ダート・グループ社の17億3,000万ドルのビッド

を拒否し，経営陣とメリル・リンチ社の一事業部（Merrill Lynch Capital Partners, Inc.）に率いられた投資家グループとの，18億ドルにのぼるLBOによって非公開会社となった（SGCの親会社 Supermarkets General Holdings Corp. の株式の過半数は上記メリル・リンチの一事業部が所有）。そして93年3月，再度株式の部分公開をしたが，それによって得た資金をLBOによる重い債務負担の軽減のために用いたものの，さらなる資産売却に追い込まれた。かくして，かつてはニューヨーク都市圏市場でプライス・リーダーであった同社の強力業態パスマークも，今やその地位を失ったといわれるようになる（2000年6月破産→2001年再建）。この場合は，M＆Aが経営資源の効率的利用を促進したとはとうていいえないケースとなった。

またストップ・アンド・ショップ社も1988年6月，12.3億ドル（負債の引受け分を含めると29億ドル）のLBOでKKRによって買収されるとともに非公開になり，SGCと同様，巨額の負債を背負った（売上の2～3％もの巨額の負債利子返済）ため資産の切売りの過程を辿った。そして91年11月，再度公開したが，それによってKKRは巨額の利益を得るとともに，その資金の一部は長期負債12.8億ドル（年利子経費は約1億7,000万ドル）の返済に充当された。そして96年3月，KKRは29億ドルで同社を，当時全米第9位のスーパーとなっていたロイヤル・アホールド社（本社オランダ）の現地法人アホールドUSAに売却した。この約8年間で，KKRはこのLBOへの初期投資に対し推計9.0億ドルの利益を得たといわれる（Wrigley, 1998, pp.132-34）。このLBOがストップ・アンド・ショップ社の経営にとって積極的な意味をもったのかどうかは疑わしい。

（3）重い債務負担と多角化戦略の変更：クローガー社のケース

スーパーストア化で先行していたクローガー社は，1980年代初めの時点で，店舗規模においてセーフウエイ社のそれより平均11％，A＆Pのそれより38％も大きいといわれた（Saporito, 1983, p.78）。そして83年1月にディロン社（スーパー219店，コンビニ352店，その他を経営）を買収したため，国内売上高に限ればセーフウエイ社を抜いてスーパー業界トップとなり，営業利益は80年から85年にかけて2億7,000万ドルから6億2,000万ドルへと2.3倍弱，純

利益も80年の9,440万ドルから85年には1億8,080万ドルへと倍増した。

ところが同社もしだいにM&Aの熱狂に巻き込まれていく。そして1986年初め頃から，乗っ取り防止のため大規模なリストラに乗り出さざるを得なくなる。まず効率的に運営されていないとみられる資産（全資産の12%）を売却処分するとともに，すでに指摘したように，多角化の一支柱にしようとしていた戦略事業＝ドラッグ・ストア事業（Laycock, 1983, pp.131-33）を手放す決定を余儀なくされる。こうして事業領域の再定義により同社は，しだいにスーパーとコンビニの2事業に絞り込んでいくのである（Kroger, *1986 AR*；*Wall Street Jour.*, June 22, 1987）。かくして89年12月末時点でスーパー1,234店，コンビニ988店を経営するようになっていた。

以上の事業整理過程は1986年，ダート・グループ社から50.8億ドルにものぼる巨額の敵対的TOBをかけられたことによって促進された（*Wall Street Jour.*, July 22, 1986）。それを防御すると，88年にはKKRがクローガー株式の9.9%を「たんに投資目的で」所有していることが判明し，やがて計50億ドルにものぼる巨額の敵対的TOBをかけてきた。KKRは以前にもクローガー社に対しTOBをかけてきたことがあったし，KKRはセーウエイ社やストップ・アンド・ショップ社の買収に成功しているだけに，クローガー社にとって深刻な脅威となった。

そこで同社はその魔手から逃れ，かつ株式公開を維持するため，広範な財務リストラを余儀なくされる。まず1988年9月には1株当たり48.69ドルという巨額の特別配当を決定する（Kroger, 1988 AR）。そしてこの配当，その他の目的のために，①一部スーパーやスーパー倉庫型店事業の切り離し，その他により3億3,300万ドルの資産売却をし，②87年に11億ドル近くもあった内部留保をも全部吐き出した。そしてさらに，③41億ドルもの新規借入れをしたのである*。以上の結果，88年には一挙に25億ドル強もの累積赤字を計上するほどの痛手を受けた（95年時点でも累積赤字は19億ドル余）。これらは，88年10月，KKRが最終的に敵対的TOBを諦めるまでクローガー社が強いられた無理の一端である。そして89年には――30年代の大恐慌期にも経験しなかったのに――セーフウエイ社と同様，同社史上初の単年度赤字（7,300万

ドル）に陥った＊＊。もちろん，このあとには労働条件の切下げと大規模な人員削減，資産売却，大量の店舗閉鎖（1,237店）というお決まりのコースが待っていた。

　＊　同社の長期負債は，騒動直前の1986年に5億6,000万ドル（総資産の17.0％）であったのが，88年には一挙に45億3,000万ドル（同98.2％）に達した。資本修正に続く3年間，同社は推計毎年平均7億ドルもの巨額のキャッシュ不足に陥り，利子支払い・元本返済額に対するEBITDAの比率は0.71まで低下した（Denis, 1994, p.208）。

　＊＊　ところが本業の健康度を示す営業利益は，同社史上初の10億ドル台に乗せていた（10億9,000万ドル）ことからも分かるとおり，本業とかかわりないマネー・ゲームの深刻な影響を受けたのである。

こうして，「付論1」でのべるように，きわめて積極的な競争姿勢をもつ「タフガイ」であった同社も，先述のセーフウエイ社と同様，重債務負担のもとで債権者から配当はもとより資本支出（資本修正前は4億6,400万ドルであったのが2億1,500万ドルに制限〔Denis, 1994, p.208〕＊），資産売却，その他各種の制約を課せられ，身動きとれなくなる。それと併行してしだいに，価格の引上げによる負債コストの回収を最優先する企業行動へと後退していく。

　＊　デニスによれば，クローガー社はセーフウエイ社に比べ，比較的資産売却を躊躇したため，投資水準がそれだけ大きく犠牲になったという。同社の総資産額に対する資本支出の比率は，資本修正後の4年間に約46％低下した。それは年額約2億4,900万ドルにも相当する（Denis, 1994, pp.213-14）。

なおクローガー社は，それまでの累積赤字から脱却し24億，30億ドルの純利益をあげた1994，95年頃からほぼ回復したといえる。94年にEBITDAは初めて10億ドル台に達した。その意味では，敵対的TOBの傷痕を癒すのに約7年もかかったわけである。

(4) **重い財務負担と鈍い企業行動：アメリカン・ストアーズ社のケース**

1979年5月，業績不振のアメリカン・ストアーズ社はドラッグ・ストア業界第3位のスカッグズ社に買収された（新社名は持株会社としてアメリカン・ストアーズ社を採用〔167ページ注参照〕）。これによってスカッグズ社

の資産は一挙に3倍以上になるとともに，最新鋭業態であるスーパー・ドラッグ・コンビネーション・ストアの展開で先行する。

新生アメリカン・ストアーズ社は，業績が好転するやその後もM&Aに積極的で，1984年11月に老舗のジューエル社（83年度スーパー業界第6位。中西部とニュー・イングランドが主要地盤）を約11億ドルで買収して，主として北東部，西部，南西部で店舗展開していた自社を地理的に拡大した。さらに88年6月には同じく老舗で，ドル箱のカリフォルニア事業部（360店）をもつラッキー・ストアーズ社（86年度同第4位）を26億ドルで買収した。その狙いは，不振を続けるカリフォルニアのアルファ・ベータ事業部（子会社アルファ・ベータ社〔Alpha Beta Co.〕）を強化することにあった。事実この買収によって，同社はカリフォルニア州で最大の約25％のシェアを握るとともに，スーパー業界のトップに躍り出るはずであった。

このケースに関連して，レーガン政権のもとで反トラスト法運用がほとんど停止されていた連邦レベルでは，連邦取引委員会が1988年8月31日，アメリカン・ストアーズ社によるラッキー・ストアーズ社の買収を，ごく一部の店舗（30〜40店）の切離しを条件に最終的に認可した。ところがカリフォルニア州司法当局は独自の判断をくだし，競争制限の恐れがあるとして州と連邦双方の反トラスト法を適用して提訴した。そして連邦地裁は後者を支持して88年9月「暫定差止め命令」を認めた。このケースは1年以上法廷で争われ，アメリカン・ストアーズ社の行動は大きく規制された*。

> * このケースは結局，1990年5月，子会社アルファ・ベータ事業部の店舗の9割近くを切り離すことで同意審決に達した。それに基づき91年6月，同事業部を2.4億ドルでフード・フォー・レス・スーパーマーケッツ社に売却した（American Stores, *1991 AR*）。

つまり，1980年代から90年代初めの共和党政権のもとで，連邦取引委員会は合併に必ずしも反対せず，地方レベルでシェアが著しく上昇して反競争的になるとみられる水平的店舗オーバーラップを事前に切り離し，規制ルールを可能な限りクリアーさせる「事前調整優先方式（fit-it-first approach）」

第Ⅵ章　スーパー間競争の激化とM＆Aの嵐：1975～90年

（Wrigley, 2001, pp.191ff./2002, pp.74-75 ; Wood, 2001, pp.1288ff.）を採用していた。その運用の実態は，あまり重要でないわずかな店舗の切離しによる買収案件の基本的承認であった。上記ケースはその一例である。しかし，とどまるところをしらない大手食品小売企業のM＆Aの盛行は，それによって交渉上の地位を脅かされかねない食品メーカーや相対的に小規模な食品チェーン，さらには消費者グループの警戒心を強めたし，州の司法長官も批判姿勢を強めた。また上記「事前調整優先方式」に対しても反トラスト関連の弁護士・学者グループから強い批判が巻き起こり，民主党政権になると2000年頃までに──かつてのような厳しい運用ではなかったが──反トラスト政策の一定の強化がなされた（Wood, 2001, pp.1296-98; Wrigley, 2001, pp.192ff.）。他方，共和党政権下の連邦レベルでのこのような甘い反トラスト政策とは別に，州政府レベルでは独自の厳しい政策がとられたのである。上記カリフォルニア州はその一例であるが，ほかにコネチカット，マサチューセッツ，ロード・アイランド等の各州でもみられた。いわば反トラスト法運用の2段階方式である。

　さて，アメリカン・ストアーズ社では，これらの相次ぐ大型買収のため巨額の債務負担にあえぎ，1989年末時点の総資産長期負債比率はじつに43％にも達した。こうした負債を軽減するため資産売却等その処理に追われ，「宴のあとの飽食漢のように鈍い動き」と評される体たらくであった（cf. Saporito, 1990, pp.112-13）*。その後大量の資産売却（89年：28.7億ドル，90年：25.1億ドル，91年：7.4億ドル）により負債は減少したが，それでも92年末時点で総資産長期負債比率はなお31％を占めていた。

　　* 同社自身，近年策定した積極的な投資計画を修正し，当面は債務負担の軽減に重点を置くとしている（American Stores, *1989 AR*）。そして1989～91年に大規模な事業構成の再編を余儀なくされる（その中でとくに大きいのは，90年9月の東部子会社アクメ・マーケッツ社〔275店〕の処分である。処分した主な子会社や店舗については *1995 AR* をみよ）。

269

4 業態分化の進行：特徴3

　第3の特徴として，スーパーがますます分化し多様化してきたことが指摘できる。例えば，①スーパーはその単位店舗の圧倒的大規模性のゆえに，歴史的には食品にかんする総合商品取扱い業態（a catch-all retailing approach）であることを特徴としてきた。そしてこのアプローチを堅持し発展させたいくつかの亜業態が生まれた。その1つは，伝統的スーパーより大規模で，デリ，ベーカリー，生鮮海産物，ワイン・ショップ，チーズ・ショップ，エスニック食品・グルメ食品，健康・美容品，花ショップ等を含むより広い商品選択幅を提供するサービス・アピール型の性格をもつスーパーストアであり，2つ目が薬局を含む食品・ドラッグ・コンビネーション・ストアというハイブリッド型経営（hybrid operation）である。他方，上とは異質のアプローチを採用したのが，②低価格・低サービスに力点をおいたノー・フリルで（1930年代の初期スーパーへの回帰），品揃えを絞り込んだ倉庫型店，スーパー倉庫型店*，アメリカではあまり発達していないハイパーマーケット（1980年代初めの不況期）といった価格アピール型の新亜業態である（詳細は後述）**。そして最後に③として，②と原理的に方向を異にする大規模で高級・豪華な内装，圧倒的な品揃えで，しかも広範な高品質品やエキゾチックな製品をも取り扱い，富裕な階層に標的を設定したいわば高級スーパーが生まれた。これはかくだんにサービスを重視したいわばグルメ・コンセプトの店舗である（cf. *Business Week*〔Aug.17, 1981〕）。

　　* サービス・アピール型のスーパーストアやコンビネーション・ストアの発展は，逆にまたこれら低級化（trading-down）のノー・フリル食品店に絶好の機会を提供した（*Business Week*, 1981, p.50）ともいえ，両者はいわば相互規定関係にある。

　　** こうした業態の多様化に伴いますます，食品小売業における競争構造を明らかにするには，①ワンストップ・ショッピングのニーズに応える幅広い選択幅の品目を提供する本文中の諸業態（ただし，そのすべてではない）と，②消費者が主として「補充」購入する際に利用される，迅速かつ信頼できるサービスを提供し便利な立地のコンビニ，一般の独立食品店，専門食品店，

そして品揃えを絞り込んだ価格アピール店等とを，明確に区別する必要が生じる。なぜなら，①類は②類と一定の競争関係にあるとはいえ，そのあり方は①類内のそれとは質的に異なる部分的なものだからである。いいかえると，消費者は食品の主要購入先を①類におき，②類は副次的としている。つまり後者はせいぜい周辺市場（market fringe）を構成するにとどまるのである（ただし，コストコ卸売会社〔Costco Wholesale Corp.〕のように，そこを基盤に巨大企業に成長する企業も出現する〔表序-2の1995年と2005年参照〕）。あるいは在来型スーパー，スーパーストア，コンビネーション・ストア，スーパー倉庫型店等①類は，価格およびマーチャンダイジング戦略の決定に際し，まずは①類内部の業態＝いわば「同類」を主たるライバルとしてその動向を注視するのであって，②類を主要な競争相手とはみなしていない，といってもよい。したがって業界が，機能的に類似しているとみなす一連のサービスを提供する業態群を上記2区分に総括しているのは，競争の現実のリアルな認識に基づくものといってよい（cf. Parker, 1986, p.11 ; Marion, 1987, pp.195-200/1989, pp.185 ff. ; Cotterill, 1993a, p.160）。ただし，そうした競争連関も固定的ではなく，新業態開発競争や業態の不均等発展により可変的であることに注意する必要がある。

　このような分化のため食品店中の中核業態であるスーパーそのものも，1980年以降は，スーパーストアを基本業態ないし標準業態（benchmark format）として明確に再定義し（cf. Cotterill, 1993a, p.168）*，それとの関連で在来型スーパー以下の諸業態を亜業態として位置づけないと，食品小売業全体の分析が不充分になってきた（関連して，195-97ページ参照）。

　*　ただしコッテリルにおいては必ずしも明確ではないが，基本業態はけっして歴史的原型である必要はなく，むしろその時点における社会の標準的販売力を構成する業態（＝標準的ないし規定的商品回転率を実現しうる業態）だと規定したほうがよい。したがって例えば，在来型スーパーがマイナーな役割しか果たさなくなり，スーパーストア（ないしコンビネーション・ストア）が支配的ないし標準的となれば，後者が基本業態ないし標準業態となる（事実，そうなりつつある）。

　なお，こうした傾向との関連で，どのような業態ないし（亜業態を含む）

業態ポートフォリオに蓄積基盤を置くか，またそれに関連した多角化のあり方等によって，個別企業もますますいくつかの戦略グループに分化していると把握できる（162-63ページ参照）。とはいえ分化傾向のみが一方的に貫徹するのではない。競争というものは，もちろん程度の差はあるが，分化と同化（収斂化）の双方に作用するからである。したがってある歴史的時期において両者がどのように作用しているかの解明は，実証分析による以外にない。これに関連して付言すれば，1984年時点で在来型スーパー，スーパーストア，コンビネーション・ストアは，スーパーの売上総額の約90％であったといわれる（Marion, 1987, p.197）。またこれらと対照的な価格アピール型イノベーションを体化した業態である倉庫型店，スーパー倉庫型店およびハイパーマーケット（一括して「デポット・ストア（depot store）」ないしメガ・スケール小売業）のシェアは，89年のスーパーの販売総額の15％という（Marion, et al., 1993, p.179；本書，278-79ページもみよ）。

だがこのような傾向は，別の角度からみると次のようにもいえる側面を伴っていた。すなわち，それぞれの業種・業態の「自然な発達過程」として，例えばスーパー，ドラッグ・ストア，ディスカウント・ストア等の基本的業種・業態の区分規定を与える基本的枠組みが，取扱い商品の相互浸透によりますます曖昧になってきたことである（Cort, 1977, p.56）。これはもはや亜業態レベルを超える，いわば業種・業態間の対等のレベルの「融合」問題である。

5　新業態開発競争と単位店舗管理の重要化

（1）新型スーパーストア

スーパーにあっては，マージン確保のため取扱い製品の多角化がなし崩し的に進められてきたが，それとともに競争相手の業態もスーパーに限られず，従来からのレストラン，コンビニ*はもとより，ドラッグ・ストア，ディスカウント・ストア，バラエティ・ストア，マクドナルドやウェンディーズなどのファースト・フード店等へと，業種・業態を越えてますます多面化した（＝いわゆるクロス競争ないしボーダーレス競争化）。

＊　1977年頃には，コンビニの経営者は一般的に，スーパーと直接の競争関係に入るとは予想していなかった。ところが80年代中頃になると様相が大きく変わった，といわれる（cf. Kotler, 1988, pp.170 ff.）。

　かくして競争視点からみると——スーパーにとって，亜業態を含むスーパー間競争とスーパーとディスカウント・ストア，スーパーとファースト・フード店等との競争のウエイトが異なるというように，一定の階層構造（それもまた変化する）をもちつつ——一方では業種・業態の境界がますます曖昧化するとともに，他方では競争構造が著しく複雑化していったのである（195-97ページ参照）。

　さて，食品小売業関連では1970年代後半から80年代にかけて，虚飾を廃した新業態の倉庫型店やスーパー倉庫型店の急成長とともに，競争とくに価格競争がますます激化していく。そうした新たな競争状況に直面して大手スーパー各社は，そのアイデンティティの再確立を要請されることとなった。彼らが採用したのは基本的に，それら価格アピール型業態との正面からの競争を回避し，高マージンを享受できる非食品・生鮮農産物等の品揃えの拡充，事前調理食品・冷凍食品，高級・エキゾチックな食品等の拡充等，全体的には多品種・多品目・大量取扱いの大胆な推進，専門サービス諸部門（デリ，ベーカリー〔多くの場合作業過程を公開〕，花ショップ，顧客の注文に応じてカットするサービス肉カウンターやサービス・シーフード・ショップ，サービス化粧品カウンター，フルサービスの調剤薬局等）を飛躍的に充実させた新タイプのスーパーストア，さらにはその発展業態である食品ドラッグ・コンビネーション・ストア（後述）化の方向であった。それは明らかに在来型スーパーから，基本的コンセプトをかなり大きく変えた新業態であった。

　1972年に始まった旧タイプのスーパーストアに続いて連続的あるいはなし崩し的に，70年代末からいち早くこの新型スーパーストアを展開したのがクローガー社であり（Kroger, *1979 AR*；本書，193ページ以下），アルバートソンズ社であった。財務的に比較的強力な大手スーパーの多くもやがてそれに追

随し，労働集約的なこの業態は食品小売業における雇用増加に大きく寄与した（cf. Haugen, 1986, p.12）。

こうして新型スーパーストアは1980年代の花形業態として，80年には全スーパー店舗の9％，そして86年中頃には14％を占めるまでになっていた（食品マーケティング協会の推計）。より具体的にその店舗規模をみると，80年代中頃の時点では，在来型スーパーが売場面積約2.0〜2.5万平方フィート（約1,900〜2,300m^2），取扱い品目数約1〜1.4万，年商約500万ドル，約65人で運営するのに対し，新型スーパーストアは大体4万平方フィート（約3,700m^2）以上（旧型は3万平方フィート），取扱い品目数2.5万以上，年商1,000〜2,000万ドル，80〜200人で運営した（Walsh, 1993, pp.1-2, 8-9, 52-53）。

1990年頃になると，在来型スーパーが2.0〜3.0万平方フィート（約1,900〜2,800m^2）であるのに対し，スーパーストアは平均4.3万平方（約4,000m^2）もあり，生鮮農産物を拡充し，デリ，ベーカリー，生鮮シーフード，調理食品，サラダ・バー，花，健康・美容品，その他のセクションにますます力点を置いた。

このようなスーパーストアは，ますます時間節約志向でワンストップ・ショッピングの要求がいっそう厳しくなった現代の消費者のニーズに対応したサービス・アピール型新業態なのであった*。

* スーパーストア化が店舗組織，労働編成，管理態様，イノベーションの導入等にいかなる影響を与えたのか，スーパーストアを先行採用したクローガー社について詳細に研究している第一級の作品がWalsh（1993）である。

（2）コンビネーション・ストア

食品とドラッグのコンビネーション・ストア，あるいはスーパーストアとドラッグ・ストアの複合店であるコンボ店（combo food and drug store ; combination grocery〔food〕and drugstore）ないしスーパーコンビネーション・ストア（supercombination store）と呼称される「コンビネーション・ストア」がいつから開発されたのかははっきりしない*が，1970年代後半から，スーパーとドラッグ・ストアの競争が激化し，両業態の相互浸透が進行した。それはさま

第Ⅵ章　スーパー間競争の激化とM&Aの嵐：1975～90年

ざまな形態をとったが，やがてそのハイブリッド業態がドラッグ専門企業とスーパーの提携や，単独で展開されるようになった**。この点でも先駆的企業の1つとみられるクローガー社（同社は，70年代はスーパーストア，80年代はこれが典型的店舗という〔Kroger, 1981 AR〕）についてみると，80年に計画している新規店舗の約40％（82年のそれでは3分の2以上）は4.0万平方フィート（約3,700m²）以上のコンビネーション・ストアであり，それらでは非食品の一般商品が売場の3分の1以上を占めたという。

　*　スーパーマーケッツ・ゼネラル社が東海岸でコンビネーション・ストア（4.5万平方フィート〔約4,200m²〕）を開設した最初のスーパーといわれる。
　**　例えば，ドラッグ専業大手のスカッグズ社（当時は Skaggs Drug Centers, Inc.）とスーパー専業のアルバートソンズ社の提携（1969～77年）や，ドラッグ専業のトップ企業ウォルグリーン社とスーパー専業のシュナックス・マーケッツ社（セントルイス）の提携などである。前者は大いに成功したため，提携を解消しそれぞれが独自展開へと踏み切った（Forbes〔May 15, 1977〕, p.144）。他方，ジャイアント・フード社（ワシントン），スーパーマーケッツ・ゼネラル社，シカゴのジューエル社のように単独でスーパーとドラッグのコンビネーション・ストアを展開するケースもあった。

　これから推測すると，コンビネーション・ストアはスーパーストアの1つのなし崩し的発展形態として，1980年代に入って急速にクローガー社の支配的業態になっていったようである（したがってスーパーストアと区別せずに捉えている企業もある）。そして80年代に入ると早くも，スーパーストアからコンビネーション・ストアへの業態転換も生じており，新規店舗や改装店舗の中心業態は後者となっていた。その結果，83年時点ではすでに同社の食品店の90％以上がスーパーストア（同社の場合薬局をもたない）かコンビネーション・ストアの部類に入ったといわれる（Kroger, 1980 AR, 1981 AR, 1983 AR）。その後，この業態はさらに店舗面積が拡大し（90年代初めには平均して5.8万平方フィート〔約5,400m²〕以上），これを主力業態と規定する95年時点では，コンビネーション・ストアはクローガー社の全食品店舗数の60％（88年には48％），売場面積の73％（同62％），全食品店売上総額の74％（同

61％）と圧倒的比重を占め，次いでスーパーストアが全食品店舗数の33％，売場面積の24％，全食品店売上総額の23％を占めた。これに対し在来型スーパーは全食品店売上総額の３％を占めるに過ぎず，ほぼ完全に凋落している（Kroger, 1995 AR）。

呼称は違う場合があるものの，同様の業態展開傾向はアメリカン・ストアーズ社*やセーフウエイ社にもみられる**。かくしてこの時点では，少なくともスーパー（食品店）にかんしては，最新鋭業態＝コンビネーション・ストアへの収斂傾向，したがってまた競争の一元化傾向が生まれているとみなしてよい（そのこと自体が，やがて一定の分岐傾向を生み出すにしても）。

* アメリカン・ストアーズ社は，売場面積4.6〜7.0万平方フィート（約4,300〜6,500m^2）の「まったく新たなタイプの店舗である……コンビネーション・ストア・コンセプトは，今後の成長の焦点となろう」といい（American Stores, 1979 AR），「1980年代以降，最も成長力のある，また最も興味深いコンセプトだ」という（American Stores, 1981 AR）。そして79年にスカッグズ社が旧アメリカン・ストアーズ社を買収した主な動機もこの新業態の急速な展開にあった（American Stores, 1979 AR）。

** 1980年時点でセーフウエイ社の北米最大のコンビネーション・ストアは，８月にテキサス州シャーマンで開店した５万7,600フィート（5,350m^2）の店舗である（Safeway, 1980 AR）。そして83年に開店した145店のうち70店は3.5万平方フィート（3,250m^2）以上のスーパーストアであった（Safeway, 1983 AR）。90年時点でも，「わが社はますますスーパーストア〔3.5万平方フィート以上〕の開発に力点を置いている」とし，年度末時点で全店舗の46％を占め，その平均規模は４万3,700平方フィート（4,100m^2）という（在来型スーパーは平均２万5,800平方フィート〔2,400m^2〕）（Safeway, 1990 AR）。

（３）（スーパー）倉庫型店等

スーパーは1930年代に出現して以来，百貨店がそうであったように，長期的にはほぼ一貫して大規模化・デラックス化・サービス強化の方向を辿ってきたといってよい。それはとうぜんコスト上昇したがってまたマージン＝価格引上げ圧力を強めた。それはやがて競争空間に一定の空隙を生み出したが，それを機敏にもいち早く発見し，満たそうとしたのは——百貨店の場合は

ディスカウント・ストアであり，その急速な発展の結果百貨店はますます高級化を強いられていくのであるが——スーパーの場合は，60年代に始まったディスカント機能を強化したスーパーであった。それは基本的に，在来型スーパーの飽和化と上記デラックス化等への傾向＝コスト上昇圧力への部分的対応であったといえる。しかし，店舗をデラックス化しサービスを強化したまま，つまり高コスト構造を温存したままでのディスカウント機能の強化には大きい限界がある。そこで，この限界を基本的に克服するため，もっぱら価格アピールの衝撃度を高めることを狙って虚飾を排した新業態を開発したのである。それが70年代中頃から拡まる倉庫型店である*。それは虚飾とサービスをできるだけ排して低コスト・オペレーションに徹し（この限りでは，30年代初めの初期スーパー「倉庫風安売り屋」への回帰である），高回転品の取扱いに絞り込んだ（約1,500品目）強度の価格アピール型業態（プライス・リーダー業態）である。取扱い品目のこの狭さのために，それだけでは消費者の多様な食関連需要に対するワン・ストップ・ショッピングを可能にする業態ではなく，あくまで補完的業態にとどまる。

 * 1976年，ロバート・プライス（Robert Price）が卸クラブの第1号店を開店したことに始まる。

しかしその圧倒的低価格は威力を発揮するし，参入者にとっても——2.5万平方フィート（2,300m^{2}強）の平均的な在来型スーパーを開店するのに必要な備品と店舗在庫が約80.0万ドルに対し——このノー・フリル店舗は，店舗規模が3分の1か半分である上に，冷蔵設備等も必要としないから約5.0万ドルですむ。そして労働コストは在来型が売上高の10％以上なのに対し約4％と低い（*Wall Street Jour.*, Apr.27, 1978）。こうした低参入障壁はこの業態への参入者の急増をもたらした。もちろん大手スーパーも，本格的展開としてではなく，いわば「保険」をかける形でこの業態を手がけるようになった。

このうちスーパー倉庫型店は，倉庫型店とスーパーストアとのある種のハイブリッド型で，ベーカリーやデリのような専門サービス部門をもつ。例えばスーパー・ヴァリュー・ストアーズ社（Super Valu Stores, Inc. 1872年創業→

1992年7月，Supervalu, Inc. に社名変更。以下スーパーヴァリュー社）が展開したスーパー倉庫店型＝「カブ（Cub）」店の店舗面積は，在来型スーパーの2倍，売上は6倍もの大幅価格アピール型店であり，品揃えは豊富で生鮮・高品質農産物，肉，デリ，ベーカリーを提供しており（*Business Week* 〔Apr.16, 1984〕, p.54），クローガー店に脅威を与えるだけの競争力をもっていた（付論1参照）。それはもはやスーパーの補完業態とはいえない。

その他，売場面積20.0万平方フィート（約1万8,600m²）以上の超巨大規模のハイパーマーケットがある。それは1つ屋根の下にスーパーとディスカウント・ストア，それにショッピング・モールを結合した業態である。この業態は1973年，同業態を開発し成功していたフランスのカルフール社によるモントリオール進出として始まった（ただし成功とはいえなかった）。次に84年，アメリカにも進出したがあまり成功していない（89年で全米に18店。平均規模は17.5万平方フィート〔1万6,000m²強〕）（Mayo, 1993, pp.219-20）。

さて，以上のような業態ダイナミックスの結果，在来型スーパーは1980年にスーパー全店舗数の73％，スーパー販売総額の80％を占めていたのが，90年にはそれぞれ54％，35％にまで急落する。これに対しスーパーストアの店舗数はスーパー全体の24％になるとともに，販売額シェアは3分の1に達し，在来型とほぼ同じ販売額シェアを占めるまでになった。それ以降の動向は表Ⅵ−2のとおりである。そしてハイパーマーケットを除くその他の新業態も，この間シェアを伸ばしている＊。とくに食品・ドラッグ・コンビネーション・ストアのシェアは，1990〜2002年の間に2倍以上となり，最高の伸びを示している。食品小売業における業態間競争の激しさと業態の栄枯盛衰が窺われる。こうした状況のもとでは，企業レベルでの競争対応としては，成長性のある新業態をいかに機敏に開発し，しかもリスク分散・回避のため業態ポートフォリオをどう組み替えていくかが決定的に重要となる＊＊。

　　＊　在来型スーパーに挑戦する各種新業態の概要については，ニュートン（1993年）もみよ。
　　＊＊　必ずしもすべてのデータが揃っているのではないが，個別企業における上記亜業態別規模をみると，アメリカン・ストアーズ社では，1995年時点で

表Ⅵ-2　食品店の業態分化状況：1990-2002年度

区分	店舗数（1,000店）			
	1990年度	1995年度	2000年度	2002年度
総計	282.6（100.0）	264.4	243.8	224.6（100.0）
〈食品店〉	190.3（ 67.3）	176.9	163.2	146.4（ 65.2）
・スーパー[1]	24.5（ 8.7）	25.3	24.6	24.1（ 10.7）
在来型	13.2（ 4.7）	12.3	9.9	8.3（ 3.7）
スーパーストア	5.8（ 2.1）	6.8	7.9	7.9（ 3.5）
倉庫型	3.4（ 1.2）	2.7	2.4	2.7（ 1.2）
コンビネーション[2]	1.6（ 0.6）	2.7	3.7	4.5（ 2.0）
スーパー倉庫型[3]	0.3（ 0.1）	0.6	0.5	0.5（ 0.2）
ハイパー[4]	0.1（ z ）	0.2	0.2	0.3（ 0.1）
・コンビニ	93.0（ 32.9）	86.9	81.9	66.1（ 29.4）
・スーパーレット[5]	72.8（ 25.8）	64.7	56.7	56.2（ 25.0）
〈専門食品店〉	92.3（ 32.7）	87.5	80.6	78.2（ 34.8）

区分	販売額（10億ドル）		
	1990年度	2000年度	2002年度
総計	368.3（100.0）	483.7	458.4（100.0）
〈食品店〉	348.2（ 94.5）	458.3	441.7（ 96.4）
・スーパー[1]	261.7（ 71.1）	337.3	359.1（ 78.3）
在来型	92.3（ 25.1）	63.4	74.0（ 16.1）
スーパーストア	87.6（ 23.8）	142.4	147.1（ 32.1）
倉庫型	33.1（ 9.0）	22.0	24.0（ 5.2）
コンビネーション[2]	29.3（ 8.0）	81.8	85.7（ 18.7）
スーパー倉庫型[3]	12.6（ 3.4）	17.4	17.1（ 3.7）
ハイパー[4]	6.8（ 1.8）	10.3	11.2（ 2.4）
・コンビニ	37.0（ 10.0）	48.5	24.3（ 5.3）
・スーパーレット[5]	49.5（ 13.4）	72.5	58.3（ 12.7）
〈専門食品店〉	20.1（ 5.5）	25.4	16.7（ 3.6）

注）カッコ内は構成比。
注 1 ）1985年価格で年商250万ドル以上。
　 2 ）食品・ドラッグ・コンビネーション店（コンボ）。
　 3 ）倉庫型より取扱い商品種類が多く肉，デリ，シーフード等のサービス部門をもつことも多い。
　 4 ）多様な非食品も取り扱うきわめて大規模な店舗。
　 5 ）年商250万ドル以下のスーパー。
出所：U. S. Dept. of Commerce, Bur of the Census, *Statistical Abstract of the United States: 2004-2005*, p. 663, No.1033.

次のとおりである——在来型スーパー：480店，平均2万8,200平方フィート（2,620m²）／スーパーストア：109店，平均4万8,400平方フィート（4,500m²）／食品・ドラッグ・コンビネーション・ストア：365店（一部二重計算），平均5万5,500平方フィート（5,160m²）／倉庫型店：14店，平均4万4,600フィート（4,140m²）(American Stores, *1995 AR*)。

他方，クロガー社の場合は，1994年末時点で——在来型スーパー：食品店売上の3％／スーパーストア：薬局がなく，専門部門がやや限られている。売場面積の26％，食品店売上の25％／食品・ドラッグ・コンビネーション店：店舗規模は4.0～8.0万平方フィート（平均5万1,200平方フィート〔5,760m²〕），スーパー全体の売場面積の71％，食品店売上の72％。典型的店舗は4万品目以上を扱う（Kroger, *1994 AR*）。

（4）キメラ型業態：異業種・業態融合

しかしさらに，新業態開発は，激しい競争に促迫されて，以上のような食品店等既存の業種・業態の枠を突破して展開されるようになる。こうして生まれたのが第1に，業種・業態の枠を本格的に乗り越え，文字どおりボーダレスな競争＝クロス競争を反映したいわばキメラ型業態である。食品とドラッグを統合したコンビネーション・ストアは，すでにみたように現実態としてはスーパーの亜業態とはいえ，理念的には両業種店がいわば対等に近い形で融合したキメラ型への展開可能性をもつ。ドラッグ・ストアによる食品取扱いの拡大についても同様のことが指摘できる（方向が違うだけである）。

もう1つは，1988年11月，ウォル-マート社が初めて開店した「スーパーセンター」である。これは食品を取り扱わないGMS（総合店）型ディスカウント・ストア業態のウォル-マート店とスーパー（ないしスーパーストア）とのキメラ業態である。この新業態は，同社の圧倒的規模と価格破壊力によって在来型スーパーやスーパーストアにとって重大な脅威となりつつある。

かくして，食品小売業における競争はますます，たんに食品小売業の内部にとどまらず，より広い業種領域の巨大小売企業との競争を伴うものに，したがっていっそう複雑かつ激しいものになりつつある。だが他面，そうした動きのほど遠からぬ先に何が待っているのか，が新たな関心の的となる。こ

れに関連して，小売業ではあまり重視されなかった全体集中に，改めて注意を向けなければならなくなった。

（5）大規模店舗の管理問題と運営スキルの向上

さて，以上のさまざまな亜業態のうち，とりわけスーパーストア（コンビネーション・ストアを含む）やキメラ型のような大規模・多部門・サービス重視の融合型業態にあっては，単位店舗の管理がきわめて複雑となる。それと同時に一方では，競争の激化のもとで必然的に進行する，地方的需要へのいっそう的確・迅速な対応*のためのさらなる分権化が求められ，他方では，店長に大卒が増加して叩き上げが少なくなり，あるいは店内経験のない者が店長に就任することが多くなるにつれ，日常業務に精通しないか，あるいは限られた専門知識しかもたない店長の管理業務負担が過大になってきた。店長が各部門を直接かつ充分にコントロールすることはますますむずかしくなったのである。1,000店以上を擁する巨大食品小売企業にとってこの問題はきわめて重要な課題である。

* 加工食品部門は嗜好の全国平準化が比較的進行しているが，デリ部門等では地方的嗜好の違いへの的確な対応が決定的に重要であり，スーパーストアはそうしたサービス部門の充実を重要な業態特徴としているだけに，この点は軽視できない。さらにいえば，これらサービス部門の従業者の生産性は，顧客との関係性によって大きく規定されるので，顧客と直接接触するヒラの従業者（時にはパートタイマーに至るまで）の資質（スキルと顧客関係知識）の水準と自律性がきわめて重要となる（Walsh, 1993, pp.125-27）。

この管理ディレンマを解決するため，単位店舗内における部門長（department head，多い場合は12人を超える）と基幹従業者への分権化が進められた。とくに部門長により多くの運営自治が与えられた（＝「売場の分権化」）*。こうしてヒラに近い従業者の企業家意識（部門運営への参加意識）と能力の発揮（「組織の創造的エネルギーの解放」）およびそのスキルの水準（さまざまなサービス部門の誕生は新スキルの習得を必要とする）がますます，店舗業績を決定的に左右するようになる（cf. Walsh, 1993, pp.111ff.；Goffee & Scase, 1995, pp.128-30；Sparks, 2000a, p.10）。

**　同じ問題に直面しているイギリスでは，アメリカとは対照的アプローチをとって集権化により対応しているようで，店長の業務を主として店頭労働力の管理に置くようになっているという（cf. Sparks, 2000a, p.10/2000b, pp.16-17 ; Goffee & Scase, 1995, pp.120-24）。しかし，そのような対応が適切かどうかは疑問がある。

　いち早くスーパーストア化を推進したクローガー社はそれに早くから気づき，1974年3月に教育センター（Kroger Education Center）を設置し，毎年，部門長以上（最初は1,250人）を対象に教育・訓練に取り組んだ（Kroger, *1974 AR*）。それは81年になると，全国3カ所のセンターで約3,000人が教育・訓練を受ける体制になっていた（Kroger, *1981 AR*）。

　ここに端的に現われているのは，一方では，大規模業態が競争力を確保する上でますます，労働側との関係の適切な処理を求められているということである。しかし他方では，この状況は，現代の巨大企業（一般にチェーン形態をとる）とその最先端業態がともに，適切に管理するには巨大化し過ぎていること（所有・支配と効率経営との矛盾）を示すものかもしれない。

6　労働条件の悪化：特徴4

　競争の激化とも関連するが，第Ⅲ期の第4の特徴は日曜営業，長時間営業*，スーパーストアに典型的なサービス志向型経営等のため，賃金やエネルギー関連コストを中心に経費のたえざる上昇傾向がみられ，企業の収益性にたえず下降圧力を加えたことである。

　　*　例えばクローガー社では，1979年時点ですでに，全店舗の約半分が24時間営業であった（Kroger, *1979 AR*）。

　そこで一方では，労働生産性向上のためレジでのPOSシステムの導入*，自動倉庫・新在庫管理システムと効率的配送を目指す物流関連業務，その他においてコンピュータ・テクノロジー関連イノベーションの広範な採用がみられた（ただし，現実には各社によりかなりのバラツキがある）。しかしこれらテクノロジーの採用はすべてオープンであり，「競争対応時間」の短縮

もあって先行採用者による差別的有利性（コスト優位・情報優位等）の享受期間が比較的短くなる傾向がある。したがって——長年の先行的重投資によってこの面で圧倒的優位を築いたウォル－マート社を例外として——POSのソフト・メリットの実現等その独自の活用方法を工夫しなければ，一般的には収益性向上への寄与は大きくないかもしれない。

* 1974年にオハイオ州トロイで初めて導入されて以来，POSシステムの導入は遅々として進まなかった（234ページも参照）。例えば，クローガー社では79年末時点で77台，セーフウエイ社では79年末で40店（台数不明）に導入されていただけである。また全国レベルでも79年（月は不明）時点で，全3万3,000店余のスーパーのうちわずか288店で導入されているだけであった（Michman, 1979, p.38）。それでも全体的には，89年時点になると，食料品売上の62％を占める1万7,180店に導入されていた（Tolich, 1991, p.36）。なお，日本では「無風」であったが，アメリカにおけるPOS導入を巡る経営側，労働組合，消費者，州政府の動きの興味深い分析についてはWalsh (1993, Chap.4）をみよ。

そこで他方では，店舗閉鎖との二者択一を迫って労働組合への強硬な譲歩要求がおこなわれた（*Business Week*〔Feb.6, 1984〕, pp.16-17）。その結果，1970年代初めをピークとして，その後とくに80年代に入ってからは，雇用確保と引換えに労働側の既得権はしだいに侵食され，賃金・ベネフィットの大幅削減，超過時間手当ての引下げ，初任給の切下げによる格差賃金体系の導入，あるいはA＆Pのボーナス・アプローチに代表されるような個店業績への賃金水準の従属変数化，先任権制の廃止，人員配置・労働作業計画策定（レイバー・スケジューリング）への組合側の柔軟姿勢等が支配的潮流となった（233-35ページも参照）。

例えば，労働組合への強硬姿勢でスーパー他社の模範とされるに至った（*Wall Street Jour.*, Oct.28, 1986）クローガー社は，1984～87年にかけて相次ぎ，譲歩を獲得した新労働協約の締結を報じているし，92年には，スト中の労働者の賃金引上げ要求を拒否し，労働組合非組織化企業と同等の賃金水準（competitive wages）への引下げに同意しなければその営業地域から撤退する，

と脅して2カ月半後に組合を屈服させた（Hillstrom, 1994, p.617）。こうした経営側の強硬な態度は、セーフウエイ社を始め（*Wall Street Jour.*, June 16, 1992）として一般に組合組織化率の高い大手企業で一般化していく。

　労働組合非組織化企業の多くが高成長・好業績で、彼らとの競争で既存の巨大企業（その多くは組合組織化）が押され気味であったことは、この傾向に拍車をかけた。マリオンも指摘するように、1970年代に比較的若いいくつかのスーパーが都市圏に参入ないし拡大できたのは、多くの年配従業者を抱え、労働組合組織をもつ大手スーパーに対して、労働コストと人員配置・労働作業計画策定の柔軟性の面で優位にあったからである（Marion, 1987, p.191）。この結果、都市圏（もちろん、そのすべてにおいてではない）において一定の寡占体制の崩壊ないし弱体化が生じ（＝都市圏競争構造の変化）、カンザス・シティのように、大手チェーンのすべてが撤退する市場さえ生まれたほどである（Mayo, 1993, pp.225-28）。

　このような状況はアメリカ全体の労働条件に少なからずマイナスの影響を与えたと思われる。というのも、ⅰ）雇用面からみて、アメリカで最も増加率が高く、かつ大量雇用の産業は小売業であり、1985年には約1,740万人も雇用されていたからである（非農業賃金労働者の6人に1人の割合）。ⅱ）73～85年に小売業雇用は500.0万人（非農業雇用増加の4分の1）増加し、しかもその大半（7割強）は小売業内部の2つの基軸部門である飲食業と食品小売業の増加によるからである（Haugen, 1986, pp.9ff. なお、Job, 1980, pp.40ff.も参照）。

　しかもこうした傾向に加えて、フルタイマーに対するパートタイマー（週35時間未満）の代替がこの期間にもますます進行した（cf. Nardone, 1986, pp.13ff.）。実際また、1968～78年における小売業雇用増加の半分はパートタイマーが占めていたし、前記の日曜営業や24時間営業は、いわゆるパートタイムの「夜間アルバイト（moonlighter）（＝多重就業者〔multiple job-holder〕）」の存在なくしては不可能であった（Job, 1980, pp.40-41）。

7 整理の進む多角化：特徴5

　第Ⅲ期の5番目の特徴は，第Ⅱ期までに進行した小売業の著しい多角化傾向が逆転したことである。

　すでに触れたように（84ページ），1974年に総合店（GMS〔狭義〕）のウォード社を買収した石油メジャーのモービル社（76年完全所有），名門百貨店ギンベル・ブラザーズ社（73年）やマーシャル・フィールド社（82年）等を買収した英国の有名なコングロ企業B・A・T・インダストリーズ社（実際の買収はその子会社による）に代表されるような，小売企業以外からの小売業への参入（第Ⅲ類型）や，金融サービス分野に大々的に進出していったシアーズ社に典型的なように，豊富なキャッシュ・フローを背景にして小売企業が小売業以外の分野へ多角化する事例（第Ⅱ類型）が60・70年代に続出した。さらにはもちろん，小売企業が小売内部でさまざまな異業種・業態分野へ進出する事例（第Ⅰ類型）は枚挙にいとまのないほどであった。

　ところがこのような多角化傾向は1980年代に逆転し（＝脱コングロ・トレンド〔deconglomeration trend〕），とくにその後半からは支配的潮流ははっきりと，リストラの一環として重点を絞り込んだ「選択と集中」による周辺事業の整理＝事業（ないし業態）ポートフォリオ・リストラの方向へと向かった。この点は食品小売業界でも同様である（Cotterill & Westgren, 1994, p.438）。その主な理由は，本業とあまり関連のないコングロ化戦略の大半が成功せず，豊富な経営資源をもつ巨大企業といえども激しい市場変化のもとで多角的な事業の維持・発展の重荷に耐えがたくなってきたことにある。そこで経営資源のより現実的な再配分＝事業分野の再定義が試みられた。そしてM＆A活動ないしLBOに伴う重債務化はこの転換を避けられないものにしたといってよい。

　例えば，多角化の比較的進んでいたクローガー社では——すでにレジャー関連事業（1980～81年）と業界第2位を占めていたトレーディング・スタンプ事業（78年）をそれぞれ売却処分していたが——80年代後半の敵対的TOBの企てに直面して「基本に回帰」し，コンビニとスーパーの2本柱に絞り込

む（266ページ参照）。そして61年にドラッグ・ストア事業（店名 SupeRx）を開始して以来大々的に展開し，重要な経営の柱と位置づけていた（同社の最高経営責任者ハーリングは元同事業部社長であった）にもかかわらず，同事業*を86〜87年には処分してしまった。さらに，87年時点でスーパー，コンビニ，食品加工とともに，同社の4大事業分野の1つとされていたメンバーシップ・ウエアハウス事業部（プライス・セイヴァーズ卸倉庫会社〔Price Savers Wholesale Warehouse, Inc.〕）が経営していた倉庫型店12店も処分した。

 * 1985年のフック・ドラッグズ社（328店）の買収により，計872店を経営し，ドラッグ・ストア業界第5位となっていた（Kroger, *1985 AR*）。

 しかし，このような多角化の整理は，この時期の具体的状況に規定されているのであって，一般的に多角化の整理が進むとみなすことはできない。巨大小売企業にあってはその強い成長志向ないし安定性志向のゆえに，一般的ないし潜在的に，とくに類型Ⅰ・Ⅱの多角化の追求が止むことはありえない。

〔付論1〕 クローガー社の現実的競争行動

1）スーパーストアの成功

 第Ⅲ期においてアメリカン・ストアーズ社とともに大きくシェアを伸ばしたのは，すでに指摘したようにクローガー社である。しかし，上述ではかなり一般的・表面的な形で同社の成長について触れたので，ここではより具体的に，特定のケースにおける同社の競争行動を辿り，巨大食品小売企業の現実的競争行動の一端をみておこう。

 さて，クローガー社が1967年から展開し始めた小型ディスカウント・ストアのファミリー・センターは，スーパーやディスカウント・ストアの大規模化によって急速に陳腐化した。スペース制約が大きくインパクトが限られた業態だったからである（192ページ参照）。それに加えて総合的に商品を取り扱うノウハウをもつ人材がいなかった（*Forbes*〔Nov.1, 1972〕, p.29）。しかしこの業態の失敗はけっしてマイナスばかりではなかったようである。72年から

本格的に始められたスーパーストア展開の条件を成熟させたからである。そしてこのスーパーストアこそは、「70年代の新スーパー」として急速にスーパー業界の標準業態化していくのであり、クローガーはその先頭を切っていた。

その成果はただちに業績に現われる。1970年代後半の純利益は大幅な伸びをみせ、80年の純利益9,400万ドルは75年水準の2.7倍にも達していた。そして81年にはついに、それまでトップのセーフウエイ社（1億1,500万ドル）を抜く純利益1億2,800万ドルをあげた（ただしトップは同年のみ）。さらに82年には、ディロン社の買収等も寄与したので、売上高でも国内に限ればトップのセーフウエイ社を抜いた。事実、80年代初めの時点のクローガー社の店舗規模は、スーパーストア化の遅れたセーフウエイ社のそれより平均11％（Ａ＆Ｐのそれより38％）大きい、といわれるほどであった（Saporito, 1983, p.78）。

しかし同社の好調もこの頃までであり、1980年代前半には——営業利益額は比較的順調に増加していたが、その率は低迷していた（図Ⅵ－2）し、純利益ははっきりと伸び悩みであり、83年は減益さえ経験し——一定の不振に陥ったとみてよい。それに伴い労働条件の大幅切下げと大規模なリストラを推進せざるをえなくなった。

一定の不振に陥ったのは——すでに触れた敵対的な株式公開買付け（TOB）の後遺症を除けば——ヒューストン、インディアナポリス、カロライナ等クローガー社の主要なテリトリーにおいて激しい価格競争に見舞われたからである。とはいえ同社の低収益性は、ライバル企業の行動への過敏すぎる反応＝過剰防衛や市場環境の変化への硬直的対応にも規定されていたようである（*Wall Street Jour.*, May 31, 1984）。その一端をインディアナポリス都市圏について具体的にみておこう。

2）インディアナポリス都市圏での競争対応行動

クローガー社が売上高シェアを維持ないし上昇させたのは、戦略的に重要な市場において——上に指摘したように、ある程度収益性を犠牲にしてまで

――積極的な行動をとったからである。その典型的一例が1983～85年頃のインディアナポリス都市圏（85年にシェア28％，32店）における競争対応行動である（cf. Knebel et al., 1990/1991；Saporito, 1983, p.80；Mueller, 1991, pp.1ff.；*Wall Street Jour.*, Aug. 26, 1985)*。

>   * なお，ここにみられるような既存企業による独占的行動の諸類型については 次の文献が具体的な事例に即して明らかにしている。NCFM, 1966, Chaps.19, 20；FTC, 1966, Chaps.VI～VIII；Marion et al., 1979, pp.35-44；*Wall Street Jour.*, May 31, 1984.

まず，当時全米最大の食品卸売商スーパーヴァリュー社（277-78ページ参照)*は，1980年に買収して子会社化したディスカウント部門を通じて最新鋭の価格アピール型業態＝スーパー倉庫店であるカブ店を大々的に展開しようと，82年9月，クローガーの有力地盤インディアナポリス都市圏への進出を決定した。そして83年9月1日には，クローガー社の一般店舗より大規模な6万平方フィート（約5,600m²）の第1号店を開店し（のち全部で4店），いかなるライバル企業よりも安売りするとの経営哲学に基づく営業を始めた。

>   * 同社の初期の概要については，Converse（1957, pp.49ff.）参照。

（1）参入締出し：略奪的価格設定行動

これに対してクローガー社は，スーパーヴァリュー社に向けて「他のクローガー・テリトリーへの進出に際しても，同様に激しいカウンター攻撃が待っているぞ」との明白なシグナルを送るため，そしてあわよくば進出計画を断念することを期待して，断固たる参入締出し行動をとった。それは，将来の粗マージン引上げによる損失補填を考慮に入れた略奪的価格設定（当該企業の他のテリトリーとの関係という視点からみれば，内部相互補助のためのゾーン・プライシング）であった。具体的には――ア）カブ店と同じ地区のクローガー店は，すべての品目について価格で対抗する。そうすれば，カブ店はサービス水準が低いからクローガー店が勝つ。イ）自社製造の有力PB（プライベート・ブランド）6品目を製造原価以下で移転し，その移転価

格以下で小売する（＝"manufacturing support"）か，店舗の平均変動費以下で販売する。こうした略奪的価格設定をカブ店の開店1カ月前から始めた。

（2）計画損失と倒産の続出

この結果，1983～86年のインディアナポリス都市圏におけるクローガー社の計画損失額は2,260万ドルにも達したといわれる（例えば83年末，同都市圏西ゾーンのクローガー店は売上の約14％もの赤字）。クローガー店とカブ店とのこうした熾烈な価格競争はやがて，一方ではクローガー店のシェアを高める（一時は35％へ）とともに，他方では同都市圏にあるＡ＆Ｐ店（13店）やアイスナー店（8店）の閉鎖をもたらし，数多くのスーパーの経営危機を招いた。そのような時期に，クローガー社のインディアナポリス責任者は，ライバル企業の財務ポジションが弱体化しているので「今こそチャンスだ」として，本社に対し積極的な資本支出の承認を求めていたのである。

この闘いは結局，クローガー社とスーパーヴァリュー社に対する地場企業の反トラスト法提訴（1985年2月）によって沈静化するのであるが，それはクローガー社の優位を確保し，同社が受容できる利益水準でのスーパーヴァリュー社＝カブ店との共存（つまり後者が参入規模を抑え，かつ価格競争ではクローガー社に対抗できないとの認識に立脚してその価格設定哲学を修正し，価格水準を引き上げる）という形をとる。いい換えれば，クローガー社をリーダーとするプライス・リーダーシップの受入れ，という方向で新秩序が形成されたといってよい。ただしそれは当面の妥協の産物であって，この新秩序の安定性が保証されているわけではない。

〔付論2〕1990～2005年の動向：スケッチ
1 売上，利益の推移と再び活発化するＭ＆Ａ

1990～2005年の売上高の推移は図Ⅵ－3のとおりである。ビッグ・フォーのうち，LBO後の厳しいリストラをへつつ，1991年に売上高トップとなったクローガー社は，以降も順調に売上を伸ばした。とくに98年10月にはスー

図VI-3　大手5社の売上高の推移：1990-2005年度

(グラフ：縦軸 100万ドル、0〜70,000。横軸 1990〜2005年度。系列：クローガー、アルバートソンズ、アメリカン、セーフウエイ、A&P)

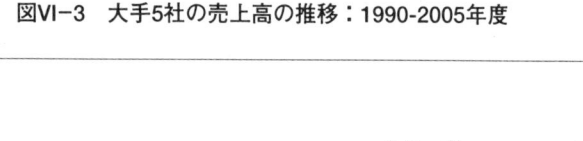

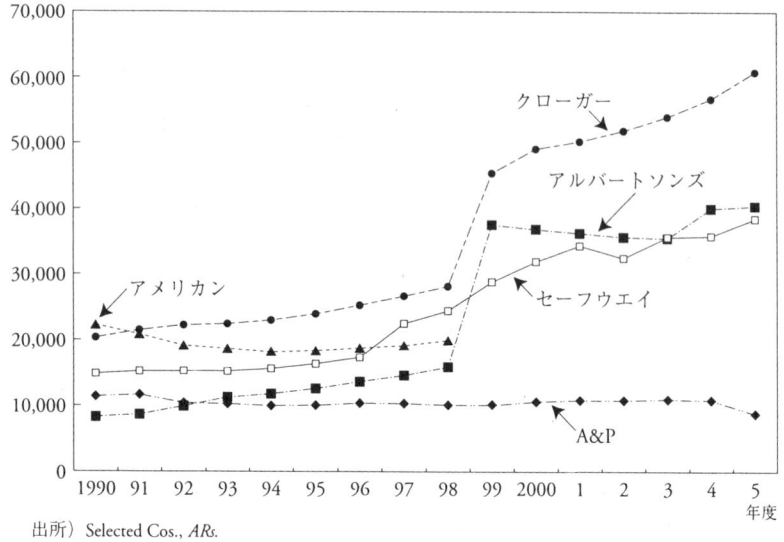

出所) Selected Cos., *ARs*.

パー業界第5位（98年度）の巨大食品小売企業フレッド・メーヤー社（Fred Meyer, Inc.）を132億ドルで買収し，さらにインディアナ州のジェイ・C・ストアーズ社も買収して一挙に売上を増加させるとともに，前者の貴金属店や高級食料品店（スーパーセンター）を傘下に収めて新しく差別化の強化を図ろうとした*。この買収も寄与して同社の売上高成長率（年率）は，表VI-1のように90年代後半期に2ケタとなる。

　＊しかし，2002年時点の評価では，フレッド・メーヤー部門と貴金属部門は期待からほど遠く，リストラの対象とされている。

　他方，1990年時点で第3位であったセーフウエイ社は，LBO後の重債務の軽減とリストラに忙殺され，90〜95年の売上高成長率（年率）は表VI-1のようにわずか2.0％にとどまっていた。しかしそれでも80年代後半期の▲5.4％に比べると大幅改善であった。ところが90年代後半期に入ると，LBOの傷跡も癒えたのか，2001年までクローガーに匹敵する高い成長を示す。それ

には，ヴォンズ社の完全子会社化（96年。262-63ページ注参照），シカゴのドミニックス店の買収，生鮮食品と高級食品に力点を置くフィラデルフィアの優良企業ジェニュアーディス・ファミリー・マーケッツ社の買収（2001年。39店，売上高9.0億ドル）も寄与した。それにしても，LBOの深刻な傷跡が少し癒えると早速買収に走るとは，驚くべき行動パターンである。

以上の2社に対しアルバートソンズ社*は，1978年度に初めて『フォーチュン』小売業ランキング20位以内に入り，85年度も第20位（スーパー業界第8位）であった。80年代以降は食品小売業ベストテンの常連であり，とくに90年代後半に入ってからはベストファイブの常連でさえあった。そして表VI－1のように，80〜90年も2ケタの成長を続けていた。ところが99年6月，この新興企業が——食品小売企業としてほんの数年前（89〜90年）にトップに立ったこともある——名門企業アメリカン・ストアーズ社を，118億ドルの株式交換により買収してしまったのである**。かくして同社は，一夜にして「メジャー」（業界第2位）となり，最初の「真の全国企業」になったといわれた（Seth & Randall, 1999, p.200）。

> * セーフウエイ店で働いていたジョセフ・アルバートソン（Joseph Albertson）は1939年，アイダホ州ボイシでスーパーを開業した。創業資金は自ら貯めた5,000ドルとマリオン・スカッグズ（セーフウエイ社の初期，社長・会長を務めた）の兄弟の投資による。セーフウエイ店が圧倒的に支配している地域でのスーパーの経営は，さまざまな革新的試みなくして存続がむずかしい。そこで彼は，初めてのインストア・ベーカリー，雑誌ラックの設置，自動販売機，店内製造アイスクリームの提供等によって独自性を出し，成長していった（Forbes〔May 15, 1977〕, p.144）。
>
> ** この巨大合併に対する連邦取引委員会とカリフォルニア州その他の司法当局の承認を得るため，同社は売上23億ドルに相当する145店舗の切り離しに同意した。

では収益性はどうか。M&A後の猛烈な債務の削減とリストラによる労働コストの大幅切下げにより，1990年に入ると各社とも収益性が著しく改善された。例えば図VI－4のように，アルバートソンズ社の営業利益率は92年

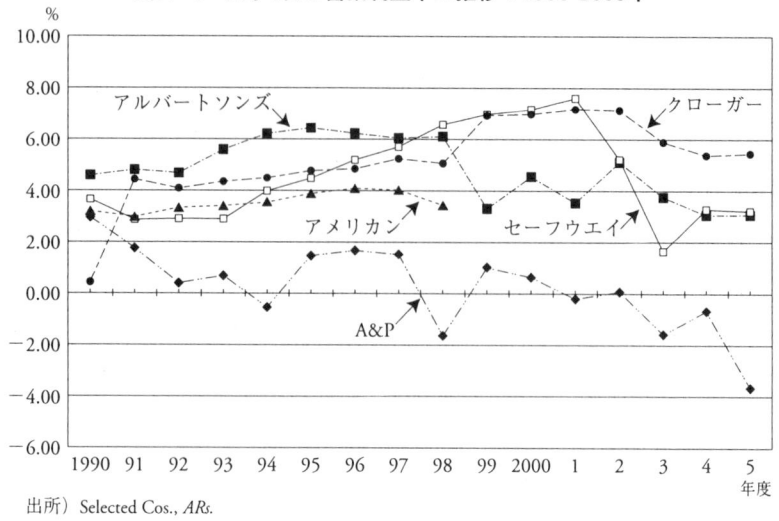

図VI-4　大手4社の営業利益率の推移：1990-2005年

出所）Selected Cos., *ARs*.

を底に95年まで上昇に転じたし，セーフウエイ社は94～2001年に，近年では珍しいほど長期にわたって一貫した上昇を示した。そしてクローガー社も92年を底として2002年までほぼ上昇傾向にあった。それはEBITDAの増加にも現われている。

　そしてこのような収益性の回復によるある程度の財務体質の強化が，一方では，競争力強化のための店舗，情報等への活発な資本支出を生むとともに，他方では，上記のような——アメリカ企業の宿痾としか思われない——大規模なM＆A活動の再開をもたらしているのである。

　さて，1980年代のM＆Aの嵐は大再編を生じさせはしたが，アメリカ食品小売業の上位5社売上高集中度（CR_5）を上昇させはしなかった（Wrigley, 2002, p.68）。LBOによる重債務負担を軽減するため，大量の資産切り離しによるスリム化がおこなわれたからである。ところが，M＆A後の猛烈な債務の削減とリストラによる労働コストの大幅切下げにより収益性が著しく改善され，財務体質が強化された90年代後半になると，一方では，競争力強化のための店舗，IT関連等への活発な資本支出を生む。それは，リグレーによれ

ば，長年アメリカの巨大食品小売企業の特徴をなしてきた，規模の利益を享受できない，細分され非統合的な事業部組織（fragmented divisional operating structures）ないし低集中度の弱点を克服させ，規模の利益と組織統合の成果による競争優位を実現できるようになったからである（Wrigley, 1997a, p.1150/1998, pp.128, 138-41/2000, pp.896-897/2002, pp.62, 69）。それは従来の大規模メーカー主導型流通システムから大規模小売商主導型流通システムへの移行を規定する（cf. Aalberts & Judd, 1991, pp.400-401）。

そこへさらに，1990年代後半に再度活発化するM＆Aが加わった。その結果，図Ⅵ－5のように，80年にはCR$_5$は26.5％で，95年もほとんど変わらなかったのが，それ以降急上昇に転じ，90年末からのCR$_5$の上昇率は60％ともいわれている。つまり21世紀のアメリカ食品小売業界は，全国チェーンではないがマルチ・リージョナル・チェーンのビッグ・フォー・グループ（クローガー，セーフウエイ，アホールド，アルバートソンズの各社）とウォルマート社が支配する歴史的水準の高位集中に接近し始めたのである（Wrigley, 1997d, p.150/2000, p.896/2002, pp.62-63）。そして2005年になるとほぼ5割というかつてない水準に達した。この状況が何をもたらすか，最大の注目点となっている。

ところが，図Ⅵ－3のように，その一角であるアルバートソンズ社が巨大M＆Aをおこなった途端に不振に陥り，営業利益率も，図Ⅵ－4のように，大合併を機に低落し，低い水準で一進一退を続けていた。そこへまたまた衝撃的な出来事が起きた。かつてのアメリカン・ストアーズ社と同様（269ページ），宴のあとの飽食漢のように動きが鈍くなった同社は2006年1月，卸兼営のスーパーであるスーパーヴァリュー社，ドラッグ・ストア大手のCVSのほか，日本でもよく知られているサーベラス社や不動産投資のキムコ・リアルティなどが主導する投資会社も加わるグループに，174億ドルという巨額で買収されてしまったのである。要するにばらばらに解体されたのである。いったい，アルバートソンズ社によるアメリカン・ストアーズ社の買収は何であったのか，と考え込まざるを得ない行動ではある。しかし，いくら失敗を繰り返しても，成長志向の強烈なアメリカ企業の宿痾ともいうべ

図VI-5　上位5社売上高集中度の推移

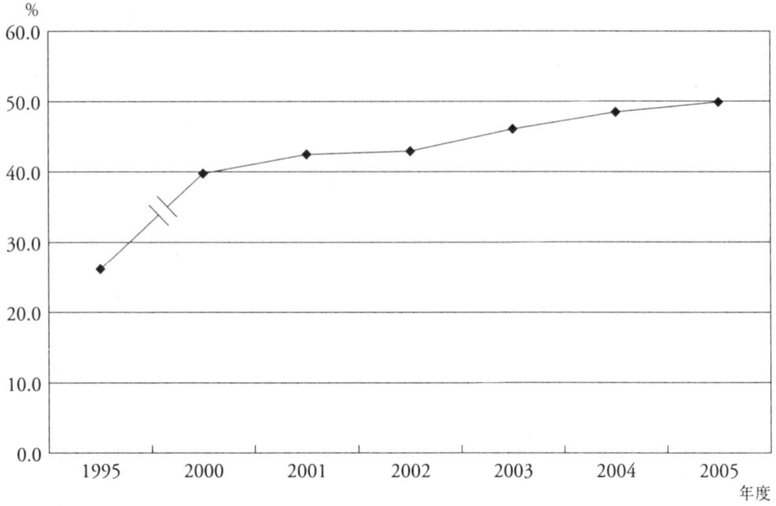

出所）McTaggart *et al.*(2006), p.56.

きこの行動パターンが今後とも基本的に変わるようには思えない。

　かくして，図VI－3の5社のうち2社が消え去り，残るのは3社であるが，そのうちA＆Pは，15年の長期にわたって売上が低迷し，2000～05年に至っては▲3.8％と危機的状況にある。とくに図VI－4のように，営業利益率の推移は危機的状況をより直截に示している（246-47ページ参照）＊。

　＊　なお，かつての好収益企業ウィン-ディクシー・ストアーズ社も，2005年2月，19億ドルの負債を抱え破産した。

　その結果現在，大手スーパーのうち今後存続できるのはクローガー社，セーフウエイ社，それと——図VI－3には示されていないが——アホールド社（オランダ本拠の Royal Ahold NV のアメリカ法人 Ahold USA）の3社だけ，といわれるまでになった。そのアホールド社は，有力リージョナル・チェーン等の買収（cf. Wrigley, 1998, pp.132ff.）によりアメリカ・スーパー業界で第4位の地位（1999年）を占めるようになり，その後も積極的に買収を続けたが，2003年2月，系列の卸子会社U・S・フード・サービス社の過去の粉飾決算

が暴露されてから激震に見舞われ，オランダの親会社を含むグローバルな規模でのリストラが続いている。そうした経過で，アメリカでも2004年に子会社バイ・ロー社（292店）とブルーノ社（アラバマ州とフロリダ州で178店）を売却して縮小過程に入っている。

したがって，存続するのは3社だけといっても，かなり疑問がある。

他方，危機とは無縁であるかのように好調なセーフウエイ社にも問題はある。図Ⅵ－4のように同社の収益性は，LBOによる重債務の返済と労働コストの大幅切下げもあって2001年にピークに達するまで大きく，また一貫した改善を示した。EBITDAも，売上高比で2001年には10％台に乗せるまで急増した。そしてクローガー社も，65億ドルもの巨額の負債を1990年代中頃までにかなり返済し，また高コストの長期負債の借換えにより多少身軽になって，EBITDAも94年に10億ドル台，99年に30億ドル台へと急増している。

しかし両社とも，その営業利益率が2001年をピークに低落に転じたように，収益構造の安定性を実現してはいない。それを規定する最大の要因の1つは，両社とも長期ストによって打撃を受けたことに示されるように，長期にわたって犠牲を強いてきた労働関係の安定性いかんにある。

そうした状況下で，スーパーセンターと近隣型センターの2業態でもってスーパー分野に参入した総合ディスカウント・ストアのウォル－マート社が急速な成長を示し，2002年，ついに食品売上でスーパー専業大手各社を上回りトップに躍り出た（『プログレッシヴ・グローサー』誌調査ベース）。食品小売専業企業以外の小売企業が，食品小売分野でトップに立ったのは史上初のことである。その猛威は現在，大手各社の脅威の的となっており，同社を巡り新たな対抗関係と差別化行動が展開されつつある。

かくして同社を巡る動向がアメリカ食品小売業界の今後の焦点となっているが，同社にあってもその経営が，専業大手以上に労働関係にアキレス腱を抱えていることに変わりはない。だが同社の場合は，圧倒的価格競争力に基づく競争相手の駆逐によるコミュニティの破壊問題も随伴している（Seth & Randall, 2005, pp.21-25）。

補章　ウールワース社の初期発展
―― 小売イノベーションの展開過程 ――

1　序：名門没落企業 ―― なぜウールワース社を取り上げるか

　日本の近代的小売業は，欧米とりわけアメリカの大規模・近代的業態を――消費行動・購買慣習等の違いによって要請される一定の業態修正ないし「創造的適応」を伴いつつ――いち早く取り入れて発展してきた。百貨店，スーパーマーケット，ディスカウント・ストア，コンビニエンス・ストア等いずれもそうである。ところが，日本小売業のこのような発展パターンには重要な例外がある。それは専業としての通信販売業と限定価格店ないし均一価格店 (limited price or dollar limit store, 広義ではヴァラエティ・ストア〔以下VS〕) の2業態である。これらは，アメリカでは百貨店についで早く大規模小売業の主要業態になったが，日本では近年までほとんど発展しなかった業態の代表である。このうち通信販売業*は，1970年代以降，日本でもようやく本格的に発展し始めるが，これは無店舗小売業 (nonstore retailing) であるからひとまず除外すると，店舗小売業 (store retailing) としては唯一，限定価格店が例外にあたる。「100円ショップ」の形態をとったこの業態の展開は，日本ではようやく80年代のことであるから，じつに100年近い時間的遅れがあることになる**。この間本家のアメリカでは，VSは「絶滅危惧」業態 (Michman & Greco, 1995, Chap.3；マクネア／メイ，1982年，36-37, 87ページ) になって久しく***，その多くはジュニア百貨店やディスカウント・ストア，さらには百貨店に業態転換したが，一部はその後，小売業界における高級化路線追求の大波の過程で真空地帯化したニッチ市場を足場に根強く存続し，VSの原型である限定価格店 (「1ドル・ショップ」ないし「ダラー小売店」) として再興し始めた (Michman & Greco, 1995, p.65)。かくして，日米における

この業態の展開は，ごく大まかにいえば，1周遅れで一致したかのような観を呈している。

* 代表的企業の設立年は，シアーズ社が1893年（起業は86年），ウォード社は72年（起業は71年）で，20世紀初頭には両社とも大規模企業に成長していた。

** ただし，日本がこの業態とまったく無関係だったわけではない。アメリカの小売動向を研究していた高島屋が大正15（1926）年，長堀店で「なんでも十銭均一」コーナーを設けたのを皮切りに，昭和6（1931）年からは高島屋均一店チェーン，さらには（株）丸高均一店（昭和13年）として，一時は100店舗以上を展開した。しかし戦時経済への移行に伴い消滅する（鈴木，1980年，136-40ページ）。

*** 1960年時点で，当時のウールワース社のカークウッド社長自身が，VSのコンセプトは事実上終わった，と認めている（Kirkwood, 1960, p.10）。

1880年代，このユニークな「5－10セント店」という限定価格の画期的な新業態を開発してアメリカ小売業界に「まったく新しい時代」を切り開いたのがフランク・ウールワース（1852.4.13～1919.8.8，以下フランク）であり，彼が創設した会社がウールワース社（1905年，F.W.Woolworth & Co., Ltd.設立→1912年，F.W.Woolworth Co.）である。同社は12年の大合併によってVS業界におけるガリバー型寡占企業になるとともに，1920年代にはすでに，アメリカの小売業界を代表する超優良企業として高い評価を受けて久しかった。その店舗は文字通りダウンタウンのメイン・ストリートに立地して「小売の拠点（retail hub）」（*Wall Street Jour.*, June 13, 1996, by Laura Bird）をなしており，店舗のロゴタイプ（金文字の「ダイヤモンドW」。68年，モダンなブルーに変わった）とかつて世界最高を誇ったウールワース・ビル（マンハッタン）*は，その後も映画制作会社メトロ・ゴールドウィン・メイヤーの「吼えるライオン」同様，国民に最も広く親しまれる同社のシンボルとなっていた。

* 792フィート（241メートル），60階建，床面積15エーカー。メトロポリタン生命保険会社が建てたメトロポリタン・タワー（約700フィート）を抜き，17年間世界最高を誇った（1930年にクライスラー・ビル，31年にはエンパイヤー・ステート・ビルに抜かれる）。それまでアメリカの最高層建築は

金融機関か製造企業によって建設されたし，当時の小売業界はビジネスの世界では三流視されていたから，このビルはアメリカ経済の構造変化の予兆あるいは象徴といえるかもしれない。

いずれにせよこのビル建設によってフランクとウールワース社は一躍全国的に有名になったから，充分広告塔の役割を果たしたといってよい。同ビルは "Cathedral of Commerce" と呼ばれ，竣工記念式典が行われた1913年4月24日夜7時30分，ウィルソン大統領がホワイト・ハウスでボタンを押して8万9,000個の電球に点灯したことでも有名である。ゴシック・ルネッサンス様式のこの建物は，当時，"Queen of the New York Skyline" とも呼ばれ（Nichols, 1973, p.12），現代でもなお，建築的にも（建築家はキャス・ギルバート〔Cass Gilbert〕）エンジニアリング面でも至宝であると評価されている（*Wall Street Jour.*, Feb.14, 1989, by Eugene Carlson）。その建設費1,350万ドルをフランクは借金なしに，個人のポケット・マネーで支払った。これはアメリカにおける大建築の歴史で初めてのことである。

またフランク自身も生前「商業界のナポレオン」と呼ばれ，1953年にシカゴ・マーチャンダイズ・マートが開設された時，教授・編集者で構成される選考委員会によって，200人以上の候補者の中から選ばれ「小売業の殿堂（Retailing Hall of Fame）」入りした4人の偉大な商人のうちの1人となった*。その理由は，"アメリカの生活水準を大きく改善する新しいマーチャンダイジング理論を創造" したというものである。
　＊　他の3人はシカゴの巨大百貨店マーシャル・フィールド社の創業者マーシャル・フィールド（Marshall Field），のちにアメリカ最大の巨大食料品チェーンとなるA＆P社の創業者ジョージ・ハートフォード，数々の小売イノベーションをなしとげた初期の巨大百貨店ワナメーカー社の創業者ジョン・ワナメーカーである。

ところが同社は1980年代から激動を示す。まず，それまで『フォーチュン』小売業売上高ランキングにおいてベストテンの常連であったのが，70年度に同業のクレスゲ社（詳細は中野，1989年a/1989年b/1990年，参照）に抜かれ，さらに81年度にはベストテン落ち（第12位）し，それ以降復帰することはなかった。

さらに同社は，とりわけ1980年代に入ってからの新たな経営不振のもとで，持株比率52.6％の「金の卵」イギリス子会社（F.W.Woolworth & Co., Ltd., 1909年7月設立）の売却（82年夏）を余儀なくされ，また同社最大の事業部門でありながら毎週100万ドル以上の赤字を垂れ流すウールコ事業部（Woolco Div.）の閉鎖を決定した（82年9月）。一方ではこうしたリストラを続けるとともに，他方では，さまざまな専門店グループの展開に活路を見出し，売上高ランキングも10位台前半を維持してやや再建の道を歩んでいたのである。ところが90年代に再度低迷期を迎え，93年10月には不振を続ける百貨店タイプの総合小売店「GMS」＝「F・W・ウールワース」店の大規模な整理（アメリカの約425店舗のうち400店舗を閉鎖）を決定する*。

* その間の1992年7月，持株会社Woolworth Corp.を設立し，旧F.W.Woolworth Co.はその事業会社となった。

このような状況の中で，1994年3月に暴露された決算疑惑に端を発した経営危機を迎える。その結果，94年12月，百貨店メーシー社の前社長でファッション・マーチャンダイジングの第一人者ロジャー・ファラー（Roger N. Farah, 41歳）を会長兼最高経営責任者（CEO）としてリクルートし，彼のもとで再建が図られる。CEOを外部からリクルートしたのは，同社の115年の歴史で初めてのことである（*Wall Street Jour.*, Dec.2／Dec.13, 1994, by Laura Bird）。その再建過程で，創業者の名前を冠した，かつての「5－10セント店」の後身である「GMS」の「F・W・ウールワース」店はついに全面閉鎖に至り（97年），さらには社名さえもヴェネイター・グループ社（Venator Group, Inc.）に変更され（98年6月），創業者の形跡は名実ともに消えた。

つまりウールワース社は形式的には社名変更によって，実態的には専門店グループ企業化＝専門店コングロマリット化によって，歴史から完全に消滅した小売企業なのである（2001年11月にはさらに，フット・ロッカー社〔Foot Locker, Inc.〕に社名変更）。ではなぜ，このような名門企業が上記のような過程を辿り消滅してしまったのか。その原因を探ることは，1990年代以降そごう，ニチイ，西友，ダイエー（日），ウォード社，アメリカン・スト

アーズ社，Kマート社（米），T・イートン社（加）を始めとして内外でしばしば，（社名は消えなくても）類似のケースが発生している折から，興味深いテーマであろう。本論文はウールワース社にかんしてそれに直接答えるものではないが，その遠因ないし根本原因を探るため，同社の初期発展を跡付けることにする*。それは同時に，現在の巨大小売業が共通に直面する問題の重要な側面をも明らかにすることになろう。

　＊　同社にかんする文献としては，散漫だが鳥羽（1971年b）がある。

2　アメリカ小売業におけるVS業界の地位

1）主要3業態の発展

　アメリカにおける大規模小売企業の台頭は，19世紀後半の百貨店に始まるが，ついで通信販売店，チェーン・ストアと続く。それら業態はいずれも，ハード・ソフト両面での何らかのイノベーションを実現しつつ，大量流通に適合的な画期的業態革新に総括している。

　この主要3業態の発展過程にはとうぜん違いがある。まず，最も早く大規模小売企業となった百貨店は，20世紀の最初の10年に早くも成長のピークを迎える。これに対し通信販売業はやや遅れて1910年代にピークを迎え，その後20・30年代の農業不況の深刻化とともに急速に停滞ないし衰退期に入る。20年代後半から急進展する大手2社シアーズ社とウォード社の店舗小売業への新展開＝多角化はそうした事態への対応である。

　これに対しチェーン・ストアは，19世紀末から1920年代（「チェーン・ストア時代」）にかけて巨大な発展をとげる。とりわけウールワース社は，A＆Pとともに例外的に早く巨大企業に成長した。だが，この代表的2社のうちA＆Pは，チェーン形成の面では先行していたが，伝統的手法とは原理的に異なる，画期的な新マーチャンダイジング方法のもとにチェーン展開を始めるのは，すでに詳述したように12年（「エコノミー・ストア」の発進）からである。ところがウールワース社はこの点で20年以上先行し，いわば新マーチャンダイジング方法によるチェーン型蓄積の初期展開における唯一ともいえる代表企業であり，後続企業のモデルとなった。

表補-1　主要業種の地位

(単位：1,000ドル，％)

主要業種	1929年 店舗数	1929年 販売額	1939年 店舗数	1939年 販売額
アパレル・グループ	114,296	4,240,893（ 8.8）	108,959	3,258,772（ 7.8）
ドラッグ・ストア	58,258	1,690,399（ 3.5）	57,903	1,562,502（ 3.7）
飲食店	134,293	2,124,890（ 4.4）	305,386	3,520,052（ 8.4）
食品グループ	481,891	10,837,421（22.4）	560,549	10,164,967（24.2）
給油所	121,513	1,787,423（ 3.7）	241,858	2,822,495（ 6.7）
自動車グループ	69,379	7,043,386（14.6）	60,132	5,548,687（13.2）
＜GMG＞＊	54,636	6,444,101（13.3）	50,267	5,665,007（13.5）
百貨店	4,221	4,350,098（ 9.0）	4,074	3,974,998（ 9.5）
VS	12,110	904,147（ 1.9）	16,946	976,801（ 2.3）
その他GMS	38,305	1,189,858（ 2.5）	29,247	713,208（ 1.7）
計	1,476,365	48,329,652（100.0）	1,770,355	42,041,790（100.0）

注）＊：ゼネラル・マーチャンダイズ・グループ。カッコ内は構成比。
出所：Census of Business, Vol.1, Retail Trade：1939, Pt.3, p.5, Table 1A.

2）VS業界の市場規模

そこでまず，VSについてのイメージを鮮明にするため，戦前期のアメリカ小売業におけるVS業界の大まかな地位を明らかにしておこう。

①表補－1は，小売業センサスに基づく主要業種の店舗数と販売額であるが，それによると1929・39年時点でVSの販売額構成比は小売販売総額のそれぞれ1.9％，2.3％であり，これは同じGMSに属する百貨店の4～5分の1という規模である。また最大の販売額シェアをもつ食品グループの約10分の1に過ぎない。比較的小規模なこの市場において，後述のようにアメリカを代表する巨大小売企業が相次ぎ生まれるのである。

② アメリカ小売業におけるチェーン化の進展にはとうぜん業種別不均等がみられるが，表補－2から明らかなように，1929年時点でチェーン・ストア（1資本で4店以上経営と定義）が最も発展した業態はVS，食料品，ドラッグ・ストア，百貨店，レストランの5業態である。とりわけVS分野は売上シェア89.6％と圧倒的に高く，チェーン化が最も早期に進行し，ほぼ完了していたといってよい（第2位の食料品は39.07％）。その理由はVSの業態的

表補-2　チェーンの業種別売上高シェア

(単位:%)

センサス年	百貨店	VS	食料品店	レストラン	ドラッグ店	小売計
1929	17.04	89.56	39.07	12.8	18.48	21.87
33	23.86	91.18	44.14	14.86	25.07	25.21
35	26.67	90.76	38.83	14.54	25.70	22.77
39	30.05	86.52	36.68	14.23	25.62	21.66

注）チェーンとは4店以上。各センサス・データを比較できるよう再構成。
出所：Hollander & Omura (1989), p.306.

特性にある（詳細は後述）。この業態はチェーン展開による大量仕入れ＝大量販売なくしてほとんど競争力を発揮できず，したがってまた存続できなかったのである。

3）ウールワース社の地位

　VS業界における早期のチェーン展開を反映して，ウールワース社はすでに1910年代以降，アメリカ小売業を代表する巨大企業となっていた。それを示す資料をあげておこう。

　（i）『フォーブス』誌の調査による1917年，29年，45年アメリカ巨大企業の総資産額ランキング（上位100社）をみると，17年時点で，小売企業ではシアーズ（32位）とウールワース社（62位）の2社が入っている。つまりこの時点ですでに，両社はアメリカ小売業界きっての巨大小売企業になっていただけではなく，アメリカを代表する巨大企業にもなっていたのである（同時点の上位5社はU.S.スティール，スタンダード・オイル〔NJ〕，ベスレヘム・スティール，いずれも食肉メーカーのアーマーとスウィフト）。ちなみに，同年のウールワース社の常時従業者数は2万8,000人，売上高は9,810.3万ドルである。

　それが1929年時点になると，ランキング入りする小売企業は7社に増え，ウールワース社は順位を58位に上げるとともにVS関係ではクレスゲ社（90位）が新しくランキング入りした。この時点で初めて巨大食品チェーンのA&P社が67位に入ってきた。さらに45年になると，小売企業は6社に減ったが，

表補-3　巨大小売企業ランキング（1937年末時点）

(単位：100万ドル)

資産総額順位	社名（業態）	資産総額	売上高	税引純利益
67	シアーズ（GMS・通販）	284.1	②537.2	30.8
84	ウールワース（VS）	221.7	⑤304.8	33.2
87	ウォード（GMS・通販）	213.2	③414.1	19.2
101	A＆P（食品店）	184.6	①881.7	9.1
145	クレスゲ（VS）	123.5	⑦155.2	10.7
161	メーシー（百貨店）	96.3	⑧135.9	3.3
173	M・フィールド（百貨店）	83.5	⑩97.6	▲1.7
174	ギンベル（百貨店）	83.3	⑨100.1	2.3
177	ペニー（GMS・衣料品店）	81.4	⑥275.4	16.6
184	クレス（VS）	75.9	⑪87.9	5.9
188	セーフウエイ（食品店）	71.9	④381.9	3.1

注）資産総額順位は非金融大手200社中のそれ。売上高の丸数字は本表企業11社中の順位。
出所：TNEC, 1940, pp.346-49, より作成。

ウールワース社は36位に上昇するとともに，クレスゲ社も75位となっている。なお小売トップのシアーズ社は16位，A＆P社は52位である（Forbes〔Sep.15, 1977〕, pp.128-29, 133-34, 139-40）。ちなみに33年時点のウールワース社の従業者数は5万6,000人（うち女性は4万5,000人）である。

(ii) TNEC（Temporary National Economic Committee）が調査した1937年12月末時点の全米非金融企業資産総額ランキング（上位200社）によれば，ランキング入りした代表的小売企業は表補－3のとおりである。同表によれば，ウールワース社は資産総額においてシアーズ社に次ぎ（17年と同じ），売上高では第5位を占める。またランキング入り11社の業態は，いわば純粋百貨店が3社，「GMS」である大衆百貨店が3社，そしてVSチェーンが3社（以上はいずれも広義のGMS），食品チェーンが2社となっている。比較的小規模な市場であるVS分野で，アメリカを代表する巨大小売企業が比較的多く出現しているわけである。

(iii) 1929年時点で5大VSチェーンはウールワース，クレスゲ，クレス，グラント（W.T.Grant Co.），マクローリー・ストアーズの各社で，その売上総額6億3,900万ドル中の相対シェアは，ウールワース社が約半分の47.5％を占め，クレスゲ社がその半分の24.5％，クレス社とグラント社がそれぞれ約

10％，そしてマクローリー・ストアーズ社が7.0％である（中野，1989年a，16ページ）。ウールワース社のこのシェアは，15年時点の64.2％という圧倒的シェアに比べるとかなり低下しているものの，ガリバー型寡占企業であることには変わりない。なお上記 5 社は29年時点でいずれも上場していた。

そこで次に，このような巨大小売企業がどのようにして生まれ，成長してきたかを辿ろう。

3　5－10セント店の誕生とイノベーション・スパイラル

1 ）創業過程

フランクはニューヨーク州ジェファースン・カウンティにある父の農園を手伝った後，19歳の時，それを嫌って飛び出して雑多な職をへたのち，21歳になる直前にウォータータウン（人口5,000人）にある有力衣料品雑貨小売商兼卸売商オーグズベリー・アンド・ムーア店（Augsbury & Moore〔Corner Store〕，のちムーア・アンド・スミス店〔Moore & Smith〕）の無給の試採用店員となった。その後一時他店に勤めるが，1877年に週給10ドルで再度同店員となって戻ってきた。ある日，いろいろな所で試みられていた 5 セント限定価格による販売を耳にし，オーナーたちにその採用を勧めた。不況下の78年夏，販売不振による深刻な過剰在庫に悩まされていたオーナーたちは，店員としてのスキルの面で冴えないフランク（週給は8.50ドルにカットされていた）を「 5 セント・コーナー」の責任者にしてその計画を実施させたところ，大成功する。具体的には，10フィート（ 3 メートル）ほどのカウンターに，当時の行商人が一般的に取り扱う基礎的生活用品＝"Yankee Notions"（安全ピン，指抜き，櫛，ボタンホック，カラー・ボタン，ブーツ紐，鉛筆，よだれ掛け，石鹸，しゃもじ，ハーモニカ，ナプキン，錫の鍋，洗面器，その他）を陳列し，"このコーナーはすべて 5 セント"というプラカードを掲げて販売したのである。当時の商慣習では，（ 1 ）顧客は直接商品に触れることが（時にはみることも）できなかったこと，（ 2 ）売値は明示されず，値札には店員だけに判る暗号が付され，その決定は価格交渉いかんによったこと（Caveat emptor !），（ 3 ）特定の価格のもとに品目群をグルーピングすること

はなかったことを考えると，このプロジェクトの革新性は明らかだろう。
　さて，この成功に自信と示唆を得たフランクは，独立して日用雑貨の「5セント店」を経営することを決意し，オーナーの1人ウィリアム・ムーア（William H. Moore）から300ドル余りのクレジット供与を得て，1879年2月22日，ニューヨーク州ユーティカで「Great 5¢ Store」の看板を掲げて開店した。しかし同店は裏通りで立地が悪く，3カ月で閉鎖する（ただし，ムーアへの借金は返済し，さらに約250ドルの蓄積ができた）。しかし6月21日，ムーア・アンド・スミス店から再度300ドルのクレジットを得て，倹約家で知られるドイツ系ペンシルヴェニア人（Pennsylvania-Dutch）や低賃金の工場労働者の多いペンシルヴェニア州の古い内陸都市ランカスター（人口約3万5,000人〔2万5,000とも〕）で再度試み，成功を収めた。間口14フィート（4.3メートル），奥行き35フィート（10.7メートル）の小さいこの店（看板は「Great Five Cent Store」）の店員は7人である。初日の売上は127.65ドルで，410ドルの在庫品の31％を売り切った。結局この年の売上は計1万2,024ドルとなり，VSとして世界初の成功であった。つまり，フランクという1人の革新的企業家によって，まったく新しい小売市場としてVS市場が創造されたのである。では彼はその市場をいかに拡大していったか。

2）業態特性と大量販売志向の内在化

　この新業態は，競争上の透明度が高いディスカウント（価格アピール）型業態に共通の強い衝撃力をもっただけではない。その衝撃力はわずか1種類（5セント）という特異な価格設定方式によって著しく増幅されたといってよい。それと同時に，驚くほど低い価格の設定は，当時の購買慣習に反する現金販売への抵抗を緩和した。
　しかしその有利さは同時に，弱点ないし制約ともなる。最大の制約は取扱い商品が限られることである。それは根本的には克服できないし，のちに各VS企業によって上限価格の引上げ，そして最終的には撤廃（＝業態否定）へと至るさまざまな差別化戦略の追求となるのであるが，小規模で限られた仕入れ力の創業期にあっては，この制約を緩和する現実的な道は固定価格の

引上げしかない。それは弟サム（Charles Sumner Woolworth）のアイディアのようである（Brough, 1982, p.57）が、次年夏にはすぐ固定価格を5セントと10セントに設定し、看板も「5 and 10 Cent Store」に変わり、最終的には「Woolworth's 5 and 10 Cent Store」となった。この10セント品取扱いの決定は取扱い商品種類を一挙に拡大させ、同社の初期発展にとって重要な役割を果たす*。なおマクロ的には、南北戦争後インフレが収束し、製造業の多様な発展と生産性の向上による卸売価格の続落**により、低価格品目の調達がますます容易になるという有利な条件が生まれた。

* それでもごく初期の取扱い品は40品目ほどといわれる（よく売れたのは、ブリキ製品、おもちゃ、洗面器、タオル、ハンカチ、リボン等）。
** 南北戦争中193〔1910－14年：100〕にも達した卸売物価指数は1886年には82へと半減する（cf.U.S.Dept.of Commerce, Bur.of the Census〔1975〕, Pt.1, p.201, Ser.E 52-63）。

しかし、いかに上限価格を引き上げたといってもわずか10セントだから取扱い品目の制約は強い。だがその制約がかえって強力な新展開の動因となった。すなわち、縦割りであった既存の業種区分にはとらわれない広範な商品種類の取扱いへと結び付いていくのである（中野、1989年a、4ページ；Savitt, 1987, pp.118-21）*。

* それは同時に、既存の小売業との競争、したがって彼らの反チェーン姿勢を緩和させる効果があった。事実、5－10セント店分野は独立店との競争がない分野だといわれる（Hayward, 1924, p.223）。

このように、新業態のコアをなす価格設定面の独自のイノベーションによる強い制約は、必然的に——こんにちの100円ショップでも同様であるが——（取扱いスキルを前提とすれば）売れる低価格品でありさえすれば何でもよい（現実には、安定的大量需要が期待できる基礎的生活用品を基軸とする）という、商業資本に本来的ともいえる業種横断的な取扱い商品種類の拡大＝ヨコへの串刺し的拡大衝動に結び付き、かつそれを現実化するのである（＝総合店〔GMS〕化）。VSという呼称もここから生まれた。いい換えれば、

差しあたり低価格分野に限られるとはいえ、VS業態そのものが単位店舗の一定の拡大（＝百貨店型蓄積）を求める衝動を内在させており、それはやがて「低価格百貨店」として現実化し、制限価格撤廃後はジュニア百貨店となるのである。

以上を総括すれば、それまでの業種・業態の展開基軸はまずは商品次元に設定され、その展開方向は専門化（＝専門店化）と総合化（百貨店化）であった。それに対しVSは、価格次元という新たな展開基軸を設定することによって独自の総合化を実現したといえる。このような取扱い商品面の成長戦略は、数十年後（1960年代）、小売業界で急速に進展する業種・業態境界の曖昧化（scrambled merchandising）・再編、さらには新業態出現の先駆的事例となった。

3）低賃金労働への依存の構造化

第2の制約は、10セントに引き上げたとはいえ、全体としてはきわめて小額の商品を扱うので、利益をあげるためには包装に古い新聞紙を使うなど徹底した経費削減策を求められたことである。だがこの制約は同時に、どんぶり勘定、勘および伝統的手法が支配する当時の小売業としては珍しい、強烈なコスト意識の植付けという利点をもたらした。そして現代と同様当時も、経費削減の決め手は何といっても粗マージンの約半分を占める賃金コストの削減である。創業時、女性店員は週給1.50ドルという低賃金であった。参考までに指摘すれば、1880年の非農業雇用者の平均名目年収入は386ドル、つまり日給1ドル強である（U.S.Dept.of Commerce, Bur.of the Census〔1975〕, Pt.1, p.165, Ser.D 735-738）。

低賃金化の前提として――百貨店の店員とは異なり――店舗でのセールスマンシップは徹底的に排除され（＝数十年後にスーパーマーケットで全面的に採用されるセルフ・サービス方式の先行形態）、店員のなすべきことは「包装とおつりを出すことだけ」となった。商品の説明を必要としない基礎的生活用品を扱い、顧客との交渉を排除するこの新業態は、この単純作業に適合的であった（中野、1989年a, 5ページ）。それによって未熟練の若い女性

を低賃金で雇用することが可能になり，低価格のもとでも高収益をあげることができたし，急速な拡大に伴う労働力調達のボトルネックも回避できたのである。ややのちに，フランクはある手紙でのべている，「われわれの商品を売るのに熟練や経験のある女性店員は必要ない。君たち（店長）は週給2〜3ドルで正直な女性を雇うことができる。私は，特別な場合を除いて，いかなるセールスレディに対してでも3.50ドルは払いたくない」と（Winkler, 1940, p.110）。

このように，VSの重要な特徴は販売面で店員の熟練への依存を大きく低減させた（de-skilling）ことである。すなわち1930年代，セルフ・サービス方式を1つの原理とするスーパーマーケットの出現以前において，可能な限りマーチャンダイジングの非人（impersonal）化＝小売店販売のベルト・コンベヤー化（Stocking & Watkins, 1951, pp.317, 346）を進め，それによって非熟練・単純労働への依存を制度化したのである。それは店員のスキル＝セールスマンシップに依存した伝統的な小売業の労働編成を基本的に変革し，経費構造を根本的に変える先駆的業態となったのであり，フランクのなしとげた顕著なイノベーションであった（Winkler, 1940, p.65）。

これに関連して付言すれば，その後フランクの事業は大規模化に伴いしだいに，明確に区分された二重の内部労働市場をもつことになった。それはその後他社にも広がり，ウォル－マート社を始めとする現代の，とりわけディスカウント型巨大小売企業に共通する特徴となる。つまり本社スタッフ（テクノストラクチャーの形成＝戦略策定におけるシニア・マネジメント層の役割の重要化）および（地域事業部や単位店舗レベルの）ライン・マネジャー，専門スタッフを中心とする幹部階層と，顧客と直接接する職位にある配達や顧客サービスに従事する非熟練労働者（主として女性）とに明確に分化する。そして後者は低賃金，不安定性，昇進機会の欠如等を特徴とする下層のゲットー職（"occupational ghettoes"）を構成するようになるのである（Goffee & Scase, 1995, pp.123-28）。

4）メーカーとの直接取引の追求

しかし，以上のような，個別企業が直接コントロールできる企業内的要因の操作だけではこの新業態が直面する制約を克服できない。そこで第3に，有利な取引条件を獲得する道，具体的には現金・大量仕入れ，および「高マージン」をとっていた卸売商の排除＝メーカーとの直接取引を追求する。それは，当時支配的であった独立店にしばしば欠けていた利潤原理に明白に立脚し，したがって無限の拡大を追求する原理，つまり近代的大量販売業態の論理を内在させていたといってよい。わずか1店舗の段階でそういうことはありえないと思われるかもしれないが，じつはそうではない。なぜなら，この業態自体の競争力の主要な源泉がそこにあり，低価格品の取扱いでは，商品1単位のマージン額がわずかであるから大量販売・高回転なくして高収益を実現できず，事業の存続も危うくなるからである。だからこそ，すでに触れたようにVS業界は早くから他の業態に比べチェーンの比重がだんぜん高く，売上高シェアで9割にも達し，独立店がほとんど存在しない状況になるのである。つまり価格アピール型業態に共通する決定的ともいえる条件であるが，規模拡大によらなければ存続できない業態なのである。

事実フランクは，このような零細店舗1店程度の創業時から，強烈な拡大志向を示す店名（「Great」）を付けている。そうした事例はフランク以外にも，A＆P，クローガー社を始め少なくないし，「National」「American」「U.S.」等を付している企業もかなりある。それら企業は，数十年にもわたって単一店で満足する独立店とは決定的に異なる企業家精神を起業時から抱いていたのである。

しかしもちろん，拡大志向とその現実化とは別個の事柄である。とくに小規模な創業期は仕入れ力が弱く，全面的に卸売商（Spelman Brothers & Moore）に依存せざるを得なかった。ところがそこには問題が2つあった。

① 5－10セント業というのは基礎的生活用品を中心に取り扱いながらも，気まぐれで飽きられ易い顧客を相手にするので——こんにちの100円ショップと同様——たえず新商品ラインや目新しい商品（new novelties）を追加しなければ顧客吸引力を維持できない。これは初期においてはとくに重要な制約

条件であった*。ところが，卸売商主導型流通システムが支配し，旧来の商慣行に強くとらわれている卸売商は，存続のため消費者のニーズに機敏に対応しようとするフランクの要求に的確かつ迅速に応えようとはしなかった。つまり，大量仕入れの実現以前にまず，品揃えという質的側面で壁に直面した。そこで早くも1880年に，フランク自らがもっぱらバーゲン品を探し出すのに注力しなければならなかったことにも現れているように，相変わらず商品調達問題に悩まされているのである。

> * この問題はもちろん，初期に限られない。1912年の大合併後もウールワース社は，魅力的な新品目の開発に積極的であり，それに関連して，現代日本のコンビニのように，死に筋品目の削除に機敏であった（高い品目回転率）(Phillips, 1935, pp.234-35)。その点は，事業の成否にかかわることから，他社も同様であった。

②当時の卸売商が慣習的に獲得する高マージンもフランクの低価格追求の大きい制約条件となっていた。そこで，少数の店舗数という限られた条件のもとではあったが可能な限り，「大量注文」を条件にメーカーとの直接の低価格仕入れへ進むことにした（Bradshaw, 1943, p.39）。しかし当時の卸売商主導型流通システムのもとでは，イスタブリッシュメントを構成する有力メーカーはフランクとの取引を拒否し，直接の取引相手となってくれるのは――フランク側の支援（引取り保証や製品開発支援）*もあって――主として中小メーカーであった。これは，とりわけ価格アピール型業態がその企業成長の初期段階で一般的に直面する制約条件である。

> * このように，早い段階から供給業者との関係がたんに流通面に限定されず，時には製造コスト削減支援や製品開発支援等にまで踏み込むような緊密な関係に入るようになったのはもちろん，それなくしては低価格の魅力的商品が調達できなかったからである（ただし，シアーズ社やA＆Pとは異なり，製造業経営に乗り出すことはけっしてなかった）。このような緊密な関係の構築は，日本の小売業では100年後の1980年代に，ようやく製販同盟として広まる。

さて，以上にみたような質・量両面の慢性的ともいえる商品調達の制約に

規定され，差しあたり次の3つの措置がとられた。

（1）低価格品にかんする情報の入手や調達源へのアクセスの容易さから，5店舗ほどに達した1886年7月に早くも，ニューヨーク市に小さい事務所を借りた。さらに10店に達していた88年，ブロードウェイのスチュアート・ビルにニューヨーク事務所を開設する（簿記係，タイピスト，フランク用の計3つのデスクしかなかった）。フランクはこれらの店舗の唯1人のバイヤーであった。このニューヨーク進出によって取扱い商品が著しく増え，フランクの店舗は真の「ヴァラエティ」ストアになった（Phillips, 1935, p.227），といわれる。

（2）88日もかけた1890年2月からのヨーロッパ（イングランド，フランス，ドイツ，オーストリア）への仕入れ旅行である（その後を含め全部で44回に及ぶ）。この旅行以降，アピール力のある目新しい外国製品が大量に持ち込まれた。それは大人気となり，警官が混雑整理にあたらなければならなかったほどである。そうした商品の中には，イングランドからの陶磁器，ドイツ（ゾンネベルク）からの人形，ボヘミアからの花瓶・ガラス製品，チューリンゲンからのクリスマス・ツリー（アメリカ最大の売上を誇るようになる）等があった*。またもっとのちには，日本から陶磁器，セルロイド人形等のおもちゃ，マッチ，洋傘，香料，歯ブラシ，その他雑貨等の大量輸入がおこなわれる。

> * 同社の欧州買付け額は，1896年：50万ドル，1907年：200万ドルといわれる（Nichols, 1973, p.49）。1896年の売上高は不明であるが，95年は100万ドル以上といわれるから，輸入品依存度は2～3割に達するかもしれない（国内調達比率は1900年で80％以上，1908年：86％）。このような状況を反映して1893年，フランク以外で初めて海外買付け担当となったクリントン・ケース（Clinton P.Case）（Nichols, 1973, p.38）は，1905年の法人化の時に取締役，1912年の大合併後はニューヨーク地区マネジャー兼取締役となった。なお13～15年の間，同社の取締役21人のなかに，社長以下の役員7人，銀行家3人，地区マネジャー（District Manager）9人とともに「海外バイヤー」が1人入っている（ほかに弁護士1人）。ただし，16年度以降は消えている（Cf. F. W. Woolworth Co., *ARs*）。国内メーカーとの取引が順調に拡大して国内調達が

中心となり，海外調達の重要性が低下したのだろう。

（3）フランク自身が長年バイヤーを務めたことからも明らかなように，バイヤーの権威と重要性が決定的に高められた。もちろん，それまでの小売業もその売上動向を仕入れスキルに強く規定されてはいたが，VSにあってはとりわけ，女性店員を徹底的に単純労働化し軽視した（彼女たちは販売能力を持つことを求められなかった）だけに，売上は仕入れによって決定的に左右されたからである。事実また，この分野に最も優秀な人材が起用され，仕入れ本部のあるニューヨーク事務所勤務は同社のすべての人にとって最高の名誉であった（Winkler, 1940, p.127）し，それは管理機構が整備されたのちの段階でも，役員，地区マネジャーに次ぐきわめて高い職位であった。ということは，このような仕入れ面の集中管理体制（central buying）は，仕入れの困難性が緩和されたのちも，大量仕入れの有利性の絶えざる追求のもとで，整備されつついっそう強固に存続したということである＊。

＊　バイヤーの数は取扱い商品種類の拡大・多様化に伴いしだいに増えて，1927年時点では1,581店で36人であった。そして1,941店を有する33年時点では，全商品部門は28部門に分かれ，それに対応して，マーチャンダイジング担当副社長（社長候補）のもとに24人のバイヤーがいた（小規模部門は複数を一括担当）（*Fortune*, 1933b, p.67）。

以上のように，フランクの始めた画期的新業態の展開は，価格設定面のイノベーションを中核としつつ，現実的条件に規定され連鎖的・有機的に，さまざまなマイナー・イノベーション（後述をも含む）を随伴しつつおこなわれたのであって，後者と一体となって全体的に展開されなければ，新業態としてのその成功はありえなかったといってよい。画期的新業態における小規模な創業から大規模企業への成長過程とは一般にそういうものであろう。

4　パートナーシップ方式から単独展開へ

1）パートナーシップ方式による展開

1879年，フランクの5－10セント店は大成功し，ランカスターでの6カ月

間ですべての負債を返済し，なお余りがあった。そこでさらなる拡大を目指し4歳下の弟サム（兄にやや遅れてムーア・アンド・スミス店に勤めていた），いとこのシーモア・ノックス（Seymore H.Knox）を参加させ，80年11月6日には弟を店長としてペンシルヴェニア州スクラントンに2号店を開店する（これは失敗し，のちにより大きい店舗へ移転して成功）。その後も積極的に出店するのであるが，84年までは，6店の企てのうち成功したのはランカスターとスクラントンの2店のみにとどまった（とはいえ84年末時点で1万6,417ドル蓄積できた）。

　しかし，わずか2店舗の段階では大量販売も大量仕入れもできない。そこで，低位の資本蓄積のもとにある当時の小規模企業が広く採用したパートナーシップ形態を積極的に採り入れる。まず1881年に弟サム，84年にはノックスとパートナーシップを組んだのを手始めに，その後フレッド・カービィ（Fred M.Kirby）や家庭用必需品専門会社の巡回セールスマンをしていたアール・チャールトン（Earle P.Charlton），その他を次つぎとパートナーシップに加え急速な拡大を目指した。その具体的方式は「パートナー－店長（partner-manager）」方式といわれるもので，フランクと同額の資本を出資するパートナーを店長に任じ，その店舗の利益を折半する方式である。

2）パートナーシップ方式の弱点と単独展開

　しかしこの方式には不安定性という決定的ともいえる弱点がある。つまり崩壊し易いのである。一般的にいって，有能で企業家精神に富む人物ならば独立志向が強いのはとうぜんであろう。一時的にパートナーシップを組み，経営のノウハウを得，ある程度資金を貯めると，もともとパートナーになるだけの資金を保有していた彼らは相次ぎ独立していった。有能なだけにただちに，VS業態を独立して展開するに値するきわめて高収益かつ高い潜在成長力をもつ魅力的業態だとみてとったのである（Phillips, 1935, p.227）。そしてフランクにはそれを阻止する有効な方策がなかった。

　かくして弟サム（1883年），カービィ（84年），チャールトン（86年？），ノックス（89年）等，初期の仲間の全員が，単独あるいは相互にパートナー

シップを組みつつフランクから離れて行った（分裂）。とはいえ彼らはフランクと喧嘩別れしたのではなく，独立後も基本的に友好関係を維持し，共同仕入れや相互にテリトリーを侵触しない行動を堅持した。それがやがてガリバー型寡占企業の出現となる1912年の大合併（再結合）を生む基礎となるのである。

さて，このような推移を批判的に総括したのであろうが，フランクは事業が円滑な蓄積軌道に乗った1888年以降，この方式を取り止めた。この時点（Nichols, 1973, p.34，では89年末時点）でパートナーシップ店は12店に達していた。その後新規店舗はすべてフランクの単独店となる（Nichols, 1973, p.33-34）。ただし，店長のサラリーマン化を避けるため，インセンティヴ付与として店長にボーナス・プランを採用し，その店舗であげた利益の25％までの分配に参与できることとした。この利益参与方式はやがて他の主要5－10セント企業も追随するモデルとなる。

5　出店戦略の転換：大都市攻略と地域的拡大

1）進出条件の整備

フランクは最初の10年間，主として小都市やタウンに出店した。その理由は，彼の初期のビジネス・キャリアに規定されている。初めて職に就いたウォータータウンは人口わずか5,000人であり，初めて店舗を開設したユーティカ（人口3万5,000人）も，初めて成功したランカスターも小都市であった。比較的熟知し，慣れているペンシルヴェニア州やニューヨーク州の小都市やタウンを選好しがちになるのは避けられないだろう。この点では，デトロイトからスタートし，より大規模な都市を選好してウールワース社の最大のライバルとなるクレスゲ社とは対照的な出店戦略を採用している。

しかしフランクも，大都市へ進出をしなかったわけではない。最初の10年間に2件（フィラデルフィアとニューアーク）試みたがいずれも失敗した。そうした過程で学習し，高レント・高賃金で，競争が激しく，かなり異質の市場である大都市市場で成功する自信がなくなり，意識的に回避するようになったと思われる。

比較的なじみのある小都市・タウンを中心に進出しながら，それでも最初の10年間で開店した計23店のうち11店は，1889年までに閉鎖されるか売却された。うち7店は不採算のため1～2年のうちに閉鎖された（Laulajainen, 1987, pp.28-29）。これはかなり高い失敗率である（その他はパートナーシップの解消に伴う売却が含まれていると思われる）。その主な原因は，もっぱら勘に基づく進出による立地ミスと取扱い商品の多様性の不足にあった。前者についてはしだいに学習して対応し，後者もすでにのべた方策を通じてしだいに克服していく。そして80年代半ば以降は出店の失敗が少なくなったようである（Phillips, 1935, pp.226-27）。

そして創業10年をへて1890年代に入る頃には基本的に，「試行錯誤の時期は終わった。学ぶべきことは学んだ。それは単純に次のように定式化できる——大量販売は大量仕入れ力を構築する，と。そして時代の流れは自分たちに向いている」（Brough, 1982, p.80），という状況を迎えたと思われる。つまり企業成長のいわば最も脆弱な時期を過ぎ，円滑な蓄積軌道に乗る成長初期に入るのである。その1つの典型的な先駆的事例は，91年8月，ニューヨーク州ロチェスターに開店した大規模店舗であり，その初日の売上は——ランカスターの1号店が127.65ドルであったのに対し——1,000ドルを超えた（Winkler, 1940, pp.103-04）。

こうして1895年春までの5年間で，パートナーシップではなくフランク自身の店舗でありながら2倍の28店（州別では，ニューヨーク8，ペンシルヴェニア6，ニュージャージー5，マサチューセッツ3，コネチカットとヴァーモント各2，デラウエア，ニューハンプシャーが各1）となり，売上も3倍となった。しかもこの急速な拡大は，借入れにいっさい依存することなく，自己資金によっておこなわれたのである（後年，フランク曰く，「もし借り入れをしていたならば，もっと早く事業を拡大できたろう」と）。

そうなると，旺盛な拡大志向は必然的に大都市攻略に向かわせる。しかし，初期の大都市進出の失敗から，小都市・タウンに適合的な現行の業態コンセプトを，メトロ市場に適合するよう，とりわけ品揃え面で修正する必要を痛感したであろう。それに関連して，有利に作用する2つの要因があった。1

つは，ヨーロッパ旅行で開発した魅力的な海外商品の調達ルートである。それは垢抜けしない地方小都市・タウン住民と比べ洗練されている都市住民のニーズに応えられる自信につながった。2つは，大都市には大量の移民が流入しており，会話の苦手な低賃金の彼らが顧客になることが大いに期待できた（顧客の7割以上は一言の会話もなしに購入をすませるといわれた）。自由に店に入って自由に商品に接し，ほとんどセルフ・サービスに近い形で，かくだんに低価格の基礎的生活用品の買い物ができるこの新業態は，移民にとって歓迎すべきものとなろう。フランクはそれを見抜いていた。

2）マンハッタン進出と地域的拡大

しかし，フランクの大都市攻略はきわめて慎重であった。まず1895年5月，初めての大都市進出としてワシントンD.C.（29店目）へ出店する。ついでニューヨーク市でも低賃金労働者の多いブルックリン（従来の出店地に類似）*に出店し大成功する。初日の売上は3,139.41ドルという新記録であった（Brough, 1982, p.109）。同店はその後すぐ，全店の標準となる赤い正面（A＆Pをまねた red front store），金文字の看板を掲げた最初の店舗となった（Baker, 1954, pp.113-16）。それはフランクの大都市コンプレックス解消の印でもあっただろう。この成功を踏まえた上でようやく96年10月，フランクの夢であったマンハッタンへと参入した（33店目）。六番街（16丁目と17丁目の間）のそれは同社初の2階建て，売場面積1万2,000平方フィート（約1,100m²）という大規模店であった（Laulajainen, 1987, p.29 ; Nichols, 1973, pp.52-53）。同店の成功によってVS業態が大都市市場に適合できることを決定的に実証したのである。

この間，ニュージャージー州ニューアークやジャージー・シテイ，ボストン，ピッツバーグ等への参入にも成功する。

* 価格アピール型業態のゆえに5－10セント店は，初期にはとりわけ低賃金・非熟練の工場労働者家庭を始めとする低所得階層にアピールした。しかし1920年代にその顧客層はやや上昇・拡大する。

かくして，同社の社史も記すように，5－10セント店の初期発展はスローだったが，この業態の便利さ，節約ぶりが大衆に受け入れられると「ほとんど信じられないほどの急速な発展」の道を歩むことになる（F.W.Woolworth Co., 1929）。

以上のような店舗展開において，1904年は重要な画期となった。まず，それまでもっぱら内部成長によってきたが，同年2月，初めて14店舗の買収を始め，ほかに7店舗を買収したのである。この買収により，その営業地域は一挙にコロラド州デンヴァーまで拡大する*。この年にはさらに，ペンシルヴェニア州に立地する12店も買収し，その他の買収および新規開店をあわせ，1904年末時点の店舗数は前年の76店から一挙に120店となった（うちニューヨーク州とペンシルヴェニア州は各25店）（Nichols, 1973, pp.64-65）。それに伴い売上も一挙に1,021.0万ドルとなり，初めて1,000万ドルを超えた。

*　それは，大量仕入れの約束と引換えに運賃の増加を負担するようメーカーに圧力をかけることによって可能となったという。それでもなお充分ではなく，ミシシッピー以西とカナダは上限価格15セントとした。

3）地域事業部体制へ

ここに初めて，新出店地域を公式に分割管理しなければならなくなる。これら地域を西部地区（Western District）として管轄するためシカゴに西部地区本社（Western Office）を設置し，その長＝地区マネジャー（District Manager）に，同社初の店舗統括者（store inspector，のち superintendent）であったチャールズ・グリスウォルドを任命した。広域チェーン展開を効果的・効率的に管理するための地域事業部制の採用である。その体制は，店舗統括者という名称同様，やがてクレスゲ社以下のライバルVS企業や食品チェーン等他業種のモデルとなる。

この地域事業部体制は，営業地域の拡大と店舗展開密度の上昇により再編を重ね，1908年春（189店）には6地区事業部体制となり，各地区の全店舗について直接の管理責任を負う地区マネジャーがそれぞれ任命され，各地区の大都市に地区本社が置かれた。そして1912年の大合併によって，同社が太

平洋と大西洋にまたがるアメリカ初の巨大小売チェーンになった（Nichols, 1973, p.79）時点では8地区体制となり，地区マネジャーたちはいずれも新会社の取締役となった（F.W. Woolworth Co., *1912 AR*）ことからも明らかなように，その職位は総合本社の役員に次ぐものであった*。

　　* 例えば，最初に地区マネジャーとなったグリスウォルドは1915年4月，取締役でトレジャラー，ゼネラル・マネジャー，執行委員会会長を兼務していたカーソン・ペックが死去すると，後任のゼネラル・マネジャーとなり，2代目社長の最有力候補であった（16年1月，急死）。なお，30年末時点では，8地区体制は変わらないが，所在はボストン，ウィルクスバリ，シカゴ，セントルイス，サンフランシスコのみが変わらず，他はマンハッタン，ミネアポリス，カナダとなっている（F.W. Woolworth Co., *1930 AR*）。

　しかしもちろん，店舗の全国展開を実現したとはいえ濃淡の差はあった。1932年末時点で，全1,932店のうち1,259店（65％）が14州（うち9州が東部）に立地していたのである（Phillips, 1935, p.230）。

6　初期発展の条件：経営者の資質

　大量販売体制の構築なくして業態固有の優位性を確立できない段階，したがってまた巨大な仕入れ力を行使できない段階で，なぜウールワース社が成長軌道に乗ることができたのか。それは，的確に問題を把握し，さまざまなマイナー・イノベーションを採用しつつその過程を巧みに領導したフランクの個人的資質以外では説明しがたい。彼は独自のアイディアをもち，それをビジネス・モデル化し，みごとに経営管理したといってよい（→個人の成功物語と結びつく必然性）。換言すれば，これら初期チェーンの成功は，低価格の均一価格店という画期的業態を踏まえた上で，店員の単純労働化と低賃金雇用のもと――大量仕入れ力によるものではなく――むしろ現金持帰り販売，高回転，徹底した販売の単純化，顧客が自由に商品を手にとることができる革新的陳列，冷やかし客歓迎政策（"browsers wanted" policy）等，必ずしもスケール・メリットによらない革新的マーチャンダイジングの方法を開発したことにある（Bradshaw, 1943, pp.37-38, 42 ; F.W. Woolworth Co.,1979, pp.18-19）。

しかしそこにとどまっていたならば，同社は小売業史上さほどの注目は浴びなかっただろう。重要な点は，同社が成長につれ積極的に，低価格品の低マージン・高回転という近代的大量仕入れ・大量販売システムの構築を推進していったことにある。事実，のちに1912年の大合併でフランク自身が投資銀行宛の手紙でのべているように，同社の成功要因＝競争優位は，経済的・効率的流通に結びついた巨大な仕入れ力とそれによる現金割引の利用能力の高さにあった。

　これはその後現在に至るまで，価格アピール型大量販売業態の競争力を規定する最も重要な要因である（例えば，現在世界最大の小売企業ウォルマート社をみよ）。その意味でウールワース社は，かかる競争力の源泉にいち早く着目し，大量仕入れ体制に基づく価格アピール型ビジネス・モデルを構築した先駆者であったといえる*。

　　＊　食品分野でＡ＆Ｐが同様のことを始めたのは，すでにのべたように1912年の「エコノミー・ストア」の展開からである。その意味でVSは――無店舗業態の通信販売を除けば，価格アピール型業態の先駆者であった。

7　管理体制の整備

1）次世代リーダーの台頭

　企業は一般にその成長過程で，「柔らかい腹部」をさらけ出す創業期の最も脆弱な段階を過ぎ，円滑な蓄積軌道に乗り上げるとやがて否応なく，大規模化する販売能力に照応する新たな管理体制の構築と管理にかかわる調整問題，あるいはトップ・マネジメント職能と日常業務の分離と関連付けという重要課題に直面し，いわば「管理革命」を必然化する（Marburg, 1951, p.526）。これを解決ないし適切に処理することなくして，いかなる企業も大規模企業にはなり得ない。しかも，単位店舗の巨大化による百貨店型の場合と比べ，チェーン型蓄積の場合は――交通・通信手段も限られた状況下で――空間的に広範囲に分散した店舗の管理という固有の難問に直面する。フランクはそれをいかに処理ないし解決したか。それは一定の環境設定のもとでの権限委譲によってである。

1888年末，フランクは腸チフスで2カ月以上寝込んだが，それを機に権限の大幅委譲を進めた。そして自分の任務を主として事業の予測，将来計画の策定，全般的管理等戦略課題に限定し，カーソン・ペックをニューヨーク事務所へ引き抜き（89年），最初のゼネラル・マネジャーに任命して日常的運営にあたらせた。ペックはフランクがかつて就職したことのあるウォータータウンの小売店（A.Bushnell & Co.）の店員仲間であって，この時はニューヨーク州ユーティカ店（フランクが失敗した1号店の後継店）の店長であった。

　ペックはフランクの負託によく応え，ウールワース社のマーチャンダイジング，財務および人事面等，管理面全般で大きく貢献し，急速に大規模化しつつあった同社の実質的組織者となった*。つまり，巨大小売業への同社の順調な成長・転化は，企業家精神に満ち溢れているシュンペーター流の大胆な革新的企業家である創業者フランクから——中小企業から大企業へという企業成長の第2段階で直面する重要な組織・管理面の諸課題を最も適切に処理できる組織デザイナーであり巧みな組織運営者，慎重に計算しリスク分散を図る官僚型経営者ともいえる——ペックへのリーダーシップの漸進的移行（cf. Silk & Stern, 1963, pp.196-99）が見事におこなわれたからこそ実現したのである。その移行過程は——とりわけ1912年の大合併を契機に明確な経営目標を喪失したかのように，事業への意欲を失った感のある——フランク自身の「ワンマン体制」の空洞化もとで，一挙に完成に近づく。

　　* 彼はその功績により，1912年の大合併の際取締役に就任するとともに，構成会社オーナー以外でただ1人副社長となり，またゼネラル・マネジャー，トレジャラーを兼務した。そして15年4月の死去時には執行委員会会長も兼務し，フランクに次ぐ2代目社長の最有力候補であった。

2）「昇進のピラミッド」の確立と斉一的メンタリティの形成

　その管理体制整備の過程を概説すると，まず1892年，ペックの主導のもとに「就業規則（"Rules and Regulations"）」を策定し，身だしなみへの注意，投機・喫煙・ギャンブルの禁止，供給業者からの贈与の受取り禁止，内職の禁

止等を定めた（Raucher, 1991, p.138）。これらは，将来経営幹部となる従業員に最低限求められる行動・倫理規範を明示したものである。しかし，それにとどまる保証はなかった。昇進の可能性をもつ男子従業員に対してはさらに踏み込んで，立地するコミュニティとの関係でも，身だしなみがよく，保守的で，地域社会によく溶け込み評判のよい人物であることが求められ，監視さえおこなわれたという（こうした人事政策はクレスゲ社以下，他のVS企業でも採用された）。

さて，あるアナリストは，自動車産業は資本集約的であり，IT産業は技術集約的であるのに対し，小売業は「マネジメント集約的」との名言を吐いたそうである（Dewar, 1975, p.5）が，とりわけ広範に分散した店舗網を構築したチェーン型小売企業にとって，現場の責任者としての店長の行動はその企業の業績に決定的影響を与える。ここに，有能で信頼でき，忠誠心あふれる店長の調達とその監督・管理（動機付けとコントロール）という困難な問題に直面する（Raucher, 1991, pp.131, 140）。フランクおよびペックはこの問題にいかに対応したか。

まず第1に，本社から遠く離れていても安心して店長に任命できるような，会社の方針を熟知し忠誠心と昇進意欲が強く，しかも有能な人材は，最低位の職階から順次昇進していく長期雇用の過程をへることによって最も確実に養成されるだろう。そこでペックは，ウールワース社の有名な"全スタッフは見習いから始めて（bottom-up）ビジネスを学ぶべし"という基本原則＝「昇進のピラミッド」を定式化し（Raucher, 1991, p.138），昇進階梯を明示した。それは必然的に，大卒者よりも，系統的訓練のできる高卒以下を求めさせる（事実，フランクは大卒者を嫌った）。これに関連して，店舗の標準化の推進とともに，1894年7月から始まるが，店長の忠誠心を強化し共通の問題意識をもつための——日本のセブン・イレブンが店長を東京に集めておこなっているような——定期的マネジメント・セミナー，ワークショップも開催するようになった（Nichols, 1973, p.37）。それらの措置はいずれも，効果的・効率的集権的管理のための店長の心理的標準化（*Fortune*〔Nov.1935〕, p.69）に貢献する。

しかし第 2 に，市場条件を異にするそれぞれの地域市場で，マニュアルどおりに行動するような，たんなるサラリーマン（官僚）型店長では役に立たない。そこでペックは，地域市場を熟知する店長があたかも独立の商人であるかのように独自の判断のもとに振る舞い，地元のニーズに明るくない本社バイヤーからの仕入れ要求に抵抗することを奨励し（Raucher, 1991, p.138 ; *Forbes*〔Dec.14, 1919〕, p.154），食品チェーンやドラッグ・チェーンの店長よりも多くの責任と権限を与えた。いわば分権化の追求である。もちろん，分権化（反面では中央コントロール）の程度は，企業成長の過程と市場条件の変化に左右され，店長に許容する自由裁量幅が大きくぶれることになるが，ウールワース社の分権化はよく機能している（*Fortune,* 1933b, p.68）と評価されるようになる。それは店長（さらには上級職位）に対する強い物質的インセンティヴの付与とそれに随伴する任地の地域社会での高い社会的威信によって担保された＊（なお，店長にはまた，急速に成長する企業が要請する店長候補の養成という重要な課業が課された）。

　　＊　ウールワース社の店長に対する厚遇は有名である。資料がないので類似のクレスゲ社のケースをみると，例えば，カンザス・シティの大きい店舗の店長は年収 2 万6,000ドル，ローカルの店長でさえカレッジの学長より高給であったという。またグラント社では，1929年時点で，店長は平均35歳以下，店長経験 2 年以下で年収6,000～ 1 万ドルであり，当時の平均的弁護士より高かった。そして従業員300人を超えるウールワースの最大規模店の店長は年収20.0～25.0万ドルであったという（Raucher, 1991, pp.144-45）。ちなみに，25年時点の卸・小売業フルタイム雇用者の平均年収は1,359ドル（時価），29年で1,594ドルである（Dept.of Commerce, Bur.of the Census〔1975〕, Pt.1, p.167, Ser.D 739－764）。

　第 3 に，フランクからの頻繁な指示・教示，情報提供の General Letter，単位店舗のチェックのための巡視，監査体制の整備である。1898年まではフランク自身がその任にあたり，その後任として98年にグリスウォルドを最初の店舗統括者に任じた。その後は，すでにのべたように，地域事業部制の整備に伴い直接のコントロールは地区マネジャーが担当し，彼のもとにマーチャ

ンダイジング・マン（競争相手を偵察し，商品の改善問題を考え，新アイディアや新品目を処理する）と店舗統括者（ほぼ20店に１人を充当し，担当店舗を巡回する）が配置される体制となる。この管理システムはのちに他社でも広く採用される。

3）斉一的メンタリティの問題性

　このようにして会社への強い忠誠心をもち，献身的で協調性に富む「創造的コンフォーミスト（金太郎アメ）」集団を擁した官僚的管理体制が整備された。それは競争優位を実現する重要な要因となり，同社の初期発展に大きく寄与したといってよい。だからこそ，それは他社の基準ともなり，業界標準化していくのである。だがそれは，いついかなる条件のもとでも役立つ万能薬ではない。ある時期にはそうであっても，条件が変われば桎梏に転化する。

　ウールワース社を先頭に各社が追求した，このような斉一的メンタリティをもち，特有の企業文化を強く体現した内部養成のエリートによる内部昇進制，したがってまた伝統に強く縛られた強固な官僚制は，平時に最も適合的で，要領よく無難に物事を処理でき，管理面・財務面を中心として的確な対応ができる。また一定のなし崩し的・漸進的（evolutionary）イノベーションも進めることができる。しかし変化の激しい時代には決定的に弱点を暴露することが少なくない*。彼らはしばしば，企業家的ひらめき（entrepreneurial sparks）を欠くからである。とりわけウールワース社のように成功した長い歴史をもつ名門企業ほど，「慣習的運営方式」から転換するのはむずかしいものである（Dewar, 1975, p.2）。

　　*　それを典型的かつ戯画的に示すのは，フランクの死去に伴い1919年６月，第２代目社長に就任する財務マンのヒューバート・パースン（Hubert T. Parson）である。ペック同様，彼は抜群のオルガナイザー（"a master of system"）であり，秩序・組織開発に天才的な能力を発揮し，数字に強く抜群の記憶力の秀才型・官僚型組織人であった。

　　　すでに過去３年間，実質的な社長であった彼は，経営管理にできるだけ科学的管理方法を導入し，数量的・統計的手法も取り入れる功績があった

(*Forbes*〔Dec.13, 1919〕, pp.145, 154；Baxter, 1928, pp.111, 118)。だがその彼は旧守派の典型で，1929年恐慌後もなお時代遅れの10セントという上限価格に固執し(「50年でも100年でも続ける」)，32年6月，事実上解任される(Brough, 1982, pp.179-80)。同社の経営の保守性が一時的に緩和されるのは，非主流派出身(大合併の時の構成企業ノックス社出身)のチャールズ・ディヨー(Charles W.Deyo)が第4代社長に就任した35年11月からである。なお，同社が重要人事にかんして初めて外部からリクルートするのは，経営危機に陥った74年であり，エドワード・ギボンズ(Edward F.Gibbons)を財務担当副社長に迎えた(のち社長，会長兼CEO)。それに次いで94年，創業以来115年ぶりに，すでに触れたファラーを最初から会長兼CEOとして迎えたのである。

　事実同社では，この方式のもとでやがて，幹部人事の深刻な停滞が生まれ，ヘンリー・フォードのT型・低価格戦略への固執に比肩され，「フォードよりまし」といわれるほど硬直的ないし保守的経営に陥る。そして第2次大戦後，とくに1950年代に入ると同社はきわめて狭量で硬直的かつ独善的な企業文化をもつ最後の企業("the last great insular corporate cultures")といわれ，時代の変化に対応できず，時代に取り残された元名門企業の典型とされるようになる(*Wall Street Jour.*, Apr.8, 1994, by Patrick M.Reilly)。
　また，強度のインセンティヴ付与である極度に傾斜的な賃金体系の採用および昇進機会の提供による企業への忠誠・献身を担保する方式は——バブル崩壊後の日本でも広範に生じたが——企業成長の鈍化によって直ちにその限界を暴露する。事実，VSが成熟段階に入った1920年代に，リーダー企業ウールワース社でいち早くそれが顕在化するのであるが，とくに30年代の停滞下でコスト削減のため高コストの小規模店を多数閉店したことによってこの問題が深刻化した。昇進機会の絶対的縮小や雇用不安は幹部層の深刻な志気の低下を招いたのである(時には不祥事を起こし降格や解雇も行われたという)(Raucher, 1991, pp.148-51)。
　このような幹部層の状態に加え，長年にわたって放置され，教育訓練さえ受けられなかった(5万人以上の従業員をかかえる巨大企業でありながら

1955年まで人事部さえなかった），女性を中心とする8割近いヒラの従業者がいたのである。彼らに深い疎外感，したがってまた会社の方針に対する徹底した無関心と「恥ずかしいほど高い」離職率（年40％以上）が生まれるのも無理はない。このような雇用関係のもとでは，とりわけ第2次大戦後の競争環境の激変のもとで求められる従業者1人1人のスキルと意欲のたえざる向上，高質サービスの要求への対応，複数のジョブをこなせる単能から多能（multi-job）店員への転換など期待しようもない。しかしそれは，フランク自身とその後の経営陣が自信をもって推進した政策の皮肉な帰結であった。

あとがき

　日本におけるアメリカ産業の実証的研究は豊富な研究蓄積をもっているが、こと流通産業にかんしては——私が見落としているのかもしれないが——戦後の本格的研究書はごく少ないように思われる。サービス経済化がますます進行する現代アメリカ経済・産業における流通産業、とりわけ小売産業の重要性を考えると、この欠落は信じがたいほどである。本書はその欠落を埋めるささやかな試みの1つである。

　ささやかという意味は、形式的側面に限っても第1に、対象が大き過ぎて、主として巨大食品小売業に絞らざるをえなかったことである。残された大きい分野としては、巨大小売業分野では百貨店、ディスカウント・ストア、近年成長が著しい専門店がある。第2は、巨大食品小売業という狭い領域についても、1990年以降重要な変化が生まれている点についてスケッチにとどまっていることである。

　内容面については私に語る資格はないが、小売業の分析にとって重要な労働関係と反トラスト政策関連について、門外漢であることによる制約がとくに大きいことを痛感している。またアメリカの食品小売業では比較的立ち遅れているため、本書では小売企業の国際化の問題をほとんど取り上げていない。これらの点についてはそれぞれの分野の専門家の教示を仰ぎたい。とりわけ、ヨーロッパ系研究者によって活発に取り上げられている後者は、食品小売業の枠を超えた小売業全体におけるアメリカ系とヨーロッパ系企業の戦略的行動の比較考察を含むものとならざるをえないだろう。それに関連して、従業者規模140万人とも160万人ともいわれる「現代のビヒモス」たるウォルマート社の本格的分析が不可欠である（これらの側面については日本でもようやく、多くの研究が現われつつある）。私にはこれらの問題に取り組む時

間的余裕も知的エネルギーもあまり残されていないので、本書が、これらの問題にかんする若い研究者たちの研究、とりわけ共同研究の、1つの刺激になることを期待している。

　この分野の研究に着手したのは40年ほど前であるが、その時点で無謀にも、当時最大の小売企業であったＡ＆Ｐを中心に、巨大小売企業の生成から現在までの100年以上にわたる発展過程を分析することに決めた。過去の1時点の研究に埋没することを警戒したためである。その後、この研究は、関連資料の欠如や他の分野の研究に時間をとられたため遅々として進まなかったが、1980年代に大手企業の創業以来87年までの『アニュアル・レポート』をマイクロフィルムで入手できたことによって大きく前進した。

　本書の元となる論文は、1992年～97年に『季刊経済研究』（大阪市立大学経済研究所）に発表したものであるが、今回——基本的見解は変わらないが——その後の研究を踏まえ大幅に加筆・補正した。なお、補章は『大阪商業大学商業史博物館紀要』第6号（2006年11月）に発表した論文を多少修正したものである。

　アメリカの小売産業の研究については、本書でもたびたび引用したが、マリオン、コッテリル、パーカー等の研究グループの成果には——疑問の点もあるとはいえ、やはり——興味深いものがあった。私はこれまで、主としてこれらアメリカの流通研究専門家の小売業研究を注視してきたのであるが、アメリカでもストラッサー、ベンソン等歴史関係の研究者の優れた成果にも目を向けなければ、との感を深くするようになっている。それと同時に全体的には、近年ますます、リグレーを初めとする、歴史感覚豊かで視野の広いイギリス系研究者の多様な成果に刺激されることが多くなった。今後とも彼らの研究から目を離せないように思う。しかし本書では、彼らの成果を充分には取り入れていないのが心残りである。

　振り返れば、このような分野の研究を進めるに当たっては、数多くの人びとに学恩を受けていることを改めて痛感する。ごく絞っても、研究の初発には橋本　勲先生（京都大学名誉教授）に、そしてマーケティングや流通関連の研究では石原武政関西学院大学教授（大阪市立大学名誉教授）に最も多く

を負っている。イノベーション関連の問題意識を強めるに当たっては木村敏男大阪市立大学名誉教授と西田　稔関西学院大学教授（元大阪市立大学教授）のお二人に負うところが大きい。その頃はまだ柔軟な知的吸収力があったのだろう。しかし、この研究全体の導きの糸となったのは――結局それには同意できなかったが――森下二次也先生のシェーマである。したがってその学恩は測りしれない。

　今回、本書を大阪商業大学比較地域研究所研究叢書第八巻として出版できるのは、ひとえに同研究所所長滝澤秀樹教授の強いお奨めによる。当初は「まだ早過ぎる」とやや躊躇していたのであるが、現在は、同教授の心温まる激励がなかったならばおそらく、生来怠惰な私がこのような形で著書をまとめることはできなかっただろうと、深く感謝している。

　最後に、本書の出版にあたっては、大変お世話になり無理を聞いていただいた編集担当の小堺章夫さん、および学術書の困難な出版事情にもかかわらず、本書の出版を引き受けていただいた御茶の水書房橋本盛作社長のお二人に感謝の意を表したい。

　　2007年2月5日

　　　　　　　　　　　　　　　　　　　　　　　　　　　　　中野　安

引用文献一覧

▼ **邦語文献**（アイウー順）

石原武政（1982）『マーケティング競争の構造』（千倉書房）。
——（2000）『商業組織の内部編成』（千倉書房）。
ガルブレイス（1970）（藤瀬五郎訳）『アメリカ資本主義』（時事通信社）。
——（松田銑訳）（1983）『回想録』＜ガルブレイス著作集9＞（TBSブリタニカ）。
後藤一郎（1991）『アメリカ卸売商業の展開』（千倉書房）。
ジャコービィ, S・M・（内田一秀ほか訳）（1999）『会社荘園制度——アメリカ型ウェルフェア・キャピタリズムの軌跡』（北海道大学図書刊行会）。
ジンマーマン, M・M・（長戸毅訳）（1962）『スーパーマーケット』（商業界）。
鈴木安昭（1980）『昭和初期の小売商問題』（日本経済新聞社）。
角山　栄（1980）『茶の世界史』（中公文庫）。
鳥羽欽一郎（1971a）『スーパーマーケットＡ＆Ｐ』（東洋経済新報社）。
——（1971b）『バラエティ・ストア　ウールワース』（東洋経済新報社）。
豊原治郎（1987）「アメリカ中国・通商海運史論考——中国茶を中心に」『追手門学院大学創立二十周年記念論集：経済学部篇』。
中野　安（1965）「30年代アメリカにおける小売配給の諸問題（1）」『香川大学経済論叢』38巻4号（10月）。
——（1966）「30年代アメリカにおける小売配給の諸問題（2）」『香川大学経済論叢』39巻4号（10月）。
——（1979）「低成長経済と巨大スーパーの動向」大阪市立大『季刊経済研究』2巻3号（12月）。
——（1985）「アメリカ巨大小売企業の資本蓄積——シアーズ・ローバックの場合」『季刊経済研究』8巻2号（9月）。
——（1986）「シアーズ・ローバックの戦後発展（Ⅰ）」『季刊経済研究』9巻3号（12月）。
——（1987）「シアーズ・ローバックの戦後発展（Ⅱ）」『季刊経済研究』10巻1号（6月）。
——（1989a）「バラエティ・ストア分野における巨大企業の成立——Ｓ・Ｓ・クレスゲ社のケース（Ⅰ）」『季刊経済研究』12巻1号（6月）。
——（1989b）「バラエティ・ストア分野における巨大企業の成立——Ｓ・Ｓ・クレスゲ社のケース（Ⅱ）」『季刊経済研究』12巻3号（12月）。
——（1990）「アメリカ巨大小売企業における業態転換——クレスゲ社のケース」『季刊経済研究』13巻1号（6月）。
——（2003）「新製品導入料の特質について」中央大『商学論纂』44巻4号（3

月)。
ニュートン, ドリス・J・(上田美和子ほか訳)(1993)「新しい小売業態がスーパーマーケット業界に挑戦」, *Food Rev.*(Jan.-Feb.)『のびゆく食品』No.101(1995年1月)。
服部之聡(1966)『黒船前後』(筑摩書房)。
――― (1981)『黒船前後・志士と経済』(岩波文庫)。
林 大樹(1984a)「米国における小売業の労使関係(1)〜(6)」『労政時報』2701号(7月27日)〜2709号(9月28日)。
――― (1984b)「米国小売店員組合の歴史的背景」『一橋研究』9巻1号(4月)。
――― (1986)「アメリカ小売業における労働組合組織の発達過程――小売店員労働組合における組織拡大の戦略と活動」一橋大『社会学研究』24号。
フロム, エーリッヒ(日高六郎訳)(1951)『自由からの逃亡』(東京創元新社)。
マクネア, メイ(清水 猛訳)(1982)『"小売の輪"は回る――米国の小売形態の発展』(有斐閣)。
ミンツ, B.=M.シュワーツ(浜川一憲ほか訳)(1994)『企業間ネットワークと取締役兼任制――金融ヘゲモニーの構造』(文眞堂)。
光澤滋朗(1989)「大規模小売商出現の背景と意義」『同志社商学』41巻3・4号(1月)。

▼ 欧文文献 (a, b, c, 一順)

Aalberts, Robert J. & L. Lynn Judd(1991), "Slotting in the Retail Grocery Business : Does It Violate the Public Policy Goal of Protecting Businesses Against Price Discrimination?" *Depaul Law Rev.*, Vol. 40, No.2.
Adelman, Morris A.(1949a), "The A & P Case : A Study in Applied Economic Theory," *Quart.Jour.of Economics*, Vol.63, No.2(May)
―――(1949b), "The A & P Case," *American Economic Rev., Papers and Proceedings*, Vol.39, No.3(May).
―――(1949c), "Integration and Antitrust Policy," *Harv.Law Rev.*, Vol.63, No.1 (Nov.).
―――(1949d), "The Great A & P Muddle," *Fortune*(Dec.).
―――(1953), "Dirlam and Kahn on the A & P Case," *Jour.of Political Economy*, Vol.61, No.5 (Oct.).
―――(1959), *A & P : A Study in Price-Cost Behavior and Public Policy*(Cambridge, Mass., Harv.Univ.Press).
Allvine, Fred C.(1968), "The Supermarket Challenged!" *Bus.Horizons*, Vol.11,No.5 (Oct.).
Anderson, Keith B.(1993), "Structure-Performance Studies of Grocery Retailing : A Review," in Ronald W.Cotterill(ed.), *Competitive Strategy in the Food System*(Boulder, Westview Press).
Andrews, John W.(1950), "U.S.vs. A & P : Battle of Titans," *Harper's Magazine*, Vol.201, No.1204(Sep.).

Barnes, Edward L.(1927), "Profit-Making Possibilities in the Chain Store Stocks," *Forbes* (Apr.15).

Barton, Fred B.(1928), "Why Kroger Are Gold Mine," *Forbes*(Oct.1).

Bates, Albert D.(1976), "The Troubled Future of Retailing," *Bus.Horizons*, Vol.19, No.4 (Aug.).

Baxter, William J.(1928), *Chain Store Distribution and Management*(New York, Harper).

Beckman, Theodore N. & Herman C.Nolen(1938), *The Chain Store Problem : A Critical Analysis*(New York, McGraw-Hill).

Benson, Susan Porter(1979), "Palace of Consumption and Machine for Selling : Managing the Work of Department Store Saleswomen, 1880-1940," *Radical History Rev.*, Vol.21 (Fall).

Bernstein, Peter W.(1980)," A & P Calls in a Reliever," *Fortune*(June 2).

Bloomfield, Daniel(ed.)(1931), *Chain Stores,* ＜The Reference Shelf, Vol.7, No.7＞(New York, H.W.Wilson).

─── (ed.)(1939), *Chain Stores and Legislation,* ＜The Reference Shelf, Vol.12, No.7＞ (New York, H.W.Wilson).

Bluestone, Barry, *et al.*(1981), *The Retail Revolution : Market Transformation, Investment, and Labor in the Modern Department Store*(Boston, Auburn House).

Blyskal, Jeff(1982), "A & P West ?" *Forbes*(Apr.12).

Borden, Neil H.(1947), *The Economics of Advertising*(Chicago, Irwin).

Bradshaw, T.F.(1943), "Superior Methods Created the Early Chain Store," *Bulletin of the Bus.Historical Society*, Vol.17, No.2(Apr.).

Brand, Edward A.(1965), *Modern Supermarket Operation* (New York, Fairchild Publications).

Brough, James(1982), The Woolworths(New York, McGraw-Hill).

Brown, Milton P., *et al.*(1970), *Strategy Problems of Mass Retailers and Wholesalers* (Homewood, Ill., Irwin).

Bryant, Keith L.(Jr.) & Henry C. Dethloff(1990), *A History of American Business*, 2nd ed. (Englewood Cliffs, NJ, Prentice Hall).

Bucklin, Louis P.(1972), *Competition and Evolution in the Distributive Trades* (Englewood Cliffs, NJ, Prentice-Hall).

Bullock, Roy J.(1933a), "The Early History of The Great Atlantic & Pacific Tea Company," *Harv.Bus.Rev.*, Vol.11, No.3(Apr.).

─── (1933b)," A History of The Great Atlantic & Pacific Tea Company since 1878," *Harv.Bus.Rev.*, Vol.12, No.1(Oct.).

Burns, Arthur R.(1936), *The Decline of Competition*(New York, McGraw-Hill).

◆ *Business Week*

─── (1933), "The Cheapy Thrives," (Feb.).

─── (1972), "A & P's Ploy : Cutting Prices to Turn a Profit," (May 20).

─── (1975), "Can Jonathan Scott Save A & P ?" (May 19).

―――(1981), "No-Frills Foods : New Power for the Supermarkets," (Mar.23).

―――(1982a), "A & P Looks Like Tengelmann's Vietnam," (Feb.1).

―――(1982b), "Safeway Stores : Back to Prices Wars for a Company That Played It too Safe," (Apr.5).

―――(1983), "Safeway Jilts 'The Family of Four' to Woo 'The Jogging Generation'," (Nov.21).

Butler, Thomas C.(1960), "The Super Market Invades the General Merchandise Field," *Super Market Merchandising*(Nov.), in Harper W.Boyd(Jr.) & Richard M.Clewett(eds.), *Contemporary American Marketing*, rev.ed. (Homewood, Ill., Irwin, 1962).

Cairns, James P.(1961), "Competition in Food Retailing――Some Recent Developments," *Jour.of Retailing*, Vol.37, No.3(Fall).

―――(1962), "Concentration in Food Retailing in the United States," *Jour.of Retailing*, Vol.38, No.3(Fall).

Carey, John L. & Phyllis F.Otto(1977), "Output Per Unit of Labor Input in the Retail Food Store Industry," *Monthly Labor Rev.*, Vol.100, No.1(Jan.).

◆ **Chain Store Age**

―――(1967), "Behind the New Wave Discount Super Revolution," Supermarket ed. (Nov.), in Daniel J.McLaughlin(Jr.) & Charles A.Mallowe(eds.), *Food Marketing and Distribution*(New York, Chain Store Age Books, 1971).

―――(1969), "A & P Finally Waking Up ?" Supermarket ed. (June), in Daniel J.McLaughlin (Jr.) & Charles A.Mallowe(eds.), *Food Marketing and Distribution* (New York, Chain Store Age Books, 1971).

Chandler, Alfred D.(Jr.)(1962), *Strategy and Structure : Chapters in the History of the American Industrial Enterprise of the American Industrial Enterprise*(Cambridge, Mass., MIT Press). 三菱経済研究所訳(1967年)『経営戦略と組織』(実業之日本社)。

Charvat, Frank J.(1961), *Supermarketing*(New York, Macmillan).

Chevalier, Judith A.(1995a), "Capital Structure and Product-Market Competition : Empirical Evidence from the Supermarket Industry," *American Economic Rev.*, Vol.85, No.3(June).

―――(1995b), "Do LBO Supermarkets Charge More ? : An Empirical Analysis of the Effects of LBOs on Supermarket Pricing," *Jour.of Finance*, Vol.50, No.4 (Sep.).

Child, John, *et al.*(1987), "Technological Innovation and Organizational Conservatism," in Johannes M.Pennings & Arend Buitendam(eds.), *New Technology as Organizational Innovation : The Development and Diffusion of Microelectronics* (Cambridge, Mass., Ballinger).

Clarke, Roger, *et al.*(2002), *Buyer Power and Competition in European Food Retailing* (Cheltenheim, UK, Elgar).

Converse, Paul D.(1957), "Twenty-Five Years of Wholesaling : A Revolution in Food Wholesaling," *Jour.of Marketing* (July).

Copeland, Melvin T.(1929), "Marketing," in Com.on Recent Economic Changes of the President's Conference on Unemployment, *Recent Economic Changes in the United States*,

Vol.1 (New York, McGraw-Hill).
Cort, Stanton G. (1977), "The Future of Food Retailing : The Kroger Viewpoint," *Bus.Horizons*, Vol.20, No.1 (Feb.).
Cotterill, Ronald W. (1986), "Market Power in the Retail Food Industry : Evidence from Vermont," *Rev.of Economics and Statistics*, Vol.63, No.3 (Aug.).
―――― (1988), "Mergers and Concentration in Food Retailing : Implications for Performance and Merger Policy," Testimony before the Subcom.on Monopolies and Commercial Law, Com.on the Judiciary, U.S.House of Representatives, 100th Cong., 2nd Sess., Serial No.67 (Wash., DC, GPO).
―――― (1993a), "Food Retailing : Mergers, Leveraged Buyouts, and Performance," in Larry L.Duetsch (ed.), *Industry Studies* (Englewood Cliffs, NJ, Prentice-Hall).
―――― (1993b), "A Response to the Federal Trade Commission / Anderson Critique of Structure-Performance Studies in Grocery Retailing," in Ronald W.Cotterill (ed.), *Competitive Strategy Analysis in the Food System* (Boulder, Westview Press).
―――― (1997), "The Food Distribution System of the Future : Convergence towards the US or UK Model ?" *Agribusiness*, Vol.13, No.2.
―――― & Lawrence Haller (1987), "Entry Patterns and Strategic Interaction in Food Retailing," in Robert L.Wills *et al*. (eds.), *Issues after a Century of Federal Competition Policy* (Mass., Lexington Books).
Daughters, Charles G. (1937), *Wells of Discontent : A Study of the Economic, Social, and Political Aspects of the Chain Store* (New York, Newson & Co.).
Denis, David J. (1994), "Organizational Form and the Consequences of Highly Leveraged Transactions : Kroger's Recapitalization and Safeway's LBO," *Jour.of Financial Economics*, Vol.36.
Dewar, Robert E. (1975), "The Kresge Company and the Retail Revolution," *Univ.of Michigan Bus.Rev.*, Vol.27, No.4.
Dirlam, Joel B. (1977), "The Food Distribution Industry," in Walter Adams (ed.), *The Structure of American Industry*, 5th ed. (New York, Macmillan).
―――― & Alfred E.Kahn (1952), "Antitrust Law and the Big Buyer : Another Look at the A & P Case," *Jour.of Political Economy*, Vol.60, No.1 (Feb.).
―――― & ―――― (1953), "Integration and Dissolution of the A & P Company," *Indiana Law Jour.*, Vol.29, No.1 (Fall).
―――― & ―――― (1954), *Fair Competition : The Law and Economics of Antitrust Policy* (New York, Cornell Univ.Press).
Doubman, J.Russel (1935), "What Is New in Retailing ?" *American Marketing Jour.*, Vol.2, No.2 (Apr.).
Drew-Bear, Robert (1970), *Mass Merchandising : Revolution & Evolution* (New York, Fairchild Publications).
Editors of Progressive Grocer Magazine [Editors] (1971), *A & P : Past, Present and Future* (New York, Progressive Grocer Magazine).

Edwards, Corwin D. (1949), *Maintaining Competition : Requisites of a Governmental Policy* (New York, McGraw-Hill).

Eklund, Christopher S. (1986), "How A & P Fattens Profits by Sharing Them," *Business Week* (Dec.22).

Emmet, Boris & John F. Jeuck (1950), *Catalogues and Counters : A History of Sears, Roebuck & Company* (Chicago, Univ. of Chicago Press).

F. W. Woolworth Co. (1929), *1879 -1929 : Fifty Years of Woolworth ──── The Fiftieth Anniversary of the F. W. Woolworth Co.* (New York, The Co.).

──── (1954), *Woolworth's First 75 Years : The Story of Everybody's Store 1879 -1954* (New York, The Co.).

──── (1979), *100th Anniversary : 1879～1979* (New York, The Co.).

◆ **Federal Trade Commission [FTC]**

──── (1932), *Chain Stores : Growth and Development of Chain Stores*, 72d Cong., 1st Sess., Senate Doc. No.100 (Wash., DC, GPO).

──── (1933a), *Chain Stores : Chain-Store Price Policies*, 73d Cong., 2d Sess., Senate Doc. No.85 (Wash., DC, GPO).

──── (1933b), *Chain Stores : Chain -Store Private Brands*, 72d Cong., 2d Sess., Senate Doc. No.142 (Wash., DC, GPO).

──── (1933c), *Chain Stores : Chain-Store Manufacturing*, 73d Cong., 1st Sess., Senate Doc. No.13 (Wash., DC, GPO).

──── (1933d), *Chain Stores : Sales, Costs, and Profits of Retail Chains*, 73d Cong., 1st Sess., Senate Doc. No.40 (Wash., DC, GPO).

──── (1933e), *Chain Stores : Sizes of Stores of Retail Chains*, 72d Cong., 2d Sess., Senate Doc. No.156 (Wash., DC, GPO).

──── (1935), *Chain Stores : Final Report on the Chain-Store Investigation*, 74th Cong., 1st Sess., Senate Doc. No.4 (Wash., DC, GPO).

──── (1948), *Report on FTC on the Merger Movement : A Summary Report* (Wash., DC, GPO).

──── (1960), *Economic Inquiry into Food Marketing, Part 1 ──── Concentration and Integration in Retailing : Staff Report to the FTC* (Wash., DC, GPO).

──── (1966), *Economic Report on the Structure and Competitive Behavior of Food Retailing : Staff Report of the FTC* (Wash., DC, GPO).

──── (1975), *Economic Report on Food Chain Profits : Staff Report to the FTC* (Wash., DC, GPO).

Fein, Rashi (1951), "Note on Price Discrimination and the A & P Case," *Quart. Jour. of Economics*, Vol.65, No.2 (May).

Fisk, George, *et al.* (1964), "Price Rivalry among Philadelphia Food Chains," *Jour. of Advertising Res.*, Vol.4, No.2 (June), in David J. Rachman (ed.), *Retail Management Strategy : Selected Readings* (Englewood Cliffs, NJ, Prentice-Hall, 1970).

◆ ***Food Topics***

―――(1961), "New Moves Indicate Basic Policy Shift for A & P," (Dec.), in Harper W.Boyd (Jr.) & Richard M.Clewett (eds.), *Contemporary American Marketing*, rev.ed. (Homewood, Ill., Irwin, 1962).

◆ *Forbes*

―――(1969), "The Grocery Business : May Be the Stockholders Should Be Picketing Instead," (Nov.1).

―――(1976), "We Should Have Moved a Lot Sooner," (May 15).

◆ *Fortune*

―――(1930), "The A & P Company as a Whole," (July).

―――(1933a), "Biggest Family Business," (Mar.).

―――(1933b), "Woolworth's $250,000,000 Trick," (Nov.).

―――(1934), "Case History of a Chain Store," (Nov.).

―――(1940a), "Kresge's," (June).

―――(1940b), "Safeway Stores, Inc.," (Oct.).

―――(1947), "The Great A & P," (Nov.).

―――(1963), "Pinching 500,000,000,000 Pennies," (Mar.).

―――(1978) "Jonathan Scott's Surprising Failure at A & P," (Nov.6).

―――(1979) "Pride and Price Finally Get Together at A & P," (Feb.12).

Fulda, Carl H. (1951), "Food Distribution in the United States : Struggle between Independents and Chains," *Univ.of Pennsylvania Law Rev.*, Vol.99, No.8 (June).

Furnas, J.C. (1941), "The Super Market Basket," *Forbes* (Dec.15).

Galambos, Louis & Joseph Pratt (1988), *The Rise of the Corporate Commonwealth : U.S.Business and Public Policy in the Twentieth Century* (New York, Basic Books).

German, Gene Arlin (1978), "The Dynamics of Food Retailing, 1900-1975" (Ph.D.diss., Cornell Univ.).

Glick, Lee (1969), "The Effect of Federal Regulatory Policies on Mergers in Retail Food Distribution," *Economics and Bus.Bulletin* (Summer), in Daniel J.McLaughlin (Jr.) & Charles A.Mallowe (eds.), *Food Marketing and Distribution* (New York, Chain Store Age Books, 1971).

Goffee, Robert & Richard Scase (1995), *Corporate Realities : The Dynamics of Large and Small Organizations* (London, Routledge).

Greer, William, John A.Logan & Paul S.Willis (1986), *American the Bountiful : How the Supermarket Came to Main Street, An Oral History* (Wash., DC, Food Marketing Institute).

Groner, Alex, *et al.* (1972), *The American Heritage History of American Business & Industry* (New York, Heritage Pub.Co.).

Haas, Harold M. (1939), "Social and Economic Aspects of the Chain Store Movement" (Ph. D.diss., Univ.of Minnesota, reprint ed. : New York, Arno Press, 1979).

Hafner, Katherine M. (1987), "Edelman : A New Lucky Strike ?" *Business Week* (Feb.23).

―――*et al.* (1986), "There Are Two Kinds of Supermarkets : The Quick and Dead," *Business*

Week(Aug.11).

Hampe, Edward C. (Jr.) & Merle Wittenberg (1964), *The Lifeline of America : Development of the Food Industry* (New York, McGraw-Hill).

Harley, Robert F. (1981), *Marketing Mistakes*, 2nd ed. (Columbus, Ohio, Grid). 熊沢 孝訳 (1983年)『マーケティング・ミステイクス』(ダイヤモンド社)。

―――(1985), *Marketing Successes ――― Historical to Present Day* (New York, Wiley). 熊沢 孝・根岸圭子訳 (1989年)『マーケティング・サクセス』(ダイヤモンド社)。

―――(1992), *Marketing Mistakes*, 5th ed. (New York, Wiley).

Harper, F. J. (1981), "A New Battle on Evolution : The Anti-Chain Store Trade-at-Home Agitation of 1929 - 1930," *American Studies*, Vol. 13, No.3 (Dec.).

Haugen, Steven E. (1986), "The Employment Expansion in Retail Trade, 1973-85," *Monthly Labor Rev.*, Vol.109, No.8 (Aug.).

Hayward, Walter S. (1924), "The Chain Store and Distribution," *The Annals of the American Academy and Political Science*, Vol.115 (Sep.).

――― & Percival White (1928), *Chain Stores : Their Management and Operation*, 3rd ed. (New York, McGraw-Hill).

Hillstrom, Kevin (ed.) (1994), *Encyclopedia of American Industries, Vol.2 : Service & Non-Manufacturing Industries* (New York, Gale Res.).

Hirsch, Werner Z. & Dow Votaw (1952), "Giant Grocery Retailing and the Antitrust Laws," *Jour. of Bus. of the Univ. of Chicago*, Vol.25, No.1 (Jan.).

Holdren, Bob R. (1965), "Competition in Food Retailing," *Jour. of Farm Economics*, Vol.47, No.5 (Dec.).

Hollander, Stanley C. (1980), "The Effects of Industrialization on Small Retailing in the United States in the Twentieth Century," in Stuart W. Bruchey (ed.), *Small Business in American Life* (New York, Columbia Univ. Press).

――― & Glenn S. Omura (1989), "Chain Store Developments and Their Political, Strategic, and Social Interdependencies," *Jour. of Retailing*, Vol.65, No.3 (Fall).

Hoyt, Edwin P. (1969), *That Wonderful A & P!* (New York, Hawthorn Books).

Hughes, Alexandra L. (1997), "The Changing Organization of New Product Development for Retailers' Private Labels : A UK-USA Comparison," *Agribusiness*, Vol.13, No.2.

Ingene, Charles A. (1983), "Intertype Competition : Restaurants versus Grocery Stores," *Jour. of Retailing*, Vol.59, No.3 (Fall).

Ingham, John N. (1983), *Biographical Dictionary of American Business Leaders*, 4 vols. (Westport, Conn., Greenwood Press).

Job, Barbara C. (1980), "Employment and Pay Trends in the Retail Trade Industry," *Monthly Labor Rev.*, Vol.103, No.3 (Mar.).

Jones, Mary Gardiner (1971), "Food Retailing : A Case Study of United States Anti-Trust Policy toward the Distributive Trades," in J. B. Heath (ed.), *International Conference on Monopolies, Mergers, and Restrictive Practices* (London, HMSO).

Kacker, Madhav P. (1985), *Transatlantic Trends in Retailing : Takeovers and Flow of Know-How*

(Westport, Conn., Quorum Books).
Kaplan, A.D.H., Joel B.Dirlam & Robert F.Lanzilloti (1958), *Pricing in Big Business : A Case Approach* (Wash., DC, Brookings Institution). 武山泰雄訳(1960年)『ビッグ・ビジネスの価格政策』(東洋経済新報社)。
Kinkead, Gwen (1982), "The Executive-Suite Struggle behind A & P's Profits," *Fortune* (Nov.1).
Kirkwood, Robert C. (1960), *The Woolworth Story at Home and Abroad* (New York, The Newcomen Society in North America).
Klein, Robert L. (1947), "The A & P Decision," *Jour.of Retailing*, Vol.23, No.1 (Feb.).
Knebel, Donald E., et al. (1990), "Predation to Coerce Competitors' Acceptance of Predator's Price Leadership : The Supermarket Model (Ⅰ)," *Antitrust Law & Economics Rev.*, Vol.22, No.3.
――――, et al. (1991), "Predation to Coerce Competitors' Acceptance of Predator's Price Leadership : The Supermarket Model (Ⅱ)," *Antitrust Law & Economics Rev.*, Vol.23, No.1.
Kotler, Philip (1988), "Convenience Store : Past Developments and Future Prospects," in Terence Nevett & Ronald A.Fullerton (eds.), *Historical Perspectives in Marketing : Essays in Honor of Stanley Hollander* (Lexington, Mass., Lexington Books).
Lamm, R.McFall (1981), "Prices and Concentration in the Food Retailing Industry," *Jour.of Industrial Economics*, Vol.30, No.1 (Sep.).
Laulajainen, Risto (1987), *Spatial Strategies in Retailing* (Dordrecht, D.Reidel Pub.Co.).
Laycock, George (1983), *The Kroger Story : A Century of Innovation* (Cincinnati, Kroger Co.).
Lebhar, Godfrey M. (1963), *Chain Stores in America : 1859-1962*, 3rd ed. (New York, Chain Store Pub.Corp.). 倉本初夫訳(1964年)『チェーン・ストア――米国百年史』(商業界)。
Lewis, Howard Thompson (1930), "Distribution," *The Annals of the American Academy of Political and Social Science*, Vol.149, Pt.1 (May).
Lewis, Len (1997), "Safeway / Canada : Provincial Thinking," *Progressive Grocer*, Vol.76, No.1 (Jan.).
Logan, John A. (1936), "Does Large-Scale Merchandising Benefit Consumers ?" *American Marketing Jour.*, Vol.3, No.1 (Jan.).
Lyons, R.W. & S.M.Flickinger (1931), "The Social and Economic Aspects of Chain Stores," *American Economic Rev., Papers and Proceedings*, Vol.21, No.1 (Mar.).
Mack, Ruth Prince (1936), *Controlling Retailers : A Study of Cooperation and Control in the Retail Trade with Special Reference to the NRA* (New York, Columbia Univ.Press).
Magill, Frank N. (ed.) (1996), *Chronology of Twentieth-Century History : Business and Commerce*, Vol.1 (London, Fitzroy Dearborn Publishers).
Magowan, Peter A. (1989), "The Case for LBOs : The Safeway Experience," *California Management Rev.*, Vol.32, No.1 (Fall).
Mahoney, Tom & Leonard Sloane (1966), *The Great Merchants : America's Foremost Retail Institutions and the People Who Made Them Great*, New and Enlarged ed. (New York,

Harper). 田島義博・江口紘一訳(1972年)『グレート・マーチャント』(早川書房)。

Marburg, Theodore (1951), "Domestic Trade and Marketing," in Harold F. Williamson (ed.), *The Growth of the American Economy* (New York, Prentice-Hall).

Marion, Bruce W. (1987), "Entry Barriers : Theory, Empirical Evidence, and the Food Industries," in Robert L. Wills *et al.* (eds.), *Issues after a Century of Federal Competition Policy* (Mass., Lexington Books).

────(1989), "The Concentration-Price Relationship in Food Retailing," in Leonard W. Weiss (ed.), *Concentration and Price* (Cambridge, Mass., MIT Press).

────(1998), "Competition in Grocery Retailing : The Impact of a New Strategic Group on BLS Price Increases," *Rev. of Industrial Organization*, Vol. 13.

──── *et al.* (1979), *The Food Retailing Industry : Market Structure, Profits, and Prices* (New York, Praeger).

──── *et al.* (1993), "Strategic Groups, Competition, and Retail Food Prices," in Ronald W. Cotterill (ed.), *Competitive Strategy Analysis in the Food System* (Boulder, Westview Press).

Markin, Rom J. (Jr.) (1963), "The Super Market : Metamorphosis in Food Retailing," *Washington State Rev.*, Vol. 6 (Summer), in Markin (ed.), *Retailing : Concepts, Institutions and Management* (New York, Macmillan, 1971).

────(1968), *The Supermarket : An Analysis of Growth, Development, and Change*, rev. ed. (Pullman, Wash., Washington State Univ. Press).

Mayo, James M. (1993), *The American Grocery Store : The Business Evolution of an Architectural Space* (Westport, Conn., Greenwood Press).

McAusland, Randolph (1980), *Supermarket : 50 Years of Progress* (Wash., DC, Food Marketing Institute).

McCormick, Janice (1989), "The Case of Not-So-Supermarket," *Harv. Bus. Rev.*, Vol. 67, No. 2 (Mar.-Apr.).

McGarry, Edmund D. (1930), *Mortality in Retail Trade*, ＜Univ. of Buffalo, Studies in Bus., No. 4＞

────(1947), "The Mortality of Independent Grocery Stores in Buffalo and Pittsburg, 1919-1941," *Jour. of Marketing*, Vol. 12, No. 1 (July).

Merrill, Harwood F. (1933), "Will 'Price-Wreckers' Capture Retail Market ?" *Forbes* (Mar. 15).

Messinger, Paul R. & Chakravarthi Narasimhan (1995), "Has Power Shifted in the Grocery Channel ?" *Marketing Science*, Vol. 14, No. 2 (Winter).

Michman, Ronald D. (1979), "Changing Patterns in Retailing," *Bus. Horizons*, Vol. 22, No. 5 (Oct.).

──── & Alan J. Greco (1995), *Retailing Triumphs and Blunders : Victims of Competition in the New Age of Marketing Management* (Westport, Conn., Quorum Books).

Mills, C. Wright (1956), *The Power Elite* (New York, Oxford Univ. Press). 鵜飼信成・綿貫

譲治訳(1958年)『パワー・エリート(上巻)』(東京大学出版会)。

Minichiello, Robert J. (1967), "The Real Change of Food Discounters," *Jour. of Marketing*, Vol.31, No.2 (Apr.).

Mosher, Fred D. (1944), "Super-Markets and Their Future," *Forbes* (Aug.15).

Mueller, Charles E. (1991), "Predatory Pricing to Stop Discounting : The Kroger / Wal-Mart Battle of Batesville," *Antitrust Law & Economics Rev.*, Vol.23, No.1.

Mueller, Willard F. & Leon Garoian (1961), *Changes in the Market Structures of Grocery Retailing* (Madison, Univ. of Wisconsin Press).

Nardone, Thomas J. (1986), "Part-Time Workers : Who Are They ?" *Monthly Labor Rev.*, Vol.109, No.2 (Feb.).

National Commission on Food Marketing [NCFM] (1966), *Organization and Competition in Food Retailing*, ＜Technical Study No.7＞ (Wash., DC, GPO).

Nichols, John P. (1973), *Skyline Queen and the Merchant Prince : The Woolworth Story* (New York, Trident Press).

Nystrom, Paul H. (1930), *Economic of Retailing, Vol.1 : Retail Institutions and Trends*, 3rd rev. ed. (New York, Ronald Press).

―――― (1951), "Retailing in Retrospect and Prospects," in Hugh G. Wales (ed.), *Changing Perspectives in Marketing* (Urbana, Ill., Univ. of Ill. Press).

Osborne, Reba L. (1945), "Sales of Chain Grocery and Combination and Variety Stores by Regions," *Survey of Current Bus.*, Vol.25, No.10 (Oct.).

Padberg, Daniel I. (1968), *Economics of Food Retailing* (New York, Cornell Univ.).

Palamountain, Joseph Cornwall (Jr.) (1955), *The Politics of Distribution* (Cambridge, Mass., Harv. Univ. Press). マーケティング史研究会訳(1993年)『流通のポリティクス』(白桃書房)。

Palmer, James L. (1929), "Economic and Social Aspects of Chain Stores," *Jour. of Bus. of the Univ. of Chicago*, Vol.2, No.3 (July).

Parker, Russell C. (1986), *Concentration, Integration and Diversification in the Grocery Retailing Industry* (Wash., DC, Bur. of Economics, FTC). (mimeo.).

―――― (1987), "The Effects of Mergers and Entry on Concentration Change in SMA Grocery Retailing Markets," in Robert L. Wills *et al.* (eds.), *Issues after a Century of Federal Competition Policy* (Mass., Lexington Books).

Pearce, Lynn M. (ed.) (2005), *Encyclopedia of American Industries, Vol.2 ―― Service & Non-Manufacturing Industries*, 4th ed. (Michigan, Gale Group).

Pearce II, John A., Richard B. Robinson (Jr.) & Larry D. Alexander (1986), *Company and Industry Cases in Strategy and Policy* (Homewood, Ill., Irwin).

Pennace, F. G. & Basil S. Yamey (1955), "Competition in the Retail Grocery Trade 1850-1939," *Economica*, Vol.22, No.88 (Nov.).

Perkins, Edwin J. (1999), *Wall Street to Main Street : Charles Merrill and Middle-Class Investors* (New York, Cambridge Univ. Press).

Phillips, Charles F. (1935), "A History of the F. W. Woolworth Company," *Harv. Bus. Rev.*,

―――(1936), "A History of The Kroger Grocery & Baking Company," *National Marketing Rev.*, Vol.1, No.3 (Winter).
―――(1938), "The Supermarket," *Harv.Bus.Rev.*, Vol.16, No.2 (Winter).
―――(1939a), "Chain, Voluntary Chain, and Independent Grocery Store Prices, 1938," *Jour.of Bus.of the Univ.of Chicago*, Vol.12, No.1 (Jan.).
―――(1939b), "Supermarket and Chain-Store Food Prices," *Jour.of Bus.of the Univ.of Chicago*, Vol.12, No.4 (Oct.).
―――(1941), "Price Policies of Food Chains," *Harv.Bus.Rev.*, Vol.19, No.3 (Spr.).
Porter, Glenn & Harold C.Livesay (1971), *Merchants and Manufacturers : Studies in the Changing Structure of Nineteenth-Century Marketing* (Baltimore, Johns Hopkins Press). 山中豊国・中野安・光澤滋朗訳（1983年）『経営革新と流通支配――生成期マーケティングの研究』（ミネルヴァ書房）。

◆ *Printers' Ink*
―――(1936), "If A & P Goes Wholesale," Vol.174, No.2 (Jan.9).
Rachman, David & Keith J.Fabes (1992), "The Decline of the Traditional American Department Store," *Jour.of Marketing Channels*, Vol.1, No.3.
Raucher, Alan R.(1991), "Dime Store Chains : The Making of Organization Men, 1890-1940," *Bus.Hist.Rev.*, Vol.65, No.1 (Spr.).
Rieser, Carl (1957), "S.H.Kress : Who's in Change ?" *Fortune* (Nov.).
―――(1960), "What's Come Over Old Woolworth ?" *Fortune* (Jan.).
Ross, Thomas W.(1984), "Winners and Losers under the Robinson-Patman Act," *Jour.of Law and Economics*, Vol.27, No.2 (Oct.).
―――(1986), "Store Wars : The Chain Tax Movement," *Jour.of Law and Economics*, Vol.29, No.1 (Apr.).
Ruben, George (1983), "Collective Bargaining in 1982 : Results Dictated by Economy," *Monthly Labor Rev.*, Vol.106, No.1 (Jan.).
Saporito, Bill (1983), "Kroger : The New King of Supermarketing," *Fortune* (Feb.21).
―――(1985), "The Giant of the Regional Food Chains," *Fortune* (Nov.25).
―――(1987), "Just How Good Is the Great A & P ?" *Fortune* (Mar.16).
―――(1990), "A & P : Grandma Turns a Killer," *Fortune* (Apr.23).
Savitt, Ronald (1987), "American Retailing Strategies and the Changing Competitive Environment," in Gerry Johnson (ed.), *Business Strategy and Retailing* (New York, Wiley).
Scull, Penrose (1967), *From Peddlers to Merchant Princess : A History of Selling in America* (Chicago, Follett Pub.Co.).
Seth, Andrews & Geoffrey Randall (1999), *The Grocers : The Rise and Rise of the Supermarket Chains* (London, Kogan Page).
Silk, Alvin J. & Louis W.Stern (1963), "The Changing Nature of Innovation in Marketing : A Study of Selected Business Leaders, 1852-1958," *Bus.Hist.Rev.*, Vol.37, No.3 (Fall).
Sparks, Leigh (2000a), "The Rise of the Large Food Store," in Christophe Baret, Steffen Lehn-

dorff & Leigh Sparks (eds.), *Flexible Working in Food Retailing : A Comparison between France, Germany, the United Kingdom and Japan* (New York, Routledge).

―――― (2000b), "Employment in Food Retailing," in Christophe Baret, Steffen Lehndorff & Leigh Sparks (eds.), *Flexible Working in Food Retailing : A Comparison between France, Germany, the United Kingdom and Japan* (New York, Routledge).

Stacey, Nicholas A.H. & Aubrey Wilson (1958), *The Changing Patterns of Distribution* (Oxford, Pergamon).

Stocking, George W. & Myron W. Watkins (1951), *Monopoly and Free Enterprise* (New York, Twentieth Century Fund).

Strasser, Susan (1989), *Satisfaction Guaranteed : The Making of the American Mass Market* (New York, Pantheon Books).

Tasini, Jonathan, et al. (1985), "The New Line at the Supermarket May Be a Picket Line," *Bus. Week* (Dec. 30).

Taylor, Malcolm D. (1934), "Prices of Branded Grocery Commodities during the Depression," *Harv. Bus. Rev.*, Vol. 12, No. 4 (July).

Tedlow, Richard S. (1990), *New and Improved : The Story of Mass Marketing in America* (New York, Basic Books). 近藤文男監訳 (1993年) 『マス・マーケティング史』 (ミネルヴァ書房)。

◆ **Temporary National Economic Com. 〔TNEC〕**

―――― , Monograph No. 17 (1941), *Problems of Small Business, Pt. 1*, by John H. Cover & Nathanael H. Engle (Wash., DC, GPO).

―――― , Monograph No. 18 (1941), *Trade Association Survey* (Wash., DC, GPO).

―――― , Monograph No. 29 (1940), *The Distribution of Ownership in the 200 Largest Nonfinancial Corporations, Pt. 1* (Wash., DC, GPO).

―――― , TNEC Monograph No. 35 (1940), *Large-Scale Organization in the Food Industries*, by A.C. Hoffman (Wash., DC, GPO).

Thorp., William L. (1939), "Changing Distribution Channels," *American Economic Rev.*, Papers and Proceedings, Vol. 29, No. 1, Pt. 2 (Mar.).

Tilly, Chris (1991), "Reasons for the Continuing Growth of Part-Time Employment," *Monthly Labor Rev.*, Vol. 114, No. 3 (Mar.).

Tolich, Martin Bernard (1991), "Check It Out : Life in the Grocery Lane――An Empirical Study of Alienation among Supermarket Clerks" (Ph.D. diss., Univ. of California, Davies).

Tracy, Eleanor J. (1973), "How A & P Got Creamed," *Fortune* (Jan.).

◆ **(US) Congress, Joint Economic Com.**

―――― (1977a), *Prices and Profits of Leading Retail Food Chains, 1970-74 : Hearings*, 95th Cong., lst Sess. (Wash., DC, GPO).

―――― (1977b), *The Profit and Price Performance of Leading Food Chains, 1970-74, : A Study*, 95th Cong., lst Sess. (Wash., DC, GPO).

(US) Dept. of Commerce, Bur. of the Census (1975), *Historical Statistics of the United States :*

Colonial Times to 1970, Pt.1, Pt.2 (Wash., DC, GPO).

———, ———, Statistical Abstract of the United States (Wash., DC, GPO), various ed.

◆ (U.S.) House of Representatives [HR]

———(1935a), Special Com.on Investigation American Retail Federation, *Investigation of the Lobbying Activities of the American Retail Federation : Hearings*, 74th Cong., lst Sess. (Wash., DC, GPO).

———(1935b), ———, *Investigation of the Trade Practices of Big Scale Retail and Wholesale Buying and Selling Organization : Hearings*, No.2, 74th Cong., lst Sess. ; Vol.3 - No.1 (1936) ; Vol.4 (1936) (Wash., DC, GPO).

———(1976), Com.on the Judiciary, *Food Industry Antitrust Report Act : Hearings before the Subcom.on Monopolies and Commercial Law*, 94th Cong., 2d Sess. (Wash., DC, GPO).

———(1988), ———, *Mergers and Cocentration : The Food Industries : Hearings before the Monopolies and Commercial Law*, 100th Cong., 2nd Sess., Serial No.67 (Wash., DC, GPO).

◆ (US) Senate

———(1979), Com.on the Judiciary, *Impact of Market Concentration on Rising Food Prices : Hearings before the Subcom.on Antitrust, Monopoly and Business Rights*, 96th Cong., lst Sess., Serial No.96-22 (Wash., DC, GPO).

Voos, Paula B. & Lawrence R.Mishel (1986), "The Union Impact on Profits in the Supermarket Industry," *Rev.of Economics and Statistics*, Vol.68, No.3 (Aug.).

Walsh, John P. (1993), *Supermarkets Transformed : Understanding Organizational and Technological Innovations* (New Brunswick, NJ, Rutgers Univ.Press).

Walsh, William I. (1986), *The Rise and Decline of The Great Atlantic & Pacific Tea Company* (Secaucus, NJ, Lyle Stuart).

Webb, Don Robert (1963), "A Financial Analysis of Selected Major Merchandising Corporations, 1926-1960" (Ph.D.diss., Univ.of Ill.).

Weinstein, Steve (1997), "Safeway/Special Report : The Resurrection of Safeway," *Progressive Grocer*, Vol.76, No.1 (Jan.).

Weir, Tom (2003), "The Super 50 : Wal-Mart's the 1," *Progressive Grocer*, Vol.82, No.7 (May 1).

Winkler, John K. (1940), *Five and Ten : The Fabulous Life of F.W.Woolworth* (New York, Robert M.McBride & Co.).

Wood, Steve (2001), "Regulatory Constraints Portfolio Restructuring : The US Department Store Industry in the 1990s," *Environment and Planning A*, Vol.33, No.7 (July).

Worthy, James C. (1984), *Shaping an American Institution : Robert E.Wood and Sears, Roebuck* (Chicago, Univ.of Ill.Press).

Wright, John S. (1958), "A Brief History of the Jewel Tea Company," *Jour.of Marketing*, Vol.22, No.4 (Apr.).

Wrigley, Neil (1989), "The Lure of the USA : Further Reflections on the Internationalisation of British Grocery Retailing Capital," *Environment and Planning A*, Vol.21, No.3 (Mar.).

────(1992), "Antitrust Regulation and the Restructuring of Grocery Retailing in Britain and the USA," *Environment and Planning A*, Vol.24, No.5 (May).

────(1997a), "Foreign Retail Capital on the Battlefields of Connecticut : Competition Regulation at the Local Scale and Its Implications," *Environment and Planning A*, Vol.29, No.7 (July).

────(1997b), "British Food Retail Capital in the USA────Part 1 : Sainsbury and the Shaw's Experience," *International Jour. of Retail & Distribution Management*, Vol.25, No.1.

────(1997c), "British Food Retail Capital in the USA────Part 2 : Giant Prospects ?" *International Jour. of Retail & Distribution Management*, Vol.25, No.2.

────(1997d), "Exporting the British Model of Food Retailing to the USA : Implications for the EU-US Food Systems Convergence Debate," *Agribusiness*, Vol.13, No.2.

────(1998), "European Retail Giants and the Post-LBO Reconfiguration of U.S. Food Retailing," *International Rev. of Retail, Distribution and Consumer Res.*, Vol.8, No.2 (Apr.).

────(1999a), "Corporate Finance, Leveraged Restructuring and the Economic Landscape : The LBO Wave in U.S. Food Retailing," in Ron Martin (ed.), *Money and the Space Economy* (Chichester, John Wiley).

────(1999b), "Market Rules and Spatial Outcomes : Insights from the Corporate Restructuring of U.S. Food Retailing," *Geographical Analysis*, Vol.31, No.3 (July).

────(2000), "Strategic Market Behavior in the Internationalization of Food Retailing : Interpreting the Third Wave of Sainsbury's US Diversification," *European Jour. of Marketing*, Vol.34, No.8.

────(2001), "Local Spacial Monopoly and Competition Regulation : Reflections on Recent UK and US Rulings," *Environment and Planning A*, Vol.33, No.2 (Feb.).

────(2002), "Transforming the Corporate Landscape of US Food Retailing : Market Power, Financial Re-engineering and Regulations," *Tijdschrift voor Economische en Sociale Geographie*, Vol.93, No.1.

◆ **Yale Law Jour.**

────(1949), "Trouble Begins in the 'New' Sherman Act : The Perplexing Story of the A & P Case," Vol.58, No.6 (May).

Zimmerman, Max M. (1931), *Challenge of Chain Store Distribution* (New York, Harper).

────(1941), "The Supermarket and the Changing Retail Structure," *Jour. of Marketing*, Vol.5, No.4 (Apr.).

Zorn, Burton A. & George J. Feldman (1937), *Business under the New Price Laws : A Study of the Economic and Legal Problems Arising out of the Robinson-Patman Act and the Various Fair Trade and Unfair Trade Practices Laws* (New York, Prentice-Hall).

The Chain Store (New York, Frank Seaman, 1928).

索　引

ア行

アクメ・マーケッツ社（Acme Markets, Inc.）　12, 53, 167, 195, 269
アクメ・ティー社（Acme Tea Co.）　22, 53
アーゴット，ジョン（Ehrgott, John D.）　210-11, 220
アホールド社　→　ロイヤル・アホールド社
アメリカ・モデル　164, 259
アメリカン・コーヒー会社（American Coffee Corp.）　62
アメリカ食品チェーン・ストア組合（Food & Grocery Chain Stores of America, Inc.）　80-81, 87
アメリカ小売連盟（American Retail Federation, ARF）　86
アブラハム・アンド・ストラウス社（Abraham & Straus, Inc.）　10
アライド・ストアーズ社（Allied Stores Corp.）　10-11, 48, 72, 84, 98
アライド・スーパーマーケッツ社（Allied Supermarkets, Inc.）　186, 191, 262-23
R・H・メーシー社（R.H.Macy Co., Inc.）　→　メーシー社
アルバース，ウィリアム（Albers, William H.）　46, 48, 95, 114
アルバース・スーパー・マーケッツ社（Albers Super Markets, Inc.）　114
アルバートソン，ジョセフ（Albertson, Joseph）　291
アルバートソンズ社（Albertson's, Inc.）　18, 221, 252, 273, 275, 291-93
アルファ・ベータ・アクメ・マーケッツ社（Alpha Beta Acme Markets, Inc.）　158, 173
アルファ・ベータ食品店会社（Alpha Beta Food Markets, Inc.）　158, 173
イギリス・モデル　164, 259
石原武政　3, 5, 15, 59, 75
インヴェストコープ社（Investcorp S.A.）　84
ヴァラエティ・ストア　3, 5, 8-9, 11, 56, 77-78, 補章
ウィリアム・ファイリーンズ・ソンズ社（Wm.Filene's Sons Co.）　10
ウィン-ディクシー・ストアーズ社（Winn-Dixie Stores, Inc.）　163, 168, 176, 177, 191, 252, 256, 294
ウエアハウス・ストア　→　倉庫型店
ヴェネイター・グループ社（Venator Group, Inc.）　300
ウェルドン，W・R・H・（Weldon, W.R.H.）　48, 50
ウォード社（Montgomery Ward & Co., Inc.）　11, 13, 25, 31, 84, 136-37, 298, 301
ウォルグリーン社（Walgreen Co.）　57, 275
ウォルシュ，ジョン（Walsh, John P.）　59, 153, 274
ウォルシュ，ウィリアム（Walsh, William I.）　22-23, 36, 60, 145, 218, 238
ウォルトン，サム（Walton, Samuel Moore）　37
ウォル-マート・ストアーズ社（Wal-Mart Stores, Inc.ウォル-マート社）　4, 9, 10, 13, 19, 73, 186, 192, 216, 258, 280, 283, 295
ウォーレン，リンガン（Warren, Lingan A.）　51-52

347

ヴォンズ〔食料品会〕社（Von's Grocery Co./Von's Cos., Inc.） 175, 262
ウッド，ジェームズ（Wood, James） 18, 226, 228-33, 238, 244-46
ウッド，ロバート（Wood, Robert E.） 73, 137
売上高集中度 13-14, 19, 44, 91, 100, 128, 151, 172-73, 195, 251, 255, 292
ウールワース，フランク（Woolworth, Frank Winfield） 37, 補章
ウールワース社（F.W.Woolworth Co.） 11-12, 31, 56, 73, 200, 222, 補章
ウールワース・ビル 298-99
ACCO（Atlantic Commission Co., Inc.） 61, 87, 96, 141-42, 202
エイヴリー，シーウェル（Avery, Sewell L.） 136-37
H・C・ボハック社（H.C.Bohack Co., Inc.） 159, 176
エコノミー・ストア 13, 27, 32-42, 45, 58, 60-61, 72-73, 117-20, 165, 301
S・H・クレス社（S.H.Kress & Co.） → クレス社
S・S・スレスゲ社（S.S.Kresge Co.） → クレスゲ社
SMSA（Standard Metropolitan Statistical Area） 195, 242
エーデルマン，モリス（Adelman, Morris A.） 29, 215
NB（ナショナル・ブランド） 30, 36, 63, 65-67, 109, 155, 159, 206, 232
F・アンド・R・ラザラス社（F. & R.Lazarus & Co.） 11
F・W・ウールワース社（F.W.Woolrorth & Co.） → ウールワース社
EBITDA 261, 263, 267, 292, 295
オルドリッジ，メルヴィン（Alldredge, Melvin W.） 212-14, 220-21
卸売商主導型流通システム 23, 28, 311

カ行

価格アピール型業態 10, 24, 30, 32, 35, 75, 108-10, 183, 189, 216, 270, 272-73, 277, 288, 310, 320
価格差別（制） 103-04
価格ゾーン・システム 102-04
過剰資本 54, 65, 104-06, 177, 179
カテゴリー・キラー 8-9
カナダ・セーフウエイ社（Canada Safeway Ltd.） 51
カプラン，A・D・H・（Kaplan, A.D.H.） 101-02
ガリバー型寡占 37, 44, 100, 118, 128, 141, 151, 164, 167, 212, 221, 298, 305, 315
カリフォルニア型（スーパー） 99, 108, 110, 125
カール・ボイヤー社（Carl Byoir & Associates） 87
カレン，マイケル（Cullen, Michael J.） 37, 109-10, 113-15
キメラ型業態 280-81
キャンポー社（Campeau Corp.） 84
ギルマン，ジョージ（Gilman, George Francis） 21-27
ギルマン社（Gilman & Co.） 21
ギャップ社（The Gap, Inc.） 184
業種・業態構成トレンド 3-5, 8-9
業態分化 19, 161-62, 182, 189-94, 196, 270-80
業態ポートフォリオ 239-41, 272, 278, 285
均一価格店 → ヴァラエティ・ストア
キング・カレン食料品会社（King Kullen Grocery Co.）／キング・カレン店 114-15
ギンベル・ブラザーズ社（Gimbel Brothers, Inc.） 8, 84
クエーカー・メイド社（Quaker Maid, Inc.） 44, 62
グラント社（W.T.Grant Co.） 304, 323
グランド・ユニオン社（Grand Union Co.） 22, 56, 104, 163, 176, 188, 228-29
グリスウォルド，チャールズ（Gris-

wold, Charles C.) 200, 318-19, 323
クリーム・オヴ・フィート社 (Cream of Wheat Co.) 29, 66
クレス社 (S.H.Kress & Co.) 11, 56, 209, 304
クレス財団 (Samuel H.Kress Foundation) 209
クレスゲ社 (S.S.Kresge Co.) 11, 56-57, 123, 303-04, 315, 323
グレート・アメリカン・ティー社 (Great American Tea Co.) 21
グレート・ウェスタン・ティー社 (Great Western Tea Co.) 22, 45
クローガー, バーナード (Kroger, Bernard H.) 45-46, 95-96
クローガー食品財団 (Kroger Food Foundation) 101
クロフォード, ロバート (Crawford, Robert H.) 52
Kマート社 (K mart Corp.) 8, 11, 168, 185, 216
経営参加 235-36
KKR (Kohlberg Kravis Roberts & Co.) 50, 257, 259, 261-62, 265-66
ケーン, ウィリアム (Kane, William J.) 214-18, 220-21, 227
限定価格店 → ヴァラエティ・ストア
小売商主導型流通システム 164, 259, 293
小売店員国際組合 (Retail Clerks International Association, RCIA) 170-71
「小売の輪」仮説 32, 58, 74, 170, 190
5-10セント店 → ヴァラエティ・ストア
コストコ卸売会社 (Costco Wholesale Corp.) 271
コッテリル, ロナルド (Cotterill, Ronald W.) 104, 147, 255-56, 271
ゴールドマン・サックス社 (Goldman, Sachs & Co.) 56
コンビネーション・ストア (1920年代) 46, 58-61, 107, 111, 117

コンボ店 → 食品・ドラッグ・コンビネーション・ストア

サ行

サービス・アピール型業態 36, 193, 245, 270
差別的価格 → 価格差別
差別的取引条件 15-16, 67, 75-76
シアーズ, リチャード (Sears, Richard Warren) 25
シアーズ・ローバック社 (Sears, Roebuck and Co. シアーズ社) 8-9, 11-13, 25, 30-31, 40, 56, 73, 136-37, 164, 177, 222, 285, 298, 301, 303-04
GMS (general merchandise〔group〕store)〔総合店〕3-5, 8-12, 177, 304
ジャイアント・フード社 (Giant food, Inc.) 234, 240, 275
ジェイ, バイロン (Jay, Byron) 210-11
"死刑宣告法案 (Death Sentence Bill)" 87, 89
J・C・ペニー社 (J.C.Penney Co.) 5, 8, 11, 13, 57
事前調整優先方式 268-69
司法省 (反トラスト部) 17, 130, 141, 175, 202, 256
ジューエル社 (Jewel Cos., Inc.) 18, 22, 26, 255, 257, 268, 275
ジューエル・ティー社 (Jewel Tea Co.) → ジューエル社
集権的管理体制 34, 68-72, 100, 104, 129, 153-54, 201-02, 223, 241
食品・ドラッグ・コンビネーション・ストア (コンビネーション・ストア) 195, 268, 270-76, 278, 280-81
食品マーケティング協会 (Food Marketing Institute, FMI) 81
食品マーケティング調査全国委員会 (National Commission on Food Marketing, NCFM) 147, 190
食品流通産業合併ガイドライン 176, 256

ジョーンズ・ブラザーズ・ティー社（Jones Brothers Tea Co.） 22, 56
ジョーダン・マーシュ社（Jordan Marsh Co.） 11
スカッグス，サム（Skaggs, L.Sam） 48-49
スカッグス，マリオン（Skaggs, Marion Burton） 48, 50-51, 291
スカッグズ社（Skaggs Cos., Inc.） 48, 167, 267-68, 275-76
スコット，ジョナサン（Scott, Jonathan L.） 221-27, 229
ストップ・アンド・ショップ社（Stop & Shop Cos., Inc.） 114, 189, 191, 239, 243, 264-66
スチュアート，アレクサンダー（Stewart, Alexander Turney） 37
スーパーヴァリュー社（Super Valu Stores, Inc./Supervalu, Inc.） 277-78, 288-89, 293
スーパーストア 178, 192-94, 240, 250, 260-61, 265, 270-82, 286-87
スーパーセンター（Supercenter） 4, 186, 258, 280, 295
スーパー・ドラッグ・コンビネーション・ストア → 食品・ドラッグ・コンビネーション・ストア
スーパー・フレッシュ（Super Fresh） 235, 237, 241-42
スーパー・マーケット協会（Super Market Institute/Supermarket Institute） 28, 48, 81, 110, 114, 127
スーパーマーケッツ・ゼネラル社（Supermarkets General Corp., SGC） 243, 264-65, 275
ゼネリック・ラベル 255
セルフ・サービス 107, 110, 122, 127, 136, 148
全国食品チェーン組合（National Association of Food Chains, NAFC） 80-81
全国食料品小売商組合（National Association of Retail Grocers, NARG） 80-81, 84, 130

全国チェーン・ストア組合（National Chain Store Association, NCSA） 80-81, 86
全国食料品チェーン・ストア組合（National Grocery Chain Store Association） 80-81
全米食料品卸売商組合（United States Wholesale Grocers Association） 80-81
戦略グループ 162-63, 196-97, 272
倉庫型店 182, 216, 270-72, 276-78, 286, 288
総合店 → GMS
ソーンダース，クラーレンス（Saunders, Clarence） 32, 107

タ行

対抗力理論 76
多角化 9-10, 176-80, 229, 285-86
高島屋 298
高島屋均一店チェーン 298
ダニエル・リーヴズ社（Daniel Reeves, Inc.） 97, 157
ターゲット社（Target Corp.） 9, 184
ダート・グループ社（Dart Group Corp.） 257, 259, 261-62, 264, 266
WEO（Where Economy Originates） 計画 215-20, 225
チェーン型蓄積 12, 74, 302, 320
チャンドラー，アルフレッド（Chandler, Alfred D.〔Jr.〕） 30
通信販売業（店） 5, 11, 25, 202, 297, 301
ディスカウント・ストア 3-4, 8-10, 162, 183-91, 277, 280
ディロン社（Dillon Cos., Inc.） 250, 257, 265
デイトン・ハドソン社（Dayton Hudson Corp.） 9, 84, 180, 184
デイヨー，チャールズ（Deyo, Charles W.） 325
テドロー，リチャード（Tedlow, Richard S.） 23, 25, 32, 82, 101

350

索引

テンゲルマン・グループ（Tengelmann Group） 18, 227-28, 243, 250
統一食品・商業労働者国際組合（United Food and Commercial Workers International Union, UFCW） 171
東部型（スーパー） 108-10
鳥羽欽一郎 12, 301
トレーディング・スタンプ 25-26, 32-33, 204-05

ナ行

ナイストロム、ポール（Nystrom, Paul H.） 58, 106
内部留保 53-55, 137, 207, 213-14
ナショナル・ティー社（National Tea Co.） 22, 56, 135, 163, 175-76, 225
ナショナル・ブランド → NB

ハ行

ハイパーマーケット 272, 278
ハウプ、エリヴァン（Haub, Erivan Karl） 18, 227-31, 237, 247
パーカー、ラッセル（Parker, Russell C.） 255
バーガー、ラルフ（Burger, Ralph W.） 154, 200-04, 207-08, 210, 220
パースン、ヒューバート（Parson, Hubert T.） 324
B・A・T・インダストリーズ社（B.A.T. Industries, Ltd.） 84
バード、スティーヴ（Burd, Steve） 264
ハートフォード、ジョージ・ハンティントン（Hartford, George Huntington） 21, 23, 26-27, 299
ハートフォード、ジョージ（Hartford, George Ludlum） 14, 17, 27, 68-69, 87, 95, 98, 118-19, 200, 207-10
ハートフォード、ジョン（Hartford, John Augustine） 14, 17, 27, 32, 34, 68, 86-87, 95, 102-03, 118-21, 123, 129, 133, 137, 200, 203-04, 207-08, 215

林大樹 89
ハートフォード財団（John A.Hartford Foundation） 17, 207-10, 219, 226-27
ハフト、ハーバート（Haft, Herbert）→ ダート・グループ社
パラマウンテン、ジョセフ（Palamountain, Joseph Cornwall〔Jr.〕） 17
ハーリング、ジェームズ（Herring, James P.） 194, 218
ハーン百貨店（Hahn Department Stores, Inc.） 8, 11
反トラスト訴訟 17, 130-31, 141-42, 145, 175-76, 201-02
反トラスト政策 15, 16-17, 19, 141, 164, 175-76, 255-57, 268-69
反チェーン運動 16, 80-82, 84-89, 101
ビッグ・ベア（Big Bear）店 109, 111-12, 115, 120-22
ピグリー・ウィグリー社（Piggly-Wigly Corp.） 95, 108
（キング）ピグリー・ウィグリー店 32, 35, 107-08
PB 36, 63, 65-67, 155, 180, 206, 211, 224, 231-32, 258
ファカウフ、ユージン（Ferkauf, Eugene） 37
ファースト・ナショナル・ストアーズ社（First National Stores, Inc.） 43, 56, 99, 126, 135, 191, 221
フィールド、マーシャル（Field, Marshall） 299
フェデレーテッド百貨店（Federated Department Stores, Inc.） 5, 8, 10, 72, 84, 184
百貨店 3-5, 8-12, 36, 72, 98, 153, 176-77, 184, 276-77, 301
百貨店型蓄積 12, 74, 309, 320
複合編成 74, 76-79
フード・フェア・ストアーズ社（Food Fair Stores, Inc.） 114, 191
フード・ライオン社（Food Lion, Inc.） 234
フート・ロッカー社（Foot Locker, Inc.）

351

300
プライス・リーダー（シップ） 101-02, 127, 265, 289
プライベート・ブランド → PB
ブルーミングデール・ブラザーズ社（Bloomingdale Bros., Inc.） 11
フレッド・メーヤー社（Fred Meyer, Inc.） 290
分権的管理体制 68-72, 95-96, 105, 152-54, 212, 281, 320-21, 323
ペック，カーソン（Peck, Carson C.） 200, 319, 321-23
ベータス社（Batus, Inc.） 84, 239
ボイヤー，カール（Byoir, Carl） 88, 142
北米肉切労働者合同組合（Amalgamated Meat Cutters and Butcher Workmen of North America） 171
ボーナス・アプローチ 236-37, 283
ホランダー，スタンレー（Hollander, Stanley C.） 79
ホワイト・ハウス・ミルク会社（White House Milk Co.） 62

マ行

マクゲリー，エドマンド（McGarry, Edmund D.） 85
マックマー・ストアーズ社（MacMarr Stores, Inc.） 52, 97
マクネア，マルコム（McNair, Malcolm P.） 58, 170
マクローリー・ストアーズ社（McCrory Stores Corp.） 56, 304-05
マゴワン，ピーター（Magowan, Peter） 50, 194, 260, 264
マゴワン，ロバート（Magowan, Robert A.） 50, 158, 169, 260
マーシャル・フィールド社（Marshall Field & Co.） 5, 12, 84, 299
マリオン，ブルース（Marion, Bruce W.） 255
ミッチェル，ウィリアム（Mitchell, William S.） 131, 194, 260
丸高均一店 298

メイ百貨店（May Department Stores Co.） 8, 123, 184
メーカー主導型流通システム 164, 259, 293
メーシー社（R.H.Macy Co., Inc.） 8, 12
メーシー，ローランド（Macy, Rawland H.） 25
メリル，チャールズ（Merrill, Charles E.） 49, 50, 52, 56-57, 95, 169
メリル・リンチ社（Merrill, Lynch & Co./Merrill Lynch, Pierce, Fenner & Smith） 49, 52, 56, 169, 256, 265
モリル，アルバート（Morrill, Albert H.） 55, 86, 95-96
モンゴメリー・ウォード社 → ウォード社

ヤ行

有名ブランド → NB

ラ行

ラッキー・ストアーズ社（Lucky Stores, Inc.） 18, 176, 179-80, 191, 249, 256-57, 268
ラルストン・ピュリナ社（Ralston-Purina Co.） 67
ラルフズ食料品会社（Ralph's Grocery Co.） 108, 114
リグレー，ニール（Wrigley, Neil） 259, 292
リーマン・ブラザーズ社（Lehman Brothers & Co.） 55-56, 95
リミテッド社（The Limited, Inc.） 184
流通センター 181-82, 216
留保利益 → 内部留保
連邦取引委員会（Federal Trade Commission, FTC） 16-17, 130, 175-76, 255-56, 268
レント 98
ロイヤル・アホールド社（Royal〔Koninklijke〕Ahold N.V.） 265, 293-94
ローゼンウォルド，ジュリアス（Rosen-

wald, Julius) 56
ロビンソン、サミュエル (Robinson, Samuel) 52
ロビンソン・パットマン法 (Robinson-Patman Act) 16-17, 84, 130, 164

ワ行

ワナメーカー, ジョン (Wanamaker, John) 25, 299

著者紹介

中野　安（なかの　やすし）
　1938年1月　徳島県に生まれる
　1960年3月　香川大学経済学部卒業
　1963年4月　東京大学大学院経済学研究科博士課程中途退学
　1963年4月～　香川大学経済学部助手・助教授
　1972年10月～　大阪市立大学経済研究所助教授・教授
　1998年4月　大阪商業大学総合経営学部教授

　現　在
　　大阪商業大学総合経営学部教授
　　大阪市立大学名誉教授
　　商学博士

　著書
　『価格政策と小売商業』（ミネルヴァ書房，1975年）
　『戦後日本産業史』（共著，産業学会編，東洋経済新報社，1995年）
　『日本企業の研究開発システム』（共著，東京大学出版会，1995年）
　『日米の流通イノベーション』（共著，中央経済社，1997年）

アメリカ巨大食品小売業の発展
（きょだいしょくひんこうりぎょう　はってん）

比較地域研究所研究叢書　第八巻

2007年2月28日　第1版第1刷発行

著　者　中野　安
発行者　橋本盛作

〒113-0033　東京都文京区本郷5-30-20
発行所　株式会社　御茶の水書房
電話 03-5684-0751

本文組版　スタジオ・ウイング
印刷・製本　平河工業社／東洋経済印刷

Printed in Japan
ISBN978-4-275-00516-8　C3034
©学校法人谷岡学園　2007年

《大阪商業大学比較地域研究所研究叢書 第一巻》
清代農業経済史研究　鉄山博著　A5判・二四〇〇円

《大阪商業大学比較地域研究所研究叢書 第二巻》
EUの開発援助政策　前田啓一著　A5判・五八〇〇円

《大阪商業大学比較地域研究所研究叢書 第三巻》
香港経済研究序説　閻和平著　A5判・二二〇〇円

《大阪商業大学比較地域研究所研究叢書 第四巻》
鏡としての韓国現代文学　武城正長著　A5判・三四〇〇円

《大阪商業大学比較地域研究所研究叢書 第五巻》
海運同盟とアジア海運　滝沢秀樹著　A5判・四五〇〇円

《大阪商業大学比較地域研究所研究叢書 第六巻》
東アジアの国家と社会　滝沢秀樹編著　A5判・三二〇〇円

《大阪商業大学比較地域研究所研究叢書 第七巻》
グローバル資本主義と韓国経済発展　金俊行著　A5判・五四〇〇円

アジアのなかの韓国社会　滝沢秀樹著　A5判・二六〇〇円

歴史としての国民経済　滝沢秀樹著　A5判・二三〇〇円

韓国社会の転換　滝沢秀樹著　A5変・三三〇〇円

ITによる流通変容の理論と現状　山口重克・福田豊・佐久間英俊編　A5判・二七〇〇円

サービス・エコノミーの展開　鈴木多加史編著　A5判・三六〇〇円

ベンチャービジネスと起業家教育　西田稔・土井教之編著　A5判・四三〇〇円

御茶の水書房
（価格は消費税抜き）